Sachenbacher
Controlling in telekooperativen Strukturen

14.03.2001

Herrn Günter Reichart
überreicht mit den
besten Empfehlungen

Ihr

Max Sachenbacher

GABLER EDITION WISSENSCHAFT

Markt- und Unternehmensentwicklung

Herausgegeben von
Professor Dr. Dr. h.c. Arnold Picot,
Professor Dr. Dr. h.c. Ralf Reichwald und
Professor Dr. Egon Franck

Der Wandel von Institutionen, Technologie und Wettbewerb prägt in vielfältiger Weise Entwicklungen im Spannungsfeld von Markt und Unternehmung. Die Schriftenreihe greift diese Fragen auf und stellt neue Erkenntnisse aus Theorie und Praxis sowie anwendungsorientierte Konzepte und Modelle zur Diskussion.

Hans Christian Sachenbacher

Controlling in telekooperativen Strukturen

Steuerung und Koordination
verteilter Zusammenarbeit

Mit einem Geleitwort
von Prof. Dr. Dr. h.c. Ralf Reichwald

Deutscher Universitäts-Verlag

Die Deutsche Bibliothek - CIP-Einheitsaufnahme

Sachenbacher, Hans Christian:
Controlling in telekooperativen Strukturen : Steuerung und Koordination verteilter
Zusammenarbeit / Hans Christian Sachenbacher. Mit einem Geleitw. von Ralf Reichwald.
- 1. Aufl.. - Wiesbaden : Dt. Univ.-Verl. ; Wiesbaden : Gabler, 2000
    (Gabler Edition Wissenschaft : Markt- und Unternehmensentwicklung)
    Zugl.: München, Techn. Univ., Diss., 2000
    ISBN 3-8244-7171-X

1. Auflage November 2000

Alle Rechte vorbehalten

© Betriebswirtschaftlicher Verlag Dr. Th. Gabler GmbH, Wiesbaden, und
Deutscher Universitäts-Verlag GmbH, Wiesbaden, 2000

Lektorat: Ute Wrasmann / Annegret Eckert

Der Gabler Verlag und der Deutsche Universitäts-Verlag sind Unternehmen der
Fachverlagsgruppe BertelsmannSpringer.

www.gabler.de
www.duv.de

Höchste inhaltliche und technische Qualität unserer Produkte ist unser Ziel. Bei der Produktion
und Verbreitung unserer Werke wollen wir die Umwelt schonen. Dieses Buch ist deshalb auf säu-
refreiem und chlorfrei gebleichtem Papier gedruckt. Die Einschweißfolie besteht aus Polyethylen
und damit aus organischen Grundstoffen, die weder bei der Herstellung noch bei der Verbrennung
Schadstoffe freisetzen.

Die Wiedergabe von Gebrauchsnamen, Handelsnamen, Warenbezeichnungen usw. in diesem
Werk berechtigt auch ohne besondere Kennzeichnung nicht zu der Annahme, dass solche Namen
im Sinne der Warenzeichen- und Markenschutz-Gesetzgebung als frei zu betrachten wären
und daher von jedermann benutzt werden dürften.

Druck und Buchbinder: Rosch-Buch, Scheßlitz
Printed in Germany

ISBN 3-8244-7171-X

Geleitwort

In weiten Teilen industrialisierter Volkswirtschaften sind heute grundlegende Restrukturierungsprozesse zu beobachten. Insbesondere beflügeln neue IuK-Technologien den Trend zur Telekooperation – und damit zu völlig neue Formen der mediengestützten arbeitsteiligen Leistungserstellung. Wo sich früher räumlich konzentrierte Großunternehmen als effizient erwiesen und physische Distanz eine Zusammenarbeit verhinderte, induzieren heute innovative Kommunikationsmedien – allen voran das Internet und seine vielfältigen Dienste – einen dramatischen Wandel. Diesen Wandel erleben wir täglich: Konzerne reorganisieren ihre Geschäftsprozesse und lösen sich in kleinere und flexiblere Einheiten auf. Start-up-Companies und flexible Netzwerke nutzen blitzschnell neue Marktnischen und realisieren „economies of speed". Traditionelle Unternehmensgrenzen verlieren in dieser „new economy" immer mehr an Bedeutung.

Vielfach wird dieser Wandel in der Literatur beschrieben und auch theoretisch aufgearbeitet. Nach wie vor wenig behandelt wird jedoch die Frage, wie die autonomen Akteure in diesen verteilten Arbeits- und Organisationsformen effektiv und effizient koordiniert werden können, ohne dabei die Anforderungen an Flexibilität und Reaktionsgeschwindigkeit zu konterkarieren.

Die vorliegende Arbeit leistet einen wichtigen Beitrag zur Schließung dieser Lücke. Die einzelnen Instrumente des heute vorherrschenden koordinationsorientierten Controlling-Ansatzes werden auf ihre Tauglichkeit für telekooperative Strukturen untersucht. Daraus wird der Bedarf an Anpassung, strategischer Neuausrichtung oder gar Neukonzeption traditioneller Controlling-Systeme abgeleitet.

Der Autor entwickelt ein Analyseschema auf der Basis unterschiedlicher Distanzdimensionen, die in telekooperativen Strukturen auftreten. Untermauert wird dieser Bezugsrahmen durch Ansätze der Principal-Agent-Theorie, der Führungstheorie sowie der Kommunikations- und Medientheorie. Sie liefern die Basis für eine detaillierte Untersuchung von Controlling-Instrumenten unter den Bedingungen der Distanzen und für die Ableitung konkreter Gestaltungsempfehlungen im telekooperativen Umfeld. Auch die Frage nach einer optimalen Aufteilung der Controlling-Aufgaben zwischen Fremd- und Selbst-Controlling bleibt nicht unbeantwortet.

Es zeigt sich, daß die Bedeutung der traditionellen Kernbereiche des Controlling, insbesondere der Planung, Steuerung und Kontrolle, in telekooperativen Strukturen eher abnimmt. Dagegen gewinnen – nur scheinbar paradoxerweise – mit einer zunehmenden Virtualisierung ökonomischer Prozesse langfristig orientierte Instrumente der Organisationsgestaltung, der Personalentwicklung und der Vertrauensbildung erheblich an Stellenwert.

Es bleibt zu wünschen, daß diese gelungene Arbeit in Wissenschaft und Praxis eine breite Aufnahme findet.

Prof. Dr. Dr. h.c. Ralf Reichwald

Vorwort

„You cannot create the future using the old strategy tools"
(Gary Hamel)

„The task is simply too important to be left to accountants"
(H. Thomas Johnson / Robert S. Kaplan)

Als Grundlage des vorliegenden Buches diente meine Dissertation über das Controlling in telekooperativen Strukturen, die im Januar 2000 von der Fakultät für Wirtschafts- und Sozialwissenschaften der Technischen Universität München angenommen wurde. Diese Arbeit entstand während meiner Tätigkeit als wissenschaftlicher Mitarbeiter am dortigen Lehrstuhl für Allgemeine und Industrielle Betriebswirtschaftslehre.

Während dieser Zeit reifte die Idee, in dem sich stürmisch entwickelnden Forschungsfeld der Telekooperation der Frage nachzugehen, wie Steuerung, Kontrolle und Koordination – eben Controlling – in diesen neuartigen, verteilten und mediengestützten Strukturen zu bewerkstelligen sind. Die offensichtlichen Defizite auf diesem Gebiet und der in der Literatur immer häufiger angemahnte Entwicklungsbedarf neuer Koordinationsmechanismen bestätigten mich in meinem Vorhaben, mich diesem Thema im Rahmen meiner Dissertation intensiver zu widmen.

Eine solche Arbeit ist jedoch nie ausschließlich das Werk einer einzelnen Person. Sie entsteht immer innerhalb eines großen und weitverzweigten sozialen Netzwerks. Dieses gesamte Netzwerk hier wiederzugeben, würde den Rahmen eines Vorwortes bei weitem sprengen. Einige „Mitglieder" verdienen dennoch eine besondere Erwähnung:

An erster Stelle möchte ich meinem Doktorvater, Herrn Prof. Dr. Dr. h.c. Ralf Reichwald, für die stets angenehme und freundliche Zusammenarbeit am Lehrstuhl, die Betreuung meiner Arbeit und die mir während der Erstellungsphase gewährten Freiräume danken. Herrn Prof. Dr. Horst Wildemann danke ich für die freundliche Übernahme des Zweitgutachtens.

Bedanken möchte ich mich auch bei allen meinen Kolleginnen und Kollegen der Lehrstuhlmannschaft. Die ausgezeichnete Atmosphäre und der bemerkenswerte Teamgeist boten mir jederzeit konstruktiv-sachliche und motivierende Unterstützung in diesem nicht immer leichten Projekt. Besonderer Dank gebührt meiner langjährige Kollegin und Wegbegleiterin auf den „Trampelpfaden" der Telekooperation, Frau Dr. Kathrin Möslein, für ihre wertvollen Anregungen und ihre Rolle als unermüdliche und geduldige Ansprechpartnerin für Probleme jeder Couleur. Frau Anja Fischer danke ich für das abschließende Korrekturlesen, das sie in kürzester Zeit und mit sehr scharfem Auge bewältigte. Bei Herrn Bernhard Frank bedanke ich mich für die zuverlässige und rasche Bewerkstelligung der Formatierungsarbeiten.

Auch aus meinem familiären Umfeld und meinem Freundeskreis habe ich immer wieder Zuspruch und aufmunternde Worte erfahren, obwohl ich – gerade in den bei einer Dissertation wohl unvermeidlichen Frustrationsphasen – sicher nicht immer leicht zu ertragen war.

Herzlichen Dank allen Menschen, die zum Gelingen dieser Arbeit beitrugen.

Hans Christian Sachenbacher

Inhaltsverzeichnis

Abbildungsverzeichnis

Abkürzungsverzeichnis

Anm. d. Verf.:	Anmerkung des Verfassers
Aufl.:	Auflage
Bd.:	Band
CIA:	Controller's Institute of America
CIM:	Computer Integrated Manufacturing
CMC:	Computer Mediated Communication
CSCW:	Computer Supported Cooperative Work
CTI:	Computer-Telephony-Integration
e.V.:	eingetragener Verein
EDV:	Elektronische Datenverarbeitung
E-Mail:	Electronic Mail
F&E:	Forschung und Entwicklung
f.:	folgende
FEI:	Financial Executive Institute
ff.:	fortfolgende
GSS:	Group Support System
Hrsg.:	Herausgeber
IuK:	Information und Kommunikation
krp:	Kostenrechnungspraxis
MbO:	Management-by-Objectives
MIS:	Managementinformationssystem
o.J.:	ohne Jahr
S.:	Seite
Sp.:	Spalte
u.a.:	und andere
USA:	United States of America
vgl.:	vergleiche
Vol.:	Volume

1 Einführung

Kaum einem anderen betriebswirtschaftlichen Teilgebiet werden derart ambivalente Einschätzungen zuteil wie dem Controlling.

Einerseits ist gerade in jüngster Vergangenheit eine breite *Aufnahme und eine intensive Auseinandersetzung* mit dem Thema Controlling zu beobachten. Deutlich wird dies in einer stark anwachsenden Zahl sowohl theoriegeleiteter als auch anwendungsnaher Publikationen. Auch in der unternehmerischen Praxis zeigt sich eine immer stärkere institutionelle Verankerung des Controlling, beispielsweise in Form einer wachsenden Anzahl spezialisierter Controlling-Stellen und -Abteilungen oder sogar eigenständiger Vorstandsressorts.[1]

Andererseits sieht sich das Controlling auch nicht selten mit skeptischen Wertungen konfrontiert, die bis hin zur offenen Ablehnung reichen. Abfällige Polemik sowohl über die Person des Controllers („Schnüffler", „Besserwisser", „Bean Counter", „Gespenst" etc.) als auch über die Funktion des Controlling („Alter Wein in neuen Schläuchen", „Speerspitze einer Mißtrauensorganisation", „Modeerscheinung" etc.) lassen vermuten, daß Controller und Controlling ihre Aufgaben im Unternehmen nicht immer im Sinne der übergeordneten Unternehmensziele und zur Zufriedenheit aller Unternehmensmitglieder erledigen.[2]

Gründe für diese *mangelnde Akzeptanz* – hinter der sich letztlich auch Effektivitäts- und Effizienzprobleme verbergen – werden häufig darin gesehen, daß Controlling-Systeme oft nur sehr unzureichend dazu in der Lage sind, sich rasch an neue Unternehmensstrukturen anzupassen. In einem plakativen Vergleich wird das Controlling, wie es heute noch in vielen Unternehmen betrieben wird, mit einem Cadillac der späten 50er Jahre verglichen: „ ... luxuriös und teuer, aber nicht dem Kundenwunsch entsprechend."[3]

1.1 Controlling in telekooperativen Strukturen: Problemstellung und Zielsetzung der Arbeit

Aus der Diskrepanz zwischen strukturellem Wandel in Unternehmen einerseits und Beharrungstendenzen des Controlling andererseits leitet sich die Problemstellung der vorliegenden Arbeit ab: Im heutigen ökonomischen Umfeld sind in weitem Ausmaß Prozesse der Restrukturierung von Unternehmen erkennbar. Diese reichen von unternehmensinternen Ansätzen der Flexibilisierung und Dezentralisierung (z.B. Konzepte der Modularisierung, Segmentierung etc.)[4] über Formen der unternehmensübergreifenden Vernetzung (z.B. Konzepte der symbioti-

---

[1] Vgl. Kieser / Hegele 1998; Weber / Kosmider 1991.

[2] Zu den in Anführungszeichen gesetzten Bezeichnungen (die nicht die Einschätzungen der genannten Autoren repräsentieren) vgl. Krystek 1991, S. 18; Reiß / Höge 1994, S. 215; Weber 1995, S. 17.

[3] Can / Grevener 1994, S. 72; mit Bezug auf Turney / Anderson 1989, S. 37.

[4] Vgl. z.B. Picot / Reichwald / Wigand 1998, S. 199ff.; Wildemann 1998.

schen Zusammenarbeit, Virtualisierung etc.)[5] bis hin zu neuen Formen der Schnittstellengestaltung zwischen Markt und Unternehmen (z.B. elektronische Märkte)[6].

Mit der wichtigste „Nährboden" für eine erfolgreiche Implementierung solcher Gestaltungsansätze liegt im Innovationspotential, das die Informations- und Kommunikationstechnik (IuK-Technik) in bezug auf neue Möglichkeiten der Kommunikation und Koordination zwischen den Aufgabenträgern bietet.

Ein Ansatz, der diese Perspektive in den Mittelpunkt stellt, ist das Konzept der Telekooperation, das die mediengestützte, arbeitsteilige Leistungserstellung zwischen verteilten Aufgabenträgern, Organisationseinheiten oder Organisationen thematisiert. Dieses übergreifende Konzept soll im Rahmen dieser Arbeit das Bezugsfeld für die Untersuchung bestehender Schwachpunkte und neu zu stellender Anforderungen an das Controlling bilden. Der Schwerpunkt soll dabei auf die Zusammenarbeit innerhalb eines Unternehmens gelegt werden.

Die *Ziele dieser Arbeit* liegen darin,

• Charakteristika einer telekooperativen Zusammenarbeit herauszuarbeiten und daraus ein Analyseschema für die Untersuchung der Auswirkungen dieser Charakteristika auf das Controlling zu entwickeln sowie

• dieses Analyseschema auf die einzelnen Instrumente des Controlling anzuwenden und daraus Aussagen über deren Funktionsfähigkeit und Bedeutung für ein Controlling in telekooperativen Strukturen abzuleiten.

1.2   Gang der Untersuchung

In *Kapitel 2* werden – ausgehend von den Ursprüngen und der Entwicklungsgeschichte des Controlling – unterschiedliche Ansätze zur Festlegung der inhaltlichen und methodischen Schwerpunkte des betriebswirtschaftlichen Funktionsbereichs Controlling dargestellt. Als Grundlage für die weiteren Ausführungen wird die koordinationsorientierte Controlling-Konzeption gewählt. Unter den verschiedenen Ansätzen mit unterschiedlicher Ausrichtung und Reichweite erweist sich diese als in der betriebswirtschaftlichen Theorie vorherrschend und als Grundlage für diese Arbeit tragfähig. Die koordinationsorientierte Konzeption charakterisiert das Controlling – aus theoretischer Perspektive – als Funktion zur Koordination unterschiedlicher Führungsteilsysteme und damit – aus praktischer Sicht – als Unterstützungs- und Servicefunktion des Managements. Ausgefüllt wird diese Funktion über die Entwicklung und Anwendung unterschiedlicher Instrumente des Controlling.

---

[5]   Vgl. z.B. Picot / Reichwald / Wigand 1998, S. 261ff. sowie S. 355ff.; Wildemann 1997.

[6]   Vgl. z.B. Picot / Reichwald / Wigand 1998, S. 315ff.

In *Kapitel 3* wird das Konzept der Telekooperation und darauf aufbauend des Telemanagements eingeführt. Da sich die Controlling-Funktion – wie Kapitel 2 zeigt – auf das Management bezieht, sind für die Untersuchung der Auswirkungen einer telekooperativen Aufgabenerfüllung auf das Controlling zunächst die wesentlichen Spezifika des Telemanagements zu erarbeiten. Als zentral erweisen sich die beiden Merkmale Verteiltheit und Medienunterstützung, welche Distanzen zwischen den Aufgabenträgern verursachen. Darauf aufbauend wird das Konzept der Distanz als mehrdimensionales Konstrukt entwickelt, das als Analysebasis für das nachfolgende Kapitel 4 dient. Zur theoretischen Fundierung des Distanzkonzeptes werden theoretische Ansätze unterschiedlicher Erklärungsreichweite – Principal-Agent-Theorie, Führungstheorie sowie Kommunikations- und Medientheorien – herangezogen.

Kapitel 4 leistet die Synthese zwischen der in Teil 2 abgeleiteten Konzeption des Controlling und den in Kapitel 3 systematisierten Spezifika des Telemanagements. Die Instrumente des koordinationsorientierten Controlling – Organisationsinstrumente, Personalführungsinstrumente, Planungs-, Kontroll- und Informationsinstrumente sowie führungsteilsystemübergreifende Instrumente – werden daraufhin untersucht, inwieweit sich die unterschiedlichen Dimensionen der Distanz auf ihre Funktionsfähigkeit auswirken, welche Möglichkeiten zur Überwindung dieser Distanzen bestehen und welchen Stellenwert die Einzelinstrumente im Zusammenspiel für eine effektive und effiziente Gesamtkoordination unter den Bedingungen der Distanz besitzen.

Kapitel 5 widmet sich der Frage nach der institutionellen Verankerung der in Kapitel 4 dargestellten Instrumente und analysiert die Anwendungsbreite, die Grenzen und die Möglichkeiten eines sinnvollen Zusammenwirkens der beiden grundsätzlichen Alternativen Selbst- und Fremd-Controlling.

Die Arbeit schließt mit einem Ausblick in *Kapitel 6*.

Der Gang der Untersuchung ist in Abbildung 1-1 zusammenfassend dargestellt.

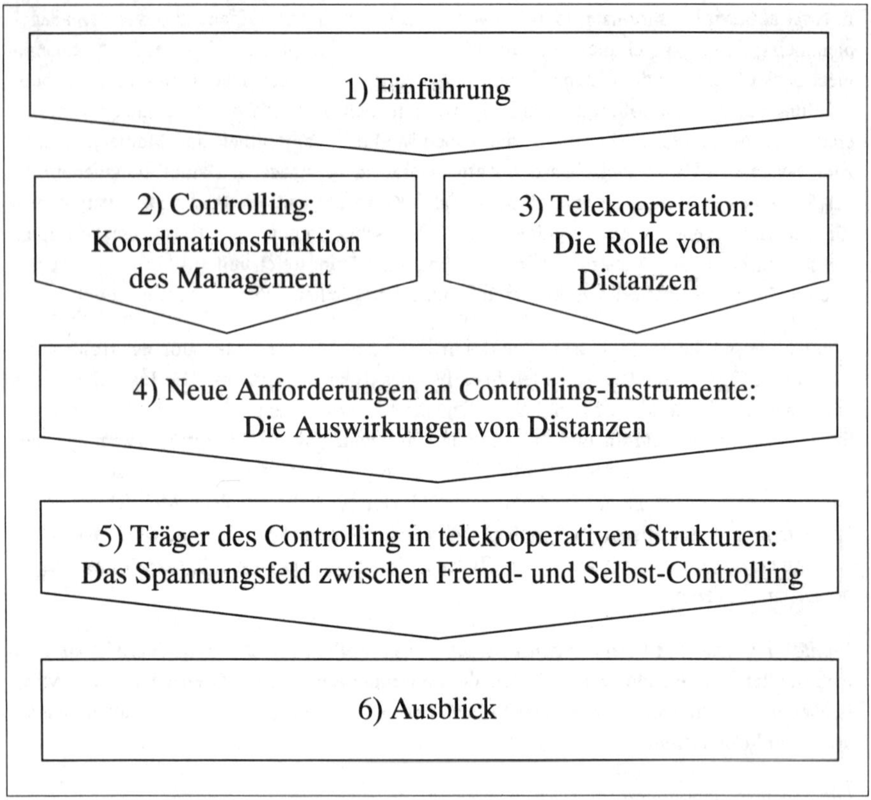

1) Einführung

2) Controlling:
Koordinationsfunktion
des Management

3) Telekooperation:
Die Rolle von
Distanzen

4) Neue Anforderungen an Controlling-Instrumente:
Die Auswirkungen von Distanzen

5) Träger des Controlling in telekooperativen Strukturen:
Das Spannungsfeld zwischen Fremd- und Selbst-Controlling

6) Ausblick

Abbildung 1-1:   Gang der Untersuchung

2 Controlling: Koordinationsfunktion des Managements

2.1 Entstehung des Controlling

Controlling als explizites Teilgebiet der Betriebswirtschaftslehre hat eine vergleichsweise junge Tradition. Sowohl in der betrieblichen Praxis als auch in der betriebswirtschaftlichen Forschung und Lehre fand eine verstärkte Auseinandersetzung mit diesem Gebiet erst in den letzten Jahrzehnten statt. Nichtsdestoweniger reichen die Wurzeln dessen, was heute gemeinhin zum Aufgabengebiet des Controlling gezählt wird, bis in die Antike zurück.

2.1.1 Historische Entwicklung des Controlling

Die Ursprünge des Controlling finden sich (wenn auch noch lange nicht als solches bezeichnet) bereits sehr früh im Bereich der staatlichen Verwaltung. In den Volkswirtschaften der Antike und des Mittelalters war in der Regel der Staat das einzige Wirtschaftssubjekt, das aufgrund seiner Aufgabenvielfalt, seiner ökonomischen Bedeutung und seiner entsprechenden Größe über *ausdifferenzierte Systeme zur Planung, Steuerung und Kontrolle* wirtschaftlicher Vorgänge verfügte. Innerhalb dieser Systeme entstanden *spezialisierte Stellen*, deren Aufgabe in der Aufzeichnung ein- und ausgehender Gelder und Güter lag. Solche Aufgaben lassen sich bereits im antiken Ägypten zur Zeit des Pyramidenbaus um ca. 2500 vor Christus nachweisen.[7]

Im römischen Reich waren seit dem 5. Jahrhundert vor Christus sogenannte *Quästoren* für die Verwaltung der Staatskasse zuständig. Über die Aufgabe der reinen Dokumentation von Zahlungsvorgängen hinaus konnten sie auch in gewissem Rahmen selbständig über die staatlichen Finanzmittel verfügen. Die Aufgaben reichten dabei zum Teil auch bis in die Staatsführung hinein. In letzterem Bereich waren die Quästoren in erster Linie für die Beschaffung von Informationen zur Unterstützung der Regierungsgeschäfte zuständig.

In den feudalen Staatsformen des Mittelalters finden sich ebenfalls staatliche Stellen, die für die Aufzeichnung von Geld- und Güterströmen zuständig sind. Im 13. Jahrhundert taucht für diese „Gegenrechnung" zum ersten Mal die lateinische Bezeichnung „*contrarotulus*" auf – der etymologische Stamm des Begriffes Controlling. Ab dem 15. Jahrhundert existiert am englischen Königshof – und in der Folgezeit auch an nahezu allen anderen europäischen Höfen – ein „Countroller". Diese Bezeichnung war zum Teil bis in die Neuzeit hinein gebräuchlich.[8]

Auch in den ersten demokratischen Staatsformen hatte der Controller wichtige staatliche Aufgaben zu erfüllen. 1778 wurde in den USA mit dem „*Comptroller*" eine Instanz geschaf-

---

[7] Vgl. hierzu und im folgenden Lingnau 1998, S. 274.

[8] Vgl. Weber 1995, S. 4.

fen, deren Bedeutung und Aufgabenspektrum der des heutigen Controlling bereits sehr nahe kam. Der Comptroller wachte über die Ordnungsmäßigkeit der Haushaltsführung der Regierung und über die wirtschaftliche Verwendung der Staatsausgaben. Er kann als erster „moderner Controller" angesehen werden.[9]

Die Weiterentwicklung des Controlling aus den mit dem Comptroller in den USA gelegten Wurzeln erfolgte in drei Phasen:[10]

- *Anfangsphase:* Zwischen 1865 und 1890 fand in den USA ein starkes, durch die fortschreitende Industrialisierung bedingtes Wirtschaftswachstum statt. Die Vergrößerung der Unternehmen, die immer geringer werdenden Möglichkeiten persönlicher Überwachung, der steigende Gemeinkostenanteil und der zunehmende Bedarf an Fremdfinanzierung schafften eine erhöhte Nachfrage nach verbesserten Managementtechniken,[11] die wiederum auf eine fundierte Informationsversorgung, z.B. durch ein ausgebautes Rechnungswesen, angewiesen waren. Zudem war im amerikanischen Gesellschaftsrecht damals kein dem deutschen Aufsichtsrat vergleichbares, unabhängiges Kontrollorgan vorgesehen. Vor diesem Hintergrund zeichnete sich die Entwicklung spezialisierter Controlling-Stellen nun auch in der Privatwirtschaft ab. Die erste Erwähnung eines „Comptrollers" in einem nichtstaatlichen Unternehmen findet sich 1880 bei der Eisenbahngesellschaft „Atchinson, Topeka & Santa Fe Railway System".[12] Wenig später bildeten sich in anderen Unternehmen Stellen gleicher Bezeichnung heraus, bei denen die Überwachungsfunktion auf der Basis von Rechnungswesendaten im Vordergrund stand. Die Verbreitung des Controlling in Unternehmen war jedoch insgesamt bis Anfang der 20'er Jahre noch gering.

- *Verbreitungsphase:* Nach dem Ersten Weltkrieg etablierten sich in den 20'er Jahren in amerikanischen Unternehmen in großem Umfang Controller-Stellen. Bis dato wurden – sofern ein Controller im Unternehmen noch nicht institutionalisiert war – Aufgabenstellungen des internen Rechnungswesens überwiegend vom sogenannten „Treasurer" wahrgenommen, der jedoch in der Regel auch für zahlreiche Belange im Umfeld der Finanzwirtschaft zuständig war (vor allem für Fragen der Finanzanlage, Inkassoangelegenheiten, Beziehungen zu Investoren und Banken, bis hin zu Fragen des Versicherungsschutzes). Durch diese zunehmende Belastung wurde es immer mehr erforderlich, die „accounting function" auf eine eigene, dem Treasurer gleichgestellte Stelle – die des Controllers – zu übertragen. Das Rechnungswesen wird daher auch vielfach als die „Keimzelle des Controlling" bezeichnet. Mit der weiteren Zunahme größenbedingter Koordinationsprobleme und einer zunehmenden Fixkostenintensität wurde der bisher im Controlling vorherr-

---

[9]   Vgl. Lingnau 1998, S. 274f.; Weber 1995, S. 4.

[10] Vgl. im folgenden Lingnau 1998, S. 275ff.

[11] Vgl. Kapitel 2.3.1.

[12] Vgl. Horváth 1996, S. 28.

schende Schwerpunkt der vergangenheitsorientierten Überwachung durch zukunftsgerichtete Planungs- und Budgetierungsaufgaben ergänzt.

- *Konsolidierungsphase:* Aus der Weltwirtschaftskrise von 1929 bis 1932 sowie aus der in ihrer Folge stark zunehmenden Zahl an gesetzlichen Vorschriften und Rechenschaftspflichten gegenüber staatlichen Stellen erwuchs für die Unternehmen ein enormer Problemdruck, der das Controlling als unverzichtbare Unternehmensfunktion erstarken ließ. Als Beginn dieser Konsolidierungsphase kann die Gründung des „Controller's Institute of America" (CIA) 1931 gesehen werden, die unter dem Einfluß der genannten Entwicklungen erfolgte. Das CIA war von Beginn an um eine einheitliche Festlegung des Aufgabengebietes des Controllers bemüht. Relativ bald konnte ein Konsens erreicht werden, der das gesamte Rechnungswesen, die interne Revision sowie Steuerangelegenheiten als typische Tätigkeitsfelder vorsah. Im Zuge einer Systematisierung dieser Aufgaben wurde vom CIA 1949 ein *Aufgabenkatalog* mit sechs Aufgabenschwerpunkten des Controlling erarbeitet. Dieser diente als wichtige Basis für eine strukturierte Auseinandersetzung mit dem Thema Controlling in der Literatur. Die wachsende Zahl von Veröffentlichungen in diesem Bereich ab diesem Zeitpunkt zeigt, daß neben den bereits etablierten Controlling-Aufgaben des Rechnungswesens und der Planungsunterstützung auch die Rolle eines Führungsunterstützungssystems, das der Informationsversorgung der Unternehmensführung dient, immer mehr in den Vordergrund rückt. Anläßlich der Umbenennung des CIA in „Financial Executive Institute" (FEI) im Jahre 1962 wurde ein leicht überarbeiteter, auf dem Entwurf von 1949 aufbauender Aufgabenkatalog von „Controllership Functions" veröffentlicht, dem für die weitere Entwicklung des Controlling sowohl in der wissenschaftlichen Behandlung als auch in der Praxis herausragende Bedeutung zukommt.[13] Dieser Katalog ist in Abbildung 2-1 dargestellt.

Dieser Aufgabenkatalog zeigt – besonders ersichtlich an den Aufgabenschwerpunkten „Planning for Control", „Reporting and Interpreting" sowie „Evaluating and Consulting" –, daß hier Controlling zu einer bedeutenden Managementfunktion aufgewertet wird. Dabei stehen vor allem zwei Aufgaben im Vordergrund: die *Informationsversorgung* des Managements und die *Verfahrenskompetenz* in Fragen der methodischen Durchführung und instrumentellen Unterstützung.

Die *Entwicklung des Controlling in Deutschland* begann, angeregt durch die Verbreitung in den USA, Mitte der 50'er Jahre, zunächst allerdings sehr zurückhaltend. Bis zum Ende der 60'er Jahre finden sich explizite Controlling-Stellen nur in wenigen Großunternehmen, vor allem in den Tochtergesellschaften amerikanischer Konzerne.[14]

---

[13] Bis heute ist dieser Katalog auch in fast allen deutschsprachigen Controlling-Lehrbüchern zu finden, vgl. z.B. Horváth 1996, S. 33; Küpper / Weber 1997, S. 53; Serfling 1992, S. 22; Weber 1995, S. 6.

[14] Vgl. Küpper 1997, S. 1; Weber 1995, S. 7. Einzelne Ansätze zur Schaffung eigener Instanzen für Controlling-ähnliche Aufgaben finden sich jedoch schon im 19. Jahrhundert. Bei Krupp wurde beispielsweise 1875

Planning for Control

Aufstellung, Koordination und Umsetzung von Plänen zur Steuerung der betrieblichen Prozesse in der Eigenschaft als bedeutender Teil des Managements.

Reporting and Interpreting

Vergleich von Ist- und Planwerten; Weitergabe der Ergebnisse betrieblicher Prozesse an alle Managementebenen sowie die Anteilseigner und die Interpretation der Ergebnisse.

Evaluating and Consulting

Beratung mit allen Managementebenen, die für Richtlinien oder Ausführung in jeglicher Phase betrieblicher Prozesse verantwortlich sind, sofern es sich um die Erreichung betrieblicher Ziele sowie um die Wirksamkeit der Richtlinien und aufbau- oder ablauforganisatorische Maßnahmen handelt.

Tax Administration

Aufstellung und Umsetzung von Richtlinien und Verfahren in Steuerangelegenheiten.

Government Reporting

Überwachung bzw. Koordinierung der Erstellung von Berichten für staatliche Stellen.

Protection of Assets

Sicherstellung des Schutzes betrieblicher Vermögenswerte durch interne Kontrolle und Revision sowie einen angemessenen Versicherungsschutz.

Economic Appraisal

Ständige Bewertung von Entwicklungen in Volkswirtschaft, Gesellschaft und Politik und Bewertung der Auswirkungen auf die Unternehmung.

Abbildung 2-1:   Aufgaben des Controlling nach FEI[15]

Ab Beginn der 70'er Jahre steigt die Zahl der Controller-Stellen in deutschen Unternehmen deutlich an. In einer Stichprobenanalyse von Stellenanzeigen über den Zeitraum von 1949 bis 1989 stellten Weber / Kosmider ein kontinuierliches Anwachsen des Angebotes an Controller-Stellen fest,[16] wie Abbildung 2-2 zeigt.

---

ein „Rechnungs-Revisions-Bureau" eingerichtet, das mit Aufgaben der Wirtschaftlichkeitskontrolle und der Berichterstattung betraut war, vgl. Vahs 1990, S. 208ff.

[15] Nach FEI 1962, zitiert in Anlehnung an Lingnau 1998, S. 277.

[16] In der Untersuchung wurden jeweils die Stellenanzeigen aus vier Wochenendausgaben jeden Jahrgangs der Frankfurter Allgemeinen Zeitung ausgewertet, insgesamt wurden 73901 Anzeigen gesichtet, vgl. Weber / Kosmider 1991, S. 17ff.

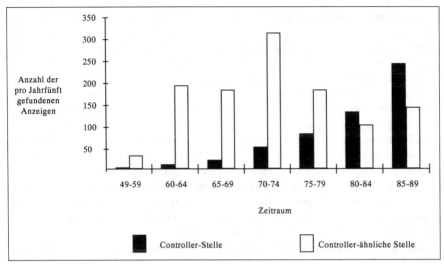

Abbildung 2-2:   Entwicklung der Controller-Stellen in Deutschland von 1949 bis 1989[17]

In der inhaltlichen Ausrichtung des Controlling läßt sich in dieser Zeitspanne – wie Abbildung 2-3 zeigt – ein deutlicher Wandel der Schwerpunkte erkennen.

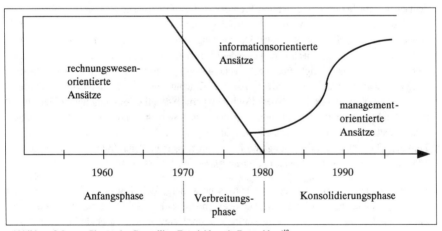

Abbildung 2-3:   Phasen der Controlling-Entwicklung in Deutschland[18]

---

[17] Nach Weber / Kosmider 1991.

[18] Lingnau 1998, S. 278. Eine ähnliche Einteilung von Controlling-Typen findet sich – allerdings ohne Aussage über ihre dynamische Entwicklung im Zeitablauf – bei Henzler 1974, S. 60ff. Er unterscheidet zwischen dem historisch-buchhalterischen Controller, dem zukunfts- und aktionsorientierten Controller und dem managementsystemorientierten Controller.

Die *rechnungswesenorientierten Ansätze* der 50'er und 60'er Jahre stellten die Rolle des Controlling als Steuerungsinstrument in den Mittelpunkt, das mit Hilfe von Daten des Rechnungswesens sowie der Planungs- und Kontrollrechnung die (indirekte) Führung des Unternehmens ermöglicht. Wie Abbildung 2-2 deutlich macht, stieß diese Ausrichtung des Controlling zunächst auf Akzeptanzprobleme. Mit der Etablierung des Controlling in der Unternehmenspraxis in den 70'er Jahren wandelte sich auch das Controlling-Verständnis hin zu *informationsorientierten Ansätzen*. Hierbei wird die Koordination von Informationsbedarf und Informationsbeschaffung als Hauptaufgabe gesehen. Diese Sicht setzt auf den rechnungswesenorientierten Ansätzen auf, erweitert diese jedoch in Richtung einer ganzheitlichen Informationswirtschaft, insbesondere vor dem Hintergrund zunehmender elektronischer Datenverarbeitung. In den 80'er Jahren hat sich das Controlling in der unternehmerischen Praxis weitgehend durchgesetzt. Die Sichtweise wandelte sich erneut, auch unter dem Einfluß einer zunehmenden theoretischen Aufarbeitung, hin zu *managementorientierten Ansätzen*, die dem Controlling die Position eines eigenständigen Führungssubsystems zubilligen. Zugleich findet eine Übertragung des Controlling auf einzelne betriebswirtschaftliche Funktionsbereiche statt (z.B. in Form eines Logistik-, Produktions-, Marketing- oder Personalcontrolling).[19]

2.1.2   Der Controlling-Begriff

Mit der Übertragung des Controlling-Gedankens aus dem angloamerikanischen in den deutschen Sprachraum zeigte sich das Problem, daß es im Deutschen keinen Begriff gab, der die Bedeutungsbreite des Wortes „Controlling" abdeckte. Mißverständnisse ergaben sich zunächst aus der scheinbar plausiblen Übersetzung von Controlling mit Kontrolle. Letzterer Begriff beinhaltet jedoch nach überwiegendem Verständnis lediglich die Durchführung eines Vergleiches, häufig erfolgt eine noch weitergehende Einschränkung auf einen ex-post-Vergleich zwischen geplanten und realisierten Ergebnissen.[20] In der angloamerikanischen Managementliteratur wird jedoch dem Controlling eine wesentlich umfangreichere Bedeutung zugeschrieben. Plakativ umfaßt Controlling in einem Unternehmen dabei „ ... all devices that insure that it goes where its leaders want it to go."[21] „Üblicherweise wird to control als Lenkung, Steuerung bzw. Regelung von Prozessen aufgefaßt. Controlling bedeutet in diesem Wortsinn eine *umfassende, komplexe Führungsfunktion.*"[22]

Für eine weitere Begriffsklärung erscheint es notwendig, zwischen einer funktionalen und einer institutionalen Controlling-Perspektive zu unterscheiden. „Control", also *Controlling im funktionalen Sinne*, wird von Aufgabenträgern im Unternehmen ausgeübt. Dies bedeutet jedoch nicht zwangsläufig, daß dies durch spezialisierte Stelleninhaber, also Controller,

---

[19]   Vgl. Lingnau 1998, S. 278f.

[20]   Vgl. Horváth 1996, S. 25f. sowie Kapitel 4.4.

[21]   Anthony / Dearden / Govindarayan 1992, S. 3.

[22]   Weber 1995, S. 3.

erfolgen muß. Als Führungsfunktion im obigen Sinne kann Controlling auch – als eine Funktion von mehreren – von Führungskräften wahrgenommen werden, ohne daß diese deshalb als Controller zu bezeichnen wären.[23]

In der Regel werden jedoch, speziell in größeren Unternehmen, eigene spezialisierte Stellen gebildet, die vorwiegend mit der Ausübung von Controlling-Aufgaben betraut sind. *Controlling im institutionalen Sinne* bezeichnet dann die Gesamtheit aller entsprechenden organisatorischen Einheiten (z.B. eine Controlling-Abteilung). Im angloamerikanischen Sprachraum wird für diese institutionale Sichtweise häufig der Begriff „controllership" verwendet. Dieser Begriff hat sich in Deutschland nicht durchgesetzt. Controlling kann damit im Deutschen sowohl eine Funktion als auch eine Institution bezeichnen. Diese beiden Bedeutungsebenen sind jedoch analytisch zu trennen. „Eine Identifikation von Funktionsbereich und organisatorischer Umsetzung wäre äußerst unzweckmäßig ... Die Kennzeichnung der zu einem Funktionsbereich gehörenden Aufgaben besagt nicht, daß man sie auch organisatorisch verselbständigen will. Dies erscheint notwendig, um die Freiheitsgrade bei der Organisation nicht einzuschränken und die unterschiedlichen Situationsbedingungen der Unternehmungen nicht zu mißachten."[24]

2.1.3   Controlling-Konzeptionen

Im Gegensatz zur breiten Akzeptanz in der Praxis war im Bereich der betriebswirtschaftlichen Theorie lange Zeit eine deutliche Zurückhaltung und Skepsis gegenüber dem Controlling zu verzeichnen; zum Teil hält dies bis heute an. Die Hauptgründe dafür lagen in der Bedeutungsvielfalt des Controlling-Begriffes in der Praxis sowie in der häufig unklaren Abgrenzbarkeit zu anderen betriebswirtschaftlichen Teildisziplinen. Die Herausbildung einer einheitlichen *Konzeption des Controlling* (im funktionalen Sinne) scheint daher unabdingbare Voraussetzung für die weitere wissenschaftliche Entwicklung und Etablierung des Controlling als anerkannte Teildisziplin der Betriebswirtschaftslehre.[25]

Die Ableitung einer solchen einheitlichen Controlling-Konzeption ausschließlich aus der unternehmerischen Praxis erscheint problematisch. Wie empirische Untersuchungen zeigen,[26] läßt die Vielfalt der Aufgaben, die dort dem Controlling zugedacht werden, zwar gewisse Schwerpunkte erkennen,[27] jedoch läßt sich kein homogener inhaltlicher Kern finden. Ferner

---

[23] Vgl. Weber 1995, S. 3f. Eine Extremposition vertritt in dieser Hinsicht Horváth. Er sieht für die Ausübung der Controlling-Funktion ausschließlich die Führung als Nicht-Controller zuständig. „Der Controller macht selbst kein 'Control' bzw. 'Controlling', er unterstützt vielmehr die Führung hierbei" (Horváth 1996, S. 27). Nach dieser Auffassung stellt sich jedoch die Frage, inwieweit es überhaupt noch gerechtfertigt ist, institutionalisierte Controlling-Stellen und ihre Inhaber, die Controller, als solche zu bezeichnen.

[24] Küpper 1997, S. 6.

[25] Vgl. Küpper 1997, S. 3.

[26] Vgl. z.B. Reichmann / Kleinschnittger / Kemper 1988; Weber / Kosmider 1991.

[27] Vgl. die Phasen der Controlling-Entwicklung in Kapitel 2.1.1.

ist das Controlling in der Praxis einem stetigen inhaltlichen Wandel unterworfen. Eine von der Praxis ausgehende induktive Vorgehensweise liefert daher lediglich Anhaltspunkte für die Entwicklung einer tragfähigen Controlling-Konzeption und bildet einen begrenzenden Rahmen, der vermeidet, daß die Konzeption völlig von der beobachtbaren Praxis abweicht. Weiterführend erscheint dagegen die theoriegeleitete *deduktive Entwicklung* einer Controlling-Konzeption.[28] Im folgenden werden die wichtigsten dieser deduktiv gewonnenen und in der Literatur dargestellten Controlling-Konzeptionen kurz erläutert und beurteilt.[29]

Gewinnzielorientierte Controlling-Konzeption

In der gewinnzielorientierten Controlling-Konzeption steht als Funktion des Controlling die Ausrichtung der unternehmerischen Aktivitäten auf die Sicherstellung der Gewinnerreichung im Vordergrund. „Das Erfolgsziel stellt die Deduktionsbasis dar, aus der sich die Controlling-relevanten Aufgaben ableiten lassen."[30] Diese Aufgaben bestehen in erster Linie darin, dafür zu sorgen, daß die einzelnen Entscheidungsträger und Unternehmensbereiche gemeinsam den *finanziellen Gesamterfolg* des Unternehmens als oberstes Ziel verfolgen. Erreicht wird dies in erster Linie über die Funktionen der Planung und Kontrolle. Ferner sind relevante Informationen mittels eines geeigneten Informationssystems bereitzustellen. Da das Gewinnziel quantitativer Natur ist, bezieht sich diese Konzeption des Controlling lediglich auf den operativen und taktischen Bereich. Die strategische Ebene mit ihren vorwiegend qualitativen Zielgrößen findet keine Berücksichtigung.

Ein zentraler Einwand gegen die gewinnzielorientierte Controlling-Konzeption liegt darin, daß – sofern das Unternehmen das Gewinnziel als oberstes Ziel verfolgt (und nur dann kann diese Konzeption Sinn machen) – die etablierten Systeme der Planung, Kontrolle und Informationsversorgung bereits auf das Gewinnziel ausgerichtet sind bzw. sein sollten. Controlling wäre dann im wesentlichen eine neue Bezeichnung für bereits bestehende Sachverhalte. Ferner stellt die alleinige Ausrichtung auf das Gewinnziel eine oft realitätsferne Einschränkung der Sicht eines Unternehmens dar, das in der Regel mehrere Ziele gleichzeitig verfolgt werden. Hierbei würde eine rein gewinnzielorientierte Controlling-Konzeption Koordinationsprobleme zwischen den unterschiedlichen Unternehmenszielen außer Acht lassen. Ferner bliebe die Koordination zwischen dem operativ-taktischen und dem strategischen Bereich unberücksichtigt.

---

[28] Vgl. Küpper 1997, S. 5f.

[29] Vgl. zusammenfassend Küpper 1997, S. 7ff.; Liedtke 1991, S. 10ff.; Weber 1995, S. 23ff.

[30] Pfohl / Zettelmeyer 1987, S. 149. Die Autoren haben die gewinnzielorientierte Controlling-Konzeption wesentlich geprägt. Weitere Ansätze dieser Richtung finden sich z.B. bei Siegwart 1986 und Mann 1973.

Informationsorientierte Controlling-Konzeption

In der informationsorientierten Controlling-Konzeption konzentriert sich das Controlling auf die informationswirtschaftliche Dimension: „Die Koordination von Informationsbedarf und Informationsbeschaffung ist die zentrale Aufgabe des Controlling."[31] Das Aufgabenspektrum erstreckt sich auf die *Deckung des situationsspezifischen Informationsbedarfs* der Entscheidungsträger im Unternehmen mit Hilfe des Informationssystems. Die notwendigen Informationen sind dabei rechtzeitig, problemadäquat und in geeigneter Verdichtung an die Adressaten zu liefern. Die Basis hierfür bildet ein geeigneter Ausbau des internen Rechnungswesens sowie die Gestaltung des IuK-Systems.

Tatsächlich werden in Abhandlungen zum internen Rechnungswesen nur selten Themen der Informationsbedarfsermittlung und der Informationsbereitstellung vertieft behandelt. Zudem übt das rasch wachsende Potential der IuK-Technik einen immer stärkeren Einfluß auf die Gestaltung des Rechnungswesens aus. Dies scheint für die berechtigte Existenz einer informationsorientierten Controlling-Konzeption zu sprechen.

Zweifel ergeben sich jedoch an der Eigenständigkeit dieser Konzeption. Die informationsorientierte Controlling-Konzeption bezieht sich auf ein Problemfeld, das in Unternehmen schon immer existierte, jedoch häufig erst durch veränderte Rahmenbedingungen, wie z.B. eine verschärfte Wettbewerbssituation oder neue Potentiale der IuK-Technik,[32] offensichtlich wurde bzw. in seiner Bedeutung zunahm. Damit stellt sich die Frage, ob eine informationsorientierte Controlling-Konzeption nicht lediglich als Weiterentwicklung des traditionellen Rechnungswesens zu werten ist.

Planungs- und kontrollorientierte Controlling-Konzeption

In der informationsorientierten Controlling-Konzeption wird bereits die Koordination als wesentliche Controlling-Funktion angedeutet. Sie bezieht sich dort jedoch nur auf das Informationssystem. Da im Unternehmen jedoch neben einer Koordination der Informationsflüsse auch die Koordination der Handlungen der Entscheidungsträger sichergestellt sein muß, erscheint eine Erweiterung dieser Konzeption auf die Führungsteilsysteme Planung und Kontrolle naheliegend. Im Gegensatz zur gewinnzielorientierten Controlling-Konzeption, die sich ebenfalls primär auf diese drei Führungsteilsysteme bezieht, steht bei der planungs- und kontrollorientierten Controlling-Konzeption nicht die Ausrichtung auf das Gewinnziel, sondern die zunächst zielneutrale Koordination im Mittelpunkt. „Die Controllingfunktion (oder Controlling) besteht in der ergebnisorientierten Koordination von Planung und

---

[31] Müller 1974, S. 683. Der Autor wird als Begründer der informationsorientierte Controlling-Konzeption angesehen, weitere Beiträge mir dieser Ausrichtung liefern z.b. Becker 1988 und Reichmann 1995.

[32] Vgl. Kapitel 3.1.1.

Kontrolle sowie Informationsversorgung."[33] Diese Koordination erfolgt nach Horváth über zwei Wege: Im Rahmen *systembildender Koordination* erfolgt diese „ ... durch die Bildung aufeinander abgestimmter formaler Systeme ... "[34]. Unter *systemkoppelnder Koordination* werden alle Aktivitäten verstanden, „ ... die im Rahmen der gegebenen Systemstruktur zur Problemlösung sowie als Reaktion auf 'Störungen' stattfinden und in einer Aufrechterhaltung sowie Anpassung der Informationsverbindungen zwischen Teilsystemen bestehen."[35]

Es stellt sich für die planungs- und kontrollorientierte Controlling-Konzeption jedoch die Frage, inwieweit sich systembildende und systemkoppelnde Koordinationsaufgaben tatsächlich ausschließlich auf die Führungsteilsysteme Planung, Kontrolle und Informationssystem beschränken lassen. Besonders die systembildende Koordination wird sich häufig organisatorischer und personeller Gestaltungsmaßnahmen bedienen, so daß eine Einbeziehung auch dieser Führungsteilsysteme in ein koordinationsorientiertes Controlling unumgänglich scheint.

2.2 Begriffsfassung des Controlling: Die koordinationsorientierte Controlling-Konzeption

Die Ausweitung des Bezugsbereichs der planungs- und kontrollorientierten Controlling-Konzeption sowohl auf das Organisations- als auch auf das Personalführungssystem findet in der heute in der theoriegeleiteten Behandlung des Controlling vorherrschenden koordinationsorientierten Controlling-Konzeption statt. Aus dieser Sicht ist das gesamte Führungssystem eines Unternehmens Bezugsgegenstand des Controlling.

2.2.1 Koordination des Führungssystems als originäre Controlling-Funktion

Als Ausgangspunkt der koordinationsorientierten Controlling-Konzeption kann ein Beitrag von Küpper / Weber / Zünd gesehen werden, in welchem „Thesen zur Konsensbildung" hinsichtlich des Controlling-Verständnisses postuliert werden.[36] Ebenso wie in der planungs- und kontrollorientierten Controlling-Konzeption steht auch hier die Koordinationsfunktion des Controlling im Mittelpunkt. Wenngleich Planungs-, Kontroll- und Informationssystem als Bezugsobjekte herausgehoben werden, so werden doch auch Organisation und Personalführung explizit als koordinationsbedürftige Führungsteilsysteme genannt.[37] „Die Controlling-

---

[33] Horváth 1996, S. 139 (Hervorhebungen weggelassen). Horváth stellt erstmals die Koordination als Kernfunktion des Controlling explizit heraus (vgl. Horváth 1978). Er ist als Hauptvertreter der planungs- und kontrollorientierten Controlling-Konzeption anzusehen.

[34] Horváth 1996, S. 117.

[35] Horváth 1996, S. 118.

[36] Vgl. Küpper / Weber / Zünd 1990.

[37] Vgl. Küpper / Weber / Zünd 1990, S. 284.

Funktion besteht im Kern in der Koordination des Führungs*gesamt*systems."[38] Diese Auffassung bildet den Ausgangspunkt für die theoriegeleitete Begründung der koordinationsorientierten Controlling-Konzeption.

Sobald die Führung in einem Unternehmen nicht mehr von einer einzelnen Person bewältigt werden kann – z.b. aufgrund einer Menge und Komplexität der Führungsaufgaben, die die Kapazität eines Individuums übersteigen – ist es erforderlich, das Führungssystem in spezialisierte Teilsysteme aufzuteilen. „Mit dieser gedanklichen Aufspaltung der Führung und ihrem Ausbau geht eine gewisse Verselbständigung der Teilsysteme einher. Die Zerlegung bewirkt, daß Beziehungen zwischen eng zusammenhängenden Tatbeständen aufgespalten werden."[39] Dadurch entsteht wiederum ein Bedarf an Koordination. „Koordination läßt sich ... als Abstimmung zwischen interdependenten, aber getrennten Tatbeständen (in diesem Falle die Funktionen der getrennten Führungsteilsysteme, Anm. d. Verf.) auffassen."[40]

Die Funktion *Koordination* bildet somit die Grundlage für die Entwicklung der koordinationsorientierten Controlling-Konzeption. „Bei ihr (der Koordination, Anm. d. Verf.) handelt es sich um eine eigenständige Problemstellung, deren Gewicht zugenommen hat. Insofern erscheint es ... gerechtfertigt, für diese Funktion einen speziellen und neuen Begriff einzuführen. Wenn Controlling mehr als eine neue Bezeichnung für bekannte Aspekte oder Bereiche der Führung sein soll, liegt diese Problemstellung in der Koordination des Führungssystems, weil diese Funktion erst durch den systematischen Ausbau eines gegliederten Führungssystems entsteht und Gewicht erhält."[41] Der Grundgedanke der koordinationsorientierten Controlling-Konzeption ist in Abbildung 2-4 dargestellt.

Die Koordinationsfunktion im Rahmen der koordinationsorientierten Controlling-Konzeption umfaßt, wie die Abbildung 2-4 bereits andeutet, unterschiedliche Aspekte:

- die Koordination zwischen Führungs- und Leistungssystem,

- die Koordination innerhalb eines einzelnen Führungsteilsystems,

- die Koordination zwischen den Führungsteilsystemen,

- die (Meta)-Koordination innerhalb des Controlling-Systems.

---

[38] Vgl. Küpper / Weber / Zünd 1990, S. 283 (Hervorhebung des Verfassers). In der Weiterführung dieser Grundthese gelten heute vor allem Küpper und Weber als Hauptvertreter der koordinationsorientierten Controlling-Konzeption. Diese Konzeption liegt auch den Controlling-Lehrbüchern der beiden Autoren zugrunde (vgl. Küpper 1997; Weber 1995).

[39] Küpper 1997, S. 15 (Hervorhebungen weggelassen).

[40] Weber 1995, S. 34f.

[41] Küpper 1997, S. 15f.

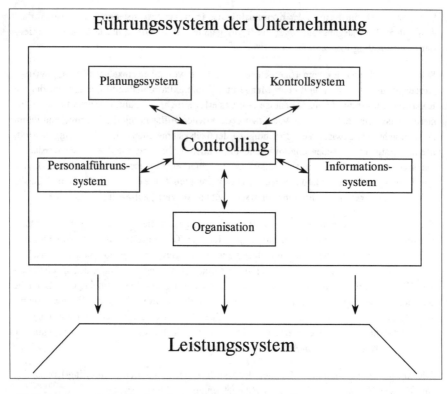

Abbildung 2-4:   Die koordinationsorientierte Controlling-Konzeption[42]

Die Charakteristika dieser unterschiedlichen Koordinationsaspekte und ihre Relevanz für die koordinationsorientierte Controlling-Konzeption werden im folgenden erläutert.

Koordination zwischen Führungs- und Leistungssystem

Diese auch als *Primärkoordination* bezeichnete Dimension beruht auf einer analytischen Trennung des Unternehmens in ein Teilsystem, das der Umwandlung von Input- in Output-güter dient (Leistungssystem), und ein weiteres Teilsystem, das diesen Transformationsvor-gang lenkt (Führungssystem). Diese Sichtweise beruht letztlich auf dem klassischen fakto-riellen Ansatz Gutenbergs, der zwischen Elementarfaktoren (Werkstoffe, Betriebsmittel, ausführende Arbeit) und dem dispositiven Faktor (Betriebsführung, Planung, Organisation, Überwachung) unterscheidet.[43] Die Kombination der Elementarfaktoren – die Produktion im

---

[42]   Küpper 1997, S. 15.

[43]   Vgl. Gutenberg 1983, S. 3f.

Sinne Gutenbergs – ist Gegenstand des Leistungssystems. Sie bedarf jedoch der Koordination durch den dispositiven Faktor, der dem Führungssystem entspricht.

Die Primärkoordination ist nach Meinung der Vertreter der koordinationsorientierten Controlling-Konzeption Aufgabe der Führung bzw. der Führungsteilsysteme. „Aufgabe des Planungs-, Kontroll-, Informations- und Personalführungssystems sowie des Organisationssystems ist es, einen Beitrag zur Primärkoordination des Ausführungssystems (entspricht dem Leistungssystem, Anm. d. Verf.) zu erbringen."[44] Die Koordinationsfunktion des Controlling beinhaltet dagegen nicht die Primärkoordination.[45]

Diese Einschränkung führt zu einer klaren Abgrenzung zwischen dem Aufgabenbereich der Führung, der in der Primärkoordination liegt, und dem Aufgabenbereich des Controlling, der – wie im folgenden zu zeigen sein wird – die Sekundärkoordination umfaßt. Dies erlaubt die eindeutige Identifikation des Controlling als eigenständige Disziplin.

Daß diese theoretische Trennung jedoch praktisch nicht völlig durchzuhalten ist, zeigt sich in einschränkenden Aussagen wie der folgenden: Die Sekundärkoordination als Aufgabenbereich des Controlling kann „ ... nicht völlig losgelöst von dem Gegenstand erfolgen, auf den sich die Führung bezieht. Hieraus folgt, daß für das Controlling die Aufgaben und Probleme der Koordination im Leistungssystem indirekt maßgeblich sind ... Umgekehrt beeinflußt das Controlling als Führungsteilsystem die Koordination im Leistungssystem."[46]

Die koordinationsorientierte Controlling-Konzeption baut in ihrer Reinform auf dem letztlich hierarchisch geprägten Ansatz Gutenbergs auf. Dort bestehen nur geringe Abgrenzungsprobleme zwischen Führungs- und Leistungssystem. Verschärft tritt dieses Abgrenzungsproblem dagegen in neueren Unternehmensformen auf, in denen eine verstärkte Dezentralisierung von Entscheidungsrechten und eine zunehmende Reintegration von ausführenden und administrativen Aufgaben stattfindet.[47] Daher sind in diesen Formen Einschränkungen der Zweckmäßigkeit der Reinform zu erwarten, was eine veränderte Sicht erforderlich macht.[48]

Koordination innerhalb der einzelnen Führungsteilsysteme

Wie die Abbildung 2-4 verdeutlicht, erzeugt ein in mehrere Teilfunktionen gegliedertes Führungssystem neben dem Primärkoordinationsbedarf zwischen Führungs- und Leistungssystem auch einen Bedarf nach Koordination innerhalb des Führungssystems. Dieser besteht sowohl innerhalb der einzelnen, funktional abgegrenzten Führungsteilsysteme als auch

---

[44] Weber 1995, S. 297.

[45] Vgl. Küpper 1997, S. 21.

[46] Küpper 1997, S. 21.

[47] Vgl. Kapitel 4.1.

[48] Vgl. Kapitel 2.2.2.

zwischen diesen Teilsystemen. „Diese Aufgaben der Sekundärkoordination werden sämtlich dem Controlling zugerechnet."[49] Im Teilbereich der *führungsteilsysteminternen Sekundär-koordination* können dabei beispielhaft folgende Aufgaben anfallen:[50]

* Im Bereich der *Organisation* ist eine Koordination zwischen den Gestaltungsparametern der Organisation (z.B. Aufgaben- und Kompetenzverteilung, Kommunikationsstruktur und organisatorische Standardisierung) erforderlich. Ferner besteht ein grundsätzlicher Koordi-nationsbedarf zwischen den zu gestaltenden Strukturen (Aufbauorganisation) und den darin ablaufenden Prozessen (Ablauforganisation).[51]

* Innerhalb des *Personalführungssystems* besteht ebenfalls Koordinationsbedarf zwischen den einzelnen Komponenten dieses Führungsteilsystems. Abzustimmen sind hier bei-spielsweise Ziel- und Anreizsysteme, Personalentwicklungsmaßnahmen, Motivations-strukturen, sowie Maßnahmen zur Schaffung von Vertrauen und gemeinsamen Werten.[52]

* Im *Planungssystem* sind die sachlichen Teilplanungsebenen (z.B. Beschaffungs-, Produk-tions-, Absatz-, Investitions- oder Finanzplanung) sowie die zeitlichen Teilplanungsebenen (strategische, taktische, operative Planung) abzustimmen. Koordinationsprobleme können hier bei der Abstimmung unterschiedlicher Planungsmethoden (z.B. Top-down- versus Bottom-up-Planung) und unterschiedlicher Planungsgrößen (z.B. qualitative, langfristig orientierte und hoch aggregierte Größen in der strategischen Planung versus quantitative, kurzfristige und detaillierte Größen in der operativen Planung) entstehen.[53]

* Innerhalb des *Kontrollsystems* besteht Koordinationsbedarf zwischen unterschiedlichen Phasen des Kontrollprozesses (z.B. Festlegung des Kontrollbereiches, Kontrolldurchfüh-rung, Abweichungsanalyse, Ableitung von Anpassungsmaßnahmen) sowie zwischen unter-schiedlicher Kontrollformen (z.B. Prämissen-, Planfortschritts-, Realisationskontrolle).[54]

* Im *Informationssystem* bestehen vielfältige Koordinationsprobleme zwischen den unter-schiedlichen Systemen der Unternehmensrechnung (z.B. zwischen den klassischen Syste-men der Investitionsrechnung, der Kosten- und Erlösrechnung, der Finanzbuchhaltung und der Liquiditätsrechnung). Ein besonderes Problem stellt die Abbildung dieser Unterneh-mensrechnungen in EDV-Systemen sowie die Abstimmung mit den Informationsbedürf-nissen der Nutzer dar.[55]

---

[49] Weber 1995, S. 298.

[50] Vgl. Küpper 1997, S. 22.

[51] Vgl. Kapitel 4.1.

[52] Vgl. Kapitel 4.2.

[53] Vgl. Kapitel 4.3.

[54] Vgl. Kapitel 4.4.

[55] Vgl. Kapitel 4.5.

Koordination zwischen den Führungsteilsystemen

Der zweite Teilbereich der Sekundärkoordination innerhalb des Führungssystems betrifft die *wechselseitige Koordination der Führungsteilsysteme*. Da das Führungssystem letztlich als Ganzes für eine konsistente Primärkoordination sorgen muß, ist in einem funktional gegliederten Führungssystem eine permanente Abstimmung zwischen den einzelnen Führungsteilsystemen notwendig.

Besonders offensichtlich tritt dieser Koordinationsbedarf zwischen Planungs-, Kontroll- und Informationssystem zutage.[56] Daten des Informationssystems bilden sowohl die Grundlage für Planungsprozesse als auch die Basis für Kontrollen. Planung und Kontrolle sind aus einer prozessualen Perspektive aber auch direkt eng miteinander verknüpft (z.B. Planwerte als Vergleichsbasis für Kontrollen, Kontrollergebnisse als Auslöser für Plananpassungen). Eine Koordination von Planungs-, Kontroll- und Informationssystem ist aber auch mit dem Personalführungssystem erforderlich. Zum einen liefern erstere Systeme die Informationsbasis für die Gestaltung von Anreiz- und Motivationsstrukturen. Zum anderen gehen sowohl von den Informationsinhalten selbst als auch von der methodischen Durchführung von Planungs- und Kontrolltätigkeiten zum Teil erhebliche Verhaltenswirkungen aus, die eine Abstimmung mit der Personalführungsfunktion erfordern. Schließlich müssen Planungs-, Kontroll-, Informations- und Personalführungssystem auch mit den organisatorischen Strukturen und Prozessen kompatibel sein.

Koordination innerhalb des Controlling-Systems

Bei konsequenter Auslegung der koordinationsorientierten Controlling-Konzeption erweist sich die Hauptfunktion des Controlling – die Sekundärkoordination der Führungsteilsysteme – als strukturgleich mit der Primärkoordination des Leistungssystems durch das Führungssystem. Das koordinationsorientierte Controlling stellt aus dieser Sicht ein „Führungssystem des Führungssystems" dar.[57] Damit entsteht analog zum Sekundärkoordinationsbedarf innerhalb des Führungssystems der Bedarf an *Tertiärkoordination* innerhalb des Controlling.[58]

---

[56] Die planungs- und kontrollorientierte Controlling-Konzeption nach Horváth konzentriert sich daher auf diese drei Führungsteilsysteme, vgl. Kapitel 2.1.3.

[57] Vgl. zu dieser Interpretation des Controlling als „Metaführung" Stoffel 1995, S. 46f. Scharf kritisiert wird diese Sichtweise dagegen von Horváth 1996, S. 145, der darin den „ ... 'Höhepunkt' einer sich im Allgemein-Unverbindlichen verlierenden Controllingdefinition ... " sieht.

[58] Vgl. Weber 1995, S. 299f. Diese hierarchische Entwicklung von Koordinationsebenen ließe sich theoretisch ad infinitum fortsetzen.

2.2.2 Koordinationsorientiertes Controlling als Servicefunktion des Managements

In neueren, vor allem auch praxisnahen Veröffentlichungen wird Controlling häufig als *Servicefunktion des Managements* charakterisiert.[59] Diese Charakterisierung des Controlling soll aus zwei Gründen auch als Grundlage der folgenden Ausführungen dienen:

- Zum einen wird in Kapitel 3 mit dem Konzept des Telemanagements ein *managementorientierter Ansatz* gewählt.

- Zum anderen scheint in den hier vorwiegend betrachteten, dezentralen und nicht-hierarchischen Telekooperationsformen der Gedanke eines *serviceorientierten Controlling* näherliegend und auch in der Praxis stärker akzeptiert[60] als der eines hierarchisch strukturierten Metaführungssystems.

Daß jedoch die in Kapitel 2.2.2. vorgestellte koordinationsorientierte Controlling-Konzeption und ihre Interpretation als Servicefunktion des Managements durchaus kompatibel sind, soll im folgenden anhand einer Gegenüberstellung von Koordinations- und Servicefunktion einerseits sowie Führung und Management andererseits verdeutlicht werden.

Koordinationsfunktion versus Servicefunktion

Schon in dem bereits zitierten grundlegenden Beitrag von Küpper / Weber / Zünd, der die koordinationsorientierte Controlling-Konzeption maßgeblich prägte, findet sich ein Hinweis auf die Interpretation der Koordinationsfunktion des Controlling als Serviceleistung: „Controlling ist Führungshilfe."[61] Auch Küpper sieht in der Servicefunktion „ ... eine zweckmäßige Spezifikation der Koordinationsfunktion."[62] Er charakterisiert die Servicefunktion vor allem als die Kompetenz des Controlling, die Führungsteilsysteme bei Entwicklung, Auswahl und Einsatz geeigneter Methoden zu unterstützen. „Daher läßt sich die Aussage, Controlling zeichne sich durch eine Methodenorientierung aus, in die koordinationsorientierte Konzeption einbinden. Servicefunktion bedeutet dann die Bereitstellung geeigneter Methoden, um eine Koordination zu erreichen und den Führungsteilsystemen Informationen über die für ein koordiniertes Handeln zweckmäßigen Verfahren zu liefern."[63]

---

[59] Vgl. als exemplarisches Beispiel den einführenden Beitrag von Hoffmann / Niedermayr / Risak 1996 im Sammelwerk von Eschenbach.

[60] Vgl. die in Kapitel 2.3.3 dargestellte Untersuchung von Witt 1989.

[61] Küpper / Weber / Zünd 1990, S. 283 (Hervorhebung weggelassen).

[62] Küpper 1997, S. 19.

[63] Küpper 1997, S. 19.

Führung versus Management

Nicht selten wird eine recht unscharfe Verwendung des Begriffes „Management" beklagt: „Denn weder ist das Gebiet der Managementlehre heute schon klar umrissen, noch hat der Begriff des Managements selbst bisher eine einheitliche Festlegung erfahren. In der Wirtschaftspraxis ist er ein 'Allerweltsbegriff', der – zumal in Deutschland – mehr um seiner Signalkraft willen als seines Bedeutungsgehalts wegen verwendet wird."[64]

Der deutsche Begriff, der dem Management am nächsten kommt, ist der der Führung. Dessen Wurzeln liegen in der Sozialpsychologie. In der Betriebswirtschaftslehre werden häufig zwei Varianten des Führungsbegriffes unterschieden:

* *Personal- bzw. Mitarbeiterführung*: Darunter versteht man „ ... personenbezogene Handlungen, bei denen einzelne Personen oder Personenmehrheiten (Führende) auf andere Personen (Geführte) einwirken, um diese zu einem zielentsprechenden Handeln zu veranlassen."[65]

* *Unternehmensführung*: Sie bezeichnet die auf wirtschaftliche Institutionen bezogenen, betriebswirtschaftlich-methodischen Aspekte der Führung.[66]

Häufig wird der Begriff „Unternehmensführung" synonym mit „Management" verwendet.[67] Auch die – zumindest implizite – Gleichsetzung des Oberbegriffes „Führung" mit „Management" ist anzutreffen.[68] Bereits Gutenberg konstatierte jedoch Bedeutungsnuancen zwischen den beiden Begriffen: Beim Management müsse man bestimmte Akzente mitdenken, die den Charakter des Begriffes prägen, unter anderem in die Richtungen Experimentierfreude, Dynamik, Flexibilität und Offenheit.[69] Auch Hofmann betont in der Unterscheidung zur Führung beim Management den Aspekt der „ ... Übernahme einer letztlich individuellen

---

[64] Steinmann / Schreyögg 1997, S. 5.

[65] Heinen 1984, S. 38. Häufig ist dieser personenbezogene Aspekt auch in Definitionsansätzen des allgemeinen, unattribuierten Begriffes „Führung" enthalten, so z.B. bei Ulrich / Fluri 1995, S. 13, die den Führungsbegriff auf Menschenführung einschränken, oder in der weitverbreiteten Definition von Wunderer / Grunwald 1980, S. 62, die Führung als „ ... zielgerichtete soziale Einflußnahme zur Erfüllung gemeinsamer Aufgaben ... " kennzeichnen. Letztere unterscheiden allerdings im weiteren Verlauf ebenfalls, wie im obigen Sinne, zwischen „Struktureller Führung" und „Menschenführung" (S. 106ff.).

[66] Vgl. Staehle 1994, S. 70.

[67] Vgl. z.B. die Analyse von Hofmann 1988, S. 10. Staehle 1994, S. 70 kritisiert an dieser Gleichsetzung das Fehlen der personenbezogenen, verhaltenswissenschaftlichen Komponenten, die in seiner Managementkonzeption einen breiten Raum einnehmen. Ulrich / Fluri 1995, S. 13 verwenden den Begriff der „Unternehmensleitung" synonym zu „Management", wobei ersterer sehr nahe bei der „Unternehmensführung" im obigen Sinne liegt.

[68] Eine explizite Gleichsetzung ist z.B. bei Küpper 1997, S. 14 zu finden.

[69] Vgl. Gutenberg 1962, S. 20 sowie Rühli 1973, S. 29.

Gesamtverantwortung für eine klar definierte Zielerreichung ... "[70] innerhalb arbeitsteiliger Prozesse.

2.2.3   Zur instrumentellen Unterstützung des koordinationsorientierten Controlling

„Ein Instrument ist ein Hilfsmittel bei der Erfüllung einer Aufgabe ... Controllinginstrumente sind damit alle methodischen Hilfsmittel, die zur Erfüllung von Controllingaufgaben herangezogen werden können."[71] Vor allem in der Praxis werden Controller häufig in der Rolle von „Werkzeugmachern" gesehen, die dem Management geeignete Instrumente zur Verfügung stellen und dafür sorgen, daß diese situationsadäquat eingesetzt werden. Besonders bei Bezugnahme auf eine sehr breit angelegte Controlling-Konzeption wie die koordinationsorientierte besteht jedoch die Gefahr, daß nahezu alle Führungsinstrumente unter dem Begriff „Controlling-Instrumente" subsumiert werden.[72] Die überwiegende Mehrzahl solcher Instrumente dient jedoch vorwiegend zur Primärkoordination der Leistungssystems durch das Führungssystem.[73] „Deshalb sind sie keine *spezifischen* Controlling-Instrumente, sondern können *auch* für das Controlling genutzt werden."[74]

Hierauf aufbauend liefert Küpper einen Ansatz zur Systematisierung von Instrumenten, die die Koordinationsaufgabe des Managements unterstützen können:

- Die *isolierten Koordinationsinstrumente* sind in dieser Systematik einem einzelnen Führungsteilsystem zugeordnet, können aber ihre koordinierende Wirkung über diesen Teilbereich hinaus im gesamten Führungssystem entfalten und damit verknüpfend wirken. Deutlich wird dies beispielsweise bei Organisationsinstrumenten wie der Aufgabenverteilung, der Implementierung einer Kommunikationsstruktur sowie der Standardisierung von Prozessen im Führungsbereich.

- Die *übergreifenden Koordinationsinstrumente* (zentralistische Führungssysteme, Budgetierungssysteme, Kennzahlen- und Zielsysteme sowie Verrechnungs- und Lenkungspreissysteme) können dagegen keinem spezialisierten Führungsteilsystem zugeordnet werden. „Sie werden zu umfassenden Koordinations- und Steuerungsinstrumenten, weil sie Komponenten von jedem Führungsteilsystem enthalten ... Da sie nicht zu einem einzigen Führungsteilsystem gehören, können sie als originäre und charakteristische Controllinginstrumente angesehen werden. Mit ihnen wird eine Koordination der Führung und daher eine

---

[70]   Hofmann 1988, S. 24.

[71]   Horváth 1993, Sp. 670.

[72]   Vgl. dazu beispielsweise den umfangreichen Instrumentenkatalog von Kraege 1997, S. 147ff., sowie zusammenfassend S. 208f.

[73]   Vgl. Kapitel 2.2.1.

[74]   Küpper 1997, S. 26 (Hervorhebungen im Original).

umfassende Steuerung der Unternehmung erreicht. Insofern treffen sie den Kern des Controlling."[75]

Das System der Controlling-Instrumente nach Küpper ist in Abbildung 2-5 dargestellt. Es bildet das Gerüst für die folgende systematische Untersuchung der Auswirkungen eines telekooperativen Managements auf das Controlling als Servicefunktion des Managements.

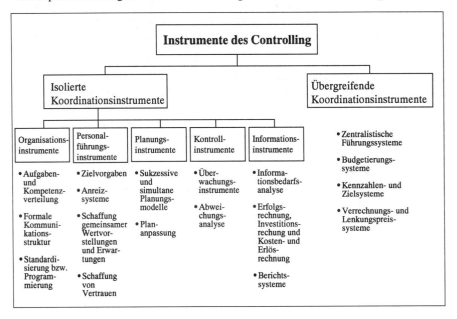

Abbildung 2-5:   Instrumente des Controlling[76]

---

[75] Küpper 1997, S. 26. Entsprechend dieser Einschätzung sieht Küpper in der Analyse und Weiterentwicklung der übergreifenden Koordinationsinstrumente auch eine zentrale Forschungsaufgabe, vgl. S. 289.

[76] Nach Küpper 1997, S. 25.

2.3   Zum Verhältnis von Controlling und Management

In bezug auf die koordinationsorientierte Controlling-Konzeption wird in der Literatur des öfteren die Befürchtung eines Verschwimmens von Management- und Controlling-Aufgaben geäußert.[77] Im bisherigen Verlauf des Kapitels 2 wurde deutlich, daß Controlling in der koordinationsorientierten Konzeption auf das Engste mit dem Management verbunden ist, indem es für dieses über entsprechende Instrumente Serviceleistungen der Koordination zur Verfügung stellt. „Koordination" wird jedoch auch in vielen klassischen Managementkonzeptionen als eine zentrale Funktion des Managements selbst gesehen.

Im folgenden erscheint eine eindeutige Abgrenzung von Management und Controlling notwendig, da im weiteren Verlauf der Arbeit – aufbauend auf den Besonderheiten eines telekooperativen *Managements* (Kapitel 3) – die spezifischen Anforderungen an ein *Controlling* in solchen Strukturen (Kapitel 4) abgeleitet wird. Die beiden Begriffe werden daher nachfolgend vergleichend gegenübergestellt und voneinander abgegrenzt. Dies erfordert zunächst eine nähere Bestimmung des Managementbegriffes.

2.3.1   Der Managementbegriff

Für das englische Verb „ to manage" wird eine Vielzahl von deutschen Übersetzungen angeboten: leiten, führen, zustande bringen, (mit etwas) umgehen, (jemanden) zu nehmen wissen, zurechtkommen, ermöglichen, etc. Dies läßt bereits eine große Vielfalt der dem Management zugeschriebenen Bedeutungen erahnen.

Eine *etymologische Deutung* führt „to manage" auf das lateinische „manus agere" zurück, das wörtlich mit „an der Hand führen" zu übersetzen ist. Damit wird die Funktion der Führung in einem „ursprünglichen Sinn" angesprochen, die die Aufgaben der Disziplinierung und der Übernahme der Verantwortung, andere anzuleiten und auf ein bestimmtes Ziel hin zu lenken, beinhaltet.[78]

Die *historische Entwicklung* von Managementaufgaben[79] beginnt mit der Industrialisierung, die zuerst Mitte des 18. Jahrhunderts in England einsetzte und einige Jahrzehnte später auch Deutschland und Nordamerika erfaßte. Zwar sind auch in der vorindustriellen Zeit Funktionen erkennbar, die als Management bezeichnet werden können, jedoch fehlte dabei in der Regel die Orientierung an spezifisch ökonomischen Zielen.[80] Mit der Industrialisierung einher ging ein Wandel der Produktionsstrukturen von handwerklichen Kleinbetrieben – in denen mit

---

[77] So z.B. Müller 1996, S. 145.

[78] Vgl. Braverman 1977, S. 61; Hofmann 1988, S. 8.

[79] Vgl. im folgenden Staehle 1994, S. 3ff.

[80] Staehle 1994, S. 3 verweist hier auf die Entstehung erster formal strukturierter Großorganisationen in den frühen Hochkulturen wie z.B. Ägypten, Babylon, Griechenland und dem römischen Reich. Dort wurden bereits „Managementprinzipien und -techniken" angewandt, die jedoch vorrangig der Verfolgung religiöser, politischer oder militärischer Ziele dienten.

einem geringem Grad an Arbeitsteilung vornehmlich in Handarbeit kleinere Gütermengen produziert wurde – hin zu Fabriken. Diese waren gekennzeichnet durch eine stark zentralisierte Massenfertigung[81] mit stark ausdifferenzierter Arbeitsteilung. Damit wurde eine Formalisierung von Strukturen und Abläufen der Leistungserstellung erforderlich, was zur Herausbildung von Managementfunktionen wie Planung, Organisation und Kontrolle führte.

Die Lehre Taylors

Einen wesentlichen Ausgangspunkt der *wissenschaftlichen Managementforschung* bilden die Ideen des Ingenieurs und Betriebsberaters Frederick Winslow Taylor, der mit seinem 1911 erschienenen Werk „The Principles of Scientific Management" die Lehre des *Scientific management* – im Deutschen mit „wissenschaftlicher Betriebsführung" übersetzt – begründete.[82] Sie hatte maßgeblichen Einfluß auf die weitere Entwicklung der Managementlehre. Ausgangspunkt war die Überlegung Taylors, daß sowohl Arbeitnehmer als auch Arbeitgeber nach möglichst hohen Löhnen bzw. Gewinnen trachten.[83] Taylor legt dabei das implizite Bild eines ausschließlich extrinsisch motivierbaren Menschen zugrunde.[84] Davon ausgehend schlägt er eine an „wissenschaftlichen" Grundsätzen[85] orientierte Gestaltung der betrieblichen Strukturen und Prozesse vor, die durch eine reine Produktivitätsoptimierung letztlich sowohl den Bedürfnissen der Arbeitgebern als auch denen der Arbeitnehmern entgegenkommen sollten. Im einzelnen ist dies nach Taylor durch folgende Prinzipien zu erreichen:[86]

- die personelle Trennung leitender und ausführender Arbeit,

- die räumliche Ausgliederung von Planung, Steuerung und Kontrolle aus der Fertigung,

- die weitgehende funktionale Zerlegung der ausführenden Tätigkeiten,

- die systematische Kontrolle der Ausführenden durch die Leitung,

- die Implementierung eines finanziellen Anreizsystems auf der Basis von Zeitstudien.

---

[81] Zumindest zu Beginn der Industrialisierung war dies notwendig aufgrund von ausschließlich zentral verfügbaren Energiequellen wie Wasserkraft oder Dampfmaschine, die aus technischen Gründen nicht räumlich und kapazitätsmäßig verteilt werden konnten.

[82] Vgl. zusammenfassend z.B. Kieser 1993, S. 72ff.; Picot / Reichwald / Wigand 1998, S. 436ff.; Ulich 1994, S. 6ff.

[83] Dazu Taylor 1913, S. 8: „Fast allgemein hört man die Ansicht vertreten, daß die grundlegenden Interessen des Arbeitgebers und des Arbeitnehmers sich unvereinbar gegenüberstehen. Im Gegensatz hierzu liegt einer auf wissenschaftlicher Grundlage aufgebauten Verwaltung als Fundament die unumstößliche Überzeugung zugrunde, daß die wahren Interessen beider Parteien ganz in derselben Richtung liegen, daß Prosperität des Arbeitgebers auf lange Jahre hinaus nur bei gleichzeitiger Prosperität des Arbeitnehmers bestehen kann und umgekehrt; es muß möglich sein, gleichzeitig dem Arbeiter seinen höchsten Wunsch – nach höherem Lohne – und dem Arbeitgeber sein Verlangen – nach geringen Herstellungskosten seiner Waren – zu erfüllen".

[84] Vgl. Hesch 1997, S. 72.

[85] Zur Kritik an der Wissenschaftlichkeit der Taylor'schen Lehre vgl. Kieser 1993, S. 86.

[86] Vgl. Taylor 1913, S. 37ff.

Die Lehre des Scientific management war nicht unumstritten. Besonders heftig wurde die Diskussion in Deutschland in der Taylorismus- bzw. Humanisierungsdebatte der 60'er und 70'er Jahre geführt.[87] Es wurde deutlich, daß durch die Reduktion des arbeitenden Menschen zum funktionsfähigen Produktionsfaktor und Befehlsempfänger ein großer Teil des menschlichen Kreativitäts- und Innovationspotentials „verschenkt" wird.[88] Dennoch konnte der Tayloristischen Lehre – solange sie im Bereich der industriellen Massenproduktion angewandt wurde – ein erhebliches Produktivitätssteigerungspotential nicht abgesprochen werden. „Der Taylorismus war eine Ideologie, die sich durch praktischen Erfolg bestätigte."[89]

Daher baut die Managementlehre in vielen Bereichen auch heute noch stark auf dem Scientific management auf. „Für die Ideengeschichte des Managements sind ... die Taylorschen Gedanken ... von Bedeutung, wurde doch hiermit erstmals die Verselbständigung und Ausformung von Managementfunktionen zum Konzept erhoben. Planung und Kontrolle gewinnen im 'Scientific Management' als eigene Managementfunktionen Gestalt."[90]

Die Lehre Fayols

Eine zweite wichtige Wurzel der heutigen Managementlehre bildet das 1916 erschienene Werk „Administration industrielle et générale" des französischen Verwaltungsfachmannes Henri Fayol. Im Gegensatz zu den eher pragmatischen Lehren Taylors entwirft Fayol einen ersten konzeptionellen Bezugsrahmen für die Managementlehre.[91] Fayol unterscheidet sechs Gruppen von Grundvorgängen im Unternehmen, zu denen er neben technischen, kommerziellen, finanzwirtschaftlichen, sicherungstechnischen und unternehmensrechnerischen Vorgängen auch die „opérations administratives" rechnet. Bei letzteren Verwaltungs- bzw. „Managementvorgängen" unterscheidet er wiederum fünf Einzelfunktionen:[92]

- *prévoir (vorausschauen, planen)*: Dieser Bereich beinhaltet die Prognose der Zukunft und deren Antizipation in den Zielen und Entscheidungen des Unternehmens. Nach Ansicht Fayols war dies die schwierigste, aber auch bedeutendste Funktion des Managements *(Primat der Planung)*.

- *organiser (organisieren)*: Damit ist bei Fayol der Entwurf und die Realisierung einer allgemeinen formalen Struktur im Unternehmen beschrieben, innerhalb derer Pläne realisiert werden sollen.

---

[87]   Vgl. Reichwald 1989, S. 301ff.; Picot / Reichwald Wigand 1998, S. 443f.

[88]   Vgl. z.B. Reichwald / Höfer / Weichselbaumer 1996, S. 20f.

[89]   Kieser 1993, S. 87 (Hervorhebung weggelassen).

[90]   Steinmann / Schreyögg 1997, S. 42.

[91]   Vgl. Steinmann / Schreyögg 1997, S. 42.

[92]   Vgl. im folgenden Steinmann / Schreyögg 1997, S. 42ff.

- *commander (befehlen, leiten)*: Der Befehl soll sicherstellen, daß die „vororganisierten" Aufgaben trotz eventuell divergierender Interessen und Motive der einzelnen Organisationsmitglieder im Sinne der übergeordneten, geplanten Unternehmensziele ausgeführt werden.

- *coordonner (koordinieren)*: Hierunter versteht Fayol die Aufgabe des Managements, die vielfältigen Ressourcen und Aktivitäten des Unternehmens räumlich, zeitlich und sachlich auf einen einheitlichen Handlungszusammenhang abzustimmen.

- *contrôler (kontrollieren)*: Dieser Teilbereich beinhaltet den Vergleich der realisierten Ergebnisse mit den Planungsvorgaben, den erlassenen Befehlen und den aufgestellten Grundsätzen. Die Ergebnisse dieses Vergleiches werden an die Planung rückgekoppelt.

Fayol gelang es mit seiner Einteilung der administrativen Funktionen erstmals, „ ... eine systematische – und wenn man etwas genauer dahintersieht – auch recht vollständige *funktionale* Managementlehre ... "[93] aufzustellen. Ein Leitgedanke Fayols war ausschlaggebend für die Vorbildfunktion seiner Arbeiten für nachfolgend entwickelte Ansätze der Managementlehre. Er ist „ ... in seinem Bestreben zu sehen, die Managementlehre in lehrsatzartige Handlungsprinzipien zu fassen. Die Vorstellung, die sich mit den Management-Prinzipien von Anfang an verband, war die ihrer universellen Gültigkeit, also die Behauptung, daß ihre Befolgung unter allen situativen Bedingungen die Effizienz der Unternehmensführung verbürgen würde."[94]

Management als funktionale Lehre

Anknüpfend an die funktionale Differenzierung Fayols stellt Luther H. Gulick 1937 die weithin bekannte POSDCORB-Klassifikation von *Managementfunktionen* vor.[95] Das Akronym steht für Planning, Organizing, Staffing, Directing, Coordinating, Reporting und Budgeting. Eine ähnliche Einteilung findet sich im Standardwerk von Harold Koontz und Cyril O'Donnel, die Planung, Organisation, Personaleinsatz, Führung und Kontrolle unterscheiden.[96] Durch beide Veröffentlichungen wurden die weitere Entwicklung der Managementforschung maßgeblich geprägt.

Auch nachfolgende Werke orientieren sich an der letztlich von Fayol begründeten Einteilung der Managementfunktionen. So wurde in einer Metaanalyse von 21 zwischen 1983 und 1986

---

[93] Hofmann 1988, S. 18 (Hervorhebung im Original).

[94] Steinmann / Schreyögg 1997, S. 46.

[95] Vgl. Gulick 1937, S. 13.

[96] Vgl. Koontz / O'Donnel 1955.

erschienenen englischsprachigen Managementlehrbüchern bei 17 eine Ausrichtung der Gliederung an mindestens vier der Fayol'schen Funktionen gefunden.[97]

Der Managementprozeß

Die Teilfunktionen des Managements stehen, wie schon bereits in der Fayol'schen Gliederung andeutungsweise erkennbar, nicht isoliert nebeneinander, sondern „ ... sind idealtypischerweise als aufeinanderfolgende Phasen ... "[98] zu sehen. Prozessuale Ansätze erweitern damit die rein funktionale Sicht um den dynamischen Aspekt der logischen und zeitlichen Abfolge der Managementfunktionen.[99] Die Grundstruktur dieses *Managementprozesses* ist in Abbildung 2-6 dargestellt.

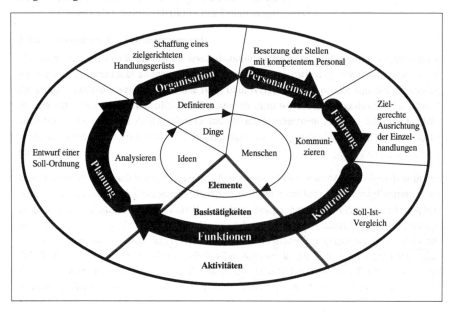

Abbildung 2-6:   Der Managementprozeß[100]

---

[97] Vgl. Carroll / Gillen 1987.

[98] Heinen 1991, S. 63.

[99] Vgl. Schreyögg 1991, S. 258.

[100] Nach Mackenzie 1969 und Steinmann / Schreyögg 1997, S. 11.

Die institutionale Perspektive

Die bisher dargestellte funktionale und prozeßorientierte Perspektive des Managements wird ergänzt durch die *institutionale Perspektive*. „Unter Management als Institution wird der Personenkreis verstanden, dem die Ausübung der ... Managementaufgaben (Managementfunktionen) obliegt."[101] Dabei sind die Kompetenzen, die zur Ausübung dieser Funktionen erforderlich sind,[102] nicht an die Personen selbst gebunden, sondern an formale Positionen im Unternehmen. Für die Besetzung einer entsprechenden Stelle sind daher im Idealfall ausschließlich die persönlichen und fachlichen Qualifikationen, nicht hingegen andere Faktoren – insbesondere nicht die Frage des Eigentums am Unternehmen[103] – ausschlaggebend. Die Trennung von Eigentum und Management wurde notwendig mit der Entstehung von industriellen Großunternehmen, die zunehmende Qualifikationsanforderungen an das Management stellten, die die klassischen Eigentümer-Unternehmer oft überforderten. Mit der Bestellung von *Funktionären*, die nicht notwendigerweise Kapitaleigner des Unternehmens sind, wurde der Weg bereitet für die Professionalisierung des Managements und die Entstehung des Berufsbildes „Manager".[104]

Im angelsächsischen Raum wird die zum Management gehörende Personengruppe relativ weit gefaßt. Sie besteht in der Regel aus den Personen im Unternehmen, die Vorgesetztenfunktionen wahrnehmen. Im deutschen Sprachgebrauch wird mit Management jedoch häufig nur der obere Führungsbereich bezeichnet.[105]

2.3.2 Management versus Controlling:
Kritik der koordinationsorientierten Controlling-Konzeption

Wie im vorhergehenden Kapitel deutlich wurde, stellt die Koordination in verschiedenen Ansätzen der Managementlehre eine bedeutende Funktion dar. Sowohl bei Fayol als auch in der funktionalen Klassifikation Gulicks wird die Koordination explizit genannt. Aber auch in der Typologie von Koontz / O'Donnel spielt die Koordinationsfunktion – wenn auch nicht explizit aufgeführt – eine wesentliche Rolle: „Die Koordination wird in diesem Konzept dabei nicht ... als eigenständige Funktion angesehen; sie ist von ihrem Charakter her keine Teilfunktion, sondern funktionsübergreifend, d.h. sie wird durch eine Vielzahl unterschiedlicher Führungshandlungen bewirkt."[106] Besonders an dieser Aussage wird deutlich, daß das

---

[101] Staehle 1994, S. 87 (Hervonhebung weggelassen).

[102] Kompetenzen sind dabei nicht im umgangssprachlichen Sinne von Fähigkeiten und Fertigkeiten zu verstehen, sondern im organisationstheoretischen Sinne von stellenbezogenen Handlungsrechten, vgl. Hill / Fehlbaum / Ulrich 1994, S. 125ff. sowie Kapitel 4.1.1.1.

[103] Vgl. Ulrich / Fluri 1995, S. 13f.

[104] Vgl. Ulrich / Fluri 1995, S. 14.

[105] Vgl. Steinmann / Schreyögg 1997, S. 6.

[106] Steinmann / Schreyögg 1997, S. 9.

Herauslösen einer selbständigen Koordinationsfunktion aus der Gesamtheit der Management-funktionen ein durchaus anspruchsvolles und nicht leicht zu lösendes Problem darstellen kann. Gerade eine solche eindeutige Abgrenzung erscheint aber notwendig, wenn das Controlling im Sinne der koordinationsorientierten Controlling-Konzeption[107] als eigenstän-dige Managementteilfunktion eine Existenzberechtigung haben soll. Die zu diesem Problem getroffene, pauschale Aussage Küppers, es könne zweckmäßig sein, wenn die Unterneh-mensleitung nur einige wichtige Koordiationsaufgaben selbst löst und andere an untergeord-nete Instanzen delegiert beziehungsweise sie von Stäben vorbereiten läßt,[108] schafft in dieser Frage noch keine ausreichende Trennschärfe.

Von Kritikern des koordinationsorientierten Controlling-Ansatzes wird daher ein Ver-schwimmen von Management und Controlling befürchtet. „Hier besteht die Gefahr, daß ein solchermaßen koordinationsorientiertes Controllingverständnis weniger zur Aufgabenvertei-lung zwischen Controlling und Management, als vielmehr zur *Aufgabendiffusion* beiträgt."[109] Schneider sieht die Gefahr einer zu weiten Fassung des Controlling-Begriffs. Das koordina-tionsorientierte Verständnis beziehe zu viele offene Probleme anderer Teilgebiete ein, ohne bisher Lösungsansätze bieten zu können. Die Integration von Organisation und Personalfüh-rung in den Reigen der zu koordinierenden Managementfunktionen hält er für problematisch, da damit seiner Meinung nach das Controlling durch Übernahme aller ungelösten Fragen dieser Bereiche zwangsläufig überfordert wäre.[110] Es erschiene deshalb als „ ... eine An-maßung von Wissen und Können, Controlling eine Koordinationsaufgabe zwischen allen Teilsystemen der Unternehmensführung beizulegen ... "[111].

Einen weiteren Ansatzpunkt für Kritik bildet die Kennzeichnung des Controlling als Service-funktion des Managements.[112] Die Aufgaben des Controlling bestehen danach vor allem in der Bereitstellung von managementrelevantem Fakten- und Methodenwissen und einer adäquaten Kommunikation dieses Wissens.[113] Diese Beschränkung impliziert jedoch auch, daß das Controlling keine eigene Entscheidungskompetenz in Führungsfragen besitzt, sondern lediglich eine Führungshilfe darstellt. Hier ist jedoch der Einwand naheliegend, daß – gerade bei führungstypischen, schlechtstrukturierten Entscheidungsproblemen – eine umfangreiche entscheidungsbezogene Koordinationsleistung erforderlich ist. Dies kann letztlich dazu

---

[107] Vgl. Kapitel 2.2.1.

[108] Vgl. Küpper 1997, S. 16. Die Instanzen bzw. Stäbe bezeichnen in diesem Falle Controller-Stellen.

[109] Reichmann 1996, S. 561 (Hervorhebung im Original).

[110] Vgl. Schneider 1991, S. 771f.

[111] Schneider 1992a, S. 19.

[112] Vgl. Kapitel 2.2.2.

[113] Vgl. Küpper / Weber / Zünd 1990, S. 283.

führen, daß es das Controlling nicht bei der Führungsunterstützung beläßt, sondern eigene Entscheidungskompetenz aufbaut.[114]

2.3.3 Ansätze einer Abgrenzung von Management und Controlling

Das vorangegangene Kapitel zeigte, daß eine eindeutige Abgrenzung zwischen Management und Controlling Probleme aufwerfen kann. Diese liefern Ansatzpunkte für Kritik an der koordinationsorientierten Controlling-Konzeption. Im folgenden sollen Ansätze und Kriterien beleuchtet werden, die zur Lösung dieser Problematik beitragen können.

Küpper löst das Abgrenzungsproblem definitorisch über eine strikte Trennung von Controlling-Funktionen und organisatorischer Zuordnung des Controlling.[115] Den *Controlling-Stellen*, also den organisatorischen Einheiten, billigt er dabei durchaus Entscheidungs- und auch Weisungsrechte zu: „Zur Wahrnehmung von Einfluß müssen Controller mit ausreichenden Kompetenzen ausgestattet sein ... Insbesondere für die Durchsetzung von Anpassungen und Innovationen erscheinen Weisungsrechte unerläßlich."[116] Er konstatiert sogar eine geradezu zwangsläufige Anhäufung dieser Rechte mit der Entfaltung des Controlling als eigenständigem organisatorischen Bereich: „Je stärker der Controlling-Bereich personell besetzt ist, um so mehr Weisungs- und Entscheidungsrechte entstehen dann in ihm selbst."[117] Die *Controlling-Funktion* beschränkt sich jedoch nach wie vor auf die Unterstützung des Managements. In diesem Sinne unterscheidet auch Horváth plastisch: „Controlling zu 'machen' im Sinne von Steuerung der Leistungsprozesse ist Managementaufgabe. Der Controller liefert und betreut die Systeme, Methoden und Informationen zur Wahrnehmung des Controlling. Er steuert also nicht selbst."[118] Da Steuerung auch immer einen Entscheidungsbezug besitzt, wird hier ein erstes Abgrenzungskriterium zwischen Controlling und Management deutlich.

---

[114] Reichmann 1996, S. 561; Müller 1996, S. 145.

[115] Vgl. Küpper 1997, S. 6.

[116] Küpper 1997, S. 453.

[117] Küpper 1997, S. 453.

[118] Horváth 1996, S. 141. Die analytische Trennung von Controlling-Funktion und organisatorischer Zuordnung des Controlling ermöglicht eine exakte Spezifikation des koordinationsorientierten Controlling als eigenständige betriebswirtschaftliche Problemstellung. Sie führt jedoch, besonders in der Praxis, zu Unsicherheiten in bezug auf eine klare Aufgaben- und Kompetenzabgrenzung einer Controlling-Stelle oder -Abteilung. So erkennt auch Küpper 1997, S. 454, selbst: „Der spezifische Charakter des Controlling führt dazu, daß die Trennung zwischen Stab und Linie bei Controller-Stellen im allgemeinen nicht streng vorzunehmen ist." Müller 1996, S. 145 faßt die Problematik in der Frage zusammen: „Wo hört die Unterstützungsfunktion des Controlling auf und wo fängt Management an?".

Entscheidungskompetenz als Abgrenzungskriterium zwischen Controlling und Management

Wesentlicher Bestandteil der Managementtätigkeit ist das Treffen von Entscheidungen.[119] Die Arbeitssituation der Manager ist jedoch häufig durch hohe Arbeitsbelastung und Zeitdruck sowie die Gefahren eines „information overload" gekennzeichnet.[120] Das Management muß daher darauf vertrauen, daß wichtige Entscheidungen bereits im Vorfeld sorgfältig analysiert und vorstrukturiert werden. Das Controlling hält dem Management „den Rücken frei", indem es für anstehende Entscheidungen antizipierend Problemlösungen erarbeitet. Das Management als Kunde des Controlling besitzt im Idealfall ein sehr gutes Wissen über übergreifende Zusammenhänge, ist jedoch in Detailfragen auf den Sachverstand von Experten angewiesen. Dieses – vorwiegend betriebswirtschaftliche – Expertenwissen ist im Controlling angesiedelt, das das Management entsprechend berät. Die eigentlichen Führungsentscheidungen verbleiben jedoch in der Verantwortung des Managements; primäre Aufgabe des Controlling ist die entscheidungsbezogene Informationsversorgung desselben.[121] „Der Grad der Unterstützung des Managements durch das Controlling wird ... durch die Spezifität der Managementorganisation und der zugrundeliegenden Führungsstrategien (etwa im Hinblick auf Delegation und Kompetenzverteilung) bestimmt. Das Controlling-System hat sich diesen Strukturen anzupassen, plakativ heißt dies also: Controlling follows Management!"[122]

Zielbildungskompetenz als Abgrenzungskriterium zwischen Controlling und Management

Mit der Frage der Entscheidungskompetenz eng zusammenhängend, stellt die Zuordnung der Zielbildungskompetenz ein zweites Abgrenzungskriterium zwischen Controlling und Management dar. Der Zusammenhang wird deutlich bei Betrachtung der einzelnen Phasen, die einer Entscheidung vorgelagert sind. Witte gliedert den logischen Ablauf eines solchen Prozesses in die Phasen Zielbildung, Problemfeststellung und -analyse, Alternativensuche, Prognose, Alternativenbewertung und Entscheidungsakt.[123] Während also die Entscheidung den Prozeß abschließt, liefert die Formulierung eines Zieles, also eines „angestrebten

---

[119] Vgl. Steinmann / Schreyögg 1997, S. 9 sowie Goecke 1997, S. 18ff., der seine Ausführungen wesentlich auf die grundlegenden Arbeiten von Herbert A. Simon und Edmund Heinen stützt.

[120] Vgl. Pribilla / Reichwald / Goecke 1996, S. 200 sowie Goecke 1997, S. 99.

[121] Vgl. Reichmann 1996, S. 562. In ähnlicher Weise unterscheidet auch der „Controller Verein e.V." zwischen der „Ergebnisverantwortlichkeit" des Managers und der „Transparenzverantwortlichkeit" des Controllers, vgl. Controller Verein e.V. (o.J.), S. 3, zitiert nach Horváth 1996, S. 26.

[122] Reichmann 1996, S. 566 (Hervorhebung weggelassen).

[123] Vgl. Witte 1968. Witte stellt in dieser bekannten Untersuchung fest, daß diese Phasen innerhalb eines Planungs- und Entscheidungsprozesses zwar sachlogisch aufeinanderfolgen, die Reihenfolge in der Praxis jedoch häufig nicht eingehalten wird.

zukünftigen Zustandes"[124], den Maßstab, an dem die weiteren Schritte auszurichten sind. Dieser liefert letztlich die Richtschnur für die Effektivität, also die Zielgerichtetheit einer Entscheidung.

Zielbildung wird als originäre Aufgabe des Managements angesehen.[125] Die Trennungslinie zwischen Management und Controlling ergibt sich dabei aus der Zuordnung der Zielbildungs-kompetenz: „Zielfestlegung, Zielkonkretisierung und Zielerreichung sind Aufgaben, die das Gesamtmanagement, an seiner Spitze die Unternehmensführung, betreffen. Die Controlling-Funktion hat eine koordinierende Funktion bezüglich der genannten Aufgaben und unterstützt das Management bei ihrer Wahrnehmung."[126]

Abgrenzung zwischen Controlling und Management in der Praxis

In der Praxis sind für die Controlling-Institutionen sehr breitgefächerte Aufgabenspektren anzutreffen.[127] Es lassen sich jedoch gewisse Aufgabenschwerpunkte identifizieren, die für eine Abgrenzung zwischen Controlling und Management herangezogen werden können. Schäffer stellt in bezug auf die von Horváth eingeführte Differenzierung zwischen systembil-dender und systemkoppelnder Koordinationstätigkeit des Controllers[128] fest: „In der Controllerpraxis sind Controllerbereiche nur selten in großem Umfang an Systembildungs-aufgaben beteiligt, hier dominiert die Unternehmensführung."[129]

Diese Aussage basiert auf einer von Weber vorgenommenen aufgabentypologischen Differen-zierung von Controlling-Aufgaben in der Praxis.[130] Die größte praktische Relevanz besitzt demnach das Controlling im „eingeschwungenen Zustand" eines durch Pläne koordinierten Unternehmens. Es handelt sich dabei um Unternehmen mit weit entwickelten und ausdiffe-renzierten Führungsteilsystemen, wobei das Planungssystem das zentrale Element darstellt. Die Teilsysteme sind durch Erfahrung in der wechselseitigen Zusammenarbeit kohärent aufeinander abgestimmt. „Unternehmen, die dieser Zustandsbeschreibung entsprechen, finden sich in der Praxis in großer Zahl; betrachtet wird quasi der Normaltypus eines ‘gut geführten’ größeren Unternehmens."[131] Für die vom Controlling zu bewältigenden Aufgaben sieht Weber

---

[124] Heinen 1991, S. 13.

[125] Vgl. Bleicher 1992, S. 265.

[126] Horváth 1996, S. 143.

[127] Vgl. Kapitel 2.1.

[128] Vgl. Kapitel 2.1.3.

[129] Schäffer 1996a, S. 343.

[130] Vgl. Weber 1995, S. 315ff.

[131] Weber 1995, S. 317.

in diesem Fall, analog zu Schäffer, das *Schwergewicht im Bereich der Systemkopplung* bzw. des Systembetriebes. Systembildende Aufgaben fallen dagegen kaum an.[132]

Hinweise für die Abgrenzung von Controlling- und Managementfunktionen in der Praxis bietet auch eine empirische Erhebung von Witt. Eine repräsentative Stichprobe von ca. 350 Inhabern von Managementstellen und ca. 200 Controllern wurde mit Hilfe eines standardisierten Fragebogens und anschließenden Tiefeninterviews über ihre gegenseitige Einschätzung befragt.[133]

In der Einschätzung durch das Management wird dabei dem Controlling überwiegend eine hohe fachliche Qualifikation bescheinigt, die die Rolle eines *„Informationsmanagers"* rechtfertigt. Andererseits haftet des Controllern nach Einschätzung der Manager das Image von „bremsenden" Kontrolleuren an, die oft ihre Kompetenzen über Gebühr ausnutzen. Controller werden daher häufig als „untergebene Stäbe" behandelt und wenig als Mitmanager und Gesprächspartner geschätzt. Umgekehrt wird von den Controllern das fachliche Knowhow der Manager als relativ gering beurteilt. Die Controller sehen sich in die Rolle von *„Zuarbeitern"* für das Management gedrängt, ohne daß echte Kooperation stattfinden würde. Die Controller beklagen ein Vorgesetzten-Mitarbeiter-Verhältnis zwischen Management und Controlling, zudem seien die Manager schlecht erreichbar.[134]

Im Gesamtbild zeigt die gegenseitige Einschätzung von Managern und Controllern „ ... einen gewissen Respekt, aber ebenfalls auch eine Distanz zueinander – sicherlich kein fruchtbarer Controllingboden ... Klimaverbesserungen sind vielfach dringend nötig."[135]

2.4   Fazit

Im vorangegangenen Kapitel 2 wird das Controlling als Koordinationssystem des Managements charakterisiert. Anhand der Untersuchung der historischen Entwicklung des Controlling wird deutlich, daß dessen Wurzeln vor allem im Bereich des betrieblichen Rechnungswesens liegen. Mit der Herausbildung von komplexen Großunternehmen kam es zu einer raschen Ausweitung des Controlling in der *Praxis*.

In die *betriebswirtschaftliche Theorie* fand das Controlling dagegen nur sehr zögerlich Eingang. Neben einer grundsätzlich sehr heterogenen Auffassung über die genauen Begriffsinhalte standen Versuche einer konzeptionellen Spezifizierung – z.B. in Form der gewinnzielorientierten oder der informationsorientierten Controlling-Konzeption – häufig vor dem

---

[132] Vgl. Weber 1995, S. 319.

[133] Vgl. Witt 1989, S. 127.

[134] Vgl. Witt 1989, S. 128f.

[135] Witt 1989, S. 129f.

Problem, die Eigenständigkeit eines solchen Konzeptes als betriebswirtschaftliche Teildisziplin zu begründen.

Als tragfähig erweist sich die *koordinationsorientierte Controlling-Konzeption*, die den weiteren Ausführungen zugrunde gelegt wird. Mit der Koordination innerhalb eines funktional gegliederten Führungssystems deckt das koordinationsorientierte Controlling ein eigenständiges und bedeutendes betriebswirtschaftliches Problemfeld ab.

Die konkrete Ausgestaltung eines so verstandenen Controlling kann unterschiedlichen Charakter haben. Einerseits kann ein koordinationsorientiertes Controlling als hierarchisch übergeordnete „Führung der Führung" aufgefaßt werden. Andererseits kann Controlling auch als *Servicefunktion des Managements* interpretiert werden. Dies erscheint vor allem in den hierarchiearmen Strukturen, wie sie im weiteren Verlauf der Arbeit im Mittelpunkt stehen, zweckmäßig. Zugleich entspricht diese Interpretation auch der in der Praxis beobachtbaren und weithin akzeptierten Einordnung des Controlling.

Aus letzterer Perspektive wird die Koordinationsfunktion des Controlling vor allem über die Bereitstellung geeigneter Instrumente und Methoden zur Unterstützung des Managements erfüllt. Dieser *instrumentelle Ansatz* dient damit als Grundlage für die Untersuchung der Auswirkungen von telekooperativen Strukturen im Management auf das Unterstützungssystem Controlling.

Aufgrund des relativ umfassenden Charakters der koordinationsorientierten Controlling-Konzeption wird von Kritikern ein Verschwimmen zwischen Controlling und Management befürchtet. Um eindeutige *Abgrenzungskriterien* abzuleiten, ist eine tiefergehende Analyse des Managementbegriffes erforderlich. Dabei erweisen sich vor allem führungsbezogene Entscheidungs- und Zielbildungsaufgaben als originäre Managementaufgaben, während die Aufgaben des Controlling vor allem in der Vorbereitung und instrumentellen Unterstützung dieser Prozesse liegen. Dieses Ergebnis spricht ebenfalls für die Interpretation des Controlling als Servicefunktion des Managements und für eine vorwiegend instrumentelle Perspektive.

Dennoch bleiben Controlling und Management in der koordinationsorientierten Controlling-Konzeption eng verwoben. Wie die Aussage „Controlling follows Management" deutlich zeigt, determiniert das Management die Entwicklung und Ausgestaltung des Controlling-Systems maßgeblich. Für die Analyse der Auswirkung der Telekooperation auf das Controlling ist es daher zunächst erforderlich, die Spezifika eines telekooperativen Managements – des Telemanagements – herauszuarbeiten. Dies geschieht im folgenden Kapitel.

3   Telekooperation: Die Rolle von Distanzen

3.1   Telekooperation und Telemamagement

In der Vergangenheit wurden Unternehmen im Regelfall unter der Prämisse einer ausschließ-lichen Zusammenarbeit am selben Ort und zur selben Zeit („Same time / Same place") gestaltet.[136] Heute wird dagegen vielfach das Potential erkannt, das in der Überwindung von Raum- und Zeitgrenzen – welche Abstimmungsaufwand, Informations- und Flexibilitätsver-luste verursachen können – liegt. Eine räumliche und zeitliche Entkopplung verspricht weitreichende Nutzeneffekte, und dies nicht nur für Unternehmen im Hinblick auf betriebs-wirtschaftliche Zieldimensionen wie Kosten, Zeit, Qualität und Flexibilität, sondern auch für die arbeitenden Menschen, für Staat, Gesellschaft und Umwelt.[137] Das Konzept der Telekooperation, das eine solche räumliche und zeitliche Flexibilisierung ermöglicht, findet daher zunehmend Verbreitung.

3.1.1   Triebkräfte der Entwicklung

Unternehmen stehen in vielfältigen Austauschbeziehungen mit ihrer Umwelt. Um darin langfristig bestehen zu können, ist ein permanenter dynamischer Anpassungsprozeß an Veränderungen der Umwelt erforderlich.[138] Auch die Entwicklung hin zur Telekooperation wird durch den Wandel unternehmensrelevanter Umweltparameter und Rahmenbedingungen angetrieben.[139] Die dabei wirksamen Kräfte treten vor allem in den Bereichen der Markt- und Wettbewerbssituation, der Arbeitswelt und Gesellschaft sowie der Informations- und Kom-munikationstechnologie auf.[140]

Wandel der Markt- und Wettbewerbssituation

Die zunehmende weltweite Öffnung und Integration der Märkte und die Entstehung neuer großer Wirtschaftsräume fordert von den Unternehmen immer mehr *globale Präsenz* und die Nutzung weltweit verteilter Human- und Informationsressourcen.[141] Tätigkeitsfelder verlagern sich zunehmend in den tertiären und quartären Wirtschaftssektor. Dadurch spielen für

---

[136] Vgl. Reichwald u.a. 1998b, S. 73, Picot / Reichwald / Wigand 1998, S. 357f.

[137] Vgl. Reichwald u.a. 1998b, S. 1.

[138] Schumpeter bringt dies im Bild des Unternehmers als „schöpferischem Zerstörer" zum Ausdruck, vgl. Schumpeter 1926.

[139] Zum allgemeinen Einfluß von Rahmenbedingungen auf die Struktur von Unternehmen vgl. Schanz 1994, S. 311ff. Einen grundlegenden Beitrag zur Thematik des Wandels unternehmensrelevanter Rahmenbedingun-gen liefert Naisbitt mit seinem Postulat von zehn „Megatrends" in Wirtschaft und Gesellschaft, vgl. Naisbitt 1984, S. 24ff.

[140] Vgl. Reichwald u.a. 1998b, S. 11ff., Picot / Reichwald / Wigand 1998, S. 2f.

[141] Vgl. Hahn 1995, S. 329.

Unternehmen Dienstleistungen, vor allem *Informationsdienstleistungen*, eine immer größere Rolle.[142] Trotz Globalisierungstendenzen ist in vielen Bereichen eine *Verknappung von Ressourcen* festzustellen, sei es bei Rohstoffen, bei hochqualifizierten Arbeitskräften oder bei der Nutzung bzw. Belastung der bislang häufig als freies Gut betrachteten Umwelt. Diese Verknappung erfordert ein nachhaltiges Wirtschaften und die verstärkte Substitution von materiellen durch immaterielle, informationsbezogene Prozesse.[143] Die zunehmende Marktsättigung, der schnelle Wandel von Kundenbedürfnissen und die zunehmende Zahl von Wettbewerbern aus aller Welt führt zu einer immer geringeren Vorhersehbarkeit von Marktveränderungen und damit zu einer erhöhten *Marktunsicherheit*, die schnelles und flexibles Reagieren erforderlich macht. Die zurückgehende Akzeptanz standardisierter Massenprodukte und die steigende Nachfrage nach individualisierten Problemlösungen erhöht die *Produktkomplexität* und erfordert von den Unternehmen die Beherrschung entsprechend komplexer Prozesse.

Wandel in Arbeitswelt und Gesellschaft

In den westlichen Industrieländern ist seit den 60er Jahren ein anhaltender *Wertewandel* zu beobachten.[144] Inglehart stellt einen Übergang von „materiellen" zu „postmateriellen" Werthaltungen" fest.[145] Klages unterscheidet zwischen Pflicht- und Akzeptanzwerten (z.B. Leistung, Disziplin, Unterordnung) einerseits und Selbstentfaltungswerten (z.B. Autonomie, Selbstverwirklichung, Partizipation, aber auch hedonistische Werte wie Genuß und Abwechslung) andererseits und konstatiert eine Verlagerung des Schwerpunktes auf letztere Gruppe.[146] Besonders jüngere Arbeitnehmer mit höherer Qualifikation stellen heute *hohe Qualitätsansprüche an ihren Arbeitsplatz*. Sie fordern Arbeitsbedingungen, die es ihnen erlauben, Berufs- und Privatleben besser in Einklang zu bringen sowie ein hohes Maß an intrinsischer Motivation (z.B. durch persönliche Entfaltungsmöglichkeiten und entgegengebrachte Wertschätzung) bieten. Der Wertewandel äußert sich auch im *Wandel von Lebensstilen und Haushaltsstrukturen*. So steigt die Zahl der Ein-Personen-Haushalte und die berufstätiger Alleinerziehender ständig an, was Fragen einer räumlichen Verlagerung von Arbeitsplätzen aufwirft. Ferner findet eine zunehmende Sensibilisierung für *ökologische und umweltpolitische Fragen* statt, die z.B. Überlegungen zur Reduzierung des Berufsverkehrs und zur Entlastung städtischer Ballungsräume zur Folge haben.

Die Ursachen dieses Wandels in Arbeitswelt und Gesellschaft sind vor allem in veränderten Sozialisationsbedingungen zu suchen: Schanz nennt hier im einzelnen ein hohes Niveau

---

[142] Vgl. Reichwald / Sachenbacher 1996a, S. 15f.

[143] Vgl. z.B. die Unterscheidung von „bits" und „atoms" durch Negroponte 1995.

[144] Vgl. von Rosenstiel u.a. 1993.

[145] Vgl. Inglehart 1977, S. 321.

[146] Vgl. Klages 1984, S. 24f.

materiellen Wohlstandes, ein durchschnittlich höheres Bildungsniveau, veränderte Erziehungspraktiken, Rückläufigkeit der Lebensarbeitszeit sowie flächendeckende Versorgung mit dem Medium Fernsehen.[147]

Wandel der Informations- und Kommunikationstechnologie

Als dritter Auslöser und wichtigster „Enabler" für die Entwicklung der Telekooperation gilt die rasante Entwicklung im Bereich der IuK-Technologien. Als Einzelfaktoren sind dabei der Kostenverfall und die Leistungssteigerung von Prozessoren und Speichermedien, die zunehmende Miniaturisierung der Komponenten, die wachsende technische Vernetzung und der Trend zur Integration von Informationstechnik und Telekommunikation von Bedeutung.[148]

Diese Entwicklungen ermöglichen einen immer *kostengünstigeren und benutzerfreundlicheren Einsatz von IuK-Technik* und fördern ihre rasche und flächendeckende Ausbreitung.

Dies trägt wiederum wesentlich zu einer *Dynamisierung von Produkt- und Prozeßinnovationen* bei. „Die Mikroelektronik verändert Produkte und Produktionsprozesse, sie macht Maschinen zu schnell alternden Gütern, weil neue Technologien mit höherer Leistungsfähigkeit schneller auf den Markt kommen."[149]

Die neuen Potentiale der IuK-Technologien verbessern die *Möglichkeiten des Wissenszuwachses und des Wissenstransfers* und ebnen so den Weg zur Informationsgesellschaft. Die Erhöhung der Markttransparenz stärkt die Position der Käufer auf den Märkten und macht den Kundennutzen zum bestimmenden Faktor für den Markterfolg eines Unternehmens.

3.1.2   Der Trend zur Telekooperation

Die beschriebenen Veränderungen stellen für die Unternehmen Herausforderungen dar, auf die sie in vielfältiger Weise reagieren. In der Praxis zeigt sich solch ein Anpassungsverhalten in Entwicklungen wie der Dezentralisierung von Wertschöpfungsstrukturen, der Vernetzung mit Marktpartnern oder der Herausbildung virtueller Strukturen.[150] Der IuK-Technologie kommt in dieser Entwicklung eine Doppelrolle als Problemverursacher und zugleich Problemlöser zu. Einerseits bringen – wie oben dargestellt – die neuen Entwicklungen auf diesem Gebiet potentiell ständig neue Unsicherheit und Komplexität mit sich. Andererseits stellt die IuK-Technologie auch bedeutende Potentiale zur Bewältigung der Herausforderungen und zur Überwindung bisher vorhandener Grenzen zur Verfügung:[151]

---

[147] Vgl. Schanz 1993a, S. 167.

[148] Vgl. Reichwald u.a. 1998b, S. 18f.

[149] Vgl. Pribilla / Reichwald / Goecke 1996, S. 4, mit Bezug auf Wheelwright / Clark 1992.

[150] Vgl. Picot / Reichwald / Wigand 1998.

[151] Vgl. im folgenden Picot / Reichwald / Wigand 1998, S. 6f.

- *Regionale und nationale Grenzen* spielen aufgrund von Kommunikationserleichterungen und einem Trend zur Entmaterialisierung bei der Koordination wirtschaftlicher Aktivitäten eine immer geringere Rolle.

- *Kapazitätsgrenzen* können durch flexible Einbeziehung der jeweils erforderlichen Ressourcen problembezogen erweitert werden.

- *Wissens- und Qualifikationsgrenzen* lassen sich durch den vereinfachten, weltweiten Zugriff auf Wissensträger und Wissensbestände sowie durch neuartige Bündelungs- und Vernetzungsmöglichkeiten von Prozessen und Personen überwinden.

Diese Potentiale lassen erkennen, daß offensichtlich der *räumliche Standort von Produktionsfaktoren immer mehr am Bedeutung verliert*. Damit steht auch die räumliche Lage der Arbeitsplätze zur Disposition.

Telecommuting und Teleheimarbeit: Die Wurzeln der Telekooperation

In der öffentlichen Diskussion wie auch in der wissenschaftlichen Behandlung neuer Arbeitsformen nehmen Konzepte der *Teleheimarbeit* inzwischen einen breiten Raum ein. Sie kann als ältester Teilbereich der Telekooperation angesehen werden. Bereits 1962 bot das englische Software- und Beratungsunternehmen „FI Group" Teleheimarbeit für Programmiertätigkeiten an und gilt damit als Pionier und Vorläufer für zahlreiche Praxisprojekte der Telearbeit.[152]

Die wissenschaftliche Diskussion der Teleheimarbeit wurde durch eine Studie von Jack Nilles u.a. ausgelöst.[153] Vor dem Hintergrund des dramatischen Anstieges der Treibstoffkosten während der Ölkrise 1973 fokussiert die Untersuchung vor allem auf die Möglichkeiten einer Substitution des Pendelverkehrs durch eine Anbindung der Mitarbeiter an ihr Unternehmen über Telemedien. Durch die Studie wurde der Begriff des „*Telecommuting*" geprägt, der sich in der Folgezeit rasch verbreitete. Vor allem ab Beginn der 90er Jahre ist eine rapide steigende Zahl von Veröffentlichungen zum Thema „Telecommuting" zu verzeichnen.[154] Dies darf als Indikator für ein stark wachsendes Interesse an diesem Forschungsgebiet gewertet werden.

---

[152] Vgl. Picot / Reichwald / Wigand 1998, S. 375. Eine Auswahl aktueller Telearbeitsprojekte deutscher Unternehmen findet sich bei Reichwald u.a. 1998b, S. 85ff.

[153] Vgl. Nilles u.a. 1976.

[154] Vgl. die Untersuchung von Handy / Mokhtarian 1995, die sich auf die Auswertung der umfangreichen internationalen Literaturdatenbank Lexis / Nexis stützt.

Die Notwendigkeit einer umfassenderen Perspektive

Telearbeit bzw. Telecommuting bezeichnen primär Gestaltungsstrategien, in denen die Flexibilisierung der Aufgabenbewältigung über die räumliche Verteilung von Arbeitsstätten – in der Regel in den Heimbereich – erfolgt. Als *Arbeitsplatz-Strategie* fokussieren diese Ansätze „ ... auf die räumliche Anordnung und Ausgestaltung einzelner Arbeitsplätze oder Arbeitsplatzgruppen."[155]

Telearbeit wird jedoch bisher in der Literatur meist unabhängig von den Möglichkeiten organisatorischer Innovation diskutiert.[156] Zwar kann Telearbeit auch innerhalb traditioneller Organisationsstrukturen stattfinden. So kommen beispielsweise die Merkmale der klassischen tayloristischen Industrieorganisation einer Implementierung von Telearbeit durchaus entgegen:[157] Funktional klar abgegrenzte und vorstrukturierte Aufgaben können durch Unterstützung der IuK-Technik relativ leicht räumlich verlagert werden und bleiben dennoch kontrollierbar. Es erscheint jedoch zweifelhaft, ob eine solche räumliche Dezentralisierung ohne die Ergänzung durch eine organisatorische Dezentralisierung Zielen dienen kann, die über eine bloße Reduktion von Arbeitsplatzkosten hinausgehen. Besonders in bezug auf beschäftigungspolitische Zielsetzungen kann dabei sogar das Risiko bestehen, daß es durch eine globale Nutzung von Lohnkostenvorteilen zu einer Abwanderung von Arbeitsplätzen in Niedriglohnländer kommt.[158]

„Eine derart isolierte Sicht auf Telearbeit ... ist für die Entwicklung tragfähiger Zukunftsstrategien ... wenig hilfreich. Sie liefert keine Hinweise darauf, wie die Wettbewerbsfähigkeit von Unternehmen gesteigert, Arbeitsplätze gesichert oder neue Beschäftigungsformen geschaffen werden können. Erst ein erweiterter Fokus, der die neuen Gestaltungsoptionen des 'Anytime / Anyplace' auf übergreifende Wertschöpfungsprozesse bezieht, liefert hierfür Ansatzpunkte."[159] Diese umfassende Sichtweise bietet das Konzept der Telekooperation.

---

[155] Reichwald u.a. 1998a, S. 207.

[156] Vgl. dazu beispielsweise die Veröffentlichungen von Johanning 1997, Matthies 1997 oder Godehardt / Worch / Förster 1997, in denen ausführlich Aspekte erläutert werden wie die ergonomische Gestaltung des Telearbeitsplatzes, die technische Ausstattung, die vertrags- und versicherungsrechtliche Gestaltung von Telearbeitsverhältnissen, das Projektmanagement bei der Einführung von Telearbeit und die Wirtschaftlichkeit von Telearbeitsplätzen. Die Chancen einer Neugestaltung von Wertschöpfungsprozessen oder einer Implementierung neuer Organisationsstrategien, die durch die Flexibilisierung von Arbeitsplätzen möglich werden, werden jedoch praktisch nicht angesprochen.

[157] Vgl. Craipeau 1994, S. 290 sowie Kapitel 4.6.1.

[158] Der dadurch ermöglichte Arbeitsplatzabbau in Hochlohnländern ist besonders bedenklich, da die entstehende strukturelle Arbeitslosigkeit im Gegensatz zu anderen Formen wie konjunktureller, saisonaler oder friktioneller Arbeitslosigkeit besonders aufwendig und nur langfristig – beispielsweise über entsprechende bildungspolitische Maßnahmen – zu bekämpfen ist.

[159] Reichwald u.a. 1998b, S. 69.

3.1.3 Das Konzept der Telekooperation

„Telekooperation als Wertschöpfungsprozeß-Strategie geht über eine punktuell arbeitsplatzorientierte Betrachtung hinaus und zielt auf die raum-zeitliche Flexibilisierung arbeitsplatzübergreifender Wertschöpfungsprozesse."[160] Der Begriff der Telekooperation wird dabei wie in Abbildung 3-1 dargestellt definiert.

Telekooperation

bezeichnet die

mediengestützte

arbeitsteilige Leistungserstellung zwischen

verteilten

Aufgabenträgern, Organisationseinheiten und / oder Organisationen.

Abbildung 3-1:   Definition der Telekooperation[161]

Diese Definition setzt – wie der Terminus „arbeitsteilige Leistungserstellung" bereits andeutet – direkt auf dem allgemeinen Organisationsproblem auf: Eine ökonomische Leistungserstellung besteht erstens darin, durch Arbeitsteilung und eine dadurch mögliche Spezialisierung der Aufgabenträger Produktivitätsvorteile zu erzielen. In einem zweiten Schritt gilt es, die erstellten Einzelleistungen durch Koordinations- und Abstimmungsprozesse zu einer verwertbaren Gesamtleistung zu integrieren. Ziel ist es, den Differenzbetrag zwischen erzielter Produktivitätssteigerung und zu leistendem Abstimmungsaufwand zu maximieren.[162] Die beiden Aspekte der geeigneten Aufteilung der *Sachaufgabe* und der Bewältigung der *Koordinationsaufgabe* existieren gleichermaßen im Falle des klassischen „Same time / Same place"-Unternehmens wie auch unter den neuen Bedingungen der Verteiltheit und des „Anytime / Anyplace". „Telemedien bieten sowohl neue Möglichkeiten für die Bewältigung der Sachaufgabe als auch der Koordinationsaufgabe. Dabei müssen Raum und Zeit explizit Berücksichtigung finden."[163]

Aus diesen Überlegungen sind drei unterschiedliche, sich ergänzende Perspektiven der Telekooperation abzuleiten, die einen systematisierenden Rahmen für die Analyse, Gestaltung

---

[160] Reichwald u.a. 1998a, S. 207 (Hervorhebungen weggelassen).

[161] In Anlehnung an Reichwald u.a. 1998b, S. 65.

[162] Vgl. Picot / Dietl / Franck 1997, S. 6.

[163] Reichwald u.a. 1998b, S. 74f.

und Bewertung telekooperativer Strukturen bieten.[164] Die drei Perspektiven sind in Abbildung
3-2 zusammengefaßt.

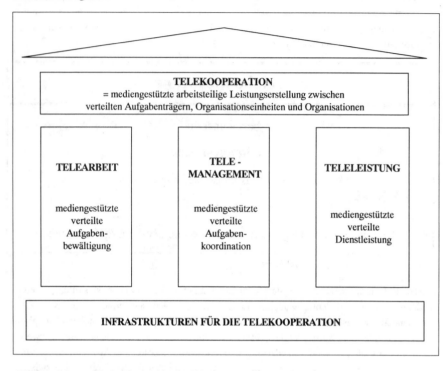

Abbildung 3-2:   Die drei Perspektiven der Telekooperation[165]

- Die Perspektive der *Telearbeit*: Bewältigung der Sachaufgabe

Die Telearbeits-Perspektive umfaßt die Analyse und Gestaltung von Strukturen und
Prozessen menschlichen Arbeitens unter den Bedingungen räumlicher und zeitlicher Verteiltheit bzw. Unabhängigkeit (Mobilität). Telearbeit bezeichnet damit „ ... alle Formen der
verteilten Aufgabenbewältigung unter Nutzung raum- und zeitüberbrückender Telemedien."[166] Als arbeitsplatzorientierte Strategie zielt die Telearbeit primär auf eine Verlagerung des Arbeitsortes. Als Alternativen sind dabei neben der bereits erwähnten heimba-

---

[164] Reichwald / Möslein 1996b, S. 54.

[165] In Anlehnung an Reichwald / Möslein 1996a, S. 692 und Reichwald u.a. 1998b, S. 75.

[166] Reichwald u.a. 1998b, S. 79.

sierten Telearbeit auch die Arbeit im Telecenter oder bei einem Wertschöpfungspartner (On-site-Telearbeit) sowie die standortunabhängige, mobile Telearbeit denkbar.[167]

- Die Perspektive der *Teleleistung*: Resultierende Leistung

Die Teleleistungs-Perspektive betrachtet die Telekooperation aus dem Blickwinkel der resultierenden Leistungen. Aufgrund der Mediengestütztheit der Kooperationsprozesse handelt es sich dabei stets um immaterielle Produkte mit Dienstleistungscharakter, die aufgrund ihrer schnellen, globalen und transaktionskostengünstigen Verfügbarkeit sowohl einen erheblichen Wandel von bestehenden Marktstrukturen als auch das Entstehen zahlreicher neuer Märkte erwarten lassen.[168] „Teleleistungen sind Informationsprodukte, welche mit Hilfe der neuen Telemedien auch über räumliche Entfernung hinweg angeboten, nachgefragt und ausgetauscht werden können."[169] Ein besonders hohes Nutzenpotential ist von einer gezielten kundenorientierten Bündelung der Teleleistungen mit industriellen Sachleistungen zu erwarten.[170]

- Die Perspektive des *Telemanagements*: Bewältigung der Koordinationsaufgabe

Die in Abbildung 3-3 dargestellte Telemanagementperspektive der Telekooperation untersucht, wie die verteilte Aufgabenerfüllung im Sinne der Telearbeit zielgerichtet auf die Herstellung einer verwertbaren Gesamtleistung abgestimmt werden kann.

Telemanagement

bezeichnet alle Aspekte der

Koordination und Führung

mediengestützter Aufgabenbewältigung in verteilten Leistungsprozessen

---

Abbildung 3-3:   Definition des Telemanagements[171]

---

[167] Reichwald u.a. 1998b, S. 81f.

[168] Picot / Reichwald / Wigand 1998 beschreiben beide Effekte: Einerseits findet in den Märkten für Teleleistungen aufgrund einer durch die Medienunterstützung erhöhten Transparenz eine „Disintermediation" statt. Bisher notwendige Mediäre wie Makler oder Zwischenhändler werden für einen funktionierenden Leistungsaustausch am Markt nicht mehr benötigt (vgl. S. 332ff.). Andererseits ist besonders im Bereich der über das Internet vertriebenen Teleleistungen die rasch fortschreitende Entwicklung neuer Märkte zu beobachten (vgl. S. 325f.).

[169] Reichwald u.a. 1998b, S. 169.

[170] Vgl. Reichwald / Sachenbacher 1996a, S. 16f.

[171] In Anlehnung an Reichwald u.a. 1998b, S. 133.

Diese Perspektive hat für den weiteren Gang der Untersuchung die größte Bedeutung: Da das Controlling im Rahmen dieser Arbeit als Servicefunktion des Managements interpretiert wird, beeinfussen die Charakteristika des Telemanagements auch die Ausgestaltung des darauf basierenden Controlling maßgeblich. Im folgenden werden daher die spezifischen Merkmale des Telemanagements im Vergleich zur traditionellen Sichtweise des Managements herausgearbeitet. Dabei ist zum einen zu untersuchen, wie sich die Koordination verteilter, „unsichtbarer" Mitarbeiter im Vergleich zur herkömmlichen Führung unter den Bedingungen räumlicher Nähe gestaltet. Zum anderen muß der Einfluß der Mediennutzung auf Managementprozesse berücksichtigt werden.

3.2 „Same time / Same place" versus „Verteiltheit": Distanz als Charakteristikum des Telemanagements

3.2.1 Spezifika des Telemanagements

„Conventional wisdom holds that the level of communication and collaboration required for a work group to function as an integrated entity can best be achieved by collocating workers in the group – putting everyone under one roof. Intuitively, bringing people together physically so they can share common facilities will enable them to work better together."[172] Es scheint auch heute noch ein tief verwurzelter Grundsatz im Management zu sein, daß eine koordinierte Zusammenarbeit nur unter den Bedingungen *räumlicher und zeitlicher Nähe* funktionieren kann.

Das „Idealbild" einer solchen permanenten „Same time / Same place"-Zusammenarbeit in der Arbeitswelt ist jedoch aus historischer Perspektive noch nicht sehr alt. Geprägt wurde es zu Beginn der Industrialisierung. Zuboff berichtet beispielhaft von einer amerikanischen Textilfabrik, in der in den 60er Jahren des 19. Jahrhunderts eine einheitliche, verpflichtende Arbeitszeit für alle Arbeiter eingeführt wurde. Während dieser Zeitspanne wurden zudem die Fabriktore versperrt, um die Anwesenheit aller Arbeiter in der Fabrik sicherzustellen. Die Arbeiter waren jedoch empört über die Idee, ihr Arbeitgeber habe das Recht, ihnen eine bestimmte Arbeitszeit und einen bestimmten Arbeitsort zu diktieren und traten in den Streik.[173]

Aus produktionstechnischer Sicht war allerdings – vor allem in der industriellen Leistungserstellung – eine räumliche und zeitliche Synchronisierung der Arbeit oft unumgänglich. Sowohl eine nicht gegebene Teilbarkeit technischer Hilfsmittel (z.B. einer Dampfmaschine) als auch die fehlende Transportierbarkeit und Speicherbarkeit der individuellen Leistungs-

---

[172] Grenier / Metes 1992, S. 20.

[173] Vgl. Zuboff 1982.

beiträge der Aufgabenträger (in der Regel physische Arbeitsleistung) sprachen gegen eine raum-zeitliche Verteilung der Leistungserstellungsprozesse.[174]

Mit einer zunehmenden Tertiarisierung der Wirtschaft, dem verstärkten Wachstum im Bereich immaterieller und informationsintensiver Dienstleistungen und letztlich dem Trend zur Entwicklung einer Informationsgesellschaft[175] verloren klassische Produktionsfaktoren (wie z.B. Raum, Werkstoff oder physische Arbeitskraft) zunehmend an Bedeutung. Dagegen wurden *Information und Wissen immer mehr zur kritischen Ressource.*[176] Bereits von Hayek erkannte jedoch, daß Wissen, im Gegensatz zu traditionellen Produktionsfaktoren, nicht beliebig räumlich und zeitlich gebündelt werden kann – wie z.B. bei der Einrichtung eines Industriebetriebes. Vielmehr liegt *Wissen in der Gesellschaft verteilt vor.* „ ... knowledge ... never exists in concentrated or integrated form, but solely as the dispersed bits of incomplete and frequently contradictory knowledge which all the separate individuals possess."[177] Oft wurde trotz dieser Erkenntnisse der vermeintlich bewährte Managementgrundsatz einer raum-zeitlichen Synchronisierung auch auf informations- und wissensbasierte Arbeitstätigkeiten übertragen. Dies ist jedoch heute in vielen Fällen als Anachronismus zu werten.[178]

Das Konzept des Telemanagements im Rahmen der Telekooperation eröffnet die Möglichkeit einer Zusammenarbeit unabhängig von Raum und Zeit – „Anytime / Anyplace".[179] Unter dem Einfluß neuer IuK-Technologien findet zunehmend eine Überwindung raum-zeitlicher Beschränkungen bei der Koordination von Leistungsprozessen statt.[180] Telemanagement eröffnet die Chance zur Implementierung „vorindustrieller", ganzheitlicher und autonomer Arbeitsstrukturen, ohne dabei auf die Potentiale einer weltweiten Kooperation und Zusammenarbeit verzichten zu müssen. „We seem to have traveled full circle from a time when workers were outraged at the thought that employers could dictate the hours (and the place) of work to a time when workers can dictate their own hours and place of work."[181]

Telemanagement wurde definiert als Koordination und Führung mediengestützter Aufgabenbewältigung in verteilten Leistungsprozessen.[182] In dieser Definition sind zwei Merkmale

---

[174] Vgl. Franck 1997, S. 10.

[175] Vgl. Kapitel 3.1.1.

[176] Vgl. Grenier / Metes 1992, S. 23.

[177] Von Hayek 1945, S. 519.

[178] Vgl. Kugelmass 1995, S. 7.

[179] Vgl. O'Hara-Devereaux / Johansen 1994, S. 12f., Reichwald u.a. 1998b, S. 4ff.

[180] Eine solche Entwicklung beschreibt Ulich 1994, S. 54, der die zeitliche Abfolge von technikbedingter Zentralisierung und anschließender Dezentralisierung als typisches Merkmal technologischer Entwicklungen sieht. Ähnlich argumentiert auch Malone 1997, S. 23f.

[181] Raghuram / Wiesenfeld / Garud 1996, S. 3.

[182] Vgl. Abbildung 3-3.

enthalten, die das Telemanagement von traditionellen Ansätzen der Managementlehre[183] abgrenzen, und die in den folgenden beiden Kapiteln näher betrachtet werden:

- Das Telemanagement berücksichtigt explizit eine mögliche räumliche und zeitliche *Verteiltheit* von Aufgabenträgern und Organisationseinheiten (Kapitel 3.2.2). Diese Verteiltheit führt zu Distanzen zwischen den Kooperationspartnern.

- Um trotz dieser Distanzen eine koordinierte Aufgabenerfüllung zu gewährleisten, müssen diese durch *Medienunterstützung* überwunden bzw. ihre negativen Auswirkungen bestmöglich kompensiert werden (Kapitel 3.2.3).

3.2.2   Kooperation, Koordination und Verteiltheit

Eine geringe räumliche Distanz zwischen den Aufgabenträgern, wie sie in „Same time / Same place"- Strukturen der Regelfall ist, scheint die Zusammenarbeit und wechselseitige Koordination erheblich zu begünstigen. Dies ist ein zentrales Ergebnis einer empirischen Studie von Kraut / Egido / Galegher, die die Auswirkungen räumlicher Entfernung auf das Entstehen von Kooperationen untersucht.[184]

In dieser Studie wurde das Kooperationsverhalten von 93 Wissenschaftlern aus den Bereichen Physik, Ingenieurwissenschaften, Informatik und Verhaltenswissenschaften untersucht, die in einer großen F&E-Organisation beschäftigt waren. Die Forschungsleistungen werden in einem in hohem Maße sozialen Prozeß mit großer Kontakthäufigkeit erstellt und sind in mancher Hinsicht idealtypisch für wissensintensive (Tele-)Dienstleistungen: „ ... research collaborations are an important social and organizational phenomenon. They are somewhat unusual in the realm of work relationship in that they are mainly voluntary and both their duration and their focus are determined by the participants. But this kind of work relationship may be becoming more important outside of academic settings as corporate restructuring minimizes vertical differentiation between employees and as the proportion of 'knowledge workers' in the workforce increases. We believe that scientific collaboration provides a model of the way professionals in many fields construct intellectual products."[185]

Im ersten Schritt der Untersuchung wurde ohne Berücksichtigung eventueller intervenierender Variablen (wie z.B. die Ähnlichkeit der Forschungsgebiete) für verschiedene räumliche Entfernungen zwischen potentiellen Kooperationspartnern die Anzahl der tatsächlich zwischen ihnen stattfindenden Kooperationen ermittelt.[186] Daraus wurde je Entfernungsklasse die

---

[183] Vgl. Kapitel 2.3.1.

[184] Vgl. Kraut / Egido / Galegher 1990, S. 149ff.

[185] Kraut / Egido / Galegher 1990, S. 150.

[186] Die räumliche Entfernung wurde dabei in vier Stufen nominalskaliert, von „Gleicher Korridor" über „Gleiche Etage" und „Gleiches Gebäude" bis hin zu „Anderes Gebäude". Eine Kooperation wurde operationalisiert als eine gemeinsam veröffentlichte Publikation von Forschungsergebnissen.

relative Kooperationshäufigkeit abgeleitet. Sie errechnet sich als Quotient aus der Anzahl der in einer Klasse tatsächlich stattfindenden Kooperationen und der Anzahl der kombinatorisch ermittelten, theoretischen Maximalzahl bilateraler Kooperationen. Das Ergebnis zeigt Abbildung 3-4.

Lage des Büros	Tatsächliche Kooperationen	Anteil an der Gesamtzahl der Kooperationen	Maximal mögliche Kooperationen	Relative Kooperations- häufigkeit
Gleicher Korridor	25	46 %	243	10,3 %
Gleiche Etage	20	36 %	1038	1,9 %
Andere Etage	5	9 %	1736	0,3 %
Anderes Gebäude	5	9 %	1261	0,4 %

Abbildung 3-4:   Anzahl der Kooperationsbeziehungen in Abhängigkeit von der räumlichen Entfernung zwischen den Kooperationspartnern[187]

Bemerkenswert ist, daß 82% aller tatsächlichen Kooperationen zwischen Mitarbeitern der gleichen Etage stattfinden. Bei zunehmender räumlichen Entfernung ist dagegen eine rapide Abnahme von Kooperationen festzustellen. Während im selben Korridor 10,3% der theoretisch möglichen Kooperationspaare tatsächlich auch kooperieren, sinkt dieser Anteil für die gleiche Etage auf 1,9% und für das gleiche Gebäude bzw. für ein anderes Gebäude auf 0,3% bzw. 0,4%.

Im zweiten Schritt der Untersuchung wurde der Einfluß der intervenierenden Variablen „Ähnlichkeit der Forschungsgebiete" und „Nähe innerhalb der formalen Organisations- struktur" untersucht. Abbildung 3-5 zeigt den Einfluß letzterer Variable[188].

Es zeigt sich, daß Kooperationen zwar bevorzugt innerhalb einer formalen Organisations- einheit auftraten, die räumliche Entfernung aber dennoch eine eigenständige erklärende Variable der Kooperationshäufigkeit darstellt. So wurden zwischen Forschern verschiedener Abteilungen, die in der gleichen Etage arbeiteten, sechsmal häufiger Kooperationen einge- gangen als zwischen solchen in unterschiedlichen Etagen.

---

[187] Kraut / Egido / Galegher 1990, S. 157 (Übersetzung des Verfassers).

[188] Vereinfacht operationalisiert als Binärvariable „Gleiche / andere Abteilung".

Lage des Büros	Gleiche Abteilung		Andere Abteilung	
	Maximal mögliche Kooperationen	Relative Kooperations- häufigkeit	Maximal mögliche Kooperationen	Relative Kooperations- häufigkeit
Gleiche Etage	271	10,3 %	909	1,87 %
Andere Etage	23	4,3 %	1708	0,29 %
Anderes Gebäude	0	-	1261	0,40 %

Abbildung 3-5:   Anzahl der Kooperationsbeziehungen in Abhängigkeit von räumlicher Entfernung zwischen den Kooperationspartnern und Abteilungszugehörigkeit[189]

Offensichtlich *erschweren also schon relativ geringe räumliche Distanzen die Kooperation.* Als Erklärungsmuster für dieses Ergebnis von Kraut / Egido / Galegher bieten sich in erster Linie zwei Argumentationen an:[190]

- *Überdurchschnittliche Interaktionshäufigkeit:* Zwischenmenschliche Kontakte, vor allem Face-to-face-Kontakte, finden im Rahmen einer räumlich nahen Zusammenarbeit nahezu zwangsläufig statt. Zu diesem Ergebnis kommt eine Studie von Allen[191], der eine Erhebung über die Interaktionshäufigkeit von Entwicklungsingenieuren in Abhängigkeit von der räumlichen Entfernung durchführte. Bei einer Entfernung bis zu 5 Metern (benachbarte Büros) unterhielten sich 25% der Ingenieure mindestens einmal pro Woche über technische Themen. Dieser Anteil sank auf unter 10% bei einer Entfernung bis zu 10 Metern und bewegte sich bei ca. 30 Metern asymptotisch gegen null („50-foot-rule of collaboration"). Offensichtlich verbessert also räumliche Nähe die Möglichkeiten des Informationsaustausches und erleichtert so eine wechselseitige Koordination. Höhere räumliche Distanz scheint dagegen auch eine erhöhte „Informationsdistanz" nach sich zu ziehen.

Zwischenmenschliche Interaktionen prägen längerfristig auch das soziale Verhältnis der Kooperationspartner zueinander. Mehrere empirische Studien weisen darauf hin, daß mit der Anzahl der Kontakte die Wahrscheinlichkeit für die Entwicklung positiver sozioemotionaler Beziehungen steigt.[192] Auch von solchen positiven Beziehungen kann angenommen werden, daß sie sowohl in Führungsbeziehungen als auch in gleichrangigen Koopera-

---

[189] Kraut / Egido / Galegher 1990, S. 158 (Übersetzung des Verfassers).

[190] Vgl. von Rosenstiel 1992, S. 263ff.

[191] Vgl. Allen 1977.

[192] Vgl. zusammenfassend von Rosenstiel 1992, S. 264.

tionen die wechselseitige Koordination erleichtern.[193] Durch erhöhte räumliche Distanz kann jedoch über eine geringere Kontakthäufigkeit auch eine höhere „Beziehungsdistanz" entstehen.

- *Hohe wahrgenommene Ähnlichkeit:* Wechselseitige Sympathien entwickeln sich auch durch eine hohe wahrgenommene Ähnlichkeit der interagierenden Personen. „Diese objektiv oder subjektiv gegebene Gleichheit – z.b. in bezug auf Ausbildung, soziale Schicht, Arbeitsinhalt, Konflikt mit einem Vorgesetzten oder anderen Abteilungen etc. – ist bei betrieblichen Einheiten häufig gegeben, woraus eine gesteigerte Bereitschaft der dort arbeitenden Personen abgeleitet werden kann, sich im sozialpsychologischen Sinne zu Gruppen zusammenzuschließen."[194] Eine räumlich nahe Zusammenarbeit begünstigt die Herausbildung eines gemeinsamen „Wir-Gefühls" und die kollektive Identifikation mit der Organisation, deren gemeinsame Mitgliedschaft die Personen verbindet. Dagegen kann räumliche Distanz über diesen Mechanismus auch zur Herausbildung von „Organisationsdistanz" führen.

Abbildung 3-6 greift die Ergebnisse der Untersuchungen von Allen und Kraut / Egido / Galegher auf und zeigt die engen Grenzen einer auf räumlicher Nähe und direktem persönlichen Kontakt beruhenden Kooperation. Kooperationsformen, die den relativ geringen Radius der „Collocated Teams" überschreiten, sind demnach aufgrund der auftretenden Distanzen auf Medienunterstützung bei der Kommunikation und Koordination angewiesen.

3.2.3   Kooperation, Koordination und Medienunterstützung

Durch die Verteilung der zu koordinierenden Aufgabenträger und Organisationseinheiten in telekooperativen Strukturen entstehen, wie im vorhergehenden Kapitel gezeigt wurde, Distanzen unterschiedlicher Art. Diese Distanzen müssen durch den Einsatz von Telemedien überbrückt werden. Die Medienunterstützung bei der Koordination und Führung in der arbeitsteiligen Leistungserstellung ist damit das zweite wesentliche Charakteristikum des Telemanagements.

Für die Frage nach einem effektiven und effizienten Medieneinsatz im Telemanagement ergibt sich eine breite Palette von situativen Gestaltungsmöglichkeiten.[195] Das grundsätzliche Ziel besteht aber immer darin, mögliche negative Auswirkungen von Distanzen – seien es Informationsverluste, Schädigungen sozialer Beziehungen oder Verlust des organisatorischen Zusammenhaltes – zu begrenzen. Daher erscheint es angebracht, zunächst die grundsätzliche

---

[193] Vgl. Kapitel 4.2.4.

[194] Von Rosenstiel 1992, S. 265.

[195] Vgl. zu normativen Handlungsempfehlungen in diesem Bereich die in Kapitel 3.4.3 dargestellten Medientheorien.

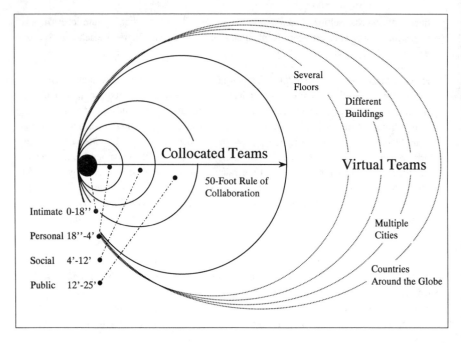

Abbildung 3-6:   Kooperation und Distanz[196]

Fähigkeit von Medien zu untersuchen, physische Präsenz – also die Abwesenheit von Distanz – im Falle einer verteilten Kooperation nachzubilden.

Physische Präsenz kann definiert werden als die Wahrnehmbarkeit einer physischen Umgebung durch eine Person. In einer Umgebung ohne Telemedien bedeutet daher physische Präsenz immer auch tatsächliche physische Gegenwart (z.B. die Gegenwart eines Gesprächspartners im „Same time / Same place"-Fall).[197] Bei fehlender physischer Gegenwart (z.B. bei räumlicher Verteilung der Kooperationspartner) können durch elektronische Telemedien Aspekte der physischen Präsenz (z.B. Möglichkeit des Informationsaustausches, Möglichkeit der sozialen Interaktion etc.) mehr oder weniger effektiv nachgebildet werden. Ziel ist es dabei, physische Präsenz durch Telepräsenz zu ersetzen.

---

[196] Lipnack / Stamps 1997, S. 9. Es ist anzumerken, daß vor allem die Werte für intime, persönliche und soziale Distanzen in verschiedenen Kulturkreisen unterschiedlich ausgeprägt sein können. Die dargestellten Werte beziehen sich auf Nordamerika.

[197] Vgl. Steuer 1995, S. 35.

Der Begriff der *Telepräsenz* wurde 1980 durch Marvin Minsky im Zusammenhang mit Systemen zur Telesteuerung entfernter Anlagen geprägt.[198] „Telepresence is defined as the experience of presence in an environment by means of a communication medium. In other words, presence refers to the natural perception of an environment, and telepresence refers to the mediated perception of an environment. This environment can be either a temporally or spatially distant 'real' environment (for instance, a distant space viewed through a video camera), or an animated but nonexistent virtual world synthesized by a computer (e.g., the animated 'world' created in a video game)."[199]

Der Grad an Telepräsenz, der mittels eines Telemediums erreicht werden kann, bemißt sich danach, wie ähnlich die Wahrnehmung über das Medium einer unmittelbaren physischen Präsenz ist. Es existieren unterschiedliche Klassifikationen von Einflußgrößen, die den Grad der Telepräsenz determinieren. Häufig wird auf eine Einteilung in zwei wesentliche Faktoren zurückgegriffen:[200]

- *Lebensnähe*

Die Lebensnähe beschreibt, wie vollständig ein elektronisches Medium die Perzeptions-kanäle des Menschen anspricht und damit eine physische Umgebung simulieren kann. Die Lebensnähe wird wiederum durch zwei Faktoren bestimmt: Die *Breite* eines Telemediums mißt die Anzahl der menschlichen Perzeptionskanäle, die angesprochen werden. Bei-spielsweise wird beim Telefon nur der Gehörsinn angesprochen, bei einer Videokonferenz, der ein hoher Grad an Telepräsenz zugeschrieben wird,[201] dagegen Gesichts- und Gehör-sinn, nicht jedoch Geruchssinn oder haptische Wahrnehmung. Die *Tiefe* eines Mediums mißt, inwieweit die maximale Wahrnehmungsbandbreite einer Sinnesmodalität ausge-schöpft wird. Beispielsweise besitzt das Telefon eine relativ geringe Tiefe bezüglich des Gehörsinnes, da nur ein kleiner Ausschnitt des für den Menschen wahrnehmbaren Fre-quenzspektrums übertragen wird. Trotz großer Fortschritte in der IuK-Technologie ist bis heute kein Telemedium auch nur annähernd in der Lage, Bandbreiten zu übertragen, die der Wahrnehmungsbandbreite der menschlichen Sinne vollständig entsprechen und damit einer physischen Präsenz als gleichwertig empfunden werden.[202]

---

[198] Vgl. Minsky 1980.

[199] Steuer 1995, S. 36 (Hervorhebungen weggelassen).

[200] Vgl. im folgenden Steuer 1995, S. 41ff., der die Dimensionen „Vividness" und „Interactivity" unterscheidet. Naimark 1990 differenziert nahezu analog zwischen „Realness" und „Interactivity", ähnlich auch Rheingold 1991.

[201] Vgl. Krystek / Redel / Reppegather 1997, S. 95.

[202] Vgl. Steuer 1995, S. 44.

• *Interaktivität*

Die Interaktivität beschreibt, wie stark der Nutzer Form und Inhalt der durch ein Telemedium übermittelten simulierten Umgebung beeinflussen kann. Die Interaktivität wird von drei Faktoren bestimmt: Die *Reaktionszeit* mißt, wie schnell innerhalb des Mediums auf eine Aktivität des Nutzers reagiert werden kann. Den Idealfall stellt eine Reaktion in Echtzeit dar, z.B. die Möglichkeit einer praktisch unmittelbaren Beantwortung einer Frage am Telefon dank einer bidirektionalen Übertragung von Sprache mit Lichtgeschwindigkeit. Die *Reichweite* mißt, auf wie vielen unterschiedlichen Kanälen die simulierte Umgebung beeinflußt werden kann, z.B. nur durch Sprache oder auch durch motorische Aktivität. Die *Kongruenz* mißt, inwieweit Aktivitäten zur Beeinflussung der simulierten Umgebung den in einer realen Umgebung möglichen Aktivitäten entsprechen. Eine hohe Kongruenz wäre z.B. gegeben, wenn eine Kommunikation mit einem entfernten Kooperationspartner – wie im Face-to-face-Dialog – mittels natürlicher Sprache erfolgen kann. Eine niedrigere Kongruenz hätte dagegen ein Medium, das einen Dialog nur über die Eingabe bestimmter Tastaturcodes am Computer ermöglicht.

Es ist anzumerken, daß der Grad an Telepräsenz, der durch eine bestimmte, physikalisch exakt meßbare Ausprägung von Lebensnähe und Interaktivität eines Mediums erzeugt wird, von Person zu Person schwanken kann. Aufgrund individuell unterschiedlicher Wahrnehmungsprozesse kann daher das Potential eines Mediums, durch Telepräsenz Distanzen zu überwinden, intersubjektiven Schwankungen unterliegen.[203]

3.3 Die drei Dimensionen der Distanz

Im vorhergegangenen Kapitel 3.2 wurde das Phänomen der Distanz – als eine wesentliche Konsequenz der Verteiltheit telekooperativer Strukturen – bereits an mehreren Stellen angesprochen. Distanz bezeichnet oder bemißt im gewöhnlichen Sprachgebrauch in erster Linie eine räumliche Entfernung. In Kapitel 3.2.2 wurde jedoch bereits die Vielschichtigkeit des Distanzbegriffes deutlich: Für die Analyse der Auswirkungen von Verteiltheit und Medienunterstützung auf Führung und Koordination und die Konsequenzen für das Managementunterstützungssystem des Controlling ist eine wesentlich *differenziertere Sicht der Distanz erforderlich.*

Eine solche differenzierte und systematische Auseinandersetzung bieten Sumita Raghuram, Batia Wiesenfeld und Raghu Garud mit ihrem Beitrag, in welchem sie über das Konstrukt der Distanz die Auswirkungen von Informationstechnologie auf Arbeits- und Organisationsstrukturen untersuchen. Die Erkenntnisse beruhen einerseits auf empirischen Erhebungen in Form von Interviews mit Telearbeitern und deren Kooperationspartnern in den USA und andererseits auf literaturgestützten, konzeptionellen Überlegungen.

---

[203] Vgl. Steuer 1995, S. 49f.

„ ... we suggest that distance as a construct can be brought center stage to explain various organizational and individual level outcomes. To accomplish this objective, we explore distance as a construct to understand its underlying properties. We suggest that in addition to its physical property, distance may be characterized by other important dimensions that include distances in / from relationships, organizations and information."[204] Diese *Mehrdimensionalität der Distanz* konnte bereits in den Erklärungsmustern für die Herausbildung von Kooperationen bei räumlich naher Zusammenarbeit erkannt werden.[205] Als Folgewirkung von räumlicher Distanz treten bei Verteiltheit *Informationsdistanz*, *Beziehungsdistanz* und *Organisationsdistanz* auf. Diese drei Dimensionen werden im folgenden erläutert.

3.3.1   Informationsdistanz

„By distance from information we mean a separation from tacit or articulable information ... "[206] Die *Informationsdistanz* kann als Maß für die Zugänglichkeit taziter oder expliziter Informationen für die verteilten Kooperationspartner verstanden werden. Da eine koordinierte arbeitsteilige Leistungserstellung ohne den Austausch von Informationen nicht denkbar ist, stellt die Informationsdistanz eine erste zentrale Dimension des Distanzphänomens dar.

Die Übertragbarkeit von Informationen und damit die Zugänglichkeit für verteilte Informationsnutzer wird zum einen durch die *Charakteristika des benutzten Mediums* (z.B. dessen Breite oder Interaktivität)[207] bestimmt. Generell stellt die heutige IuK-Technik ein hohes Potential zur Informationsübertragung zur Verfügung. „IT ... makes distance less important in determining where decisions should be made by bringing information to decision makers wherever they are. But this does not mean that all decisions can be made anywhere with equal effectiveness. ... some kinds of information are inherently easier to communicate than others."[208]

Offensichtlich sind es also zum anderen auch *Charakteristika der zu übermittelnden Informationen* selbst, die deren Übertragbarkeit und damit die Höhe der Informationsdistanz im Falle verteilter Kooperationspartner beeinflussen können. Während einerseits einfach strukturierte, quantitative Informationen wie Umsatz- oder Kostendaten oder physikalische Prozeßparameter schnell, sicher und vollständig durch Telemedien übertragen werden können, scheint es auf der anderen Seite auch Informationen zu geben, die sich einer expliziten Darstellung und einer mediengestützten Übertragung weitgehend entziehen. Eric von Hippel bezeichnet solche Informationen – häufig handelt es sich hierbei um tazites Erfahrungswissen oder subjektive

---

[204] Raghuram / Wiesenfeld / Garud 1996, S. 4.

[205] Vgl. Kapitel 3.2.2.

[206] Raghuram / Wiesenfeld / Garud 1996, S. 9.

[207] Vgl. Kapitel 3.2.3.

[208] Malone 1997, S. 28.

Einschätzungen – treffend als *„Sticky Information"*.[209] Im Falle solcher Informationen, die an die „Köpfe" bestimmter Personen gebunden sind, kann die aus einer räumliche Distanz zu diesen Personen resultierende Informationsdistanz auch durch Medieneinsatz kaum verringert werden.

Häufig steht in der aktuellen Diskussion um die Gestaltung verteilter Arbeits- und Managementstrukturen die Frage der Überwindung von Informationsdistanz im Mittelpunkt. Dadurch ist oft eine starke Technikzentrierung entsprechender Gestaltungsansätze festzustellen. „Most decisions about telework are focused on technology ... required to integrate teleworkers and the rest of the organization. ... Thus, although technologies have the potentially to bridge some distances, they do not always do so. ... Even when technology is used effectively, it is primarily valuable as an aid to employees in sending and receiving explicit information. It is less valuable as a tool for socializing employees into the organizational culture or for establishing solid, rewarding relationships among coworkers. Thus, multidimensionality implies that technology will be capable of bridging some distances but not others."[210] Offensichtlich stellt die Informationsdistanz eine wesentliche Dimension des Distanzphänomens dar. Sie reicht jedoch noch nicht als umfassender Analyserahmen im Kontext des Telemanagements und eines darauf aufbauenden Controlling aus. Im folgenden werden daher weitere Dimensionen der Distanz untersucht.

3.3.2 Beziehungsdistanz

„By distance in relationships we mean a separation (manifest in reduced power to influence and trust) from any number of constituencies including peers, supervisors, subordinates, clients and even loved ones."[211] Die *Beziehungsdistanz* ist damit ein Maß dafür, wie stark die sozialen Beziehungen zwischen dem Telemanager und seinem sozialen Umfeld durch Verteilung und Medienunterstützung beeinträchtigt werden. Im Kontext des betrieblichen Führungsprozesses sind dabei vor allem die sozialen Beziehungen zu Mitarbeitern, aber auch zu gleichgestellten Kollegen, zu Vorgesetzten oder zu externen Kooperationspartnern (z.B. Kunden) relevant. (Berufsbedingte) Beziehungsdistanz kann aber auch im privaten Umfeld auftreten. Die Höhe der Beziehungsdistanz äußert sich z.B. im Grad wechselseitigen Vertrauens oder im Grad an möglicher sozialer Einflußnahme.

In traditionellen, auf der Taylor'schen Lehre begründeten Managementansätzen[212] wurde dem Aspekt sozialer Beziehungen im Führungsprozeß wenig Beachtung geschenkt. Im Mittelpunkt stand die zweckrationale Gestaltung von Arbeits- und Organisationsstrukturen. Dem in diesen Strukturen arbeitenden Mensch kam dabei lediglich die Rolle eines möglichst reibungslos

---

[209] Vgl. von Hippel 1994.

[210] Raghuram / Wiesenfeld / Garud 1996, S. 16.

[211] Raghuram / Wiesenfeld / Garud 1996, S. 9.

[212] Vgl. Kapitel 2.3.1.

funktionierenden Produktionsfaktors zu, welcher gegebenenfalls problemlos ausgetauscht werden konnte. Maßgeblich war lediglich die Erfüllung der – in der Regel sehr geringen – formalen Qualifikationsvoraussetzungen, irrelevant hingegen waren individuelle Persönlichkeitseigenschaften und Beziehungen außerhalb der formalen Strukturen.[213]

Ein erheblicher und nachhaltiger Wandel gegenüber der tayloristischen Perspektive wurde durch die in den sogenannten Hawthorne-Studien gewonnenen Erkenntnissen eingeleitet.[214] In ihrer ursprünglichen Konzeption sollte mit diesen Studien – ganz den Grundgedanken des Scientific management folgend – der Einfluß unterschiedlicher externer Variablen (vor allem ergonomische Parameter wie z.b. Beleuchtungsstärke oder Belüftung am Arbeitsplatz) auf die Arbeitsproduktivität untersucht werden. Dabei ergaben sich jedoch unerwartete Ergebnisse: Zum einen traten häufig auch bei einer objektiven Verschlechterung der Arbeitsbedingungen Produktivitätssteigerungen auf, zum anderen zeigten sich zum Teil auch Leistungsverbesserungen in Kontrollgruppen, in denen die Arbeitsbedingungen gar nicht verändert wurden.

Als Erklärung für diese Resultate konnte nur ein Faktor ausfindig gemacht werden, nämlich die *soziale Interaktion* zwischen den Aufgabenträgern oder im Falle der Experimente auch zwischen Forschern und Versuchspersonen. In der „Human-Relations-Bewegung", die durch die Hawthorne-Experimente begründet wurde, stand damit der positive Einfluß sozialer Beziehungen auf die Arbeitsleistung im Mittelpunkt. Diese Erkenntnisse hatte Folgen für das Management: Es setzten sich Überlegungen durch, „ ... daß für eine effektive Kontrolle und Steuerung die Berücksichtigung sozialer Beziehungen wichtiger sein könnte als finanzielle Anreize und physische Arbeitsbedingungen. ... Damit ändern sich die Anforderungsprofile für Vorgesetzte: Neben technischer Kompetenz müssen diese nun auch über soziale Fertigkeiten verfügen."[215]

In verteilten Strukturen ergibt sich daraus das Problem, den Aufbau und die Pflege sozialer Beziehungen auch bei räumlicher Distanz und unter Einsatz von Medien zu bewerkstelligen. Neben der Bewältigung von Informationsdistanz gilt es für ein Telemanagement, auch die möglichen negativen Auswirkungen einer durch telekooperative Aufgabenabwicklung erhöhten Beziehungsdistanz zu begrenzen. Die Beziehungsdistanz wird damit zur zweiten wesentlichen Dimension der Distanz.

---

[213] Eine ähnliche Sichtweise der Rolle des Menschen innerhalb einer Organisation findet sich in der Bürokratietheorie Max Webers. Auch wird explizit das Ideal der Unpersönlichkeit organisatorischer Strukturen und Prozesse betont (vgl. Weber 1921).

[214] Vgl. Roethlisberger / Dickson 1939 sowie die zusammenfassenden Darstellungen bei Sandner 1988, S. 46ff. und Picot / Reichwald / Wigand 1998, S. 438f.

[215] Sandner 1988, S. 47.

3.3.3 Organisationsdistanz

„By distance from organizational norms and routines we mean the freedom to work without having to conform to organizational norms and routines of behavior, whether they are articulated or taken-for-granted."[216] Die *Organisationsdistanz* ist demnach ein Maß für die Einbindung eines Telemanagers in explizit festgelegte oder implizit herausgebildete und gemeinsam akzeptierte organisatorische Regeln und Verhaltensnormen.

Die Bedeutung dieser Distanzperspektive wird vor dem Hintergrund eines grundsätzlichen paradigmatischen Wandels in der Betrachtungsweise ökonomischer Organisationen deutlich. In der klassischen betriebswirtschaftlichen Forschung stand vor allem der technische Kombinationsprozeß von Produktionsfaktoren im Vordergrund.[217] Ein wesentlich erweitertes und für die nachfolgende Organisationsforschung sehr einflußreiches Verständnis entwickelte sich dagegen mit dem am britischen „Tavistock Institute of Human Relations" entstandenen soziotechnischen Systemansatz.[218]

Aus dieser Sicht stellt eine Organisation ein komplexes und im Verhältnis zu seiner Umwelt offenes System dar, in dem parallel sowohl technische als auch soziale Vorgänge ablaufen. Für eine vollständige Analyse und eine zielgerichtete Gestaltung einer so betrachteten Organisation müssen daher auch beide Aspekte des Gesamtsystems integrativ berücksichtigt werden. Die charakteristischen Schritte einer soziotechnischen Systemanalyse umfassen daher neben der Analyse der technischen Bedingungen (z.B. Layout, Transformationsprozesse, technische Schwachstellen etc.) auch die Analyse der sozialen Gegebenheiten (z.B. Gruppenbildung, Kommunikationsstrukturen, Konfliktfelder, Rollenwahrnehmung etc.).[219]

Aus der klassischen faktoriellen Perspektive erschiene es ausreichend, die Untersuchung der Distanz auf den Aspekt einer sachbezogenen Informationsversorgung und damit auf die Informationsdistanz zu reduzieren.[220] Eine Organisation im Sinne des soziotechnischen Ansatzes stellt jedoch mehr da als einen Ort der technischen Faktorkombination. Organisationen werden als mehr oder minder selbständige Gebilde betrachtet, die über die Herausbildung und Etablierung *charakteristischer organisatorischer Regeln und Verhaltensnormen* eine Art eigene „Identität" entwickeln. Die Zugehörigkeit einer Person zu einer Organisation ergibt sich demnach nicht nur aus formalen Kriterien (z.B. Abschluß eines Arbeitsvertrages), sondern auch aus der Akzeptanz dieser – oft nur implizit festgelegten – Regeln und Normen.

---

[216] Raghuram / Wiesenfeld / Garud 1996, S. 10.

[217] Dies ist die zentrale Perspektive der faktoriellen Ansätze der Betriebswirtschaftslehre, so z.B. bei Gutenberg 1983, S. 3f.

[218] Vgl. z.B. Emery 1959.

[219] Vgl. Hill 1976.

[220] Vgl. Kapitel 3.3.1.

Für das Management birgt aus dieser Sicht die mediengestützte Führung und Koordination verteilter Mitarbeiter Risiken. Gefahren bestehen zum einen darin, daß die konstituierende und identitätsstiftende Wirkung organisatorischer Regeln und Normen über Telemedien nur unzureichend transferiert werden kann. Dies kann bereichsegoistisches Verhalten verstärken und im Extremfall sogar zur Auflösung einer Organisation führen. Zum anderen kann aber auch ein Telemanager selbst distanzbedingt zu wenig mit impliziten organisatorischen Normen vertraut sein, was Akzeptanzprobleme und Konflikte auslösen kann. Zur Analyse dieses Problemfeldes erscheint es notwendig, die Organisationsdistanz als dritte Dimension des Distanzphänomens einzuführen.

3.3.4   Beziehungen zwischen den drei Distanzdimensionen

In den vorhergehenden Kapiteln wurde deutlich, daß das Distanzphänomen aus verschiedenen Perspektiven betrachtet werden kann. Als wesentliche Dimensionen wurden Informations-, Beziehungs- und Organisationsdistanz identifiziert. Diese Dimensionen sind jedoch nicht unabhängig voneinander: „ ... these distances are interdependent such that altering distance from a particular entity on a single dimension may affect distance from another entity on the same or another dimension."[221] Neben dieser Interdependenzeigenschaft ist ferner zu berücksichtigen, daß Distanz zwischen Personen symmetrisch auftritt und einer subjektiven Wahrnehmung unterliegt. Diese Eigenschaften der Distanz werden im folgenden erläutert:

* *Die Dimensionen der Distanz sind interdependent*

Die drei Dimensionen der Distanz sind nicht unabhängig voneinander, sondern können sich wechselseitig beeinflussen.[222] Beispielsweise ist die Entwicklung einer regelrechten „Distanzspirale" mit einer dynamischen wechselseitiger Erhöhung von Distanzen denkbar: Eine erhöhte Beziehungsdistanz zu einem Mitarbeiter kann die Herausbildung und die Identifikation mit gemeinsam getragenen Verhaltensnormen erschweren und so zu erhöhter Organisationsdistanz führen. Dies verhindert unter Umständen dessen Zugang zu relevanten Informationen: Die Informationsdistanz erhöht sich. Die unzureichende Informiertheit des Mitarbeiters kann ihn aber auch als Kommunikationspartner weniger attraktiv erscheinen lassen, was wiederum die Beziehungsdistanz erhöht usw. Telemanager müssen sich solcher möglicher Wechselwirkungen bewußt sein.

* *Distanz ist symmetrisch*

Aus Sicht der frühen Teleheimarbeits- und Telecommuting-Ansätze[223] wurde Distanz in der Regel von einem festen „Nullpunkt" – in der Regel dem geographischen Standort der

---

[221] Raghuram / Wiesenfeld / Garud 1996, S. 4. Vgl. im folgenden ebenda, S. 10ff.

[222] Raghuram / Wiesenfeld / Garud 1996, S. 10 sehen die nicht gegebene Orthogonalität der drei Dimensionen nicht als Mangel des Konzeptes, sondern als Möglichkeit, die Komplexität der Realität adäquater abzubilden.

[223] Vgl. Kapitel 3.1.2.

Organisation – aus betrachtet. Mit einer zunehmenden Flexibilisierung von Organisationen und der Herausbildung vernetzter und polyzentrischer Strukturen ist jedoch immer weniger ein fester Standort auszumachen, der als absoluter Bezugspunkt für die Messung von Distanz dienen kann. Relevant ist vielmehr die relative Distanz der Kooperationspartner zueinander. So wirkt sich beispielsweise die Veränderung des Standortes eines Telemanagers symmetrisch auf das gesamte Netzwerk seiner Kooperationspartner aus.

• *Distanz hat eine subjektive Komponente*

Die verschiedenen Dimensionen der Distanz sind – eine geeignete Operationalisierung vorausgesetzt – objektiv meßbar. Objektiv gleiche Distanzen können aber dennoch von verschiedenen Personen individuell unterschiedlich wahrgenommen werden. So kann zum Beispiel die objektiv gleiche tägliche Anzahl von Kommunikationsvorgängen mit Kooperationspartnern bei einem introvertiert veranlagten Menschen ein subjektiv geringeres Maß an Beziehungsdistanz, bei einer eher extrovertierten Person jedoch den Eindruck einer großen Beziehungsdistanz erzeugen. Durch Lern- und Sozialisationsvorgänge kann sich die subjektive Wahrnehmung von Distanzen verändern. Der Telemanager muß daher bei seiner Aufgabe, die negativen Auswirkungen von Distanzen zu minimieren, auch deren individuell unterschiedliche, subjektive Wahrnehmung berücksichtigen.

Die Darstellung der unterschiedlichen Dimensionen und Eigenschaften der Distanz hat gezeigt, daß das Distanzphänomen – soll es als Rahmen zur Erklärung der Auswirkung einer telekooperativen Aufgabenerfüllung auf Management und Controlling dienen – offensichtlich einer sehr vielschichtigen Betrachtung bedarf. Die wesentlichen Aspekte sind in Abbildung 3-7 zusammengefaßt.

3.4   Die Reichweite theoretischer Ansätze zur Analyse des Distanzphänomens

Um die Auswirkungen des Distanzphänomens – mit den drei Dimensionen Informationsdistanz, Beziehungsdistanz und Organisationsdistanz – im Kontext eines telekooperativen Managements und Controlling theoriegeleitet zu analysieren, können unterschiedliche Wege beschritten werden. In der betriebswirtschaftlichen Forschung und in angrenzenden wissenschaftlichen Disziplinen existieren eine Reihe theoretischer Ansätze, in denen das Distanzphänomen explizit oder – was weitaus häufiger der Fall ist – implizit aufgegriffen wird. Sie können damit potentiell auch als Erklärungsansätze für die Auswirkungen dieses Phänomens herangezogen werden. Häufig zeigt sich jedoch, daß solche Ansätze zwar aus der Perspektive einer bestimmten Distanzdimension ein hohes Erklärungs- und Gestaltungspotential bieten, andere Dimensionen dagegen vernachlässigen.

Aufgrund dieser unterschiedlichen Reichweite theoretischer Ansätze in bezug auf die vollständige Erfassung des Distanzphänomens erscheint es zweckmäßig, für die Analyse der

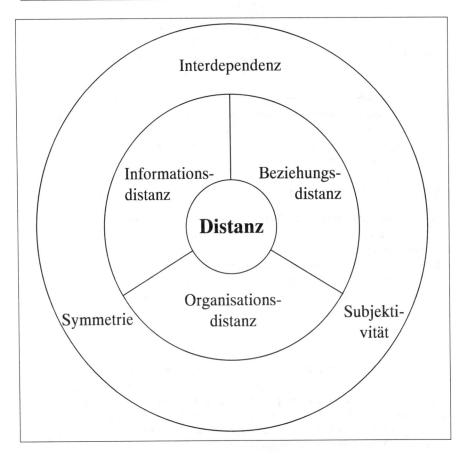

Abbildung 3-7:   Dimensionen und Eigenschaften der Distanz

Auswirkungen von Distanzen auf die Instrumente des Controlling in Kapitel 4 mehrere eigenständige theoretische Ansätze heranzuziehen. Im folgenden werden die dort verwendeten Ansätze – Ansätze der Principal-Agent-Theorie, der Führungstheorie sowie der Kommunikations- und Medientheorie – erläutert und auf ihren Erklärungsgehalt bezüglich der verschiedenen Distanzdimensionen hin untersucht.

3.4.1   Principal-Agent-theoretische Ansätze zur Analyse von Informationsdistanz

Eine zentrale Annahme innerhalb der Gleichgewichtsmodelle der *klassischen und neoklassischen ökonomischen Theorie* ist die Existenz einer sogenannten „unsichtbaren Hand" (Invisible hand), die quasi „automatisch" für eine Koordination arbeitsteiliger ökonomischer

Leistungserstellung sorgt.[224] Unabdingbare Voraussetzung für das Funktionieren solch einer unsichtbaren Hand ist dabei jedoch die vollständige und kostenlose Information aller beteiligten Akteure. Diese Prämisse einer *vollkommenen Information* wird in den klassischen Ansätzen implizit als gegeben angenommen und nicht weiter hinterfragt.

Einen anderen Blickwinkel nimmt dagegen ein jüngerer Forschungszweig der Betriebswirtschaftslehre, die sogenannte *neue Institutionenökonomie,* ein.[225] Zentrale Annahme innerhalb dieser Ansätze ist, daß vollkommene Information eher die idealisierte Ausnahme denn den in der Praxis auftretende Regelfall darstellt. Im Mittelpunkt des Forschungsinteresses der neuen Institutionenökonomie stehen daher Phänomene wie Informationsasymmetrien und Informationsübertragungskosten. Genau diese Phänomene werden jedoch häufig maßgeblich von Distanzen beeinflußt.

Die *Principal-Agent-Theorie* als Teilbereich der neuen Institutionenökonomie greift den Aspekt möglicher Informationsasymmetrien in Auftraggeber-Auftragnehmer-Beziehungen (Pricipal-Agent-Beziehungen) auf. Ziel ist es, Hinweise für eine optimale Gestaltung von Regeln zur Steuerung und Beherrschung von Principal-Agent-Beziehungen zu liefern. Da die Führungsbeziehung zwischen Management und Mitarbeiter im Kontext der betrieblichen Leistungserstellung eine typische Auftraggeber-Auftragnehmer-Beziehung darstellt, erscheint die Principal-Agent-Theorie grundsätzlich auch für das Feld des Telemanagements anwendbar.

Principal-Agent-Beziehungen entstehen durch die Übertragung von Ausführungs- und Entscheidungskompetenzen vom Principal auf den Agent. Letzterer kann damit Entscheidungen treffen, die nicht nur sein eigenes, sondern auch das Wohlergehen des Principal beeinflussen.[226] Dies kann sich für den Principal nachteilig auswirken, da die für die Aufgabenerfüllung relevanten Informationen in der Regel asymmetrisch verteilt zugunsten des Agent vorliegen. Der Agent kann damit Verhaltens- und Entscheidungsspielräume opportunistisch zu seinen Gunsten und zum Schaden des Principal ausnutzen.[227]

Zentrale Untersuchungseinheit der Principal-Agent-Theorie ist der explizite oder implizite Vertrag zwischen Principal und Agent. Dies kann z.B. ein Vertrag im juristischen Sinne wie ein Arbeits- oder Kaufvertrag sein, aber auch eine implizite Vereinbarung.[228] Diese Fokussierung auf den Vertrag ist ein wesentliches Merkmal, das die Principal-Agent-Theorie von der klassischen und neoklassischen ökonomischen Theorie unterscheidet.[229] Es wird nicht mehr

---

[224] Vgl. das grundlegende Werk von Adam Smith (1776).

[225] Vgl. Picot / Reichwald / Wigand 1998, S. 25ff.

[226] Vgl. Wenger / Terberger 1988, S. 506.

[227] Vgl. Picot / Reichwald / Wigand 1998, S. 47f.

[228] Vgl. Picot / Reichwald / Wigand 1998, S. 47.

[229] Vgl. Tosi / Katz / Gomez-Mejia 1997, S. 584.

auf die koordinierende Wirkung einer unsichtbaren Hand vertraut; die notwendige Koordination wird vielmehr durch eine gezielte vertragliche Gestaltung der Leistungsbeziehung gewährleistet.

Für eine optimale Ausgestaltung des Vertrages ist es wichtig, die Art der in der Principal-Agent-Beziehung auftretenden Informationsasymmetrie (Hidden information) zu kennen. Dabei lassen sich unterschiedliche Ausprägungen unterscheiden:[230]

- *Hidden characteristics:* In diesem Fall besteht das Problem darin, daß der Principal vor Vertragsabschluß nicht alle leistungsrelevanten Eigenschaften des Agent kennt. Es besteht daher die Gefahr der Auswahl eines „schlechten" Vertragspartners (Adverse selection). Diese Art der Informationsasymmetrie tritt beispielsweise auf, wenn ein neuer Mitarbeiter eingestellt wird, jedoch anhand von Vorstellungsgesprächen und Unterlagen dessen relevante Eigenschaften nicht vollständig erkennbar waren und sich der Mitarbeiter z.b. als zu wenig qualifiziert erweist.

- *Hidden action:* Dieses Problem tritt nach Abschluß des Principal-Agent-Vertrages auf. Es besteht darin, daß der Principal die Handlungen des Agent nicht beobachten kann oder sie aufgrund fehlenden Wissens nicht angemessen beurteilen kann. Daraus resultiert die Gefahr eines opportunistischen Ausnutzens von Handlungsspielräumen durch den Agent (Moral hazard). Hidden action kann z.B. in Form einer bewußten Leistungszurückhaltung von Experten in einem Unternehmen auftreten, welche jedoch für das Management aufgrund hoher Informations- und Wissensbarrieren nicht nachweisbar ist.

- *Hidden intention:* In diesem Fall hat der Principal spezifische Vorleistungen für eine Principal-Agent-Beziehung erbracht, die im Falle der Auflösung dieser Beziehung wertlos werden würden. Es besteht die Gefahr des opportunistischen Ausnutzens dieser Abhängigkeit des Principal durch den Agent (Holdup). Beispielsweise kann das Management, das einen Software-Spezialisten mit der Entwicklung einer komplexen, unternehmensspezifischen Software beauftragt hat, in ein kostspieliges Abhängigkeitsverhältnis geraten, wenn diese Software nur von diesem Spezialisten bedient oder gewartet werden kann.

Als Maßstab für die Effizienz eines Principal-Agent-Vertrages dienen die sogenannten *Agency-Kosten.* Diese setzen sich aus drei unterschiedlichen Komponenten zusammen, die in Abhängigkeit von der Art der auftretenden Informationsasymmetrien einerseits und der Vertragsgestaltung andererseits unterschiedliche Ausprägungen haben können:[231]

- *Überwachungs- und Kontrollkosten des Principal:* Der Principal kann zur Risikoverminderung innerhalb einer Principal-Agent-Beziehung versuchen, ex ante den Leistungsprozeß und ex post das Leistungsergebnis des Agent zu überprüfen.

---

[230] Vgl. Picot / Reichwald / Wigand 1998, S. 49.

[231] Vgl. Jensen / Meckling 1976, S. 308.

- *Garantiekosten des Agent:* Der Agent kann, z.B. um eine Principal-Agent-Beziehung aufzubauen oder ihren Fortbestand nicht zu gefährden, dem Principal eine Entschädigung für den Fall einer für ihn unbefriedigenden Vertragserfüllung anbieten.

- *Residualverlust:* Durch die Informationsasymmetrie zwischen Principal und Agent können trotz Überwachung seitens des Principal und Garantieversprechen seitens des Agent Wohlfahrtsverluste im Vergleich zu der unter den Bedingungen vollkommener Information zustandekommenden Optimallösung („first-best"-Lösung) auftreten.

Ziel der Principal-Agent-Analyse ist es, diejenige Ausgestaltung des Principal-Agent-Vertrages zu finden, die die Agency-Kosten minimiert. Dabei ist zu beachten, daß zwischen den Komponenten der Agency-Kosten Trade-off-Beziehungen bestehen. Dies wird besonders im Falle von Überwachungs- und Kontrollkosten sowie dem Residualverlust deutlich: Einerseits können durch verstärkte ex-ante- und ex-post-Kontrollen Residualverluste aufgrund von Adverse selection, Moral hazard oder Holdup begrenzt werden. Andererseits können auch durch Inkaufnahme zusätzlicher Residualverluste in Form von Anreizen für den Agent Kontrollkosten eingespart werden. Diese beiden – in ihren Konsequenzen für die Gesamthöhe der Agency costs abzuwägenden – Strategien stellen sich folgendermaßen dar:[232]

- *Monitoring:* Hierbei werden die Aktivitäten des Agent laufenden durch den Principal überwacht, um so gegebenenfalls opportunistisches Verhalten erkennen und eindämmen zu können. Damit wird der aus opportunistischem Verhalten resultierende Residualverlust zwar vermindert, es steigen jedoch die Überwachungs- und Kontrollkosten des Principal.

- *Incentive alignment:* Hierbei wird der Versuch unternommen, die Interessen des Agent an die des Principal anzugleichen. Dies geschieht durch Kompensationsleistungen (Anreize), die der Agent für den Verzicht auf die opportunistische Verfolgung eigener Interessen erhält, die jedoch den Residualverlust erhöhen.

Wie diese Darstellung der Grundelemente der Principal-Agent-Theorie zeigt, besteht deren zentrale Fragestellung darin, wie Informationsasymmetrien durch die Ausgestaltung vertraglicher Regeln überwunden werden können, bzw. ihre negativen Auswirkungen minimiert werden können. Damit erscheint die *Principal-Agent-Theorie prinzipiell geeignet, um die Auswirkungen von Informationsdistanz zu analysieren.* Letztere wurde definiert als Maß für die Zugänglichkeit taziter oder expliziter Informationen für verteilte Kooperationspartner (in diesem Fall für das Management als Principal).[233] Eine erhöhte Informationsdistanz zwischen Principal und Agent, wie sie im Telemanagement auftritt, wird damit im Prozeß der arbeitsteiligen Leistungserstellung unweigerlich auch zu einem höheren Maß an Informationsasymmetrie zu Ungunsten des Principal – im betrachteten Kontext also des Telemanagers – führen.

---

[232] Vgl. Tosi / Katz / Gomez-Mejia 1997, S. 588; Milgrom / Roberts 1992, S. 186ff.

[233] Vgl. Kapitel 3.3.1.

Die Empfehlungen der Principal-Agent-Theorie zur Verminderung der Informationsasymmetrie (z.b. durch Monitoring) oder zur Vermeidung ihrer negativen Auswirkungen (z.b. durch Incentive alignment) können damit auf das Feld des Managements und Controlling unter den Bedingungen einer erhöhten Informationsdistanz angewandt werden. Die Perspektive der Principal-Agent-Theorie bleibt jedoch auf diese Distanzdimension beschränkt. Fragen der Auswirkungen sozialer Beziehungen oder organisationaler Regeln und Normen werden im Kern dieses Ansatzes nicht thematisiert.

3.4.2 Führungstheoretische Ansätze zur Analyse von Informations- und Beziehungsdistanz

Eine weitere Forschungsrichtung innerhalb der Betriebswirtschaftslehre, in der das Distanzphänomen implizit eine Rolle spielt, hat ihren Ursprung nicht – wie die Principal-Agent-Ansätze – in der ökonomischen Theorie, sondern im Bereich der *Verhaltenswissenschaften*. Bereits in den 30'er Jahren wurde in erster Linie in den USA in Forschungsansätzen zur *Führungstheorie* versucht, Aussagen über die Effizienz unterschiedlicher Arten von Führung abzuleiten.[234]

Ab 1945 wurden an der Ohio State University von einer als „Ohio-Gruppe" bekanntgewordenen Forschergemeinschaft Instrumentarien zur empirischen Erfassung unterschiedlicher Aspekte des Führungsverhaltens entwickelt. Führungsverhalten wurde dabei definiert als jene Verhaltensweise, die im Zuge einer zielbezogenen interpersonalen Verhaltensbeeinflussung sichtbar wird.[235] Methodisch wurde auf die „Critical Incident Technique"[236], auf die systematische Fremdbeobachtung durch die Forscher sowie auf Verfahren der Selbstbeobachtung in Form von Tagebuchaufzeichnungen zurückgegriffen. Eine weitere wichtige Datenquelle waren Fragebögen, bei denen in erster Linie die Geführten über das Verhalten ihrer Vorgesetzten Auskunft gaben.

Eine faktorenanalytische Auswertung des so gesammelten Datenmaterials zeigte, daß vor allem zwei Verhaltensaspekte für die Ausprägung des Führungsverhaltens als Ganzes maßgeblich waren:[237]

---

[234] Vgl. Staehle 1994, S. 318.

[235] Vgl. von Rosenstiel 1992, S. 237 sowie zusammenfassend Stogdill / Coons 1957.

[236] Diese Erhebungsmethode geht zurück auf Flanagan 1954.

[237] Diese Dichotomie geht vor allem auf die Fragebogenuntersuchung von Halpin / Winer 1957 mit insgesamt 130 Items zurück. Die beiden Hauptfaktoren „Consideration" und „Initiation Structure" konnte dabei 83% der Varianz erklären.

Ähnliche Dichotomien finden sich auch innerhalb der allgemeinen Soziologie, so z.B. bei Habermas 1981, der als grundsätzliche Mechanismen der Handlungskoordination System- und Sozialintegration unterscheidet.

- *Aufgabenorientierung* (auch bezeichnet als Initiation of Structure, Instrumental Leadership, sachliche Kooperation, Lokomotion),

- *Mitarbeiterorientierung* (auch bezeichnet als Consideration, Socio-emotional Leadership, mitmenschliche Kooperation, Kohäsion).

Die wesentliche Erkenntnis dieser Untersuchungen war, daß diese beiden Aspekte – im Gegensatz zu früheren Annahmen – nicht antagonistische Gegenpole einer einzigen Dimension darstellen, sondern voneinander unabhängig sind. Dies ermöglicht – im einfachsten Fall – die Unterscheidung von vier verschiedenen Führungstypen. Diese sogenannten „Ohio State Leadership-Quadranten" sind in Abbildung 3-8 dargestellt:

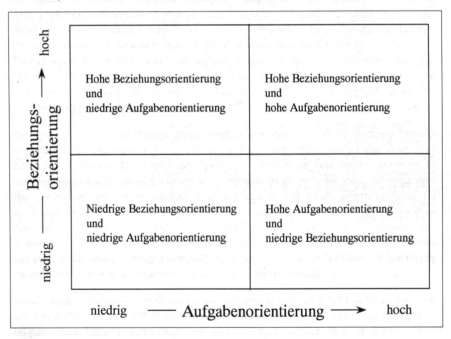

Abbildung 3-8:   Die Ohio State Leadership-Quadranten[238]

In weiteren Forschungsarbeiten wurde versucht, die Ausprägung der beiden gefundenen Verhaltensdimensionen der Führung mit der Höhe des Führungserfolges in Verbindung zu bringen. Obwohl die ausschließliche Konzentration auf zwei Dimensionen sowie die Annahme der Orthogonalität dieser Dimensionen Anlaß zur Kritik an diesen Arbeiten gab,[239] so

---

[238] In Anlehnung an Hersey / Blanchard 1977, S. 95 und von Rosenstiel 1992, S. 241.

[239] Vgl. zusammenfassend Staehle 1994, S. 323f.

konnte doch häufig eine deutliche Korrelation zwischen Mitarbeiterorientierung und Arbeitszufriedenheit sowie eine schwache Korrelation zwischen Aufgabenorientierung und Arbeitsleistung festgestellt werden.[240]

Aufbauend auf diesen Erkenntnissen wurden eine Reihe praxisorientierter Führungskonzepte
entwickelt, die normative Handlungsempfehlungen lieferten und damit häufig auch als Basis
für praktische Managementtrainingsprogramme dienten.[241] Das wohl bekannteste dieser
Führungskonzepte ist das in Abbildung 3-9 dargestellte Verhaltensgitter oder „Managerial
grid" nach Blake / Mouton.[242]

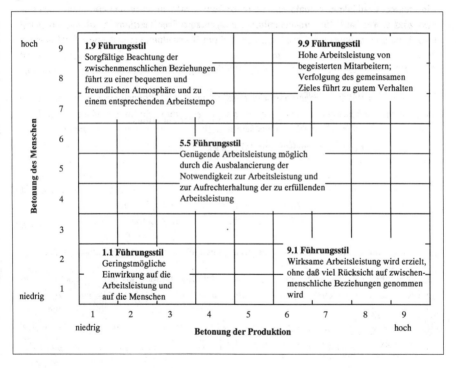

Abbildung 3-9:   Verhaltensgitter nach Blake / Mouton[243]

Die Autoren gehen – wie auch die Ohio-Gruppe – von der Unabhängigkeit der beiden
Führungsaspekte „Betonung der Produktion" (entspricht der Aufgabenorientierung bzw.

[240] Vgl. von Rosenstiel 1992, S. 241f.

[241] Vgl. Staehle 1994, S. 791.

[242] Vgl. Blake / Mouton 1968.

[243] In Anlehnung an Blake / Mouton 1968, S. 33.

Lokomotion) und „Betonung des Menschen" (entspricht der Mitarbeiterorientierung bzw. Kohäsion) aus. Ein optimaler Führungserfolg innerhalb des Spektrums des Managerial grid wird nach Ansicht von Blake / Mouton durch den sogenannten 9.9-Führungsstil erreicht. Dabei führt einerseits eine höchstmögliche Aufgabenorientierung zu einer optimalen Arbeitsleistung und andererseits eine maximale Mitarbeiterorientierung zu größtmöglicher Zufriedenheit der Mitarbeiter. Um diesen Idealzustand zu erreichen, ist demnach die simultane Optimierung beider Aspekte der Führung, also sowohl der Aufgabenorientierung als auch der Mitarbeiterorientierung, erforderlich.

Ein ähnliches, auf dem Verhaltensgitter von Blake / Mouton aufbauendes Führungskonzept entwickelte Reddin.[244] Er unterscheidet, bezugnehmend auf die Ohio State Leadership-Quadranten, vier unterschiedliche Typen des Führungsverhaltens:

• *Verfahrensstil* (geringe Aufgaben- und Mitarbeiterorientierung),

• *Aufgabenstil* (hohe Aufgaben-, geringe Mitarbeiterorientierung),

• *Beziehungsstil* (geringe Aufgaben-, hohe Mitarbeiterorientierung),

• *Integrationsstil* (hohe Aufgaben- und Mitarbeiterorientierung).

Eine wesentliche Weiterentwicklung gegenüber dem Konzept von Blake / Mouton ist darin zu sehen, daß Reddin kein a priori optimales Führungsverhalten – wie den 9.9-Führungsstil im Managerial grid – postuliert. Vielmehr erweisen sich seiner Ansicht nach die einzelnen Typen in Abhängigkeit von der jeweiligen Situation, in der sie praktiziert werde, als mehr oder weniger effizient. Zu diesen Situationsvariablen rechnet er beispielsweise die Arbeitsweise, die Mitarbeiter, die Kollegen, die Vorgesetzten sowie Organisationsstruktur und -klima.[245]

Die angeführten führungstheoretischen Ansätze der Ohio-Gruppe sowie von Blake / Mouton und Reddin gehen jeweils von einer *Dichotomisierung des Führungsverhaltens in Aufgaben- und Mitarbeiterorientierung* aus. Erst die Optimierung beider Aspekte führt – nach diesen Überlegungen – zum gewünschten Führungserfolg. Damit stellt sich aus normativer Sicht die Frage, durch welche Faktoren bzw. Maßnahmen die Ausprägung dieser beiden Verhaltensdimensionen beeinflußt werden kann.

Aufgaben- und Mitarbeiterorientierung werden in erster Linie von Persönlichkeitsmerkmalen des Führenden bestimmt. Blake / Mouton setzen daher für die Optimierung beider Dimensionen auf eine gezielte Beeinflussung dieser Merkmale, z.B. durch inhaltsorientierte Schulungsmaßnahmen, interaktives Training und Sensibilisierung für gruppendynamische Abläufe, Anstoß von Sozialisationsprozessen etc.

---

[244] Vgl. Reddin 1970.

[245] Vgl. Reddin 1970, S. 100.

Eine ebenso wichtige und im Kontext dieser Arbeit besonders hervorzuhebende Frage besteht jedoch auch darin, inwieweit die durch individuelle Persönlichkeitsmerkmale determinierten Aspekte der Aufgaben- und Mitarbeiterorientierung dem Geführten auch übermittelt werden können, um dort ihre Wirkungen zu entfalten, bzw. inwieweit sich hierbei Distanzen störend auswirken können.[246]

Einerseits ist für eine intensive Aufgabenorientierung ein *funktionierender aufgabenbezogener Informationsfluß* erforderlich, der sowohl die Übermittlung notwendiger Sachinformationen vom Führenden zum Geführten ermöglicht als auch die Möglichkeit einer Informationsrückkopplung in umgekehrte Richtung bietet. Eine im Telemanagement erhöhte Informationsdistanz, die die Zugänglichkeit zu taziten oder expliziten Informationen erschwert,[247] kann damit auch die Aufgabenorientierung negativ beeinflussen. Eine hohe Mitarbeiterorientierung ist andererseits an die Möglichkeiten einer häufig informellen, *sozial orientierten Verständigung* und eines ungestörten Aufbaus persönlicher Beziehungen gebunden. Dabei kann sich eine durch Telemanagement erhöhte Beziehungsdistanz, die den Aufbau sozialer Bindungen beeinträchtigt,[248] negativ auswirken. Damit erscheinen die angesprochenen Ansätze der *Führungstheorie prinzipiell geeignet, um sowohl die Auswirkungen von Informations- als auch von Beziehungsdistanz zu analysieren.* Die Konstitution gemeinsam getragener organisatorischer Regeln und Verhaltensnormen und die damit verbundene Herausbildung von Organisationen als Institutionen werden dagegen in den behandelten führungstheoretischen Ansätzen nicht berücksichtigt.

3.4.3 Kommunikations- und medientheoretische Ansätze zur Analyse von Informations-, Beziehungs- und Organisationsdistanz

Eine zentrale Rolle spielt das Distanzphänomen in den Kommunikations- und Medientheorien. Die Forschungsansätze auf diesem Gebiet bilden heute noch ein sehr heterogenes, interdisziplinäres Feld.[249] „Der sich um den Kommunikationsbegriff zentrierende Problemhorizont ist offenbar so weit, daß er die Grenzen jeder methodologisch klar bestimmbaren Einzelwissenschaft zu sprengen scheint."[250] Entsprechend weisen auch die zahlreichen – je nach fachlicher Perspektive unterschiedlich ausgerichteten – Definitionen des Begriffes Kommunikation kaum einen gemeinsamen Nenner auf.[251]

---

[246] Vgl. dazu auch Reichwald / Bastian 1999, S. 144ff.

[247] Vgl. Kapitel 3.3.1.

[248] Vgl. Kapitel 3.3.2.

[249] Vgl. Reichwald 1993b, Sp. 2174.

[250] Hrubi 1988, S. 61.

[251] Vgl. Hrubi 1988, S. 60. Hrubi zitiert eine Publikation von Klaus Mertens, in der 160 unterschiedliche Definitionen des Kommunikationsbegriffes gesammelt wurden.

Die Bedeutung der Kommunikation im Unternehmen wurde lange Zeit stiefmütterlich behandelt. „Es ist bemerkenswert, daß die Modellierung des Informations- und Kommunikationsverhaltens erst lange nach der Modellierung anderer ökonomischer Phänomene einsetzte. Ein Grund war, daß die Bedeutung von Information als Produktionsfaktor erst relativ spät erkannt wurde. Während Produktionsfaktoren wie Boden, Arbeit oder Kapital schon sehr früh beschrieben und deren Bedeutung für ökonomische Handlungen herausgearbeitet worden sind, ist die Auseinandersetzung mit Informations- und Kommunikationsphänomenen vergleichsweise neu."[252] Dabei zeigen empirische Ergebnisse, daß – besonders im Managementbereich – Kommunikation einen sehr breiten Raum einnimmt. Eine Fallstudienuntersuchung von Pribilla / Reichwald / Goecke erbrachte als Ergebnis einer Tätigkeitsanalyse von 14 Top-Managern einen durchschnittlichen Anteil der Kommunikation an der Gesamtarbeitszeit von ca. 90%.[253] Zu ähnlichen Größen gelangten auch Studien von Mintzberg[254], Kurke / Aldrich[255] sowie Picot / Reichwald[256]. Führungstätigkeit ist damit im Kern Kommunikationstätigkeit.[257]

Trotz dieser enormen Bedeutung werden Fragen der Kommunikation im Management in vielen deutschsprachigen Publikationen der Management- und Führungslehre nur wenig thematisiert.[258] Unumgänglich wird eine solche Auseinandersetzung jedoch aus der Perspektive des Telemanagements – und eines darauf aufbauenden Controlling –, das aufgrund der Verteiltheit der Akteure auf eine Kommunikation mittels Telemedien angewiesen ist.[259] Kommunikations- und medientheoretische Ansätze können in diesem Feld zahlreiche Erklärungs- und Gestaltungshinweise hinsichtlich der Überwindung auftretender Distanzen durch Kommunikationsprozesse sowie hinsichtlich der Auswirkungen des Medieneinsatzes in den unterschiedlichen Distanzdimensionen geben.

---

[252] Picot / Reichwald / Wigand 1998, S. 65.

[253] Vgl. Pribilla / Reichwald / Goecke 1996, S. 158f.

[254] Vgl. Mintzberg 1973.

[255] Vgl. Kurke / Aldrich 1983.

[256] Vgl. Picot / Reichwald 1987.

[257] Vgl. Pribilla / Reichwald / Goecke 1996, S. 158 sowie Mintzberg 1994, S. 16f., der das ständige kommunikative Kontakthalten mit der Umwelt („scanning") als essentielle Grundaufgabe des Managers beschreibt.

[258] So wird z.B. bei Steinmann / Schreyögg 1997 der Begriff „Kommunikation" im Stichwortverzeichnis nicht aufgeführt. In Staehle 1994 wird Kommunikation relativ knapp im Zusammenhang mit gruppendynamischen Prozessen behandelt (S. 279-288). Die hohe Bedeutung der Kommunikation für die Erfüllung der Managementfunktionen (S. 548) sowie der hohe Anteil der Kommunikation in der praktischen Managertätigkeit (S. 83) wird erkannt, jedoch nicht vertieft.

Explizit ausgeführt wird dieses Thema dagegen z.B. bei Picot / Reichwald 1987, Kieser / Hegele / Klimmer 1998 sowie umfassend bei Picot / Reichwald / Wigand 1998. Den in der klassischen Führungslehre kaum behandelten Bereich des Medieneinsatzes in der führungsbezogenen Kommunikation thematisieren z.B. Beckurts / Reichwald 1984, Pribilla / Reichwald / Goecke 1996 sowie Goecke 1997.

[259] Vgl. Kapitel 3.1.3.

Ursprünge der Kommunikationsforschung

Ein früher, aber bis heute einflußreicher Ansatz zur Abbildung eines Kommunikationsvorganges wurde von C. E. Shannon vorgestellt.[260] Das ingenieurwissenschaftlich geprägte Modell beschreibt Kommunikation unter dem Gesichtspunkt der Übertragung einer Nachricht mittels eines technischen Übertragungskanals (wie z.B. eines Telefonnetzes) und einer möglichst exakten Reproduktion dieser Nachricht beim Empfänger. Dieser Vorgang stellt sich nach Shannon wie folgt dar: Vom Nachrichtenerzeuger, der sogenannten Quelle (Source), wird die Nachricht an einen Sender (Transmitter) geleitet, der sie in physikalische Signale umwandelt. Diese Signale werden über ein Medium, wie z.B. ein Kabel, geleitet, wobei sie durch Störungen (Noise) verfälscht werden können. In einem Empfänger (Receiver) werden die ankommenden Signale wiederum in eine (unter Umständen von der ursprünglichen Nachricht abweichende) Nachricht dekodiert und zum Adressaten (Destination) weitergeleitet.

Die wesentlichen Fragestellungen, die anhand dieses Modells untersucht werden können, sind vor allem technischer Natur. Sie betreffen z.B. die notwendigen Kapazitäten eines Übertragungskanals, den Einfluß von Störungsquellen, die Erkennbarkeit solcher Störungen und die Möglichkeit ihrer Behebung (z.B. durch redundante Signalübertragung), sowie Fragen einer effizienten Codierung von Nachrichten.[261]

In einer Veröffentlichung von W. Weaver wird das mechanistische Kommunikationsmodell von Shannon explizit auch auf den Bereich der unmittelbaren zwischenmenschlichen Kommunikation übertragen.[262] Aus dieser Sicht erhält vor allem die menschliche Sprache die Rolle des Übertragungskanals. Sie besitzt jedoch in Weavers Interpretation die gleichen Grundcharakteristika wie ein technischer Kanal und stellt daher aus seiner Sicht ein universal gültiges und in jedem Kontext eindeutiges Medium zur Datenübertragung dar. Die Modelle von Shannon und Weaver fokussieren damit ausschließlich auf einen *syntaktisch korrekten Informationsaustausch* zwischen zwei Kommunikationspartnern mit Hilfe eines Mediums,[263] während Fragen des Verstehens und Interpretierens der Nachrichten – und damit der soziale Aspekt der zwischenmenschlichen Kommunikation – unberücksichtigt bleiben.

Eine völlig andere Perspektive der menschlichen Sprachkommunikation, die weit über den Aspekt einer möglichst korrekten und effizienten Übermittlung von Nachrichten hinausgeht, wurde von Ludwig Wittgenstein mit seinem Konzept des „Sprachspiels" begründet.[264] Menschliche Kommunikation wird nach Wittgenstein durch ihren individuell unterschiedlichen Gebrauch stark von subjektiven, personenbezogenen Interpretationsvorgängen geprägt.

---

[260] Vgl. Shannon 1949.

[261] Vgl. Reichwald 1999, S. 233.

[262] Vgl. Weaver 1949.

[263] Zu den drei semiotischen Ebenen Syntaktik, Semantik und Pragmatik vgl. Eco 1977.

[264] Vgl. Wittgenstein 1960.

Die Bedeutung der Sprache ist nicht allgemeingültig, sondern immer vom jeweiligen Gebrauchskontext abhängig. Die subjektiven Bedeutungen von Sprachelementen können sich im Laufe der Zeit durch stetigen Gebrauch und wechselseitige Interpretations- und Rückkopplungsvorgänge verändern; das Sprachspiel folgt laufend neuen Spielregeln.

Auf der Sicht Wittgensteins bauen letztlich zahlreiche modernere kommunikationstheoretische Ansätze auf. Dazu sind z.b. die bekannten Ansätze von Watzlawick / Beavin / Jackson[265] und Schulz von Thun[266] zu rechnen, die das wechselseitige Verstehen, den Aufbau sozialer Beziehungen und die Vermeidung pathologischer Muster in der menschlichen Kommunikation in den Mittelpunkt stellen. Insbesondere beziehen sich auch die konstruktivistischen Modelle von Maturana / Varela[267] und Luhmann[268] auf die Wittgenstein'sche Sicht. Hierbei wird besonders die Rolle der menschlichen Kommunikation für die Herausbildung komplexerer sozialer Strukturen (z.B. auch Unternehmen) betont. Innerhalb dieser Strukturen werden Kommunikationsinhalte nach den gleichen Mustern interpretiert („konsensuelle Bereiche"), was die Basis für eine funktionierende Verständigung darstellt.

Eine Gegenüberstellung der wichtigsten Charakteristika der beiden in weiten Teilen antagonistischen Perspektiven menschlicher Kommunikation nach Shannon und Weaver einerseits und Wittgenstein andererseits zeigt Abbildung 3-10.

Kommunikation in der betrieblichen Aufgabenerfüllung

„Communication is a variable taken for granted so that much of what employees do each workday may not seem to depend on their ability to communicate but rather on their performance of work tasks, such as operating machines, making architectural design, selling hamburgers, or creating and storing information."[269] Kommunikation in der betrieblichen Aufgabenerfüllung wurde lange Zeit – und wird zum Teil noch bis heute – ausschließlich als problemlos beherrschbares Mittel zum Austausch aufgabenbezogener Informationen betrachtet. Diese aufgabenbezogene Kommunikation wird durch die Aufteilung einer betrieblichen Gesamtaufgabe auf spezialisierte Stellen im Rahmen der Organisationstätigkeit erforderlich.[270] Aus dieser Perspektive läßt sich Kommunikation im Unternehmen mit Hilfe der einfachen Modelle von Shannon und Weaver hinreichend abbilden. Die Voraussetzungen für eine optimale Aufgabenerfüllung wären demnach bereits durch eine *fehlerfreie und effiziente*

---

[265] Vgl. Watzlawick / Beavin / Jackson 1990.

[266] Vgl. Schulz von Thun 1993.

[267] Vgl. Maturana / Varela 1987.

[268] Vgl. Luhmann 1986.

[269] Heath 1994, S. 4.

[270] Vgl. Kapitel 4.1.

Key assumptions behind conduit model of communication (Shannon / Weaver):

• There is underlying objective knowledge in the world that has universal applicability.

• Language can be a medium for representing objective knowledge and words have fixed meaning.

• Human beings can achieve universality of understanding since fixed meanings of words can be communicated objectively from one person to another.

• Realization of objective knowledge is a rational process. Knowledge evolves and progresses through the systematic application of logic and principles of the scientific method.

Key assumptions behind language game model of communication (Wittgenstein):

• Knowledge as well as methods for realizing knowledge are objective only to the extent they are ratified as objective by a specific community's interpretive conventions.

• Words can have consensus of meaning only within a specific community of knowing. However, even within a unique community, the meaning of words change and are never fixed in time or space.

• Language is not a medium for representing our thoughts and objective underlying knowledge but language is thought and knowledge. The limits of our language are the limits of our knowledge since we can explain the world only through language and narrative forms.

• Knowledge evolves by inventing new language and narrative forms. Re-narrativizing the familiar or coming up with narratives that explain the unfamiliar is the primary activity by which new knowledge comes about.

Abbildung 3-10:   Charakteristika der Modelle menschlicher Kommunikation nach Shannon und Weaver sowie Wittgenstein[271]

Nachrichtenübermittlung zwischen den Aufgabenträgern gewährleistet. Diese Sicht umfaßt ausschließlich die Dimension der *Informationsdistanz*.

Kommunikation im Unternehmen läßt sich bei einer tiefergehenden Betrachtung jedoch nicht auf die bloße Nachrichtenübertragung über „offiziell" festgelegte, aufgabenbezogene Kanäle reduzieren. Vielmehr stellt auch *informelle Kommunikation* einen offensichtlich unverzichtbaren Bestandteil der betrieblichen Kommunikation dar. Es ist „ ... jede Unternehmung in vielfältiger Weise auf ungeplante, informelle Kommunikationsbeziehungen angewiesen.

---

[271] In Anlehnung an Boland / Tenkasi 1995, S. 354.

Weder lassen sich alle Informationsprobleme und Handlungsnotwendigkeiten für die Erfüllung gegebener Aufgaben bei der Organisationsgestaltung vorwegnehmen, noch können notwendige Aufgabenveränderungen, Initiativen und Neuerungen spontan erprobt oder flexibel genug verwirklicht werden, wollte man sich nur auf formal geplante Handlungen und Informationsbeziehungen stützen."[272]

Die Bedeutung der informellen Kommunikation geht jedoch über diese Ergänzung formeller, aufgabenbezogener Kommunikation hinaus: Vor allem in der soziologisch ausgerichteten Kommunikationsforschung steht die menschliche Interaktion und die Verständigung innerhalb sozialer Systeme im Mittelpunkt.[273] Gerade diese soziale, beziehungsorientierte Kommunikation läuft in Unternehmen häufig über informelle Kanäle und bedient dabei – im Gegensatz zur Perspektive von Shannon und Weaver – auch wenig eindeutiger und nicht in Code-Systemen formalisierbarer Ausdrucksformen. „Often, the actual transaction of a relationship is occurring through behavioral exchanges that are not observable in a verbal transcript, but must be attended to in other channels. Subtle, nonverbal behaviors (include eye gaze, smiles, hand gestures, posture, speech duration, speech rate, head nods, and more) are the channels by which a large share of affectively changed relational information is conveyed."[274] Diese Sichtweise einer sozialen Kommunikation bezieht im Kontext der Telekooperation über die Informationsdistanz hinausgehend auch die Dimension der *Beziehungsdistanz* ein.

Kommunikation spielt in Unternehmen ferner eine wesentliche Rolle als „enabler" für Prozesse der Sozialisation und der Kultur- und Vertrauensbildung.[275] Normen, Werte und Symbole als konstituierende Bestandteile einer Unternehmenskultur entziehen sich jedoch aufgrund ihres taziten Charakters häufig einer expliziten Darstellung und Übertragung über formale Kommunikationswege und werden – ebenso wie die soziale Kommunikation – in erster Linie über informelle und symbolhafte Kommunikation übermittelt. „Informal, ad hoc communication between employees is important to organizations to ... transmit organizational culture and knowledge, and maintain the loyalty and commitment of their members."[276]

Letztlich kann aus dieser Sicht Kommunikation als Grundlage für die Herausbildung aller Arten von sozialen Systemen – also auch Unternehmen – gesehen werden.[277] Luhmann bezeichnet diesen Prozeß als Autopoiese. Er beschreibt damit die Ausformung sozialer Systeme durch eine Kommunikation, die sich ausschließlich auf das System selbst bezieht

---

[272] Picot 1993, S. 154.

[273] Vgl. Reichwald 1993b, Sp. 2178. Zum Teil wird die Herausbildung sozio-emotionaler Beziehungen sogar als definitorischer Bestandteil menschlicher Kommunikation gesehen, vgl. Palmer 1995, S. 278.

[274] Palmer 1995, S. 280.

[275] Vgl. Wielpütz 1996, S. 135f.

[276] Fritz / Narasimhan / Rhee 1996, S. 1.

[277] Vgl. Picot / Reichwald / Wigand 1998, S. 85. Vgl. ferner Luhmann 1986 sowie Kieser / Hegele / Klimmer 1998.

und daher systemimmanente, von anderen Systemen isolierte Interpretationsmuster hervor-bringt.[278] Solche „kollektiven Interpretationsschemata" haben für Unternehmen hohe Bedeutung im Hinblick auf eine reibungslose Zusammenarbeit: „Man hat sich im Unternehmen darauf geeinigt, wie bestimmte Abnehmergruppen, Lieferanten oder Konkurrenten zu sehen sind, welche Prioritäten bestimmten Unternehmenszielen einzuräumen ist, welche Lösungs-prinzipien beim Auftauchen bestimmter Probleme vordringlich zu verfolgen sind usw."[279] Diese Sichtweise der Kommunikation als konstituierendes Element sozialer Systeme erweitert die Perspektive erneut und bezieht nun auch die Dimension der *Organisationsdistanz* mit ein.

Wie die vorhergehenden Ausführungen gezeigt haben, geht die Bedeutung der Kommunikation im Unternehmen offensichtlich weit über einen ausschließlich aufgabenbezogenen Informationsaustausch hinaus. Kommunikation dient auch dem Aufbau zwischenmenschlicher Beziehungen und ist die Grundlage für die Entstehung ganzer sozialer Systeme. Kommunikation im Unternehmen bedeutet daher auch mehr als eine möglichst eindeutige und effiziente Datenübertragung: Für eine vollständige Erfassung der betrieblichen Kommunikation sind auch Phänomene zu berücksichtigen, die über eine solche nachrichtentechnische Sicht hinausgehen, wie z.b. informelle, nonverbale, symbolhafte Kommunikation etc.

Für die Analyse telekooperativer Strukturen in Management und Controlling – in denen Kommunikation definitionsgemäß mediengestützt erfolgt – hat diese weite Sicht der betrieblichen Kommunikation Folgen: „This communication has previously been mediated by the physical proximity of workers. Employees in the same physical location developed relationships through chance encounters and informal discussions. However, as employees increasingly perform work activities in remote locations, there is less opportunity to develop relationships through ad hoc, face-to-face (FTF) encounters. Different communication models and strategies for facilitating informal communication will be needed in order to develop these critical relationships."[280]

Als analytische Basis für die Untersuchung der Auswirkungen eines Controlling in telekooperativen Strukturen lassen sich vor allem solche Modelle heranziehen, die explizit den Einsatz von Telemedien berücksichtigen sowie alle drei für das Telemanagement relevanten Distanzdimensionen – Inhalts-, Beziehungs- und Organisationsdistanz – abdecken. Besonders geeignet erscheinen in dieser Hinsicht die im folgenden behandelten Ansätze: das Modell der aufgabenorientierten Medienwahl, das Media Richness-Modell sowie die Ansätze der Media Impact-Forschung.

---

[278] Vgl. Luhmann 1994. Letztlich fußt auch diese Interpretation auf das bereits erwähnte Sprachspiel-Konzept Wittgensteins.

[279] Vgl. Kieser / Hegele / Klimmer 1998, S. 10.

[280] Fritz / Narasimhan / Rhee 1996, S. 2.

Das Modell der aufgabenorientierten Medienwahl

„Task-technology fit is universally recognized as a central influence on information exchange in GSS (Group Support System, Anm. d. Verf.) -supported groups. Despite this, the relatively low amount of empirical work explicitly designed to examine this factor is a glaring gap in the GSS literature."[281] Einen Beitrag zur Schließung dieser Lücke liefern Picot / Reichwald mit ihrem *Modell der aufgabenorientierten Medienwahl*. Auf der Basis einer empirischen Erhebung wurden vier *Grundanforderungen an Kommunikationsprozesse* ermittelt:[282]

- Die Anforderung an *Genauigkeit* bemißt die Exaktheit und Dokumentierbarkeit der Informationsübertragung sowie den Grad der Überprüfbarkeit und die Möglichkeit einer problemlosen Weiterverarbeitung.

- Die Anforderung an *Schnelligkeit und Bequemlichkeit* bemißt die Zeitdauer für die Erstellung, Übermittlung und Rückkopplung einer Nachricht sowie die Einfachheit der Mediennutzung.

- Die Anforderung an *Vertraulichkeit* bemißt die Leistungsfähigkeit in bezug auf Schutz und Sicherheit vertraulicher Inhalte sowie das Potential für den Aufbau von Vertrauensbeziehungen zwischen Sender und Empfänger.

- Die Anforderung an *Komplexität* bemißt die Übermittlungsfähigkeit komplizierter Sachzusammenhänge sowie das Potential zur Lösung von Konflikten im wechselseitigen Dialog.

Diese vier Grundanforderungen können in Beziehung gesetzt werden zu den im Telemanagement auftretenden Distanzdimensionen: Während die Anforderungen an Genauigkeit, Schnelligkeit und Bequemlichkeit im Falle einer medientechnischen Unterstützung vor allem die Informationsdistanz in den Mittelpunkt rücken, weisen hohe Anforderungen an Vertraulichkeit und Komplexität vor allem auf die Notwendigkeit einer Überwindung von Beziehungs- und Organisationsdistanzen hin.

Welche der vier Grundanforderungen in einem Kommunikationsprozeß dominieren, hängt vom konkreten Kontext und Zweck der Kommunikation ab. Beispiele für diese Zuordnung finden sich in Abbildung 3-11.

---

[281] McLeod 1996, S. 433.

[282] Vgl. Picot / Reichwald 1987, S. 46f.

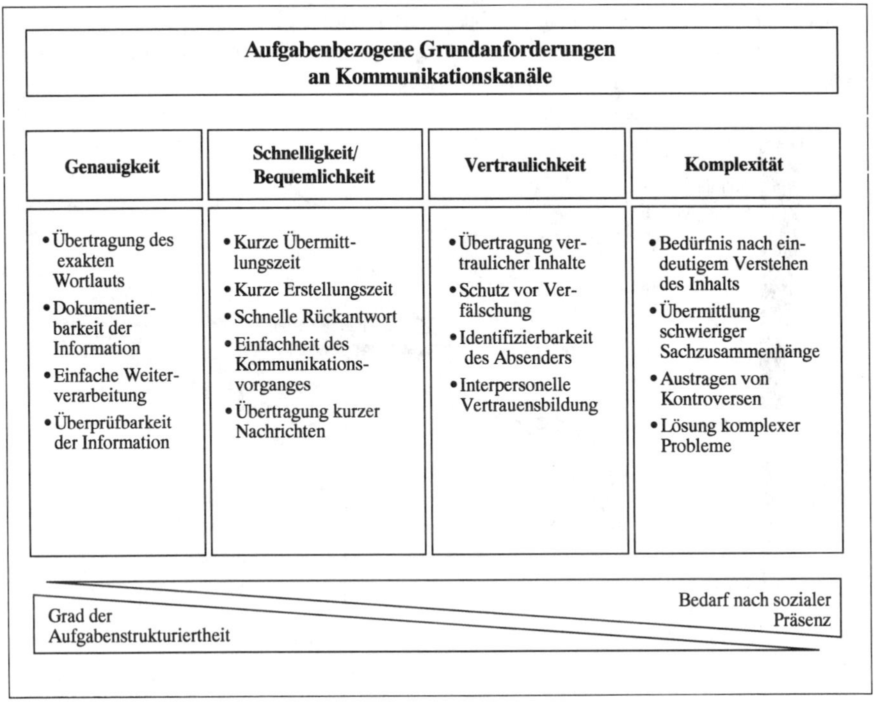

**Aufgabenbezogene Grundanforderungen
an Kommunikationskanäle**

Genauigkeit	Schnelligkeit/ Bequemlichkeit	Vertraulichkeit	Komplexität
• Übertragung des exakten Wortlauts • Dokumentierbarkeit der Information • Einfache Weiterverarbeitung • Überprüfbarkeit der Information	• Kurze Übermittlungszeit • Kurze Erstellungszeit • Schnelle Rückantwort • Einfachheit des Kommunikationsvorganges • Übertragung kurzer Nachrichten	• Übertragung vertraulicher Inhalte • Schutz vor Verfälschung • Identifizierbarkeit des Absenders • Interpersonelle Vertrauensbildung	• Bedürfnis nach eindeutigem Verstehen des Inhalts • Übermittlung schwieriger Sachzusammenhänge • Austragen von Kontroversen • Lösung komplexer Probleme

Grad der
Aufgabenstrukturiertheit

Bedarf nach sozialer
Präsenz

Abbildung 3-11:   Anforderungen an Kommunikationsprozesse und geeignete Medienunterstützung[283]

Für ein effektives und effizientes Management und Controlling unter telekooperativen Bedingungen ist nun besonders die Frage relevant, welche *Aufgabentypen* und damit Anforderungen an die Kommunikationsprozesse in diesem Bereich dominieren. Eine entsprechende Einschätzung liefert Mintzberg: „A point worth emphasizing, and one emphasized in almost every serious study of managerial work, is that the formal information – in other words, information capable of being processed in a computer – does not play a particularly dominant role here. Oral information – much of it too early or too 'soft' to formalize, such as gossip and hearsay – and even nonverbal information, namely what is seen and 'felt' but not heard, forms a critical part of every serious managerial job (or, at least, every managerial job performed seriously).“[284] Offensichtlich dominieren also im Management Kommunikationsvorgänge, die besonders hohe Anforderungen an Komplexität[285] und Vertraulichkeit[286] stellen, während die

---

[283] Reichwald 1993b, Sp. 2185f.

[284] Mintzberg 1994, S. 16.

[285] Erklärbar durch das häufige Auftreten schlecht strukturierter Aufgaben im Management, vgl. z.B. Pribilla / Reichwald / Goecke 1996, S. 169ff.

schnelle und genaue Übermittlung von Massendaten mit steigender Führungsverantwortung immer mehr an Bedeutung verliert. Die Verknüpfung dieser Überlegung mit der Frage einer adäquaten Medienunterstützung stellt Abbildung 3-12 her.

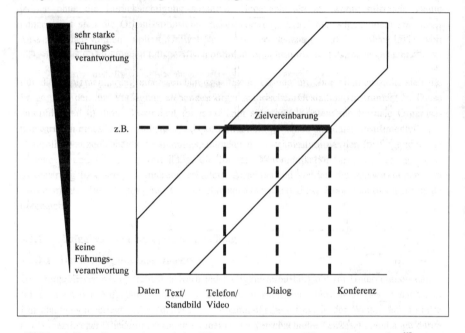

Abbildung 3-12: Zusammenhang zwischen Führungsverantwortung und Kommunikationsmedium[287]

Untermauert wird diese tendenzielle Aussage durch empirische Ergebnisse: Vor allem im Top-Management ist eine starke Dominanz der Face-to-face-Kommunikation zu erkennen.[288] Es wurden Anteile an der Gesamtarbeitszeit von bis zu ca. 70% festgestellt.[289] Dies zeigt deutlich, welch große Bedeutung in der Managementkommunikation die Pflege persönlicher Kontakte und der Aufbau sozialer Beziehungsnetzwerke – mit entsprechend hohen Anforderungen an Komplexität und Vertraulichkeit – einnimmt.[290] So verwundert es auch nicht, daß trotz des verstärkten Einsatzes neuer Telemedien die Reisetätigkeit im Managementbereich,

---

[286] Erklärbar durch zahlreiche stark personenbezogene Interaktionen im Führungsprozeß, vgl. z.B. Rotter 1996, S. 12.

[287] Picot / Reichwald 1987, S. 62.

[288] Vgl. z.B. Mintzberg 1973; Müller-Böhling / Ramme 1990; Pribilla / Reichwald / Goecke 1996.

[289] Vgl. Pribilla / Reichwald / Goecke 1996, S. 161ff.

[290] Vgl. Beckurts / Reichwald 1984, S. 85ff. Besonders sei in diesem Zusammenhang auf die Auflistung individueller Aussagen von Managern in Abbildung III-6 auf S. 87 verwiesen.

die ja letztlich zur Herstellung von Face-to-face-Kontakten dient, keinesfalls zurückgeht, sondern häufig sogar zunimmt (Telekommunikationsparadoxon).[291]

Es ist jedoch darauf hinzuweisen, daß auch interindividuelle Unterschiede in der Frage der Präferenz bestimmter Kommunikationsformen und -medien eine oft erhebliche Rolle spielen. So sind nach Müller-Böhling / Ramme für die Wahl eines Mediums nicht nur dessen „objektive" Eigenschaften[292] verantwortlich, sondern auch *subjektive Präferenzen des Nutzers* sowie situative Bedingungen des organisatorischen Kontextes (z.b. Größe oder Branche eines Unternehmens). Beispielsweise stellen Müller-Böhling / Ramme bei jüngeren Managern eine Vorliebe für telefonische Kommunikation fest, während ältere Manager das persönliche Gespräch vorziehen.[293]

Darüber hinaus ist anzumerken, daß die Auswahl eines bestimmten Mediums zur Unterstützung eines Kommunikationsvorganges nicht nur, wie oben dargestellt, einen wesentlichen Einfluß auf die Effektivität und Effizienz in bezug auf die Übermittlung der gewünschten Botschaft besitzt, sondern daß diese Wahl auch selbst ein Teil der zu transportierenden Botschaft sein kann. „Media choice is not based solely on objective tasks and contextual characteristics. In organizations the choice of a particular medium often carries with its symbolic meaning beyond the explicit message being transmitted."[294] Der *Symbolcharakter der Medienwahl* kann somit den eigentlichen Kommunikationsinhalt überlagern und damit das Verständnis dieses Inhaltes beim Empfänger beeinflussen.[295]

Das Media Richness-Modell

Häufig wird implizit oder explizit die Face-to-face-Kommunikation als anzustrebende Idealform für die betriebliche Kommunikation dargestellt.[296] Wie aber bereits anhand des Modells der aufgabenorientierten Medienwahl deutlich wurde, stellt die bloße elektronische Nachbildung dieser „prototypischen" Kommunikationsform jedoch keineswegs immer die Ideallösung für auftretende Kommunikationsprobleme dar: „So garantiert etwa die Installierung eines Kommunikationsnetzes, in dem jeder mit jedem über leistungsstarke Kanäle

---

[291] Vgl. Pribilla / Reichwald / Goecke 1996, S. 194ff.

[292] Z.B. in bezug auf die im folgenden behandelte Media Richness oder auf das Potential zu Erfüllung der Anforderungen des aufgabenorientierten Medienwahlmodelles.

[293] Vgl. Müller-Böhling / Ramme 1990, S. 121.

[294] Trevino / Daft / Lengel 1990, S. 88.

[295] Vgl. auch McLeod 1996, S. 431 sowie Palmer 1995, S. 285: „The medium and the way it is used can be part of the message".

[296] Vgl. Palmer 1995, S. 282.

ständig verbunden ist, noch lange nicht, daß die Kommunikation zwischen den Mitarbeitern – in horizontaler wie in vertikaler Richtung – auch tatsächlich funktioniert."[297]

Für die Gestaltung eines telekooperativen Managements und Controlling stellt sich damit die Frage, welche *Art der Medienunterstützung für welche Kommunikationssituationen* geeignet ist. „When planners of telecommuting programs discuss communication, it is often in passing, or in vague generalities such as, 'good, open lines of communication must be ensured for telecommuting success.' This is sound advice, yet difficult to implement due to its lack of precision."[298]

Einen vielzitierten Beitrag zur Lösung solcher Probleme liefern Daft / Lengel sowie auf deren Arbeiten aufbauend Rice mit dem sogenannten *Media Richness-Modell*.[299] Dieses Modell differenziert Telemedien nach dem Grad ihrer „Media Richness", die sich aus drei Faktoren ergibt:[300]

- der *Breite* der Übertragungskapazität des Mediums in bezug auf die Anzahl der Übertragungskanäle,

- der *sozialen Nähe*, die das Kommunikationsmedium vermittelt,[301]

- der Möglichkeit einer unmittelbaren *Rückkopplung* über das Medium.

Auf der Basis empirischer Untersuchungen konnte ein Zusammenhang zwischen der durch diese drei Faktoren determinierten Media Richness eines Mediums und der Effizienz dieses Mediums bei der Bewältigung unterschiedlicher Kommunikationsaufgaben hergestellt werden. Die Aufgaben wurden dabei nach dem Grad ihrer Komplexität klassifiziert. Das Ergebnis dieser Zuordnung ist in Abbildung 3-13 dargestellt.

Das Media Richness-Modell zeigt, daß keineswegs immer durch eine möglichst getreue Nachbildung des „Face-to-face-Ideals" mittels Telemedien die höchste Kommunikationseffizienz erreicht wird. Dies ist nur bei sehr komplexen Aufgaben zu erwarten (z.B. komplexe Führungsaufgaben, bei denen im Falle telekooperativer Bewältigung simultan Informations-, Beziehungs- und Organisationsdistanzen überwunden werden müssen). Dagegen kann die Nutzung eines Mediums mit hoher Media Richness für eine wenig komplexe und gut

---

[297] Hrubi 1988, S. 92.

[298] Chadwick 1996, S. 2.

[299] Vgl. im folgenden Daft / Lengel 1984 sowie Rice 1992.

[300] Vgl. hierzu auch die in Kapitel 3.2.3 dargestellten, ähnlichen Maße „Lebensnähe" und „Interaktivität", die den Grad der Telepräsenz determinieren.

[301] Eine Klassifikation unterschiedlicher Medien nach ihrer sozialen Nähe findet sich z.B. bei Reichwald / Goecke 1995, Sp. 165f.

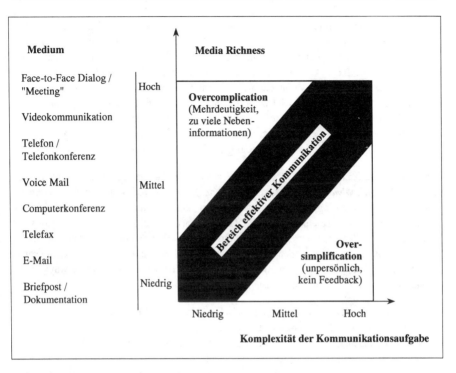

Abbildung 3-13:   Das Media Richness-Modell nach Daft / Lengel und Rice[302]

strukturierte Kommunikationsaufgabe (bei der in erster Linie das Problem der Überwindung von Informationsdistanz im Mittelpunkt steht) zu einer unnötigen Verkomplizierung des Kommunikationsvorganges führen. Umgekehrt wird die Bewältigung komplexer Kommunikationsaufgaben durch Medien mit geringer Media Richness effizienzmindernd vereinfacht (z.B. durch fehlende Rückkopplungsmöglichkeiten oder einer Vernachlässigung sozialer Aspekte der Kommunikation, die vornehmlich durch Medien mit hoher Media Richness übertragen werden können).

Untermauert werden die Aussagen des Media Richness-Modells durch eine Nachfolgeuntersuchung von Daft / Lengel / Trevino, in welcher der *Führungserfolg von Managern* in Abhängigkeit von einem modellgerechten Einsatz von Telemedien untersucht wird. Wie die Ergebnisse zeigen, ist der Führungserfolg signifikant mit einem Telemedieneinsatz korreliert, der den Empfehlungen des Media Richness-Modells entspricht.[303]

---

[302] Abbildung nach Reichwald u.a. 1998b, S. 57.

[303] Vgl. Daft / Lengel / Trevino 1987.

Trotz seiner weiten Verbreitung weist das Media Richness-Modell auch Unzulänglichkeiten auf. „ ... this theory does not adequately capture the complexities of new communication media. For example, an assumption underlying this theory is that the characteristics of the various media are fixed. Yet because of individual differences in perceptions of media, the characteristics are, in reality, variable. Further, the theory of media richness does not take into account the influence of the social environment."[304] Das Modell berücksichtigt also keine interindividuellen Unterschiede in der Anwendung der Telemedien. Die Media Richness eines Mediums ist nach Daft / Lengel eine für jeden Kontext gültige Konstante, die in Verbindung mir der Komplexität der Kommunikationsaufgaben die Effizienz dieses Mediums bestimmt.

Entgegen dieser Annahmen ist jedoch häufig festzustellen, daß die Effizienz von Telemedien auch stark von *individuellen Nutzungs- und Interpretationsmustern* innerhalb bestimmter Anwendergruppen abhängen kann.[305] Im Gegensatz zum substitutiven Einsatz von Teleme-dien (z.B. Ersatz von Briefpost durch E-Mail) zeichnet sich häufig gerade der innovative Einsatz neuer Telemedien durch Nutzungsmuster aus, die sich einer Messung durch die Dimension Media Richness entziehen. „Yet these approaches cannot completely explain some new forms of organizational communication that either occurred in very different ways or did not exist at all prior to the use of the new media."[306]

Aufgrund dieses eingeschränkten prognostischen Potentials des Media Richness-Modells versuchen Rice / Steinfield, innovative Nutzungsmuster der Medien E-Mail und Voice Mail ausfindig zu machen. Die empirische Studie „ ... focuses on how various attributes of communication media can help explain some applications of electronic mail and voice mail that go beyond the simple substitution of applications that would otherwise occur via traditional media."[307] Für das Medium E-Mail fanden die Autoren neben der klassischen Nutzung zur Nachrichtenübermittlung[308] auch häufig die Nutzungsformen „surveillance" (im Sinne von: Auf dem Laufenden bleiben über die Ereignisse im Unternehmen) und „consensus and control" (Meinungsumfragen bzw. Abfragen von Informationen bei mehreren Kommuni-kationspartnern) sowie „entertainment" (informelle Unterhaltungen).

Gerade letzterer Nutzungsform werden in der Untersuchung positive Wirkungen im Hinblick auf den Aufbau und den Erhalt zwischenmenschlicher Beziehungen sowie auf die Heraus-bildung eines Gemeinschaftsgefühls mit eigenständiger sozialer Identität zugesprochen: „ ... such uses may actually help to socialize, acclimate them to the system, help them to form

---

[304] McLeod 1996, S. 435.

[305] Vgl. Rice / Steinfield 1994. Hier ist die Parallele zum bereits genannten Sprachspielkonzept Wittgensteins und zum Autopoiesekonzept Luhmanns zu sehen, wonach in einer kommunizierenden Gruppe eigenständige Interpretationsmuster erzeugt werden.

[306] Rice / Steinfield 1994, S. 110.

[307] Rice / Steinfield 1994, S. 109.

[308] Mit einer entsprechend geringen Media Richness im Sinne von Daft / Lengel.

communication relationships that will be of value in future work tasks, and potentially enhance employees' abilities to approach problems creatively. Moreover, the findings that entertainment use predicts greater perceived connectedness to the company suggests that it may be functional (more friends, contacts, and visibility). ... It does not appear to enhance productivity, but it does not appear to increase reception of irrelevant mail either."[309]

Rice / Steinfield führen diese innovativen Nutzungsformen von E-Mail auf die Kombination der Vorteile individueller Kommunikationsmedien einerseits und derer von Massenmedien andererseits zurück. Einerseits können alle Organisationsmitglieder gemeinsam mit geringem Aufwand angesprochen werden. „Never before could one employee reach all corners of a large, decentralized, multinational organization simultaneously with just a few taps on a keyboard."[310] Andererseits erlaubt die E-Mail-Kommunikation – im Gegensatz zu herkömmlichen Massenmedien wie Rundfunk oder Fernsehen – eine zeitnahe Rückkopplung, die einer nahezu direkten persönlichen Kommunikation entspricht.

Gerade innovative mediengestützte Kommunikationsformen wie E-Mail scheinen aus diesem Blickwinkel nicht nur primär zum Austausch von direkt aufgabenbezogenen Sachinformationen und damit zur Verringerung der Informationsdistanz geeignet zu sein, wie es der relativ niedrige Media Richness-Wert in der Einstufung nach Daft / Lengel suggerieren würde.[311] Vielmehr scheint E-Mail aufgrund innovativer, aus substitutiver Sicht kaum berücksichtigter Nutzungsformen auch ein gewisses *Potential zur Überwindung von Beziehungs- und Organisationsdistanzen* zu besitzen.[312]

Ansätze der Media Impact-Forschung

Die oben behandelten Modelle der aufgabenorientierten Medienwahl und der Media Richness widmen sich in erster Linie der Frage nach der Auswahl eines möglichst effizienten Mediums in Abhängigkeit von den Merkmalen der zu bewältigenden betrieblichen Aufgaben bzw. der daraus resultierenden Kommunikationsaufgaben. Die *Media Impact-Forschung* fragt dagegen nach den Auswirkung des Medieneinsatzes in Kommunikationsprozessen auf die individuelle Arbeitssituation (z.B. persönlicher Arbeitsstil), auf Kooperationsprozesse (z.B. Vorgangsbearbeitung) sowie auf organisatorische und soziale Strukturen (z.B. Macht- und Kontrollstrukturen, Beziehungsnetzwerke).[313]

---

[309] Rice / Steinfield 1994, S. 124.

[310] Rice / Steinfield 1994, S. 124.

[311] Vgl. Abbildung 3-13.

[312] Zum Gegensatz zwischen substitutivem und innovativem Nutzen des Medieneinsatzes vgl. Reichwald u.a. 1998b, S. 290ff.

[313] Vgl. Reichwald / Möslein 1999, S. 722.

Eine empirische Untersuchung von Grote untersucht die *Auswirkungen unterschiedlicher Kommunikationsmedien sowohl auf den Lokomotions- als auch auf den Kohäsionsaspekt* der Führung.[314] Anhand von 13 Mitarbeiter-Vorgesetzten-Paaren aus Verwaltungsorganisationen wurden für das persönliche Gespräch, das Telefongespräch, die schriftliche Mitteilung und die elektronische Kommunikation die Kommunikationsstile verglichen. Mittels acht semantischer Differentiale, von denen je vier der Lokomotions- und der Kohäsionsfunktion zugeordnet waren, wurde jeweils der Kommunikationsstil gemessen.[315]

In der Auswertung der erhobenen Daten zeigt sich, daß die elektronische Kommunikation die höchsten Lokomotionswerte erzielt, während die Einschätzungen des Kohäsionswertes zusammen mit denen der schriftlichen Mitteilung am unteren Ende der Bewertungsbandbreite rangieren. Das persönliche Gespräch hat im Vergleich zur elektronischen Kommunikation nur geringfügig kleinere Lokomotionswerte, der Kohäsionswert des persönlichen Gesprächs ist jedoch annähernd so hoch wie sein Lokomotionswert.[316] Die Ergebnisse für alle untersuchten Medien sind in Abbildung 3-14 grafisch aufbereitet.

„Die Annahme, daß elektronische Kommunikation einen Kommunikationsstil fördert, der viele Elemente von Lokomotion und wenige von Kohäsion enthält, konnte durch die Untersuchung gestützt werden. Demzufolge kann vermutet werden, daß Kommunikationssysteme eher Lokomotions- als Kohäsionsfunktionen wirkungsvoll unterstützen können. Wenn persönliche und telefonische Kommunikation – die eher höhere Kohäsionsanteile aufweisen – in zunehmendem Maße durch elektronische Kommunikation ersetzt werden, wäre entsprechend eine qualitative Änderung der Kommunikation zwischen Vorgesetzten und Mitarbeitern mit abnehmender Kohäsionsorientierung zu befürchten."[317] Dieses Ergebnis zeigt, daß offensichtlich keine Kommunikationstechnologie in der Lage ist, den für Motivation und Vertrauensbildung so wichtigen Kohäsionsaspekt in so hohem Maße zu vermitteln wie die Face-to-face-Kommunikation.

In eine ähnliche Richtung deuten Ergebnisse von Finholt / Sproull / Kiesler: „ ... we showed a strong association between information content and communication medium, with a high proportion of non-status reporting computer mail devoted to coordination messages and a high proportion of non-status-reporting face-to-face interaction devoted to consensus formation."[318] Mediengestützte Kommunikation scheint sich also nach dieser Untersuchung für inhaltsorientierte, koordinierende Kommunikationsaufgaben besser zu eignen, während die Konsensbildung in Gruppen, die stark den Kohäsionsaspekt berührt, überwiegend Face-to-face

---

[314] Vgl. dazu auch die führungstheoretischen Ansätze in Kapitel 3.4.2.

[315] Vgl. Grote 1994, S. 72f.

[316] Vgl. Grote 1994, S. 73f.

[317] Grote 1994, S. 74.

[318] Finholt / Sproull / Kiesler 1990, S. 319.

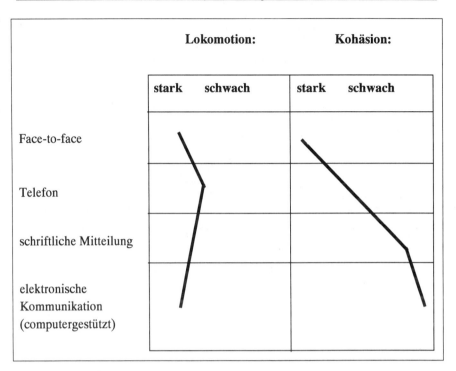

Abbildung 3-14:   Lokomotions- und Kohäsionswerte unterschiedlicher Medien nach Grote[319]

abgewickelt wird. Im Gegensatz zu Grote wird von Finholt / Sproull / Kiesler allerdings keine beziehungsschädigende vollständige Substitution der Face-to-face-Kommunikation befürchtet, sondern im Gegenteil die *Möglichkeit einer Effizienzsteigerung durch eine selektive, situationsgerechte Auswahl alternativer Medien* gesehen: „These results suggest that the use of computer mail did change the output of group work by streamlining communication and by matching information efficiently to the most appropriate medium."[320]

Auch andere Untersuchungen der Media Impact-Forschung relativieren die pessimistische Einschätzung von Grote. Gerade für das Kommunikationsmedium E-Mail finden sich zahlreiche Untersuchungen, die dessen Eignung zumindest für bestimmte Teilbereiche der Kohäsionsfunktion nahelegen. „Individuals use CMC (Computer Mediated Communication, Anm. d. Verf.) formats that have interpersonal or relational effects. Some evidence does exist indicating that humans find the means to carry on interpersonal transactions in the CMC

---

[319] Abbildung nach Reichwald u.a. 1998b, S. 145.

[320] Finholt / Sproull / Kiesler 1990, S. 319.

format."[321] Beispielsweise stellt die Verwendung von Emoticons[322] in der E-Mail-Kommunikation einen – inzwischen weit verbreiteten – Versuch dar, per E-Mail nicht nur Informationsdistanz zu überwinden, sondern auch den Kohäsionsaspekt zu transportieren und damit die Beziehungsdistanz zwischen den Kommunikationspartnern zu verringern.

In manchen, den Kohäsionsaspekt betreffenden Bereichen sind sogar Vorteile einer E-Mail-Kommunikation gegenüber der Face-to-face-Kommunikation festzustellen. So wird häufig vom Abbau hierarchischer Differenzierungen in Kommunikationsprozessen und der verbesserten Möglichkeit einer *vollständigen Partizipation* aller Kooperationspartner berichtet: „Electronically supported groups develop a richer communications structure with less hierarchical differentiation, broader participation, and more fluctuating and situational leadership structures. This appears in turn to be associated with greater feelings of involvement in the task and greater satisfaction and identification with group products. The electronic technology substantially weakens the constraints posed by time and space that accompany conventional group work tools."[323]

Darüber hinaus scheint sich E-Mail-Kommunikation auch sehr gut für die längerfristige *Aufrechterhaltung sozialer Netzwerke* zu eignen, auch wenn zwischen den Netzwerkmitgliedern keine ständige und unmittelbare Interaktion besteht. „Organization-wide electronic mail and discussion systems support 'weak ties' among persons who may not even know each other. Such ties have been shown to be strongly linked to innovation."[324] Über eine spontane, wenig förmliche und wenig aufwendige E-Mail-Kommunikation kann ein solches lockeres Netz sogenannter *Weak ties* leichter gepflegt werden, da zur Auffrischung von Kontakten keine hohen Kommunikationsschwellen überwunden werden müssen.[325] Damit können der Zusammenhalt von Organisationen gestärkt und Organisationsdistanzen leichter überwunden werden. Dies wiederum erleichtert eine schnelle und effiziente Abstimmung zwischen den Kommunikationspartnern. Daher werden ausgeprägten Weak tie-Netzen auch besonders positive Einflüsse auf die Innovationsfähigkeit von Organisationen zugeschrieben.[326]

Kraut / Egido / Galegher argumentieren in eine ähnliche Richtung. Sie sehen die Stärken der E-Mail-Kommunikation vor allem in der Aufrechterhaltung bereits bestehender Beziehungen. Für den Neuaufbau von persönlichen Beziehungen halten sie dagegen physische Nähe mit der

[321] Palmer 1995, S. 287.

[322] Hierbei handelt es sich um bestimmte Zeichenkombinationen („Smileys"), die Stimmungen und Emotionen des E-Mail-Senders ausdrücken sollen, vgl. Reichwald u.a. 1998b, S. 49f.

[323] Bikson / Eveland 1990, S. 285. Das Potential elektronischer Kommunikation für eine breite Partizipation betonen auch McLeod 1996, S. 438f. sowie Freisleben u.a. 1991, S. 251. Vgl. auch die dort zitierte Literatur.

[324] Fulk / DeSanctis 1995, S. 342.

[325] Diese Schwellen können sowohl als psychologische Hemmschwelle als auch als materieller Aufwand, z.B. Reisezeit und -kosten für ein Face-to-face-Treffen, interpretiert werden.

[326] Vgl. Rogers 1995.

Möglichkeit einer Face-to-face-Kommunikation nach wie vor für unerläßlich. „During the initiation of a collaboration, proximity allows low-cost contact that provides potential collaborators with the opportunity not only to make contact with each other but to discreetly assess and develop their mutual compatibility before committing to work together ... To maintain this level of communication in the absence of proximity requires technology that makes communication cheap, frequent, and spontaneous enough that collaborators can be in touch as easily as if their offices were next door to each other."[327]

Auch in bezug auf eine Steigerung der *individuellen Kreativität* scheint sich E-Mail-Kommunikation positiv auszuwirken. Die Asynchronität des Mediums ermöglicht auf Wunsch längerdauernde Konzentrationsphasen zur kreativen Entwicklung und Verfolgung neuer Ideen.[328] Allerdings kann der fehlende Input an neuen Denkanstößen über einen Face-to-face-Kontakt mit Kollegen auch hemmend auf die Generierung neuer Ideen wirken. „In this perspective it could be argued that ... the analytical creativity will be facilitated by telecommuting, while the idea-generating creativity will decrease due to less input."[329]

Die Zusammenschau der dargestellten Einzelergebnisse der Media-Choice-Forschung zeigt, daß auch elektronische Medien – und hierbei insbesondere das auf den ersten Blick stark inhaltsorientierte Medium E-Mail – bei entsprechender Nutzung durchaus Qualitäten zur Verringerung von Beziehungs- und Organisationsdistanzen besitzen. Voraussetzung ist jedoch eine entsprechende Qualifikation der Nutzer und die Entwicklung einer Sensibilität für die Wirkung des Mediums, um das Potential des Mediums voll zu erschließen. „To accomplish meaningful collaboration electronically, people had to learn the social use of technology that allowed context and technology to interact effectively."[330] Konkrete Maßnahmen hierzu können in *kontentorientierte Maßnahmen* (Umgang mit der Technik) und *kontextorientierte Maßnahmen* (inhaltliche Gesichtspunkte) unterteilt werden. Eine Zusammenstellung wichtiger Maßnahmen beider Kategorien, die empirisch für den Fall der E-Mail-Kommunikation ermittelt wurden, findet sich in Abbildung 3-15.

Dennoch vermag eine mediengestützte Kommunikation die Face-to-face-Kommunikation nicht in allen Bereichen vollständig zu ersetzen.[331] In vielen Bereichen des Managements wird letztere als „Konstante" bestehen bleiben. So ist sie, wie bereits erwähnt, von besonderer Bedeutung für den Aufbau von Kooperationsbeziehungen zwischen bis dato unbekannten Kommunikationspartnern, wie dies z.B. häufig in der Planungs- und Anlaufphase von

---

[327] Kraut / Egido / Galegher 1990, S. 166.

[328] Vgl. Rognes u.a. 1996, S. 6.

[329] Rognes 1996, S. 7.

[330] Knoll / Jarvenpaa 1995, S. 99.

[331] Vgl. Reichwald u.a. 1998b, S. 145.

Outcome	Functional behavior	Dysfunctional behavior
Electronic Collaboration Skills	• Begin by exchanging ideas without evaluation • Reflect ideas back to the originator • Summarize all ideas in a working document • Exchange working document among team members for editing • Track member comments in working document with initials • Track comments under discussion with such beginning line symbols as > or >> • Agree on activities and monitor elapsed time	• Ignore questions or proposals • Request copy of document in the only message sent to the team • Remain in contention on content when process may be the issue
Electronic Communication Skills	• Rephrase unskillfully constructed sentences for team understanding • Obtain local translator assistance when language skills are insufficient to be understood • Address entire team in each message • Use email figures to communicate emotions • Acknowledge receipt of messages • Respond within one business day • Send log of messages received to date • Explain technical issue causing garbled message in a follow-up message • Use group lists for message routing • Retain messages for group memory • Contact coordinator when message traffic halts • Interact simultaneously by using „chat" or „talk"	• Give electronic mailing address to non-team members without permission • Use gender specific greetings • Send coded documents • Refer excessively to technical difficulties as excuse for low participation • Connect to slow chat servers • Continue with same addressing mechanism when message traffic has stopped

Abbildung 3-15:   Kontentorientierte und kontextorientierte Maßnahmen zur Überwindung von Beziehungs-
und Organisationsdistanzen mittels E-Mail-Kommunikation[332]

---

[332] Knoll / Jarvenpaa 1995, S. 100.

Projekten der Fall ist.[333] Auch für die Aufnahme „inoffizieller" *Hintergrundinformationen und Stimmungslagen* (z.B. durch „Bürotratsch") scheint Face-to-face-Kommunikation nach wie vor am besten geeignet zu sein,[334] wenngleich auch in diesem Bereich die Nachteile mediengestützter Kommunikation durch eine geeignete Kombination von Face-to-face-Kommunikation und Medienkommunikation in gewissem Maße ausgleichbar ist.[335]

Auch auf bestimmte formale Kommunikationsbeziehungen scheint sich mediengestützte Kommunikation ungünstig auszuwirken. Für sensible Management- und Controlling-Aufgaben im Bereich der *Leistungsbeurteilung* und der Rückkopplung und Interpretation entsprechender Informationen wird der Face-to-face-Dialog unerläßlich bleiben. Zum einen ist hier in besonders hohem Maße eine unmittelbare und unverzerrte Informationsübertragung vonnöten,[336] zum anderen müssen Beziehungsdistanzen auf ein Minimum reduziert werden, um in solchen „kritischen" Kommunikationssituationen Vertrauensbeziehungen nicht zu schädigen.[337]

3.5 Fazit

Tiefgreifende Veränderungen in den Bereichen Markt- und Wettbewerbssituation, Arbeitswelt und Gesellschaft sowie Informations- und Kommunikationstechnologie wirken als Triebkräfte für die Herausbildung neuer Formen der Zusammenarbeit in Unternehmen, in denen räumliche und zeitliche Grenzen überwunden werden können. Erste Ansätze in dieser Entwicklungsrichtung zeigten sich in Form einer räumlichen Auslagerung einzelner Arbeitsplätze. Diese frühen Ansätze der Telearbeit erweisen sich jedoch in ihrer rein arbeitsplatzbezogenen Perspektive als sehr eng; weiterreichend erscheint dagegen eine Ausweitung der Betrachtung auf die Perspektive des gesamten Wertschöpfungsprozesses.

Diese erweiterte Perspektive bietet das Konzept der *Telekooperation*. Telekooperation bezeichnet die mediengestützte arbeitsteilige Leistungserstellung zwischen verteilten Aufgabenträgern, Organisationseinheiten und / oder Organisationen. Das übergeordnete Konzept der Telekooperation kann dabei aus drei Perspektiven betrachtet werden: Die Perspektive der Telearbeit stellt die Gestaltung von Arbeitsstrukturen unter den Bedingungen von Verteiltheit und Medienunterstützung in den Mittelpunkt, während die Perspektive der Teleleistung auf die Ergebnisse dieser Arbeitsprozesse fokussiert. Aus der Perspektive des Telemanagements

---

[333] Vgl. Kraut / Egido / Galegher 1990, S. 161.

[334] Vgl. Fritz / Narasimhan / Rhee 1996, S. 20.

[335] Vgl. Fritz / Narasimhan / Rhee 1996, S. 12.

[336] Bei mediengestützter Kommunikation besteht in weit höherem Maße die Gefahr der Informationsverzerrung, z.B. über eine bestimmte Anordnung und Präsentation der Informationsinhalte mittels des Mediums, vgl. Larson / King 1996, S. 57.

[337] Vgl. Kapitel 4.2.4.

bildet schließlich die Koordination und Führung mediengestützter Aufgabenbewältigung in verteilten Leistungsprozessen den Schwerpunkt.

Letztere Perspektive des *Telemanagements* steht für den weiteren Verlauf der Arbeit im Vordergrund, da in Kapitel 2 das Controlling als Servicefunktion des Managements dargestellt wurde. Für die Frage nach der Anwendbarkeit von Controlling-Instrumenten im Kontext der Telekooperation ist daher zu untersuchen, welche Auswirkungen die Charakteristika des Telemanagements – Verteiltheit und Medienunterstützung – auf diese Instrumente haben. Dazu wird das Konstrukt der *Distanz* eingeführt.

Distanz bemißt dabei nicht alleine eine räumliche Entfernung, sondern beinhaltet drei Dimensionen, die aufgrund von Verteiltheit und Medienunterstützung auftreten:

- *Informationsdistanz* ist das Maß für die Zugänglichkeit taziter oder expliziter Informationen für die verteilten Kooperationspartner.

- *Beziehungsdistanz* ist ein Maß dafür, wie stark die sozialen Beziehungen zwischen dem Telemanager und seinem sozialen Umfeld durch Verteiltheit und Medienunterstützung beeinträchtigt werden.

- *Organisationsdistanz* ist ein Maß für die Einbindung eines Telemanagers in explizit festgelegte oder implizit herausgebildete und gemeinsam akzeptierte organisatorische Regeln und Verhaltensnormen.

Für eine Analyse der Auswirkungen dieser Distanzdimensionen können unterschiedliche theoretische Ansätze herangezogen werden:

- *Principal-Agent-theoretische Ansätze* stellen die Auswirkungen einer Ungleichverteilung von Informationen und von daraus resultierenden Kosten des Informationstransfers auf die vertragliche Gestaltung von Principal-Agent-Verhältnissen in den Mittelpunkt. Diese Ansätze erscheinen daher vor allem zur Analyse der Informationsdistanz geeignet, weniger jedoch für die Dimensionen der Beziehungs- und Organisationsdistanz.

- Die dargestellten *führungstheoretischen Ansätze* unterscheiden zwischen den beiden unabhängigen Führungsdimensionen der Aufgabenorientierung (Lokomotion) und der Mitarbeiterorientierung (Kohäsion). Während für eine hohe Aufgabenorientierung vor allem ein ungestörter aufgabenbezogener Informationsfluß von Bedeutung ist, kann Mitarbeiterorientierung in erster Linie über den Aufbau persönlicher, sozialer Beziehungen erreicht werden. Führungstheoretische Ansätze erscheinen daher sowohl zur Analyse der Informationsdistanz als auch der Beziehungsdistanz geeignet.

- *Kommunikations- und medientheoretische Ansätze* befassen sich umfassend mit dem Phänomen der Distanz und deren Überwindung mittels (mediatisierter) Kommunikationsprozesse. Während einfache nachrichtentechnische Modelle auf die Informationsdistanz fokussieren, werden von den weiterentwickelten, komplexeren Ansätzen wie dem Modell der aufgabenorientierten Medienwahl, dem Media Richness-Modell sowie verschiedenen Ansätzen der Media Impact-Forschung alle drei Distanzdimensionen abgedeckt.

Die in Kapitel 3 gewonnenen Grundlagen über das Phänomen der Distanz und die theoretischen Ansätze zu dessen Analyse dienen im folgenden Kapitel 4 als Basis für die Untersuchung der Auswirkungen eines verteilten und medienunterstützten Managements auf die Instrumente der Management-Servicefunktion des Controlling.

4   Neue Anforderungen an Controlling-Instrumente: Die Auswirkungen von Distanzen

In der hier zugrundegelegten koordinationsorientierten Controlling-Konzeption[338] wurde die Koordination zwischen Führungsteilsystemen als charakteristische Funktion des Controlling dargestellt. Konkret ausgefüllt wird diese Servicefunktion des Managements[339] durch die Entwicklung und den Einsatz entsprechender Instrumente. Dazu wurde in Kapitel 2 bereits überblicksartig eine Systematisierung dieser Instrumente nach zwei Haupttypen vorgenommen: Isolierte Controlling-Instrumente (also solche, die eindeutig einem Führungsteilsystem zuzurechnen sind) und übergreifende Controlling-Instrumente (solche, die das gesamte Führungssystem betreffen).

Im folgenden Kapitel 4 werden sowohl die isolierten als auch die übergreifenden Instrumente des Controlling näher erläutert und mit dem in Kapitel 3 dargestellten zentralen Charakteristikum des Telemanagements – der Distanz in ihren verschiedenen Dimensionen – in Beziehung gesetzt. Dabei wird herausgearbeitet, welche Auswirkungen Distanzen auf die Wirkungsweise dieser Instrumente haben und welche neuen Anforderungen aus instrumenteller Perspektive an ein Controlling in telekooperativen Strukturen zu stellen sind.

4.1   Organisationsinstrumente

Organisation ist immer dann erforderlich, wenn eine Aufgabe aufgrund ihres Umfangs oder ihrer Komplexität nicht mehr von einem Aufgabenträger „auf einmal" bewältigt werden kann. Dies ist dann der Fall, wenn bei der Aufgabenerfüllung Restriktionen wie beispielsweise begrenzte körperliche Kräfte, begrenztes Wissen, begrenzte Informationsverarbeitungskapazität, begrenzte finanzielle Ressourcen oder ein begrenztes Zeitbudget auftreten.[340] Auch die im Leistungssystem eines Unternehmens anfallende Primäraufgabe der Erstellung und Verwertung marktfähiger Leistungen ist in der Regel so umfangreich und komplex, daß sie „organisiert" werden muß. Dies umfaßt zwei wesentliche Schritte:[341]

---

[338]   Vgl. Kapitel 2.2.1.

[339]   Vgl. Kapitel 2.2.2.

[340]   Vgl. Picot 1999, S. 109.

[341]   Diese Dichotomisierung der Organisationsaufgabe ist in den meisten deutschsprachigen Standardwerken der Organisationslehre zu finden: Hill / Fehlbaum / Ulrich 1994, S. 28 sprechen von „Differenzierung" und „Koordination", Schreyögg 1998, S. 112 von „Differenzierung" und „Integration", Bleicher 1991, S. 42ff. von „Analyse" und „Synthese". Frese 1995, S. 11f. und Picot / Dietl / Franck 1997, S. 5ff. sowie Picot 1999, S. 109ff. differenzieren den Teilbereich der Aufgabensynthese noch weiter in einen rein sachaufgabenbezogenen Aspekt der Koordination und einen mitarbeiter- und verhaltensbezogenen Aspekt der Motivation. Letzterer Aspekt wird im Rahmen dieser Arbeit dem Teilsystem der Personalführung zugerechnet, vgl. Kapitel 4.2.

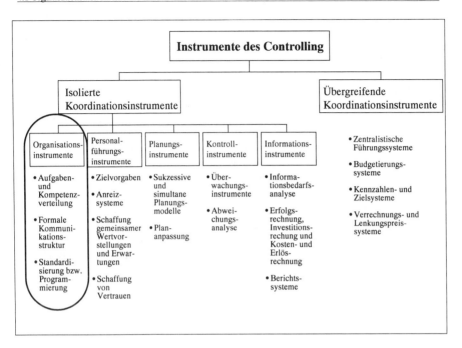

Abbildung 4-1:   Organisationsinstrumente des Controlling

Durch *Aufgabenanalyse* wird die Gesamtaufgabe soweit in Teilaufgaben zerlegt, bis diese trotz der vorhandenen Restriktionen einzeln bewältigt werden können. Die Aufgabenteilung kann dabei nach sachlichen (sachlogisch-funktionale Zerlegung einer Aufgabe in einzelne Tätigkeiten), zeitlichen (Bildung von Teilaufgaben in Abhängigkeit von ihrer zeitlichen Abfolge) oder personellen (Verteilung einer Gesamtaufgabe auf mehrere Aufgabenträger) Gesichtspunkten erfolgen. In Unternehmen greifen diese drei Formen der Aufgabenteilung in der Regel eng ineinander. Den zweiten Schritt bildet die *Aufgabensynthese*. Hierbei gilt es, die Erfüllung der entstandenen Teilaufgaben so aufeinander abzustimmen, daß letztlich die Gesamtaufgabe bewältigt werden kann.[342]

Aufgabenanalyse und -synthese können auf sehr unterschiedliche Art und Weise bewältigt werden und damit zu sehr unterschiedlichen organisatorischen Strukturen führen. Das Organisationssystem eines Unternehmens muß sich daher zunächst mit der Frage beschäftigen, unter welchen Bedingungen welche organisatorischen Strukturie-

---

[342] Diese Funktion begründet die Zurechnung der im folgenden behandelten Instrumente der Aufgaben- und Kompetenzverteilung, des Aufbaus einer formalen Kommunikationsstruktur und der Standardisierung bzw. Programmierung zu den isolierten Koordinationsinstrumenten des Controlling, vgl. Küpper 1997, S. 239ff.

rungsmaßnahmen zweckmäßig sind. In einigen frühen Ansätzen[343] wurde der Versuch unternommen, eine unter allen Umständen optimale organisatorische Strukturierung des Unternehmens zu entwerfen („one best way"). Solche generellen Empfehlungen erweisen sich jedoch ohne die Berücksichtigung situativer Gegebenheiten als wenig hilfreich. Heute konzentriert sich die Organisationslehre daher vorwiegend auf den sogenannten *situativen Ansatz*. Dabei werden explizit Umweltparameter berücksichtigt und in Abhängigkeit von diesen Rahmenbedingungen fallspezifisch optimale organisatorische Lösungen gesucht.[344]

Für die Implementierung einer solchen spezifische Lösung im Unternehmen stellt sich die Frage nach den zur Verfügung stehenden organisatorischen Gestaltungsinstrumenten. Diese determinieren in ihrer Gesamtheit im jeweiligen situativen Kontext die formale Organisationsstruktur eines Unternehmens.[345] Als koordinierend wirkende und daher instrumentell dem Controlling zuzurechnende Gestaltungsparameter der Organisation werden im folgenden die Aufgaben- und Kompetenzverteilung, die formale Kommunikationsstruktur und die Standardisierung bzw. Programmierung erläutert. Anschließend werden die Auswirkungen von Informations-, Beziehungs- und Organisationsdistanzen auf diese Koordinationsinstrumente untersucht.

4.1.1 Aufgaben- und Kompetenzverteilung

4.1.1.1 Darstellung des Instruments

Die *Aufgabenverteilung* stellt den Kern jeder Organisationstätigkeit im Unternehmen dar.[346] Im Rahmen der Aufgabenverteilung wird die zu bewältigende Gesamtaufgabe zunächst in Einzelaufgaben zerlegt. „Die Analyse der Gesamtaufgabe erfolgt in der Weise, daß mithilfe (sic!) spezifischer Gliederungsprinzipien ineinander verschachtelte Teilzusammenhänge durch isolierende Abstraktion aufgelöst werden."[347] Als Analysekriterien sind – neben

---

[343] So z.B. in den Lehren Taylors und Fayols, vgl. Kapitel 2.3.1.

[344] Den direkten Einfluß von Umweltparametern auf die Zweckmäßigkeit von Organisationsstrukturen diskutiert Mintzberg 1979, S. 267ff. Er unterscheidet dabei die vier relevanten Einflußgrößen „stability", „complexity", „market diversity" und „hostility". In der deutschsprachigen Organisationslehre wird bei der Untersuchung des Einflusses der Umwelt zum Teil das Konstrukt des Aufgabenmerkmals „zwischengeschaltet". Den Zusammenhang zwischen Aufgabenmerkmalen (deren Ausprägungen wiederum von Umweltmerkmalen determiniert werden) und Organisationsstruktur thematisieren z.B. Hill / Fehlbaum / Ulrich 1994, S. 325ff. und Picot / Dietl / Franck 1997, S. 162ff. Für den Bereich der Büro- und Verwaltungsarbeit vgl. Reichwald 1984, S. 205f. und Reichwald / Sachenbacher 1997, S. 754ff., für den Bereich der industriellen Produktion vgl. Reichwald / Dietel 1991, S. 405.

[345] Das Vorhandensein einer solchen formalen Organisationsstruktur bedeutet jedoch noch nicht zwangsläufig deren tatsächliche Umsetzung in der betrieblichen Realität. So kann die formale Organisationsstruktur von einer abweichenden, tatsächlich gelebten und akzeptierten faktischen Organisationsstruktur überlagert werden (vgl. Picot 1999, S. 114f.). Zur tatsächlichen Durchsetzung formaler organisatorischer Maßnahmen ist das Organisationssystem auf andere Führungsteilsysteme, insbesondere auf die Personalführung (vgl. Kapitel 4.2) und die Kontrolle (vgl. Kapitel 4.4), angewiesen.

[346] Vgl. Picot / Dietl / Franck 1997, S. 165; Weichselbaumer 1998, S. 11ff.

[347] Kosiol 1966, S. 60.

Gesichtspunkten wie z.b. Phasen im Entscheidungsprozeß oder erforderliche Arbeitsmittel – vor allem die *Gliederung nach Objekten* (z.b. nach Erzeugnisarten oder Kunden) und die *Gliederung nach Verrichtungen* (z.b. nach Funktionen wie Beschaffung, Produktion, Logistik, Absatz etc.) von Bedeutung.[348] Mit der verrichtungsorientierten Gliederung ist in der Regel auch eine *Gliederung nach dem Rang der Aufgaben* (z.b. in administrative und in ausführende Teilaufgaben) verbunden. Bei einer anschließenden Stellenbildung werden die analytisch gewonnenen Teilaufgaben zu einem Aufgabenbündel zusammengefaßt, das von einem Aufgabenträger bewältigt werden kann.[349]

Um die Erfüllung eines stellenspezifischen Aufgabenkomplexes zu ermöglichen, muß diese Stelle mit bestimmten Rechten ausgestattet sein. Dies geschieht durch eine der Aufgabenverteilung kongruenten *Kompetenzverteilung*.[350] Solche Kompetenzen können sich auf die jeweilige Stelle beziehen, wie z.b. Ausführungskompetenzen zur Erfüllung des Aufgabenkomplexes einer Stelle, oder Verfügungskompetenzen über die dafür benötigten Produktionsfaktoren. Für die Koordination der Gesamtaufgabenerfüllung sind jedoch vor allem solche Kompetenzen bedeutsam, die das Verhältnis der Stellen untereinander betreffen. Dies sind Weisungs- und Entscheidungrechte.

Ist eine Stelle mit *Weisungsrechten* ausgestattet, kann der Stelleninhaber durch verbindliche Anordnungen auf die Aufgabenerfüllung eines anderen Stelleninhabers Einfluß nehmen. Dies soll die möglichst reibungslose wechselseitige Abstimmung der auf untergeordnete Stellen verteilten Teilaufgaben sicherstellen.[351] Mit der Vergabe von Weisungsrechten findet also eine hierarchische Über- und Unterordnung der Stellen statt.

Über die Verteilung von *Entscheidungsrechten* wird festgelegt, welche Stelle über die Art und Weise der Aufgabenbewältigung bestimmen darf. Diese Kompetenzen können prinzipiell unabhängig von Weisungsrechten festgelegt werden, welche lediglich die Regelung der Zuständigkeit für die Aufgabenbewältigung beinhalten.

Zusammenfassend lassen sich in bezug auf Aufgaben- und Kompetenzverteilung zwei idealtypische unternehmensinterne Organisationsstrategien ableiten und gegenüberstellen: Hierarchisierung und Modularisierung.[352] In diesen beiden Formen werden die dargestellten

---

[348] Vgl. Kosiol 1966, S. 62; Picot 1999, S. 130.

[349] Vgl. Picot / Dielt / Franck 1997, S. 167.

[350] Vgl. Hill / Fehlbaum / Ulrich 1994, S. 124ff.

[351] Vgl. Picot 1999, S. 134.

[352] Die Betrachtung wird hier auf unternehmensinterne Organisationsstrategien beschränkt. Eine weitergehende Systematisierung, die neben den hier untersuchten hierarchischen und modularen Formen auch unternehmensexterne Strategien der Vernetzung und Virtualisierung umfaßt, findet sich bei Reichwald u.a. 1998b, S. 41ff.

Instrumente der Aufgaben- und Kompetenzverteilung in weitgehend antagonistischer Form implementiert.

Hierarchisierung

Die Organisationsstrategie der Hierarchisierung basiert auf der Scientific management-Lehre Taylors.[353] In bezug auf die Instrumente der Aufgaben- und Kompetenzverteilung zeichnen sich hierarchische Strukturen durch folgende Merkmale aus:[354]

- Die Aufgabenverteilung erfolgt stark verrichtungsorientiert. Daraus resultiert eine ausgeprägte funktionale Spezialisierung der gebildeten Stellen.

- Aufgaben werden rangmäßig explizit in ausführende und administrative Aufgaben differenziert und stehen durch ein tiefgegliedertes, aber starres System von Weisungsrechten in eindeutig definierten Über- und Unterordnungsbeziehungen (Einliniensystem).

- Die Entscheidungsrechte sind in der Regel kongruent zu den Weisungsrechten definiert und stark auf die Stellen an der Hierarchiespitze konzentriert. Weitergabe von Entscheidungsrechten an untergeordnete Stellen (Delegation) oder deren Beteiligung an übergeordneten Entscheidungsprozessen (Partizipation) findet kaum statt.

- Die weitgehende Vorkoordination der Aufgabenerfüllung durch explizite organisatorische Regelungen erfordert einen hohen Grad an formeller Planung[355] und Kontrolle[356].

Geeignet sind hierarchisierte Organisationsstrukturen für die hochproduktive Herstellung wenig komplexer Massenprodukte, die nur eine geringe Variabilität besitzen und deren Herstellungsprozesse hohen Wiederholungscharakter aufweisen. Telekooperativ unterstützt werden kann in solchen Strukturen vor allem der Bereich einfacher Standarddienstleistungen, die eine große Zahl repetitiver Elemente enthalten und problemlos in Form von Teleleistungen[357] angeboten werden können (z.B. Auskunftsdienste, Kundenbetreuung, Electronic Banking, Telefonvertrieb, etc.).

---

[353] Vgl. Kapitel 2.3.1. Taylor ließ in seiner Lehre situative Überlegungen außer acht und erhob seine Überlegungen zu allgemeingültigen Gestaltungsprinzipien. Im Rahmen dieser Arbeit wird die Hierarchisierung jedoch nur als eine mögliche Organisationsstrategie angesehen, deren Zweckmäßigkeit sich erst im Zusammenspiel mit den Umweltbedingungen eines Unternehmens erweisen muß.

[354] Vgl. Mintzberg 1983, S. 163ff. Mintzberg unterscheidet fünf idealtypische Organisationsstrukturen. Die Hierarchie im hier vertretenen Sinne entspricht dabei der von Mintzberg metaphorisch als „machine bureaucracy" bezeichneten Form.

[355] Vgl. Kapitel 4.3.

[356] Vgl. Kapitel 4.4.

[357] Vgl. Kapitel 3.1.3.

Modularisierung

Im Gegensatz zur produktivitätsorientierten Hierarchisierung liegt das Gestaltungsziel bei der Organisationsstrategie der Modularisierung schwerpunktmäßig in der flexiblen Bewältigung von Komplexität durch die Bildung relativ autonomer Organisationseinheiten.[358] Entsprechend ist auch die Aufgaben- und Kompetenzverteilung gestaltet:[359]

- Die Aufgabenverteilung erfolgt objektorientiert. Die den Stellen bzw. Modulen zugeordneten Aufgabenkomplexe sind dabei vorwiegend an den Prozessen und an den – unternehmensinternen oder externen – Kunden der Prozeßleistungen ausgerichtet. Dadurch sind die organisatorisch in Modulen zusammengefaßten Aufgaben weitgehend in sich abgeschlossen und als relativ kleine, integrierte Einheiten der Problemlösungsfähigkeit des Menschen angepaßt.

- Durch die in sich ganzheitlichen Aufgabenstrukturen entfällt die Notwendigkeit einer ausgeprägten Einlinien-Weisungsstruktur. Weisungshierarchien werden durch Modularisierung abgeflacht und verstärkt als Mehrliniensysteme gestaltet, z.B. in Form von Matrixorganisationen oder funktionalem Weisungsrecht von Zentralstellen. Hierbei sind Weisungsrechte auf bestimmte, zentral zu koordinierende Bereiche (z.B. Personalpolitik oder Rechtsfragen) beschränkt.

- In modularen Strukturen findet eine starke Dezentralisierung von Entscheidungs- und damit auch Ergebnisverantwortung statt. Entscheidungsrechte werden weitgehend in die Module delegiert, was dort eine Reintegration von administrativen und dispositiven Aufgaben bewirkt.

- Durch die relative Autonomie der Module wird der Fremdkoordinationsbedarf (z.B. durch eigens eingerichtete Koordinationsorgane) reduziert. Durch die Fähigkeiten zur Selbstkoordination, die durch die Übertragung entsprechender Kompetenzen ermöglicht wird, verringert sich der Bedarf an formalen Koordinationsmechanismen der Planung und Kontrolle.

Modulare Organisationsstrukturen eignen sich typischerweise für komplexe Produkte, die in zahlreichen kundenspezifischen Varianten erstellt werden. Telekooperativ unterstützt werden kann dabei beispielsweise das Angebot kundenspezifischer und umfassender Dienstleistungsangebote wie eine individuelle Kundenberatung im Rahmen einer „Rundum"-Sachbearbeitung, z.B. im Allfinanzbereich.

---

[358] Das Spektrum der hierzu vorgeschlagenen Konzepte und die Bezeichnungen für die entsprechenden Organisationseinheiten ist vielfältig, so z.B. „Module" (vgl. Picot / Reichwald / Wigand 1998, S. 199ff.), „Segmente" (vgl. Wildemann 1998), „Fraktale" (vgl. Warnecke 1992) oder „Molecular Units" (vgl. Zenger / Hersterly 1997).

[359] Vgl. Bennis 1993; Picot / Reichwald / Wigand 1998, S. 201ff.

4.1.1.2 Auswirkungen von Distanzen

Aufgabenverteilung und Distanzen

Aufgabenverteilung kann verrichtungsorientiert (wie in hierarchisierten Organisationsformen) oder objektorientiert (wie in modularisierten Organisationsformen) erfolgen. Die *verrichtungsorientierte Aufgabenverteilung* führt zu einer funktional gegliederten Organisationsstruktur mit klar definierten Austauschbeziehungen zwischen den Stellen. Koordinationsaufgaben, wie sie durch die Zerschneidung von Prozeßzusamenhängen zwangsläufig anfallen, werden in hierarchisch übergeordneten Koordinationsstellen gebündelt. Dabei steht die Nutzung von Spezialisierungsvorteilen der einzelnen Stellen durch eine hohe *Ressourceneffizienz* im Vordergrund.[360] Bei der *objektorientierten Aufgabenverteilung* erfolgt dagegen die Ausrichtung der Aufgabenbündel der einzelnen Stellen auf das Endprodukt und den Kunden. Dabei steht die Minimierung funktionaler Schnittstellen im Leistungserstellungsprozeß im Vordergrund; Aufgabenzusammenhänge werden mit hoher *Prozeßeffizienz* abgewickelt.[361]

Das Vorhandensein von *Informationsdistanz* in telekooperativen Strukturen wirkt sich in Abhängigkeit von der implementierten Form der Aufgabenverteilung unterschiedlich aus. In verrichtungsorientierten Formen ist die Leistungserstellung bereits weitgehend durch die strukturellen Rahmenbedingungen vorbestimmt. Koordinationsrelevante Informationen sind in der Regel problemlos abbildbar, häufig auch in rein quantitativer Form (z.B. als Strukturbäume oder Gozintographen zur Abbildung einer Produktionsstruktur)[362]. Solche festgelegten, hoch formalisierbaren Strukturen wirken als direkte Koordinationsmechanismen, vor allem in Verbindung mit einer darauf aufbauenden organisatorischen Programmierung.[363] Sie entlasten das Management von direktem Führungsbedarf: „Because electronic communication technologies can provide technology-based means of coordination and control, human-based coordination can be reduced in some parts of the organizational hierarchy."[364] Die in diesem Fall dominierenden Kommunikationsanforderungen der Genauigkeit, Schnelligkeit und Bequemlichkeit, die von Medien mit geringer Media Richness erfüllt werden können, kommen dem Controlling in hierarchischen Strukturen im Falle einer telekooperativen Abwicklung durchaus entgegen: „Klar abgegrenzte vorstrukturierte Aufgabenelemente sind relativ leicht nach außen zu verlagern und dennoch kontrollierbar."[365] Informationsdistanzen sind in diesem Fall problemlos durch Medien überwindbar.

---

[360] Zur Ressourceneffizienz vgl. Frese 1995, S. 306.

[361] Zur Prozeßeffizienz vgl. Frese 1995, S. 306f.

[362] Vgl. Reichwald / Dietel 1991, S. 493f.

[363] Vgl. Kapitel 4.1.3.

[364] Fulk / DeSanctis 1995, S. 339f.

[365] Reichwald u.a. 1998b, S. 70.

Bei objektorientierter Aufgabenverteilung gestalten sich prozeßinterne Austauschbeziehungen zunächst als unproblematisch, da Prozeßzusammenhänge stärker auf einzelne Stellen und Aufgabenträger konzentriert sind. Bei der Bewältigung der einzelnen Prozeßteilschritte einer Stelle sind daher keine Distanzen zu überwinden. Diese werden erst an der Schnittstellen zwischen Prozessen, also bei internen oder externen Lieferanten-Kunden-Beziehungen relevant.[366] An die Bewältigung der Informationsdistanz stellen sich hier andere Anforderungen als im Falle der verrichtungsorientierten Arbeitsteilung: Im Mittelpunkt stehen Informationsaustauschbeziehungen, die der Spezifikation der Prozeßleistung dienen. Hierbei gilt es zunächst, Kundenbedürfnisse zu erfassen, die unter Umständen komplexer, mehrdeutiger und in sich widersprüchlicher und damit schwer übermittelbarer Natur sind und auf hohem Abstraktionsniveau liegen können. Diese Kundenanforderungen sind im Zuge einer Operationalisierung in Anforderungen an den Prozeßablauf zu transformieren. Entsprechend dominieren in diesem Bereich zur Überwindung der Informationsdistanz vor allem Anforderungen an die Übermittelbarkeit komplexer und unter Umständen vertraulicher Informationen. Aufgrund des teilweise taziten Charakters der auszutauschenden Informationen erscheint eine möglichst große Zahl unterschiedlicher Kommunikationskanäle und die Möglichkeit einer unmittelbaren Rückkopplung günstig. Die telekooperative Unterstützung objektorientierter Organisationsstrukturen hat daher aus der Sicht der Informationsdistanz zwei unterschiedliche Facetten: Aufgrund der prozeßinternen Autarkie und der Möglichkeit einer Selbstkoordination scheint die Prozeßbearbeitung an sich gut für eine telekooperative Abwicklung geeignet zu sein. Die – allerdings nicht regelmäßig erfolgende – kundenorientierte (Re-) Definition des Prozesses stellt dagegen sehr hohe qualitative Anforderungen im Bezug auf die Überwindung von Informationsdistanzen.[367]

Auch die Bedeutung der *Beziehungsdistanz* ist in beiden Formen der Aufgabenverteilung unterschiedlich einzuschätzen. Bei verrichtungsorientierter Aufgabenverteilung kann die Koordination aufgrund der vordefinierten, klar abgegrenzten und mit sehr geringen Handlungsspielräumen versehenen Stellenaufgaben nahezu ausschließlich über den Inhaltsaspekt der Führung geleistet werden. Im Rahmen der Telekooperation auftretende Beziehungsdistanzen sind damit kaum von Bedeutung. Diese Argumentation gilt jedoch nur für die isolierte Betrachtung der unmittelbar aufgabenbezogenen Koordination. Bei Einbeziehung von Motivations- und Arbeitszufriedenheitsaspekten[368] können sich die in verrichtungsorientierten Strukturen aus diesem Blickwinkel ohnehin schon vorhandenen Problemfelder[369] durch eine

---

[366] Vgl. Baldwin / Clark 1998, S. 40, die in diesem Zusammenhang zwischen „verborgenen" und „offenen" Informationen differenzieren. Erstere betreffen die für das Gesamtunternehmen nicht unmittelbar „sichtbare" Mikrokoordination eines einzelnen Prozesses innerhalb einer Stelle, letztere die nach außen relevante Koordination der Prozesse untereinander.

[367] Häufig wird in diesem Fall auch Face-to-face-Kontakt erforderlich sein, z.B. in Form interner Koordinationssitzungen, externer Kundenbesuche oder länger andauernder Telearbeit beim Kunden (sog. „On-site-Telearbeit", vgl. Reichwald u.a. 1998b, S. 82 sowie das Fallbeispiel auf S. 123ff.)

[368] Vgl. auch Kapitel 4.2.

[369] Vgl. Ulich 1994, S. 248f.

erhöhte Beziehungsdistanz drastisch verschärfen. Häufig wird in solchen Strukturen von sozialer Isolation berichtet, da die kompensierende Wirkung sozialer Kontakte entfällt. „ ... isolation is more a matter of work process than work place."[370] Zur Kompensation einer erhöhten Beziehungsdistanz empfiehlt sich z.b. die Einführung fester Arbeitstage mit Face-to-face-Kontaktmöglichkeiten zu Kollegen („alternierende Telearbeit") oder regelmäßiger informeller Treffen außerhalb des Arbeitsumfeldes. Diese Maßnahmen sind in der Praxis bereits häufig anzutreffen.[371]

Bei objektorientierter Aufgabenverteilung spielt die Beziehungsdistanz vor allem bei der Koordination zwischen Prozeßketten, die von einzelnen Stellen bearbeitet werden, eine Rolle. Die Definition dieser Austauschbeziehungen gestaltet sich, wie bei der Behandlung der Informationsdistanz dargestellt, wesentlich komplexer als in verrichtungsorientierten Strukturen. Zudem sind die Austauschbeziehungen zwischen den Prozeßketten nicht a priori vollständig determiniert, sondern sind vielmehr im Sinne einer „losen Kopplung" flexibel handzuhaben und fallweise anzupassen.[372] Eine funktionierende Koordination muß daher über einen rein sachbezogenen Informationsaustausch hinausgehen. Der Aufbau von persönlichen Beziehungen und Vertrauensverhältnissen zwischen den „Process Ownern" kann den Umfang an notwendigen expliziten und ausdifferenzierten Regelungen zur Koordination der Austauschbeziehungen[373] – welche letztlich die angestrebte Flexibilität wieder einschränken würden – reduzieren. Bei der telekooperativen Gestaltung objektorientierter Organisationsstrukturen ist daher darauf zu achten, daß solche „kritischen" Koordinationsbeziehungen möglichst wenig berührt werden. So kann es beispielsweise durchaus sinnvoll sein, eine vergrößerte Beziehungsdistanz eines Telearbeiters zum eigenen Unternehmen in Kauf zu nehmen, um ihn als „On-Site"-Telearbeiter bei einem externen Kunden anzusiedeln und damit die möglicherweise für den unternehmerischen Erfolg wesentlich bedeutendere Beziehungsdistanz zu letzterem zu minimieren.[374]

Organisationsdistanz als Ausmaß für die Bindung eines Telearbeiters an organisatorische Regeln und Verhaltensnormen ist in rein verrichtungsorientierten Organisationsformen kaum

---

[370] Kugelmass 1995, S. 76.

[371] Vgl. Reichwald u.a. 1998b, S. 82, 86.

[372] Lose Kopplung – ein Konzept, das ursprünglich aus der Biologie und der Mechanik stammt – bildet den Gegenpol zur engen Kopplung von Systemelementen bzw. Aufgabenträgern, wie sie bei verrichtungsorientierter Aufgabenteilung erfolgt – mit entsprechenden Nachteilen der Inflexibilität und Störungsanfälligkeit (vgl. Staehle 1991, S. 327f.). Lose Kopplung bedeutet eine teilweise Entkopplung und Autonomisierung der Subsysteme. Die Subsysteme bzw. Aufgabenträger „ ... verfügen über Slack, sind dezentralisiert und mit Autonomie ausgestattet; das Personal kann vor Ort entscheiden, ob die Prozesse unterbrochen werden, es kann quer zu den Instanzenwegen kommunizieren und auch externen Rat einholen (Redundanz von Beziehungen)." (Staehle 1991, S. 330).

[373] Die theoretische Basis hierzu liefert die Principal-Agent-Theorie, vgl. Kapitel 3.4.1.

[374] Vgl. Raghuram / Wiesenfeld / Garud 1996, S. 13f. Solche Trade-off-Beziehungen lassen sich über die Symmetrie von Distanzen erklären, vgl. Kapitel 3.3.4.

von Bedeutung, da alleine durch die Struktur der Aufgabenverteilung und ein darauf ausgerichtetes formales Planungs- und Kontrollsystem[375] eine weitgehend exakte Regelung der
Aufgabenerfüllung erfolgt, die kaum Spielräume für abweichendes Verhalten eröffnet.

In objektorientierten Strukturen bestehen dagegen innerhalb des ganzheitlichen Aufgabenzusammenhangs, der einer Stelle übertragen wird, wesentlich höhere Freiheitsgrade bei der
Aufgabenerfüllung. Hier ist die Gefahr höher, daß durch eine erhöhte Organisationsdistanz bei
Telekooperation Mängel bei der Koordination der Gesamtaufgabenerfüllung auftreten und die
relativ autonomen Stellen „auseinanderdriften". Beschränkt werden kann dieses Risiko vor
allem durch Personalführungsinstrumente wie z.b. Selektion und Sozialisation.[376]

Verteilung von Weisungsrechten und Distanzen

Die Gestaltung der Weisungsrechte in einem Unternehmen hängt eng mit der zugrundeliegenden Form der Arbeitsteilung zusammen. Für die Analyse der Wirkungen von Distanzen
auf die Verteilung von Weisungsrechten erscheint es notwendig, zum einen nach der *Struktur
der Weisungsbeziehungen* und zum anderen nach dem *Inhalt der Weisungen* zu differenzieren.
Im Falle einer hierarchischen Organisationsform mit verrichtungsorientierter Aufgabenverteilung folgen die Weisungsrechte einer hierarchisch-pyramidenförmigen Einlinienstruktur
mit eindeutigen Über- und Unterordnungsverhältnissen. Jede Stelle, mit Ausnahme der Spitze,
empfängt von genau einer übergeordneten Stelle Anweisungen bezüglich der Aufgabenerfüllung. Durch das funktional eng beschränkte Aufgabenspektrum der Stelle ist es möglich,
den Arbeitsablauf stark zu formalisieren. Entsprechend ist die inhaltliche Ausprägung der
Weisungsrechte hier als umfassend, vollständig und detailliert zu charakterisieren. In modularisierten Organisationsformen werden dagegen mehr oder weniger vollständige Aufgabenzusammenhänge auf die Stellen vereinigt. Damit entfällt zum Teil die Notwendigkeit
detaillierter Koordination durch Weisungen. Diese ist nur noch auf solche Funktionen
beschränkt, die ressourceneffizient zentral koordiniert werden. Es ergibt sich ein Mehrlinien-
system, in welchem die Stellen von mehreren übergeordneten Stellen Weisungen erhalten
können, deren Reichweite und Umfang jedoch sehr stark nach funktionalen Gesichtspunkten
eingegrenzt ist (funktionales Weisungsrecht). Inhaltlich haben Weisungen in modularen
Strukturen eher den Charakter globaler Rahmenvorgaben, innerhalb derer die Aufgabenerfüllung vom Weisungsempfänger selbständig koordiniert wird.

In telekooperativen Strukturen erfolgt die Übermittlung der Weisungen mediengestützt. Damit
besteht zunächst das Problem der Überwindung der *Informationsdistanz*. Ein stark formalisiertes Einliniensystem bereitet dabei nur wenig Schwierigkeiten. Die determinierten Weisungsbeziehungen erlauben eine exakte Abbildung in der Kommunikationsstruktur, z.B. über

---

[375] Vgl. Kapitel 4.3 und 4.4.

[376] Vgl. Kapitel 4.2.3.

E-Mail oder Voice-Mail-Verteiler.[377] Die Anforderungen an Übertragungsbandbreite und Media Richness sind in diesem Fall gering, höhere Anforderungen ergeben sich aufgrund der detaillierten Weisungsinhalte vielmehr hinsichtlich der exakten Übermittlung und aufgrund der hohen quantitativen Häufigkeit von Weisungsvorgängen hinsichtlich der Schnelligkeit und Bequemlichkeit der Nutzung. Andere Anforderungen stellen unter dem Blickwinkel der Informationsdistanz Mehrlinien-Weisungssysteme in modularen Strukturen. Aufgrund der komplexen, netzwerkartigen Weisungsstrukturen ist hier ein möglichst wahlfreier, unmittelbarer und nutzungsoffener Zugang zu Kommunikationskanälen erforderlich. Die Weisungsvorgänge übermitteln komplexe und mehrdeutige Inhalte; häufig besteht Bedarf nach Rückkopplung, laufender Abstimmung und Anpassung, wie beispielsweise in komplexen Entwicklungsprozessen. Dies erfordert entsprechend reiche Medien, die sich möglichst nahe an den Eigenschaften einer ganzheitlichen Face-to-face-Kommunikation orientieren.

Beziehungsdistanzen in Weisungsverhältnissen können sich vor allem in Mehrliniensystemen auf die Durchsetzbarkeit von Weisungen auswirken. Während in starren Einliniensystemen das Befolgen von Weisungen aufgrund ihres hohen Operationalisierungsgrades problemlos kontrolliert[378] und an ein formales Anreizsystem[379] gekoppelt werden kann, müssen in komplexen Mehrliniensystemen persönliche Beziehungen und Vertrauensverhältnisse teilweise explizite operationale Weisungen ersetzen. Bei der telekooperativen Erteilung von Weisungen sind daher explizit vertrauensbildende und vertrauenserhaltende Maßnahmen innerhalb einer mediengestützten Kommunikation[380] zu berücksichtigen.

Auch die *Organisationsdistanz* hat für Einliniensysteme mit exakten Weisungsstrukturen nur geringe Bedeutung. Wichtiger ist die Nähe der Weisungsempfänger zu organisatorischen Regeln und Verhaltensmustern dagegen in Mehrliniensystemen. Sie verringert für den Weisenden das Risiko der Verhaltensunsicherheit[381] und erhöht die Wahrscheinlichkeit einer am unternehmensweiten Gesamtoptimum orientierten Koordination der Aufgabenerfüllung.

Verteilung von Entscheidungsrechten und Distanzen

Ebenso wie die Verteilung der Weisungsrechte ist auch die Verteilung der Entscheidungsrechte eng mit der Ausgestaltung der Aufgabenverteilung verknüpft. In hierarchisierten Organisationsstrukturen mit verrichtungs- und rangorientierter Aufgabenverteilung sind Entscheidungsrechte stark auf übergeordnete Führungspositionen konzentriert. Die für die Entscheidungsfindung relevanten Informationen werden in diesen Stellen zentral gesammelt

---

[377] Vgl. z.B. Pribilla / Reichwald / Goecke 1996, S. 51ff, S. 59ff.

[378] Vgl. Kapitel 4.3.

[379] Vgl. Kapitel 4.2.2.

[380] Vgl. Kapitel 4.2.4.

[381] Aus Sicht der Principal-Agent-Theorie wird dadurch das Agency-Risiko gesenkt, vgl. Kapitel 3.4.1.

und verarbeitet. Die Entscheidungen werden vom Stelleninhaber auf der Basis dieser Informationen autonom getroffen. In modularisierten Strukturen werden dagegen – entsprechend der Verantwortlichkeit der Stelleninhaber für größere, zusammenhängende Aufgabenkomplexe – auch die Entscheidungsbefugnisse entsprechend dieser Verantwortung so weit wie möglich auf diese Stelleninhaber delegiert. Im Falle dennoch notwendiger übergeordneter Entscheidungen wird eine breite Partizipation aller beteiligten Stellen angestrebt, um die Entscheidungsqualität durch die Berücksichtigung einer breiteren Informationsbasis zu erhöhen und den Konsens über die Entscheidung sicherzustellen.[382]

Im Falle zentralisierter Entscheidungsrechte ist bei telekooperativer Aufgabenerfüllung die *Informationsdistanz* irrelevant, da die Entscheidungsfindung auf eine Stelle und damit auf einen Aufgabenträger vereinigt ist. Das Distanzproblem läßt sich in diesem Fall einerseits auf die Einholung der entscheidungsrelevanten Informationen[383] und andererseits auf die Durchsetzung der Entscheidung im Rahmen des bereits oben behandelten Weisungsrechtes zurückführen. Bei Betrachtung kooperativer Entscheidungsprozesse, also beim Zusammenwirken mehrerer Entscheidungsträger im Rahmen von Delegations- und Partizipationsverhältnissen, zeigen sich dagegen zwei Wirkungsrichtungen einer telekooperativen Medienunterstützung. Einerseits kann – in Abhängigkeit vom eingesetzten Medium – im Vergleich zu einer Face-to-face-Entscheidungsfindung, wie sie beispielsweise im Rahmen einer traditionellen Koordinationssitzung erfolgt, die Übertragungsleistung und damit die Koordinationsqualität beschränkt werden. In Abhängigkeit von den qualitativen Eigenschaften der auszutauschenden Informationen ergeben sich damit für verschiedene Medien unterschiedliche Eignungsgrade.[384] Andererseits ermöglicht die Medienunterstützung durch Substitution zeit- und kostenaufwendiger Face-to-face-Kontakte aber auch einen quantitativ höheren Delegations- und Partizipationsgrad und damit die umfangreichere Berücksichtigung entscheidungsrelevanter Informationen.[385] Daß letzterer Effekt zu überwiegen scheint, zeigt Malone anschaulich anhand von empirisch begründeten Hypothesen über die charakteristische Abfolge, nach denen sich aus historischer Perspektive ökonomische Entscheidungsstrukturen entwickelten. Er unterscheidet drei Typen von „Entscheidern", die unter dem Einfluß produktions- und informationstechnischer Innovationen in charakteristischer Weise aufeinanderfolgen:[386]

---

[382] Zu den Konzepten der Delegation und Partizipation vgl. ausführlich Hill / Fehlbaum / Ulrich 1994, S. 224ff.

[383] Diese Thematik wird im folgenden dem Informationssystem zugeordnet. Die Distanzwirkungen in diesem Bereich werden in Kapitel 4.5 behandelt.

[384] Vgl. Kapitel 3.4.3.

[385] Vgl. McLeod 1996, S. 438.

[386] Vgl. Malone 1997, S. 23f. Eine ähnliche Entwicklung beschreibt Ulich 1994, S. 54, der die zeitliche Abfolge von technikbedingter Zentralisierung und anschließender Dezentralisierung als typisches Merkmal technologischer Entwicklungen sieht. Analog argumentiert auch Rockart 1998.

• *„Independent, decentralized decision makers“:* Diese Art der Entscheidungsfindung repräsentiert die vorindustrielle Arbeitswelt, in der Aufgaben von einzelnen Individuen oder relativ kleinen Gruppen selbständig bewältigt wurden. Die Informationsdistanz war für Individuen außerhalb der Face-to-face-Reichweite[387] nahezu unendlich hoch.

• *„Centralized decision makers“:* Durch die räumliche und zeitliche Zentralisierung der Aufgabenerfüllung (z.B. in den Großunternehmen des industriellen Zeitalters) wurden Informationsdistanzen verringert und dadurch das Wissen und Können vieler Individuen verknüpft. Damit konnte die Qualität der Entscheidungen und die Produktivität der Aufgabenerfüllung erhöht werden.

• *„Connected, decentralized decision makers“:* Unter dem Einfluß einer kostengünstigen und leistungsfähigen IuK-Technologie wird es immer mehr möglich, ohne erhebliche Zunahme der Informationsdistanz räumlich und zeitlich verteiltes Wissen telekooperativ zu bündeln. „As the economy becomes increasingly based on knowledge work and creative innovation, and as new technologies make it possible to connect decentralized decision makers on a bigger scale than ever before, exploiting such opportunities for empowerment will surely be an important theme in the economic history of the next century.“[388]

Der Nachteil einer im Einzelfall durch Medieneinsatz im Vergleich zur Face-to-face-Zusammenarbeit erhöhten höheren Informationsdistanz scheint also durch die Vorteile eines in telekooperativen Strukturen insgesamt möglichen höheren Delegations- und Partizipationsumfanges sowie die Chancen auf Erhöhung der räumlichen und zeitlichen Flexibilität und damit die Verringerung der Distanzen in anderen Bereichen (z.B. zu Kunden oder zur Familie eines Telearbeiters) überkompensiert zu werden.[389]

Auch bezüglich der Auswirkung von *Beziehungsdistanz* auf die Gestaltung von Entscheidungsrechten wird von verbesserten Partizipationsmöglichkeiten durch Medienunterstützung berichtet. So konstatieren Freisleben u.a. für eine kooperative Entscheidungsfindung per E-Mail eine gleichmäßig hohe Partizipationsrate aller beteiligten Entscheidungsträger, eine erhöhte Beitragsfrequenz sozial schwächerer Gruppenmitglieder und einen größeren Einfluß sogenannter „peripherer“ Teammitglieder, die einem Entscheidungsgremium nicht permanent angehören und nur fallweise hinzugezogen werden oder die nur sehr geringe Partizipationsrechte (z.B. fachlich beschränkt) besitzen.[390] Begründet wird diese verbesserte Partizipationsmöglichkeit von den Autoren durch depersonalisierende Effekte elektronischer Kommunikation. Zum Teil fallen hier soziale Kontextinformationen wie Status oder hierarchische

---

[387] Vgl. dazu die Reichweite von „Collocated Teams“ in Abbildung 3-6.

[388] Malone 1997, S. 24.

[389] Vgl. hierzu die Kapitel 3.3.4 dargestellte Symmetrieeigenschaft der Distanz.

[390] Vgl. Freisleben u.a. 1991, S. 251 sowie die dort zitierte Literatur. Von ähnlichen Ergebnissen berichtet McLeod 1996, S. 439.

Position, aber auch Persönlichkeitsmerkmale wie Alter oder Herkunft weg.[391] Eine auf E-Mail-Kommunikation gestützte Entscheidungsfindung wird daher „ ... tendenziell freundlicher und, unter dem Aspekt der Aufgabenorientierung, sachlicher und strukturierter geführt ... Prestige und Status-Denken wird unwichtig, da es über das Netzwerk sowieso nicht realisiert werden kann."[392] Damit scheint eine Erhöhung der Beziehungsdistanz keinen negativen Einfluß auf die Qualität der partizipativen Entscheidungsfindung zu haben, im Gegenteil findet offenbar eine stärkere Demokratisierung und Versachlichung von Entscheidungsprozessen statt.[393]

Auch bezüglich der Auswirkungen der *Organisationsdistanz* lassen sich ähnliche Effekte ableiten. Fehlende Organisationsdistanz kann sich bei kooperativer Entscheidungsfindung mit hohen Partizipations- und Delegationsgraden durchaus negativ auf die Entscheidungsqualität auswirken. Ein durch eine Analyse politischer Entscheidungsprozesse in den USA als „*Groupthink*" bekannt gewordenes Phänomen[394] tritt vor allem bei starker Übereinstimmung und gemeinschaftlicher Internalisierung organisatorischer Normen und Verhaltensweisen, also bei geringer Organisationsdistanz, auf. Groupthink äußert sich im Streben nach Einstimmigkeit, in einer Selbstüberschätzung der am Entscheidungsprozeß beteiligten Gruppe sowie in der Verdrängung und Unterdrückung von Zweifeln, Kritik und moralischen Bedenken.[395] Über die daraus resultierende mangelhafte Informationsnachfrage und die Berücksichtigung von zu wenigen Lösungsalternativen sowie die Nichtbeachtung drohender Risiken erhöht sich die Wahrscheinlichkeit von Fehlentscheidungen.[396]

Eine sehr starke Identifikation mit gemeinsamen Normen kann auch die Risikobereitschaft in kooperativen Entscheidungsprozessen erhöhen. Während beim Groupthink objektiv vorhandene Risiken verdrängt werden, werden beim Phänomen des „*Risky-shift*" in Gruppenentscheidungen bewußt höhere Risiken in Kauf genommen. In empirischen Untersuchungen wurde festgestellt, daß Entscheidungen, die von einer Personenmehrheit getragen werden, häufig mit höherer Risikobereitschaft gefällt werden, als dies bei Einzelentscheidungen der Fall ist.[397] Die häufigste Erklärung für Risky-shift ist die subjektive Entlastung des Einzelnen von der Entscheidungsverantwortung durch einen starken, gemeinsam getragenen Konsens über das vermeintlich „richtige" Entscheidungsverhalten.[398]

---

[391] Vgl. hierzu auch Cohen 1997, S. 32.

[392] Freisleben u.a. 1991, S. 257.

[393] Vgl. hierzu auch die Ergebnisse der Media Impact-Forschung in Kapitel 3.4.3.

[394] Vgl. Janis 1982.

[395] Vgl. Janis 1982, S. 243ff.

[396] Vgl. Schäffer 1996b, S. 128.

[397] Vgl. Kogan / Wallach 1964.

[398] Vgl. von Rosenstiel 1992, S. 328f.; Schäffer 1996b, S. 128.

Zur Verminderung dieser Effekte wird unter anderem das Heranziehen eines möglichst unabhängigen, also auch von gemeinsam geteilten Normen nicht „belasteten" Beobachters empfohlen, der die Rolle des „Advocatus Diaboli" übernimmt.[399] Dieser steuert einer zu raschen Konsensbildung im Entscheidungsprozeß bewußt entgegen, indem er beispielsweise eingespieltes und nicht mehr hinterfragtes Normverhalten in Frage stellt, Entscheidungsprobleme aus neuen und ungewohnten Perspektiven beleuchtet oder durch „Worst-case"-Annahmen mögliche Entscheidungsrisiken verdeutlicht. Eine durch telekooperative Aufgabenabwicklung bedingte höhere Organisationsdistanz kann als günstige Voraussetzung für eine derartig differenzierte Behandlung von Entscheidungsproblemem gewertet werden. Es ist zu erwarten, daß sich in diesem Fall Groupthink und Risky-shift weniger negativ auf die Entscheidungsqualität auswirken.

4.1.2   Formale Kommunikationsstruktur

4.1.2.1 Darstellung des Instruments

Mit der Festlegung der Aufgaben- und Kompetenzverteilung ist ein wesentlicher Teil der organisatorischen Koordinationsleistung erbracht. Dennoch sind diese Aktivitäten zwar notwendig, jedoch noch nicht hinreichend für eine funktionierende Gesamtkoordination der unternehmerischen Aufgabenerfüllung. Ein weiterer koordinationsrelevanter Teilbereich der Organisationstätigkeit ist die Verbindung der geschaffenen Stellen durch Kommunikationswege. „Kommunikationsaktivitäten bieten die einzige organisatorische Möglichkeit, um bei gegebener Aufteilung eines Gesamtproblems in Teilentscheidungen das Gesamtziel möglichst vollkommen zu verwirklichen."[400] Über die Definition einer formalen Kommunikationsstruktur kann die Informationsversorgung der Aufgabenträger gesteuert werden. „Hierdurch können sie in einen Informationsstand versetzt werden, der ein koordiniertes Handeln möglich bzw. wahrscheinlich macht."[401]

Die konkrete Ausprägung der formalen Kommunikationsstruktur kann über unterschiedliche Parameter festgelegt werden. Zunächst kann geregelt werden, wer kommunizieren soll, also zwischen welchen Stellen ein Informationsaustausch stattfindet. Das gesamte Netzwerk der damit geschaffenen formalen *Kommunikationswege* kann unterschiedliche Gestalt aufweisen, wie z.B. Stern-, Ketten-, Kreis- oder Plenarstruktur.[402] Über die Struktur des Kommunikationsnetzwerkes wird die *Direktheit* der Kommunikation determiniert. Zwischen zwei Stellen kann eine direkte (einstufige) Kommunikation stattfinden, sie kann aber auch nur indirekt (mehrstufig) über andere Stellen erfolgen.[403] Diese Unterscheidung hat wiederum

---

[399]   Vgl. von Rosenstiel 1992, S. 333.

[400]   Frese 1995, S. 122.

[401]   Küpper 1997, S. 26.

[402]   Die Leistungsfähigkeit solcher Netzstrukturen untersuchten vor allem Bavelas 1962 und Hellriegel / Slocum 1974.

[403]   Vgl. Reichwald 1993a, S. 452ff.

Einfluß auf die *Unmittelbarkeit*, mit der Kommunikationsprozesse geführt werden können. Indirekte Kommunikation kann nur asynchron und ohne die Möglichkeit einer direkten Rückkopplung stattfinden. Bei direkter Kommunikation ist dagegen auch die Möglichkeit eines synchronen Dialoges gegeben.[404] Schließlich ist auch die Bestimmung einer *Kommunikationsform* Bestandteil der Festlegung einer formalen Kommunikationsstruktur. Hierbei lassen sich vor allem Sprach-, Text-, Daten- und Bildkommunikation unterscheiden.[405]

Das Koordinationsinstrument der Gestaltung einer formalen Kommunikationsstruktur hängt eng mit dem Instrument der Aufgaben- und Kompetenzverteilung[406] zusammen. So lassen sich kongruent zu den beiden dort vorgestellten Organisationsstrategien der Hierarchisierung und der Modularisierung auch idealtypische Ausprägungen der für diese Strukturen zu realisierenden formalen Kommunikationsstrukturen formulieren:

- In *hierarchisierten Organisationsformen* folgen die Kommunikationswege weitgehend der hierarchischen Kompetenzverteilung.[407] Es dominieren Informationsflüsse zwischen über- und untergeordneten Stellen, die der hierarchischen Koordination der Aufgabenerfüllung dienen. Zwischen gleichrangigen Stellen einer Hierarchieebene bestehen dagegen kaum direkte Informationsaustauschbeziehungen, die entsprechenden Informationsflüsse laufen über übergeordnete Stellen. Zusammenfassend besteht in diesem Fall eine geringe vertikale Informationsautonomie bei gleichzeitig hoher horizontaler Informationsautonomie der einzelnen Stellen.[408]

  Für die Realisierung der formalen Kommunikationsstruktur hat dies Folgen: Es herrschen stern- und kettenförmige Strukturen mit hohem Zentralisierungsgrad vor. Über diese ist eine direkte Kommunikation nur mit den zentralen Elementen, also den hierarchisch unmittelbar übergeordneten Stellen, möglich. Alle anderen Kommunikationsbeziehungen müssen indirekt über den Vorgesetzten aufgebaut werden.[409] Durch den hohen Formalisierungsgrad des Informationsaustausches dominiert die asynchrone Text- und Datenkommunikation.

- In *modularisierten Organisationsformen* ist die Kompetenzverteilung geprägt von Delegation und partizipativer Wahrnehmung von Entscheidungsrechten sowie von der Abkehr von Einlinien-Weisungssystemen. Entsprechend entfällt im Vergleich zu hierarchisierten Strukturen ein Großteil der vertikalen Informationsaustauschbeziehungen. Dafür

---

[404] Vgl. Reichwald 1993b, Sp.2179f.

[405] Vgl. Reichwald 1993b, Sp. 2181f.

[406] Vgl. Kapitel 4.1.1.

[407] Vgl. Kapitel 4.1.1. Frese spricht in diesem Zusammenhang von „kompetenzbezogener Kommunikation", vgl. Frese 1995, S. 106ff.

[408] Vgl. Frese 1995, S. 107ff.

[409] Vgl. dazu die in Kapitel 2.3.1 dargestellte Lehre Fayols.

entsteht ein wesentlich höherer Koordinations- und damit Kommunikationsbedarf zwischen den dezentralen Entscheidungsträgern.[410] Tendeziell herrscht damit in modularisierten Organisationsformen eine hohe vertikale Informationsautonomie bei gleichzeitig geringer horizontaler Informationsautonomie der einzelnen Stellen.[411]

Dies wirkt sich auf die formale Kommunikationsstruktur aus: Aufgrund des hohen Kommunikationsbedarfs auf horizontaler Ebene tendiert die Kommunikationsstruktur eher zur Plenarform, in der – im hypothetischen Idealfall – alle Stellen direkt und unmittelbar wechselseitig miteinander in Verbindung treten können. Aufgrund der teilweise komplexen, wenig plan- und formalisierbaren Informationsinhalte spielen neben asynchroner Text- und Datenkommunikation auch Formen der Sprach- und Bildkommunikation eine wichtige Rolle.

4.1.2.2 Auswirkungen von Distanzen

Informationsdistanz

Bei telekooperativer Aufgabenbewältigung werden die Kommunikationswege zwischen den Stellen mittels elektronischer Kommunikationsmedien realisiert. Dadurch können Informationsdistanzen auftreten, die die adäquate Informationsversorgung der Aufgabenträger gefährden können. Um diese Informationsdistanzen zu minimieren, werden sowohl für hierarchisierte als auch für modularisierte Organisationsformen Systeme vorgeschlagen, die die vorgestellten idealtypischen Kommunikationsstrukturen möglichst kongruent abbilden.

Hierarchisierte Organisationsformen weisen eine starke Strukturierung nach Hierarchieebenen auf. Entsprechend werden hier ebenenorientierte Kommunikationssysteme vorgeschlagen.[412] Typischerweise werden dabei die Kommunikationsbeziehungen zwischen der operativen Prozeßebene (Kommunikationsinhalte sind hier mengenorientierte Prozeßinformationen), der darüberliegenden Abrechnungsebene (wertorientierte, betriebswirtschaftliche Informationen), der Analyse-, Berichts- und Kontrollebene (selektierte und verdichtete betriebswirtschaftliche Informationen) sowie der an der Spitze der Hierarchie liegenden Führungsebene (hoch aggregierte, strategisch bedeutsame Informationen) betrachtet.[413] Solche Ansätze zielen auf eine möglichst vollständige formale Modellierung der hierarchisierten Unternehmensstruktur und deren Abbildung im formalen Kommunikationssystem ab. Entsprechend liegen die Chancen zur Überwindung von Informationsdistanzen hierbei vor

---

[410] Vgl. Kapitel 4.1.1. Frese spricht in diesem Zusammenhang von „interdependenzbezogener Kommunikation", vgl. Frese 1995, S. 106, 113ff.

[411] Vgl. Frese 1995, S. 111ff.

[412] Vgl. dazu z.B. die Ansätze bei Scheer 1990 und Mertens 1993. Eine auf dieser Ebenenstruktur aufgebaute Controlling-Konzeption beschreibt Reichmann 1996, S. 562ff.

[413] Vgl. zu diesen Ansätzen zusammenfassend Picot / Reichwald / Wigand 1998, S. 168.

allem in informationstechnischen Integrationsansätzen wie z.B. Computer Integrated Manu-facturing (CIM).[414] Eine besonders wichtige Rolle kommt der Integration von Datenver-arbeitungs- und Telekommunikationstechnologien zu.[415] Durch eine derartige „Computer-Telephony-Integration" (CTI) sind gerade im Bereich der Erbringung standardisierter Teleleistungen mit hohem Wiederholungsgrad beträchtliche Rationalisierungseffekte erkennbar, wie z.B. Call-Center-Implementierungen in entsprechenden Bereichen zeigen.[416]

Kommunikationsprozesse in *modularisierten Organisationsformen* finden – bedingt durch die objekt- und prozeßorientierte Ausrichtung dieser Organisationsform – häufig in vertikaler Richtung zwischen hierarchisch gleichgestellten Aufgabenträgern statt. Die telekooperative Abbildung einer entsprechenden formalen Kommunikationsstruktur setzt daher in erster Linie bei einer prozeßorientierten Integration zur Verminderung von Informationsdistanzen an. In Workflow-Systemen werden die Kommunikations- und Austauschbeziehungen für komplette Geschäftsvorgänge durchgehend elektronisch abgebildet. Diese Modellierung stellt sowohl die Abarbeitung der Teilaufgaben in der korrekten Reihenfolge als auch – z.B. durch die Kopplung des Ablaufes an bestimmte Ereignisse oder Zustände – die zeitliche Koordination des Prozesses sicher. Entscheidend für die Verringerung von Informationsdistanzen ist die Möglichkeit einer weitgehend medienbruchfreien Kommunikation innerhalb eines Workflow. Alle vorgangsbezogenen Informationen können in einheitlichen „elektronischen Umlauf-mappen" zusammengefaßt werden, die leicht über Medien transportierbar, zugreifbar und aktualisierbar sind. Im Gegensatz zu einer prozeßbegleitenden papierbasierten Kommuni-kation mit schwer kontrollierbaren, unterschiedlichen „Generationen" von Bearbeitungsstufen und Kopien ist damit stets eine konsistente und aktuelle Datenbasis vorhanden, die allen Beteiligten jederzeit Zugriff auf gemeinsam genutzte Informationen („shared information") ermöglicht und damit prozeßkoordinierend wirkt.[417] Den durch telekooperative Aufgabenbe-wältigung hervorgerufenen Risiken einer durch räumliche Verteilung der Aufgabenträger erhöhten Informationsdistanz kann daher durch die Modellierung der formalen Kommunika-tionsstruktur in Workflow-Systemen effektiv begegnet werden. Die für alle Prozeßbeteiligten stets transparente Informationsbasis ermöglicht im Bedarfsfall auch die asynchrone Anbin-dung der Akteure mit mobilen Telemedien.[418]

Beziehungs- und Organisationsdistanz

Zweck der Implementierung einer formalen Kommunikationsstruktur als Instrument des Controlling ist es – das wurde bereits erwähnt –, die Aufgabenträger mit Informationen zu

---

[414] Vgl. z.B. Scheer 1990.

[415] Vgl. Rockart 1998, S. 418f.; Pribilla / Reichwald / Goecke 1996, S. 92ff.

[416] Vgl. Reichwald u.a. 1998b, S. 225 sowie das Fallbeispiel auf S. 85ff.

[417] Vgl. Picot / Reichwald / Wigand 1998, S. 254f.

[418] Vgl. Reichwald u.a. 1998b, S. 228.

versorgen, die sie für die Bewältigung ihrer Teilaufgaben im Hinblick auf die gesamtoptimale Koordination der unternehmerischen Aufgabenerfüllung benötigen. Die formale Kommunikationsstruktur bezieht sich daher primär auf den Austausch unmittelbar aufgabenbezogener Informationen. Damit wird bei einer telekooperativen Aufgabenabwicklung zunächst das oben behandelte Problem der Informationsdistanz augenfällig.

Zahlreiche, auf den Ergebnissen organisationspsychologischer Forschung beruhende Ansätze der Management- und der Kommunikationstheorie[419] zeigen jedoch, daß sich die formale Kommunikationsstruktur in Unternehmen nicht ausschließlich auf diesen sachbezogenen Aspekt reduzieren läßt.[420] Vielmehr zeigen sich in der Realität häufig über die aufgabenorientierte, formale Kommunikation hinausgehende Phänomene der informellen Kommunikation und der sozioemotionalen Gruppenbildung.[421] Für ein sinnvolles Funktionieren organisatorischer Abläufe ist es unerläßlich, individuelle kommunikative Spielräume außerhalb der formalen Kommunikationsstruktur zuzulassen, um dysfunktionale Effekte wie Inflexibilität und mangelnde persönliche Entfaltungsmöglichkeiten für die Mitarbeiter zu vermeiden.[422] Luhmann spricht in diesem Zusammenhang von „brauchbarer Illegalität".[423]

Formelle, also durch die formale Kommunikationsstruktur determinierte Kommunikationsbeziehungen und informelle Kommunikationsbeziehungen verhalten nicht zwangsläufig disjunkt zueinander. Im Gegenteil wird die Herausbildung letzterer häufig erst durch andauernde Kommunikation im Rahmen der formalen Kommunikationsstruktur initiiert.[424]

---

[419] Vgl. Kapitel 3.4.2 und 3.4.3.

[420] Wegbereiter dieser Erkenntnisse waren die bereits in Kapitel 3.3.2 erwähnte Hawthorne-Studien, die erstmals einen erheblichen Einfluß sozialer Beziehungen und informeller Gruppenstrukturen auf die Arbeitsleistung deutlich machten und damit die Taylor'sche Lehre des Scientific management (vgl. Kapitel 2.3.1) und das darauf aufbauende rational-ökonomische Menschenbild (vgl. Hesch 1997, S. 77ff.) in Frage stellten.

[421] Das Phänomen der Gruppe ist dabei nicht im umgangssprachlichen Verständnis einer bloßen Mehrzahl von Personen zur gleichen Zeit am gleichen Ort zu sehen. Vielmehr ist die Gruppe im sozialpsychologischen Sinn gekennzeichnet durch eine:

„- Mehrzahl von Personen in

- direkter Interaktion

- über eine längere Zeitspanne bei

- Rollendifferenzierung und

- gemeinsamen Normen, verbunden durch

- ein Wir-Gefühl." (von Rosenstiel 1992, S. 261).

[422] Vgl. Staehle 1991, S. 316f. Die negativen Folgen der Unterdrückung informeller Beziehungen werden z.B. beim „Dienst nach Vorschrift" deutlich.

[423] Vgl. Luhmann 1976, S. 304ff.

[424] Vgl. von Rosenstiel 1992, S. 263.

Die Wirkung informeller Kommunikation auf die gesamtoptimale Koordination zum Unternehmensziel hin ist abhängig vom Grad der Kongruenz zwischen den formalen Organisationszielen und den Zielen, die sich innerhalb der durch informelle Kommunikation herausbildenden Gruppen manifestieren. „Sofern die Ziele informeller Gruppen und informeller Kommunikationsbeziehungen mit den Sachzielen der Unternehmung in Einklang stehen und die informellen Gruppenführer nicht zu stark mit den formalen Leitern rivalisieren, sind sie für die Aufgabenerfüllung der Organisation förderlich."[425]

Der Grad dieser Übereinstimmung wird entscheidend determiniert durch das Maß an Beziehungs- und Organisationsdistanz zwischen den Aufgabenträgern. Damit kann sich auch eine Erhöhung von Beziehungs- und Organisationsdistanzen, wie sie bei telekooperativer Aufgabenerfüllung auftreten können, negativ auswirken.

Hierarchisierte Organisationsformen sind – in Ergänzung zu hierarchisierten formalen Kommunikationssystemen – häufig stark auf informelle Kommunikation zwischen den Aufgabenträgern der unteren, operativen Ebene angewiesen, um die formalen Kommunikationswege zu entlasten und ein Minimum an Flexibilität, z.B. bei Störungen, zu gewährleisten.[426] Solche spontanen, „kurzgeschlossenen" Kommunikationsbeziehungen lassen sich jedoch kaum formal abbilden, sondern werden stark vom „Wollen" der Aufgabenträger bestimmt. Dieses Wollen wird wiederum stark von der Beziehungsdistanz zwischen den Aufgabenträgern determiniert. Informelle Kommunikation hat in hierarchisierten Organisationsformen darüber hinaus auch eine hohe motivationale Bedeutung. Soziale Kontakte und informelle Gruppenbildung können einen aus starker funktionaler Arbeitsteilung resultierenden Motivationsverlust unter Umständen teilweise kompensieren.[427] Somit ist auch in hierarchisierten Organisationsformen die Beachtung der Beziehungs- und Organisationsdistanzen von Bedeutung. Die bloße Abbildung der rein aufgabenbezogenen Informationsflüsse in einer formalen Kommunikationsstruktur mit Schwerpunkt auf Verringerung der Informationsdistanz greift offensichtlich zu kurz.

Auch in *modularisierten Organisationsformen* scheint in bezug auf die formale Kommunikationsstruktur eine ausschließliche Betrachtung der Informationsdistanz unzureichend. Aufgrund der komplexen und sich dynamisch verändernden Kommunikationsanforderungen kann eine fixierte formale Kommunikationsstruktur den tatsächlichen Kommunikationsbedarf nur unzureichend abbilden und ist auf eine Ergänzung durch informelle Kommunikation angewiesen. „Mutual adjustment achieves the coordination of work by the simple process of

---

[425] Picot 1993, S. 154.

[426] Dies erkannte bereits Fayol, vgl. Kapitel 2.3.1. Er ließ daher – dem Grundprinzip der von ihm propagierten hierarchisierten Einlinienorganisation entgegenstehend – Kommunikationsbrücken (später sogenannte „Fayol'sche Brücken") zwischen den Aufgabenträgern auf der untersten, operativen Ebene zu.

[427] Auch dies wurde in den Hawthorne-Studien festgestellt, vgl. Roethlisberger / Dickson 1939.

informal communication."[428] Die Effektivität der informellen Kommunikation hängt dabei von zwei Faktoren ab:

Einerseits müssen potentielle Kommunikationspartner freiwillig eine Kommunikationsbeziehung aufbauen.[429] Dieses Wollen wird maßgeblich von der persönlichen Beziehung und damit – analog zur Argumentation im Falle hierarchisierter Organisationsformen – von der Beziehungsdistanz bestimmt.

Andererseits ist informelle Kommunikation aus Sicht des Unternehmens nur dann wünschenswert, wenn die durch sie konstituierten informellen Gruppen Ziele verfolgen, die mit denen des Unternehmens kongruent sind. Durch die großen Handlungsspielräume, die den Aufgabenträgern in modularen Strukturen gewährt werden, ist diese Zielkongruenz jedoch nicht a priori sichergestellt.[430] Sie muß vielmehr aktiv geschaffen und gepflegt werden, beispielsweise durch die Schaffung gemeinsamer Wertvorstellungen und Erwartungen.[431] Die Möglichkeit dieser Zielangleichung bezüglich der formalen und der informellen Kommunikation hängt damit stark von der Organisationsdistanz zwischen den Kommunikationspartnern ab. Bei Betrachtung der formalen Kommunikationsstruktur als Koordinationsinstrument des Controlling sind damit in telekooperativen modularen Organisationsformen neben dem Aspekt der Überwindbarkeit der Informationsdistanz – stärker noch als in hierarchisierten Organisationsformen – die Auswirkungen von Beziehungs- und Organisationsdistanz zu berücksichtigen.

4.1.3 Standardisierung bzw. Programmierung

4.1.3.1 Darstellung des Instruments

Die bisher dargestellten Koordinationsinstrumente der Organisation – Aufgaben- und Kompetenzverteilung sowie formale Kommunikationsstruktur – schaffen die strukturellen Voraussetzungen für die arbeitsteilige Aufgabenerfüllung innerhalb des Unternehmens. Sie sind daher dem Bereich der Aufbauorganisation zuzurechnen und bilden einen organisatorischen Rahmen, innerhalb dessen die Prozesse der Leistungserstellung ablaufen können. Damit werden die Controlling-relevanten Koordinationsleistungen des Organisationssystems jedoch noch nicht vollständig erfaßt. Vielmehr sind auch im Bereich der Ablauforganisation Regelungen zu treffen, die eine laufende Koordination der Prozeßabwicklung gewährleisten. Dies geschieht durch Maßnahmen der organisatorischen Programmierung bzw. Standardisierung.

---

[428] Mintzberg 1997, S. 3.

[429] Im Gegensatz dazu hat die formale Kommunikation einen verbindlichen Charakter: „Über die formale Kommunikationsstruktur kann man Handlungsträger zur Informationsweitergabe und zum Informationsaustausch verpflichten." (Küpper 1997, S. 26).

[430] Vgl. dazu auch die Darstellung der Principal Agent-Theorie in Kapitel 3.4.1.

[431] Vgl. Kapitel 4.2.3.

„Programmierung läßt sich ... als Entwicklung von generellen, ablaufsteuernden Instruktionen für eine bestimmte Problemlösung definieren."[432] Spezifische, einzelfallbezogene Koordinationsmaßnahmen werden dabei durch allgemeingültige Anweisungen ersetzt. Dieses Prinzip wurde bereits früh von Gutenberg im sogenannten *Substitutionsgesetz der Organisation* formuliert. „Die Tendenz, nach Möglichkeit fallweise Entscheidungen durch generelle Regelungen zu ersetzen, bezeichnen wir als Substitutionsgesetz der Organisation. Es tritt um so stärker in Erscheinung, je mehr es gelingt, die zu organisierenden Gegenstände gleichartig und wiederholbar zu machen."[433] Die Vorteile eines hohen Programmierungsgrades kommen also vor allem bei repetitiven Aufgaben zum Tragen. Hier ergibt sich bei längerfristiger Betrachtung ein günstiges Trade-off-Verhältnis zwischen dem einmaligen Aufwand für die Implementierung des Programmes und den laufenden Einsparungen an Koordinationsaufwand. Diese Einsparungen ergeben sich vor allem durch einen geringeren Bedarf an direkter Führung und einzelfallbezogenen Anweisungen sowie Kommunikationsvorgängen für Rückfragen und laufende Abstimmung. Ferner verringert sich aus Principal-Agent-theoretischer Sicht das Delegationsrisiko.[434] Arbeitsergebnisse werden besser prognostizierbar und Kontrollen[435] werden durch klare und berechenbare Sollvorgaben erleichtert und objektiviert.[436]

Im Unternehmen bieten sich zahlreiche Ansatzpunkte für eine organisatorische Programmierung. In Abhängigkeit von der gewählten Organisationsstrategie erweisen sich unterschiedliche Ansätze als zweckmäßig.

In *hierarchisierten Organisationsformen* erlaubt die eindeutige und langfristig stabile Struktur von Aufgaben- und Kompetenzverteilung sowie formaler Kommunikation eine weitgehende *Programmierung der betrieblichen Abläufe*. Dabei wird die Abfolge der einzelnen Teilschritte der Leistungserstellung detailliert festgelegt und damit vorkoordiniert. Bei gleichartigen und repetitiven Aufgaben lassen sich so über die Nutzung von economies of scale (z.B. durch Lern- und technische Rationalisierungseffekte) hohe Produktivitätszuwächse – allerdings auf Kosten der Flexibilität – erreichen. Durch die Implementierung unterschiedlicher Programmzweige, die in Abhängigkeit von der Ausprägung von Umweltparametern alternativ durchlaufen werden, läßt sich die starre Ablaufprogrammierung flexibilisieren. Dies hat allerdings wiederum einen höheren anfänglichen Koordinationsaufwand, bedingt durch aufwendigere Planung und Umsetzung eines solchen komplexeren Programmes, zur Folge.

---

[432] Picot / Dietl / Franck 1997, S. 182. Der Begriff der Programmierung im organisatorischen Kontext ist daher wesentlich weiter gefaßt und nicht zu verwechseln mit der ursprünglichen, aus dem Bereich der Informatik stammenden Begriffsfassung, die sich auf die Ablaufsteuerung von EDV-Hardware beschränkt.

[433] Gutenberg 1958, S. 50 (Hervorhebung weggelassen).

[434] Vgl. Kapitel 3.4.1.

[435] Vgl. Kapitel 4.4.

[436] Vgl. Picot 1999, S. 143.

In *modularisierten Strukturen* kann mit zunehmendem Flexibilisierungsbedarf der sinnvolle Detaillierungsgrad einer Ablaufprogrammierung bis hin zu einer *Rahmenprogrammierung* sinken, bei welcher der Lösungsweg nicht mehr exakt determiniert, sondern nur noch durch die Vorgabe allgemeiner Richtlinien eingegrenzt ist. Eine weitere Möglichkeit der Programmierung, die sich besonders für schlecht strukturierte Aufgabentypen innerhalb modularisierter Organisationen anbietet, ist die Programmierung von Fähigkeiten der Aufgabenträger. Durch die Selektion bestimmter Qualifikationsprofile lassen sich Leistungserstellungsprozesse inputbezogen koordinieren.[437] Darüber hinaus werden, speziell für schlecht strukturierte Aufgaben, Möglichkeiten der Programmierung des Output und der Wertorientierung vorgeschlagen.[438]

4.1.3.2 Auswirkungen von Distanzen

Die organisatorische Programmierung ist ein zentrales Instrument zur Reduzierung des laufenden Koordinations- und Kommunikationsbedarfes bei der Leistungserstellung im Unternehmen. Programmierung und Distanz stehen damit in einem engen, reziproken Ursache-Wirkungs-Verhältnis. Einerseits ergib sich aus der im Rahmen dieser Arbeit verfolgten instrumentellen Perspektive die Frage, wie sich Distanzen, die in telekooperativen Strukturen auftreten, auf die Funktionsfähigkeit von Instrumenten der Programmierung auswirken. Andereseits eröffnet das Instrument der Programmierung auch selbst Potentiale, um Distanzen effektiv zu verringern bzw. ihre möglichen negativen Auswirkungen auf die Aufgabenerfüllung zu minimieren. Letzterer Argumentation entsprechend werden in zahlreichen Veröffentlichungen eine hohe Strukturierbarkeit und damit exakte Programmierbarkeit der Aufgabenerfüllung als notwendige Voraussetzung für telekooperative Aufgabenerfüllung gesehen und entsprechend besonders geeignete Tätigkeiten für die Telearbeit identifiziert, wie z.B. Datenerfassung, Buchhaltung, standardisierte Sachbearbeitung oder Computerprogrammierung.[439]

Diese Argumentation hinsichtlich der distanzkompensierenden Wirkung organisatorischer Programmierung bezieht sich in erster Linie auf die *Informationsdistanz* zwischen Unternehmen und Telearbeitern. Besonders in *hierarchisierten Strukturen* steht diese Beherrschung der Informationsdistanz im Mittelpunkt. In solchen Strukturen erlaubt eine detaillierte Ablaufprogrammierung eine signifikante Reduktion des laufenden Koordinationsbedarfes bei der Aufgabenerfüllung. Damit reduziert sich die Problematik der Informationsdistanz auf die

---

[437] Diese Programmierungsform soll dem Bereich der Personalführungsinstrumente zugeordnet werden, vgl. Kapitel 4.2.3.

[438] Vgl. Picot / Dietl / Franck 1997, S. 183f. Auch diese Formen sollen im Rahmen dieser Arbeit dem Personalführungssystem zugeordnet werden. Vgl. zur Output-Programmierung in Form von Zielvorgaben Kapitel 4.2.1 sowie zur Programmierung durch gemeinsame Wertorientierung Kapitel 4.2.3.

[439] Vgl. z.B. Johanning 1997, S. 170f.; Mahfood 1994, S. 8; Gray / Hodson / Gordon 1993, S. 37; Matthies 1997, S. 165ff.

einmalige Internalisierung des Programmablaufes bei den Aufgabenträgern (z.B. im Rahmen einer Einarbeitung und Schulung der Telearbeiter zu Beginn der Tätigkeit) sowie auf die laufende Übertragung der zu verarbeitenden standardisierten Prozeßdaten (z.B. zu erfassende Buchungsvorgänge). Aufgrund der hohen Strukturiertheit und Stabilität solcher Prozeß-datenströme genügen im Falle einer Ablaufprogrammierung in hierarchisierten Organisa-tionen Medien geringer Media Richness, bei denen die Anforderungen an Schnelligkeit und Genauigkeit dominieren. Durch den hohen Grad an Vorkoordination durch die organisa-torische Programmierung bestehen kaum Handlungsspielräume, die aus Sicht der Aufgaben-erfüllung das Auftreten von *Beziehungs- und Organisationsdistanzen* problematisch erschei-nen lassen.

In *modularisierten Organisationsstrukturen* entfällt aufgrund des erhöhten Flexibilitäts-bedarfes die Möglichkeit einer detaillierten Ablaufprogrammierung. Zur Erhaltung der Flexibilität müssen für die Aufgabenträger Handlungsspielräume geschaffen werden, wie dies durch die Vorgabe allgemeiner Rahmenbedingungen geschehen kann, innerhalb derer die Leistungserstellungsprozesse eigenverantwortlich abgewickelt werden. Das Problem der *Informationsdistanz* tritt in diesem Fall – im Gegensatz zur hierarchisierten Struktur – weniger bei der laufenden Prozeßdatenversorgung während der Bearbeitung auf, da diese mehr oder weniger vollständig in den Händen eines Aufgabenträgers liegt. Informations-distanz wirkt sich hier vielmehr in der Definitionsphase des Prozesses aus, in welchem die Rahmenbedingungen für die Prozeßdurchführung festgelegt werden. Diese Rahmenprogram-mierung besitzt jedoch einen weit geringeren expliziten Charakter als eine Ablaufprogram-mierung, so daß sich das Problem der Rahmenprogrammierung unter telekooperativen Bedingungen nicht alleine auf die Überwindung der Informationsdistanz beschränken läßt. Für die vollständige Internalisierung der Rahmenprogrammierung beim Aufgabenträger ist vielmehr eine Ergänzung der expliziten, quantitativ formulierbaren Rahmenbedingungen (z.B. Höhe eines Budgets) um implizite, qualitative Aspekte (z.B. einzuhaltende unternehmens-politische Grundsätze) erforderlich. Letzterer Aspekt der Programmierung muß jedoch vorwiegend über den Prozeß der sozialen Einflußnahme erfolgen und kann daher durch eine erhöhte *Beziehungsdistanz* gestört werden. Eine relativ wenig explizite Rahmenprogram-mierung birgt ferner die Gefahr, daß bei der Operationalisierung durch den Aufgabenträger Unsicherheiten, Mehrdeutigkeiten und Zielkonflikte auftreten. Solche Konflikte können häufig durch die Orientierung an allgemein akzeptierten organisatorischen Regeln und Verhaltensweisen gelöst oder zumindest abgemildert werden, welche nicht unmittelbare Bestandteile der aufgabenspezifischen Rahmenprogrammierung sind. Durch eine erhöhte *Organisationsdistanz* kann jedoch die Zugänglichkeit und Transparenz solcher allgemeinen organisatorischen Regeln für Telearbeiter eingeschränkt sein und damit die Effizienz der Rahmenprogrammierung reduzieren.

4.1.4   Fazit

Im vorausgegangenen Kapitel 4.1 wurden die Auswirkungen einer telekooperativen Aufgabenerfüllung auf die Funktionsfähigkeit *organisatorischer Koordinationsinstrumente der Aufgaben- und Kompetenzverteilung, der formalen Kommunikationsstruktur und der Programmierung* untersucht. Durch eine differenzierte Betrachtung auf der Basis der unterschiedlichen Distanzdimensionen Inhalts- Beziehungs- und Organisationsdistanz einerseits und der grundsätzlichen organisatorischen Gestaltungsalternativen Hierarchisierung und Modularisierung andererseits wurde deutlich, daß sich Distanzen nicht grundsätzlich negativ auf die Effektivität und Effizienz organisatorischer Controlling-Instrumente auswirken. Vielmehr ist eine selektive Betrachtung aus den Blickwinkeln der unterschiedlichen Distanzdimensionen erforderlich. Das Auftreten unterschiedlicher Distanzdimensionen und deren unterschiedliche Wirkungsbereiche können auch als Erklärungsmuster dafür dienen, daß in der Praxis das Konzept der Telekooperation sowohl in hierarchisierten als auch in modularisierten Strukturen zu finden ist:

In *telekooperativen Hierarchien* steht vor allem die Überwindung der Informationsdistanz im Vordergrund. Die eindeutige Aufgaben- und Kompetenzverteilung, die hochgradige Formalisierung der Kommunikationsbeziehungen und die ausgeprägte, detaillierte Programmierung kommt aus dem Blickwinkel der Informationsdistanz einer telekooperativen Aufgabenbewältigung durchaus entgegen. Der relativ problemlosen Überwindbarkeit der Informationsdistanz mittels relativ armer, aber kostengünstiger Telemedien stehen erhebliche Kosteneinsparungspotentiale, vor allem bezüglich Raum- und Transportkosten, gegenüber.

Diese Form des „Tele-Taylorismus"[440] stößt jedoch rasch an ihre Grenzen, sobald die zu erbringenden Leistungen höhere Ansprüche an die Flexibilität organisatorischer Strukturen stellen. „Together these conclusions tell us that Machine Bureaucracies are fundamentally nonadaptive structures, ill-suited to changing their strategies. But that should come as no surprise. After all, machines are designed for special purposes, not general ones. So, too, are Machine Bureaucracies."[441] Ferner besteht durch die fehlende Berücksichtigung von Effekten einer erhöhten Beziehungs- und Organisationsdistanz die Gefahr schwer reversibler Verluste im Bereich des Kohäsionsaspektes des Managements. Im Falle einer eventuell notwendigen Neugestaltung von Arbeitsstrukturen mit erweitertem Handlungsspielraum kann dadurch die Sozialisations- und Vertrauensfähigkeit von Mitarbeitern, die lange Zeit in telekooperativen Hierarchien „controllt" wurden, eingeschränkt sein.

Im heutigen und vor allem im zukünftig zu erwartenden Wettbewerbumfeld erscheinen daher telekooperative Organisationsformen, die sich am Prinzip der *Modularisierung* orientieren, wesentlich effektiver und effizienter. Für das Controlling in diesen Strukturen stellen jedoch

---

[440] Reichwald u.a. 1998b, S. 225.

[441] Mintzberg 1983, S. 186 (Hervorhebung weggelassen).

noch mehr als die Informationsdistanz auch Beziehungs- und Organisationsdistanzen relevante Restriktionen für die instrumentelle Umsetzung dar.

Dafür eröffnet eine telekooperative Aufgabenbewältigung in modularisierten Organisationsstrukturen neue unternehmerische Chancen. Dies kann über die Symmetrieeigenschaft der Distanz erklärt werden:[442] Beispielsweise kann eine durch räumliche Auslagerung und telekooperative Anbindung eines Telearbeiters erhöhte Beziehungsdistanz zu seinen Kollegen im Unternehmen durch die Möglichkeiten eines intensiveren Kundenkontaktes („On-site-Telearbeit") überkompensiert werden. Ebenso kann eine erhöhte Organisationsdistanz neue Freiräume für kreative und innovative Problemlösungsprozesse schaffen.

4.2 Personalführungsinstrumente

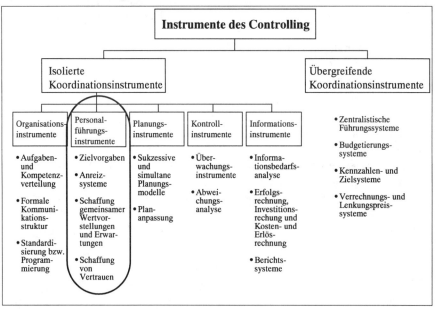

Abbildung 4-2:   Personalführungsinstrumente des Controlling

Bereits in der inhaltlichen Bestimmung von Management und Führung wurde deutlich, daß diese Begriffe sowohl Komponenten der sachbezogenen Führung als auch Komponenten einer

---

[442] Vgl. Kapitel 3.3.4.

personalen Einflußnahme umfassen.[443] Letztere sind primär im Teilsystem der Personalführung institutionalisiert.

Zweck der Personalführung ist die unmittelbare, zielgerichtete Verhaltensbeeinflussung der
Aufgabenträger im Unternehmen. Das Personalführungssystem nimmt damit eine Schlüssel-
stellung innerhalb des Managementsystems ein. Die Wirkung der Instrumente der übrigen
Führungsteilsysteme Organisation, Planung, Kontrolle und Informationsversorgung kann sich
häufig erst über begleitende Maßnahmen der Personalführung entfalten. „Aufgrund der
'Katalysatorwirkung' dieses Teilsystems bleibt eine Koordination der Führung unvollständig,
welche die Personalführung außer acht läßt."[444]

Im folgenden werden koordinierend wirkende und damit dem Controlling zuzurechnende
Instrumente des Personalführungssystems dargestellt und die Auswirkungen von Distanzen
im Falle telekooperativer Aufgabenerfüllung auf diese Instrumente untersucht. Im einzelnen
werden dabei die Instrumente Zielvorgaben, Anreizsysteme, Schaffung gemeinsamer
Wertvorstellungen und Erwartungen sowie Vertrauensbildung betrachtet.

4.2.1 Zielvorgaben

4.2.1.1 Darstellung des Instruments

Ansätze einer Personalführung durch Zielvorgaben werden unter der Bezeichnung „Management-by-Objectives" (MbO) zusammengefaßt. Das Konzept wurde durch Peter Drucker Mitte
der 50'er Jahre geprägt[445] und in der Praxis mit großem Interesse aufgenommen.[446] In der
deutschsprachigen Literatur werden zwei Varianten des Management-by-Objectives differenziert, die sich im Verfahren der Zielfindung und damit in der Art und Weise der Generierung
von Soll-Ergebnissen als Vergleichsbasis unterscheiden. Prinzipiell ist hierbei eine Alleinent-
scheidung des Managements mit anschließender autoritärer Zielvorgabe oder eine echte
Partizipation der Aufgabenträger im Sinne einer gemeinsamen Zielfindung und -vereinbarung
denkbar.[447] Daraus lassen sind die folgenden Formen ableiten:[448]

---

[443] Vgl. Kapitel 2.2.2 und 2.3.

[444] Küpper 1997, S. 191. Diese Argumentation begründet auch die explizite Aufnahme des
Personalführungssystems in die koordinationsorientierte Controlling-Konzeption und deren Abgrenzung von
der planungs- und kontrollorientierten Konzeption, die lediglich Planungs-, Kontroll- und Informationssystem umfaßt, vgl. Kapitel 2.1.3 und 2.2.

[445] Vgl. Drucker 1954.

[446] Vgl. Wunderer 1993, S. 211 sowie die Erhebung von Wielpütz 1996, S. 73.

[447] Der Begriff der „echten Partizipation" soll die tatsächliche Einbindung der Aufgabenträger in den Entscheidungsprozeß abgrenzen von der von Argyris so genannten „Pseudo-Partizipation", die lediglich die Zustim-
mung der Aufgabenträger zu den bereits beschlossenen Zielvorgaben des Managements bezeichnet, vgl.
Argyris 1952, S. 28.

[448] Vgl. Küpper 1997, S. 341; Fallgatter 1996, S. 91; Wielpütz 1996, S. 71.

- *Führung durch Zielvorgabe:* In dieser Variante werden den Mitarbeitern die zu verfolgenden Ziele bzw. die zu erreichenden Ergebnisse im Rahmen einer top-down-Planung vom Management vorgegeben.

- *Führung durch Zielvereinbarung:* In diesem Fall werden die Ziele partizipativ ermittelt. Die top-down-Planung wird ergänzt durch einen gegenläufigen bottom-up-Abstimmungsprozeß, in dem die von den Vorgaben betroffenen Mitarbeiter ihre eigenen Zielvorstellungen einbringen können.

Der größte Teil der Literatur behandelt den zweiten Fall. Von der partizipativen Variante wird eine bessere Nutzung von Fähigkeiten und Kenntnissen der Mitarbeiter, eine stärkere Identifikation mit den vereinbarten Zielen und damit eine höhere Motivation zur Ergebniserreichung erwartet. Eine bekannte organisationspsychologische Studie, die von Coch / French durchgeführt wurde, deutet bereits sehr früh auf eine solche leistungsfördernde und auch fluktuationshemmende Wirkung der Partizipation hin.[449] Nachfolgende Untersuchungen zeigten allerdings ein differenzierteres Bild. Hofstede konstatiert einen möglichen positiven Einfluß der Partizipation auf die Leistungsmotivation der partizipierenden Aufgabenträger, erklärbar durch eine stärkere Internalisierung der Zielvorgaben als eigene Leistungsziele. Diese Internalisierung kann besonders durch Kommunikationsprozesse – vor allem persönliche Gespräche – verstärkt werden. Die Wirksamkeit der Partizipation hängt jedoch stark von individuellen Persönlichkeitsmerkmalen und situativen Faktoren ab.[450] Dieser starke Einfluß von Drittvariablen zeigt sich in nahezu allen empirischen Studien zur Wirkung der Partizipation.[451]

In einer jüngeren Untersuchung von Mia zeigt sich ein deutlicher Zusammenhang zwischen der Motivationswirkung der Partizipation und der persönlichen Haltung des Aufgabenträgers in bezug auf die Arbeitstätigkeit. Bei positiver Einstellung zur Arbeit und Vorhandensein intrinsischer Motivation erhöht Partizipation die Leistung der Aufgabenträger.[452] In diesem Sinne fordert Eichenseher als Konsequenz für das Controlling: „Zur Vermeidung von Verzerrungen und zur Bildung ihres Verhaltens müssen die dezentralen Träger der Controllingaufgaben in für sie relevante Informations- und Entscheidungsprozesse partizipativ eingebunden werden, insbesondere in die Festlegung von Zielen und Maßnahmen."[453]

---

[449] Vgl. Coch / French 1948.

[450] Vgl. Hofstede 1968, S. 160f., 190f.

[451] Vgl. z.B. die Metaanalyse von Höller 1978, der zu dem Ergebnis gelangt: „Die vorliegenden Ergebnisse sind lückenhaft und nicht selten inkonsistent. Sie sind nicht geeignet, ein einheitliches Bild der Leistungswirkung partizipativer Zielplanung zu vermitteln. Der Bestand an Aussagen, die als gesichert gelten können, ist sehr spärlich." (S. 172); ähnlich resümiert auch Jehle 1982, S. 210.

[452] Vgl. Mia 1988, S. 472.

[453] Eichenseher 1997, S. 154.

Als umfassendes Führungskonzept kann die Funktionsweise des Management-by-Objectives – ähnlich wie die Funktion des Managements selbst[454] – als Prozeß dargestellt werden, der iterativ durchlaufen wird. Dabei sind drei Hauptschritte zu unterscheiden:[455]

- *Zielbildung:* Ausgehend von den Oberzielen des Unternehmens werden schrittweise Unterziele im top-down-Verfahren konkretisiert. Zugleich werden nach dem bottom-up-Prinzip die Mitarbeiterziele aggregiert.[456] In der Zielabstimmung wird der zu erwartenden Beitrag eines Mitarbeiters für die Oberziele des Unternehmens bestimmt. Diese Ziele sollen dabei möglichst konkret, eindeutig und quantitativ formuliert sein, um von allen gleichermaßen verstanden zu werden und um eine objektive Meßbarkeit des Zielerreichungsgrades zu gewährleisten.[457] Ferner ist auf einen geeigneten Schwierigkeitsgrad der Ziele zu achten: Die höchste Leistungswirkung geht von Zielvorgaben aus, die etwas über dem individuellen Anspruchsniveau des Aufgabenträgers liegen.[458] Niedrige, sehr leicht zu erreichende und schwierige, nicht zu erreichende Vorgaben wirken dagegen leistungsmindernd.[459]

- *Realisationskontrolle:* Am Ende der von den Mitarbeitern weitgehend frei gestaltbaren Realisationsphase wird von Managern und Mitarbeitern gemeinsam ein Soll-Ist-Vergleich zwischen gesteckten und erreichten Zielen vorgenommen. Hierbei soll vor allem der Mitarbeiter selbst seinen Fortschritt beurteilen, da er in der Regel über den Leistungsprozeß und über eventuelle Störgrößen bei der Zielverfolgung mehr Informationen besitzt.

- *Abweichungsanalyse:* In dieser Phase werden gemeinsam Ursachen für eventuelle Abweichungen diskutiert und Möglichkeiten zur Verbesserung des Leistungsprozesses erarbeitet. Diese Informationen dienen als Input für eine neue Zielbildungsphase.

Der gesamte Management-by-Objectives-Prozeß ist schematisch in Abbildung 4-3 dargestellt.

---

[454] Vgl. Kapitel 2.3.1.

[455] Vgl. Steinmann / Schreyögg 1997, S. 683f.; George / Jones 1996 S. 213f.; Fallgatter 1996, S. 94ff.

[456] Diese simultane Anwendung von top-down- und bottom-up-Verfahren wird als Gegenstromverfahren bezeichnet, vgl. Wild 1982, S. 196ff.

[457] Vgl. Dunbar 1981, S. 87.

[458] Vgl. Gebert 1995, S. 428.

[459] Vgl. Höller 1978, S. 129; Küpper 1997, S. 197. Beide Autoren beziehen sich auch maßgeblich auf die grundlegenden Beiträge von Hofstede 1968 und Stedry 1960. Letzterer untersuchte in einem Laborexperiment die Auswirkungen der quantitativen Höhe von Zielvorgaben auf Anspruchsniveau und Leistung von Aufgabenträgern.

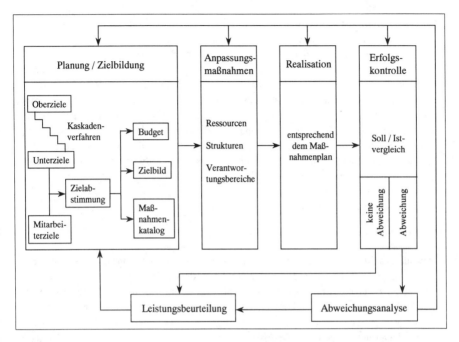

Abbildung 4-3: Grundmodell eines Management-by-Objectives[460]

Positive Wirkungen werden vom Management-by-Objectives vor allem in zwei Kategorien erwartet: Zum einen ist durch die Partizipation bei der Zielfindung, der eindeutigen Festlegung von Leistungserwartungen und dem großen Handlungsspielraum der Mitarbeiter bei der Zielverfolgung von einer erhöhten *Motivationswirkung* bei den Aufgabenträgern auszugehen.[461] Ferner wirkt das regelmäßige Feedback im Rahmen der Realisationskontrolle sowie ein „ ... ausgewogenes Verhältnis zwischen externer (Managementkontrolle) und interner Überwachung (Selbstkontrolle) ... "[462] motivationssteigernd. Das dem Management-by-Objectives-Ansatz zugrundeliegende Menschenbild entspricht weitgehend dem der Human-Relations-Bewegung,[463] da unmittelbar Motive wie z.B. Sicherheits-, Wertschätzungs- oder Selbstverwirklichungsbedürfnis angesprochen werden.[464]

---

[460] Fallgatter 1996, S. 94, in Anlehnung an Odiorne 1967, S. 102 und Hopfenbeck 1992, S. 529.

[461] Vgl. Steinmann / Schreyögg 1997, S. 684.

[462] Staehle 1994, S. 807.

[463] Vgl. zu diesem Menschenbild Hesch 1997, S. 84ff.

[464] Vgl. Staehle 1994, S. 805f.

Die zweite Nutzenkategorie offenbart sich in der *Rationalitätswirkung* des Management-by-Objectives.[465] Die Bildung einer systematischen und kongruenten Zielhierarchie trägt zu einer verbesserten Koordination zwischen unterschiedlichen Planungsbereichen eines Unternehmens bei. Die Vorgabe eindeutiger Ziele vermindert Unsicherheiten bei den ausführenden Mitarbeitern und reduziert eventuelle Rollenmehrdeutigkeiten. Ebenso wird von der Implementierung eines Management-by-Objectives eine stärkere rationale Planungsorientierung, ein verbesserter Kommunikationsfluß und die intensive Nutzung von Rückkopplungsinformationen erwartet.[466] Die relative Selbständigkeit der Mitarbeiter bei der Leistungserstellung entlastet das Management weitgehend von operativen Entscheidungen.[467] Solche Entscheidungen können schneller, prozeßnäher und mit geringerem Aufwand von den Aufgabenträgern selbst getroffen werden.[468]

4.2.1.2 Auswirkungen von Distanzen

Informationsdistanz

Obwohl das Management-by-Objectives-Konzept den Anspruch eines umfassenden Führungskonzeptes erhebt, ist es doch in seiner Anwendungsbreite beschränkt. In erster Linie wird es im Bereich des mittleren Managements eingesetzt. „Auf den untersten Ebenen geht eine Zielfestlegung vielfach in konkrete Handlungsvorgaben über. Zudem benötigen die dort tätigen, weniger qualifizierten Mitarbeiter häufig detaillierte Handlungsanweisungen. Bei der Unternehmensleitung stößt eine Operationalisierung der Ziele auf das Problem der Unsicherheit längerfristiger Prognosen."[469] Management-by-Objectives ist also weder bei operativen Tätigkeiten mit geringem Handlungsspielraum noch bei relativ unstrukturierten, komplexen und variablen Aufgaben wie denen des oberen Managements sinnvoll anwendbar.[470]

Eine durch telekooperative Aufgabenabwicklung erhöhte Informationsdistanz kann dieses Problem verstärken: Sind Managementaufgaben und -ziele ohnehin schon schwer in eindeutige, operationale und meßbare Ziele zu fassen, so verschärft die Anforderung einer *„mediengerechten" Gestaltung* des Zielbildungs- und Rückkopplungsprozesses dieses Problem. Allenfalls eine nahe am Face-to-face-Vorbild orientierte und entsprechend aufwendige Medienunterstützung kann in diesem Falle zur Überwindung von Informationsdistanz beitragen.

---

[465] Vgl. Fallgatter 1996, S. 92.

[466] Vgl. Staehle 1994, S. 913.

[467] Vgl. Wunderer 1993, S. 211.

[468] Vgl. Küpper 1997, S. 342.

[469] Küpper 1997, S. 341.

[470] Vgl. Steinmann / Schreyögg 1997, S. 684.

Ein weiteres Problemfeld des Management-by-Objectives-Konzeptes liegt darin, daß neben der individuellen Leistung des Aufgabenträgers auch andere, von ihm nicht beeinflußbare *situative Parameter* den Grad der Zielerreichung determinieren. Diese Parameter, die den tatsächlichen Schwierigkeitsgrad der Zielerreichung beeinflussen, werden jedoch häufig überhaupt nicht oder nur sehr subjektiv erfaßt.[471] Dies gilt besonders für die Berücksichtigung von Führungs- und Beratungsleistungen des Managements: „Unbeachtet bleibt somit die Tatsache, daß auch Vorgesetzte maßgeblichen Anteil an der Erfüllung oder Nichterreichung der Ziele haben können."[472] Damit besteht die Gefahr einer ungerechtfertigten Abwälzung von Führungsverantwortung und Führungsrisiken auf die Aufgabenträger.

Erhöhte Informationsdistanz kann dieses Problem erheblich verstärken, da solche externen Einflüsse aufgrund ihrer Vielfalt, Heterogenität und häufig mangelnder Quantifizierbarkeit schwer über Medien vermittelbar sind. In Verbindung mit einer durch Informationsdistanz erhöhten Gefahr von Hidden action erhöht sich dadurch auch die Gefahr der Manipulation von Ergebnissen oder von Bewertungssystemen (Moral hazard) und damit einer suboptimalen Aufgabenerfüllung.[473]

Beziehungsdistanz

Grundsätzlich handelt es sich beim Management-by-Objectives um ein relativ stark auf individuelle Zielerreichung und personenbezogene Leistung ausgerichtetes Konzept. Soziale Beziehungen und gruppendynamische Aspekte, die ebenfalls die Leistung beeinflussen können, finden häufig wenig Berücksichtigung. Jedoch erfordern vor allem unstrukturierte, komplexe und variable Aufgaben eine stark kooperative Leistungserstellung in Strukturen mit intensiver wechselseitiger Vernetzung.[474]

In solchen Strukturen steht dem Einsatz eines Management-by-Objectives dessen *individualisierte Ausrichtung* entgegen, da hier die Verantwortung für bestimmte Leistungsergebnisse kaum trennscharf auf einzelne Individuen zugerechnet werden kann.[475] Vielmehr besteht in Strukturen mit starker sozialer Vernetzung durch die Anwendung des Management-by-Objectives die Gefahr einer kontraproduktiven Verstärkung von Ressortegoismen und Konkurrenzdenken sowie einer Unterdrückung von Teamgeist.[476]

---

[471] Vgl. Becker 1994, S. 295, Thieme 1982, S. 190.

[472] Fallgatter 1996, S. 103.

[473] Vgl. Picot 1997, S. 197 sowie Kapitel 3.4.1.

[474] Vgl. Picot / Reichwald / Wigand 1998, S. 246.

[475] Vgl. Staehle 1994, S. 805, 913; Rößl 1996, S. 319; Becker 1994, S. 294.

[476] Vgl. Fallgatter 1996, S. 99.

Eine erhöhte Beziehungsdistanz verschärft diese Situation. In Strukturen mit stark ausge-prägten sozialen Beziehungen zwischen Vorgesetzten und Mitarbeitern können auf der Basis dieser Beziehungen relativ leicht Einblicke in die Funktionsweise und die Leistungsfähigkeit von Teams bzw. von einzelnen Teammitgliedern gewonnen werden. Durch den Einsatz von Telemedien können solche sozialen Hintergrundinformationen jedoch aufgrund ihrer oft unzureichenden expliziten Darstellbarkeit leicht verlorengehen. Es besteht die Gefahr, daß qualitative Aspekte in den Hintergrund treten und eine starke Konzentration auf leicht meß- und übermittelbare Informationen – vor allem auf die ex ante vorzugebenden quantitativen Ziele und die ex post zu ermittelnden Zielerreichungsgrade – erfolgt.[477] Diese Informationen erlauben nur bedingt einen Rückschluß auf die tatsächlich erbrachte Leistung der Aufgaben-träger und können auch keine sinnvolle Basis für ein rechtzeitiges Gegensteuern im Falle einer drohenden Zielabweichung darstellen.

Organisationsdistanz

„Das wohl zentralste Problem ist aber die Abstimmung von Einzel- und Gesamtzielen. Soll dies ernsthaft betrieben werden, muß das MbO-Leistungsbeurteilungssystem zum integralen Bestandteil der Unternehmensplanung werden und sich den dort definierten Kriterien unterordnen. Eine individualisierte Zielsetzung muß dann in der Tendenz als Störfaktor wirken."[478] Beeinträchtigungen in der Funktion eines Management-by-Objectives sind demnach immer dann zu erwarten, wenn *Mitarbeiterziele nicht mit den übergeordneten Unternehmenszielen vereinbar* sind.[479] Diese Gefahr besteht vor allem vor dem Hintergrund des stark idealisierten Menschenbildes der Human-Relations-Bewegung, das vielen Manage-ment-by-Objectives-Ansätzen zugrundeliegt, und das davon ausgeht, daß die Menschen in der Arbeitswelt vor allem nach individueller Selbstverwirklichung streben.[480]

Verschärft werden kann diese potentielle Konfliktsituation zwischen individuellen und organisatorischen Zielen durch das Auftreten von Organisationsdistanz. Durch eine geringere Identifikation der Unternehmensmitglieder mit organisatorischen Normen und Regeln wird das Auftreten von Zieldivergenzen wesentlich wahrscheinlicher.

Eine weitere, häufig genannte negative Auswirkung eines Management-by-Objectives ist eine Verringerung von Flexibilität und organisatorischer Anpassungsfähigkeit eines Unterneh-mens.[481] Häufig besitzen Management-by-Objectives-Ansätze einen gewissen *statischen Charakter*, da die Zielvorgaben quasi „Momentaufnahmen" in bezug auf einen anzustre-

---

[477] Vgl. Küpper / Weber 1997, S. 221, Heusler 1997, S. 60.

[478] Steinmann / Schreyögg 1997, S. 684 (Hervorhebung weggelassen).

[479] Vgl. Küpper / Weber 1997, S. 221.

[480] Vgl. Staehle 1994, S. 805; Fallgatter 1996, S. 99.

[481] Vgl. Carroll / Schneider 1982, S. 151.

benden Zustand darstellen. Änderungen der Unternehmensziele während der Realisierungsphase (z.b. aufgrund von veränderten situativen Bedingungen) können dazu führen, daß durch ein Beharren auf der Erfüllung einmal vorgegebener Unterziele obsolete Oberziele verfolgt werden.[482] Der im Management-by-Objectives angestrebte hohe Grad an Formalisierung und Operationalisierung von Zielen kann sich somit auch kontraproduktiv auswirken, da Zieländerungen aufwendige und zeitintensive Anpassungsmaßnahmen nach sich ziehen.

Auch in bezug auf dieses Phänomen kann sich erhöhte Organisationsdistanz als problemverschärfend erweisen: Die Distanz von organisatorischen Regeln und Normen verlangsamt oder hemmt die Diffusion einer veränderten Unternehmenspolitik oder neuer Zielprioritäten, wodurch eine Aktualisierung der zu verfolgenden Unterziele erschwert wird und ein starres Beharren auf scheinbar bewährten Zielen und damit auch „eingefahrenen" Lösungswegen gefördert wird. Die von Wielpütz in diesem Zusammenhang gesehene Gefahr der Errichtung eines „neotayloristischen Leistungs- und Kontrollsystems"[483] dürfte sich durch eine erhöhte Organisationsdistanz vergrößern.

4.2.2 Anreizsysteme

4.2.2.1 Darstellung des Instruments

Jedes Handeln von Menschen im Unternehmen wird durch eine Interaktion von Person und Situation determiniert. In einer Person liegen bestimmte latente Bereitschaften für ein Handeln, die sogenannten *Motive*. Damit diese zu einem tatsächlich ausgeführten und beobachtbaren Handeln führen, müssen sie durch die Wahrnehmung von bestimmten Gegebenheiten einer Situation, den sogenannten *Anreizen*, aktiviert werden.[484] Die Wirksamkeit der Anreize hängt dabei davon ab, inwieweit sie die Motive einer Person treffen. Die Gesamtheit der in einer Person durch Anreize aktivierten Motive bildet die *Motivation*.[485]

Dieser allgemeine, in der Psychologie entwickelte Zusammenhang zwischen Motiv, Anreiz und Handlung macht jedoch noch keine Aussage über die Inhalte der mit der Handlung verfolgten Ziele. Im betriebswirtschaftlichen Kontext wird der Begriff des Anreizes in der Regel nur für solche Situationsmerkmale verwendet, die Handlungen auslösen, welche sich auf Unternehmensziele richten. Es gilt, „ ... durch geeignete Instrumente und Prozesse die Mitarbeiter eines Unternehmens zu einem rollenkonformen Verhalten zu bewegen, also dazu, ihre Fähigkeiten für das Unternehmen in der vom Unternehmen gewollten Weise einzusetzen. Mittel, dieses zu erreichen, nennt man Anreize."[486]

---

[482] Vgl. Höller 1978, S. 211f.

[483] Wielpütz 1996, S. 76, vgl. ferner Bleicher / Meyer 1976, S. 241.

[484] Vgl. von Rosenstiel 1992, S. 73.

[485] Vgl. Picot / Reichwald / Wigand 1998, S. 490.

[486] Vgl. Weber 1995, S. 252f.

In Unternehmen steht in der Regel eine breite Palette von möglichen Anreizen zur Verfügung. Typische Systematisierungskriterien sind dabei beispielsweise die folgenden:[487]

• Nach dem *Anreizobjekt* werden materielle bzw. monetäre Anreize (z.B. Entlohnung, Sozialleistungen) und immaterielle bzw. nichtmonetäre Anreize (z.B. Verantwortungsübernahme, Entwicklungsmöglichkeiten, Arbeitsplatz- und Arbeitszeitgestaltung) unterschieden.

• Nach der *Zahl der Anreizempfänger* wird zwischen individuumsbezogenen (z.B. Einzellohn), gruppenbezogenen (z.B. Gruppenentgelt) und gesamtunternehmensbezogenen Anreizen (z.B. unternehmensweite Gewinnbeteiligung der Mitarbeiter) unterschieden.

• Nach der *Anreizquelle* werden extrinsische Anreize (die Arbeitshandlung dient als Mittel zum Zweck, z.B. zur Einkommenserzielung oder zur Statusdefinition) und intrinsische Anreize (die Arbeitshandlung ist Selbstzweck, z.B. zur persönlichen Selbstverwirklichung) unterschieden.

Diesem hier nur angedeuteten vielfältigen Spektrum an möglichen Anreizen stehen auf der Seite der Mitarbeiter zahlreiche, häufig nicht unmittelbar erkennbare Motive gegenüber, die sich zudem interindividuell stark unterscheiden. Eine – sehr anspruchsvolle – Aufgabe des Personalführungssystems besteht daher in der instrumentellen Gestaltung eines *Anreizsystems* „... im Sinne einer systematischen Implementierung von Anreizen zur planvollen, geordneten und aufeinander abgestimmten Verhaltensbeeinflussung aller Geführten im Unternehmen ...“[488]. Aufgrund der koordinierenden Wirkung des Anreizsystems im Hinblick auf die Ausrichtung der Handlungen einzelner Individuen auf die unternehmerische Gesamtzielerreichung kann ein solches System als Controlling-relevantes Koordinationsinstrument charakterisiert werden.

Entsprechend der Vielfalt möglicher Anreize können Anreizsysteme unterschiedliche Schwerpunkte aufweisen. In der betrieblichen Praxis haben sich vor allem zwei wesentliche Komponenten von Anreizsystemen herausgebildet:[489]

• *Entgeltsysteme*

Das Entgeltsystem bietet den Mitarbeitern für die Leistungserbringung monetäre Anreize in Form von Löhnen, Gehältern oder Sozialleistungen. Es hat damit „... überragende Bedeutung für die Aufnahme und Aufrechterhaltung der Mitgliedschaft in einer Unternehmung sowie für die Leistungsmotivation.“[490] Als klassische Varianten von Entgeltsystemen

---

[487] Vgl. Schanz 1991, S. 13ff.; Picot / Reichwald / Wigand 1998, S. 490ff.

[488] Vgl. Weber 1995, S. 259.

[489] Vgl. Picot / Reichwald / Wigand 1998, S. 490ff.

[490] Frese 1990, S. 303.

werden Akkordlohn und Zeitlohn unterschieden. In ersterem Fall orientiert sich die Lohnhöhe an der Menge der produzierten Leistungseinheiten, in zweiterem an der dem Unternehmen zur Verfügung gestellten Arbeitszeit.

Von beiden Reinformen können jedoch unter Umständen Anreizwirkungen ausgehen, die den Unternehmenszielen entgegenlaufen. Einerseits bietet Zeitlohn – zumindest kurzfristig – keinen unmittelbar an der tatsächlichen individuellen Leistung orientierten Anreiz. Für alle Mitarbeiter einer Gehaltsstufe ist damit unabhängig von der Leistung der Anreiz gleich groß, was zu Leistungszurückhaltung führen kann. Andererseits kann durch einen rein an der individuellen Leistung orientierten Akkordlohn eine mangelnde Teamorientierung und eine langfristig nicht optimale Selbstausbeutung der Mitarbeiter hervorgerufen werden. Ferner besteht hier – besonders im Falle schwer meßbarer Leistungen wie z.B. kreativer Tätigkeiten – die Gefahr einer Überbewertung quantitativer gegenüber qualitativer Aspekte der Leistung (z.B. Beurteilung von Texten nach Zeilenzahl).[491]

Aufgrund dieser Nachteile werden die beiden Entlohnungsformen heute häufig kombiniert eingesetzt, z.B. in Form von Prämien- oder Kombilöhnen. Ferner finden immer häufiger Gewinnbeteiligungen als Lohnbestandteile sowie Polyvalenzlohnsysteme Verwendung, bei denen sich die Lohnhöhe inputorientiert am Qualifikationsspektrum eines Mitarbeiters orientiert.[492]

• *Personalentwicklungssysteme*

Die zweite wesentliche Komponente betrieblicher Anreizsysteme ist das Personalentwicklungssystem. Personalentwicklung ist „ ... eine Form der zielgerichteten Beeinflussung menschlichen Verhaltens ... , und zwar über die Erweiterung und / oder Vertiefung bestehender und / oder Vermittlung neuer Qualifikationen."[493] Das Personalentwicklungssystem wird häufig in die zwei Hauptelemente Weiterbildung und Karriereplanung gegliedert:[494]

– Die *Weiterbildung* umfaßt alle Maßnahmen, die der Erhaltung und Erweiterung beruflicher Kenntnisse und Fähigkeiten dienen und damit die Anpassung an heutige oder zukünftige Anforderungen ermöglichen. Weiterbildung erfolgt über die Vermittlung von Sachwissen (z.B. neue Produktionsmethoden), die Vermittlung von Fähigkeiten (z.B. soziale Fähigkeiten) und die Vermittlung von Einstellungen (z.B. Toleranz, Offenheit). Vom Angebot an Weiterbildungsmaßnahmen gehen für die Mitarbeiter Anreize aus, die Motive der beruflichen, aber auch der persönlichen Weiterentwicklung ansprechen.[495]

---

[491] Vgl. Weber 1995, S. 265f.

[492] Vgl. Ulich 1994, S. 450ff.

[493] Vgl. Staehle 1994, S. 823.

[494] Vgl. im folgenden Staehle 1994, S. 823.

[495] Vgl. Weber 1995, S. 267.

– Anreizwirkungen gehen ferner von der geplanten zeitlichen Abfolge beruflicher Positionen aus *(Karriereplanung)*. Karriere wird häufig im klassischen Sinne als systematischer Wechsel in hierarchisch höhergestellte Positionen verstanden. Zunehmend gewinnt aber auch die sogenannte Fachlaufbahn, also der systematische Wechsel eines Mitarbeiters auf gleicher hierarchischer Ebene mit der Möglichkeit, sich fachlich zu qualifizieren, an Bedeutung. Die Motive, die durch die Karriereplanung angesprochen werden können, sind vielfältig und stehen mit anderen Teilbereichen des betrieblichen Anreizsystems zum Teil in enger Wechselwirkung. Sie können von materiellen Motiven und Sicherheitsstreben über Autonomiebedürfnisse bis hin zu Status- und Machtmotiven reichen.

Anreize wirken auf Menschen. Die Wirksamkeit jeder Art von betrieblichen Anreizsystemen, seien es Entgelt- oder Personalentwicklungssysteme, hängt daher immer davon ab, wie die Anreize von den Mitarbeitern subjektiv wahrgenommen werden und inwieweit sie deren Motive treffen. Um eine im Sinne der Unternehmensziele adäquate Wahrnehmung der Anreize sicherzustellen, sind an Anreizsysteme – wie in Abbildung 4-4 dargestellt – drei Anforderungen zu stellen.[496]

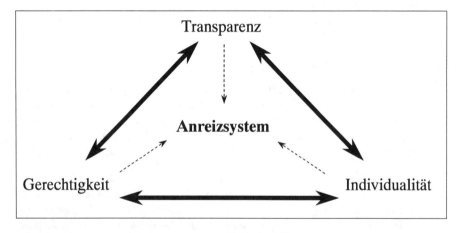

Abbildung 4-4:   „Dreieck der Anforderungen" an Anreizsysteme[497]

– Eine hohe *Individualität* eines Anreizsystemes stellt sicher, daß die persönlichkeitsspezifischen Motive einzelner Mitarbeiter durch flexible, individuell abgestimmte Anreizmuster möglichst vollständig angesprochen werden können. Stark individualisierte Anreizsysteme können jedoch aufgrund ihrer hohen Komplexität die Transparenz des Systems beeinträchtigen.

---

[496] Vgl. im folgenden Weber 1995, S. 259f.

[497] Weber 1995, S. 259.

- Eine hohe *Transparenz* des Anreizsystems macht die Anreize für die Mitarbeiter erkennbar. Je deutlicher die Zusammenhänge zwischen einer bestimmten Handlung und der Anreizgewährung wahrnehmbar sind, desto wirkungsvoller ist ein Anreizsystem. Die Anforderung der Transparenz ist besonders beim Zusammenwirken mehrerer Anreizsysteme zu beachten. Hier kann hohe Komplexität die Transparenz verringern.

- Die dritte Anforderung an Anreizsysteme, die *Gerechtigkeit*, bezieht sich vor allem auf die subjektive Einschätzung durch die Mitarbeiter. Ein Anreizsystem ist um so wirkungsvoller, je gerechter einerseits das Verhältnis zwischen realisierter Handlung und gewährtem Anreiz empfunden wird, und je gerechter andererseits die Gewährung von Anreizen im interpersonellen Vergleich wahrgenommen wird.

Für die Untersuchung der Auswirkung telekooperativer Aufgabenerfüllung auf Anreizsysteme ist zu klären, inwieweit sich das Auftreten von Informations-, Beziehungs- und Organisationsdistanzen auf ihre Effektivität und Effizienz auswirkt. Dabei ist vor allem zu fragen, inwieweit bei vorhandenen Distanzen die Anforderungen an Individualität, Transparenz und Gerechtigkeit erfüllt werden können.

4.2.2.2 Auswirkungen von Distanzen

Informationsdistanz

Um wirksam zu sein, muß die formale Struktur des Anreizsystems für die Mitarbeiter auch bei telekooperativer Zusammenarbeit erkennbar sein. Inwieweit diese Transparenz auch über Telemedien hergestellt werden kann, hängt zum einen von der Komplexität der Ursache-Wirkungs-Zusammenhänge zwischen Handlung und Anreiz, zum anderen von der Übertragungsfähigkeit des Mediums ab. Als wenig problematisch in dieser Hinsicht können die heute gängigen Entgeltsysteme eingestuft werden. Bei Akkordlohn bzw. Akkordlohnbestandteilen sind klare Zusammenhänge zwischen Leistung und Entgelt gegeben; die zeitabhängige Entlohnung ist in der Regel stark in Lohngruppen nivelliert, für deren Zugehörigkeit eindeutige Kriterien, wie z.B. Alter oder Ausbildung, ausschlaggebend sind.[498] So sind in diesem Bereich auch bei telekooperativer Aufgabenerfüllung kaum Einbußen an der Wirksamkeit von Anreizen zu erwarten, da durch die vergleichsweise beherrschbare Komplexität sowohl Transparenz als auch subjektive Gerechtigkeit des Anreizsystems gewährleistet bleiben.

Ein anderes Bild bietet sich hingegen für den Bereich der Personalentwicklung. Aufgrund der in der Regel höheren Komplexität und der Langfristigkeit von Ursache-Wirkungs-Zusammenhängen wirkt sich hier Informationsdistanz gravierender aus. Die Vermittlung von Anreizen der Weiterbildung und insbesondere der Karriereplanung stellen im Hinblick auf die Medienunterstützung hohe Anforderungen bezüglich Komplexität und Vertraulichkeit, so daß

---

[498] Vgl. Weber 1995, S. 266.

sich die zugrundeliegenden Kommunikationsvorgänge idealerweise nahe am Face-to-face-Optimum orientieren. Dies gilt insbesondere bei starker Individualisierung, wie sie bei Personalentwicklungsanreizen häufig gegeben ist. Gerade Karriereanreize sind in der Regel intensiv „erklärungsbedürftig"; es bestehen zahlreiche „ ... individuelle Wahrnehmungsbarrieren und Informationsfilter. Sie können oftmals nicht bereits durch gut funktionierende Bekanntmachungs-Prozeduren und große Transparenz des gesamten Karrieresystems beseitigt werden."[499]

Beziehungsdistanz

Das Auftreten von Beziehungsdistanzen beeinträchtigt vor allem Anreizsysteme mit geringem Standardisierungs- und hohem Ausdifferenzierungsgrad und entsprechend hoher Komplexität. Dies trifft wiederum besonders auf längerfristige Personalentwicklungsanreize zu, vor allem auf die Karriereplanung. Aufgrund der Schwierigkeiten in der Erhebung und Gewichtung objektiver Maßgrößen für die Gewährung von Karriereanreizen besteht in solchen Fällen die Tendenz, von einer idealtypischen objektiven Beurteilung auf eine subjektive Einschätzung auszuweichen. Dieses Vorgehen muß jedoch nicht a priori als problematisch eingestuft werden, im Gegenteil: „Es wird deutlich, daß ein solchermaßen verstandener idealer Beurteiler nicht wünschenswert ist: Gleich einem Roboter würde nur das berücksichtigt, was vorab programmiert wurde, und dies dann allerdings fehlerfrei umgesetzt – gleich ob es relevant ist oder nicht. Mit solchen, die Subjektivität ausschaltenden Beurteilern könnte die Wirklichkeit nicht erfaßt werden."[500] Mit einer Anreizgewährung nach subjektiven Kriterien besteht jedoch andererseits auch die Gefahr von Urteilsverzerrungen, z.B. durch die Überbewertung persönlicher Sympathien und Präferenzen gegenüber sachbezogenen Aspekten.[501] Damit aber bestünde für Telearbeiter durch eine erhöhte Beziehungsdistanz die Gefahr einer der Gerechtigkeitsanforderung zuwiderlaufenden Benachteiligung bei der Anreizgewährung. Daß diese Gefahr, besonders im Falle von Karriereanreizen, offensichtlich tatsächlich besteht bzw. empfunden wird, zeigen die häufig negativen Einschätzungen von Telearbeitern hinsichtlich ihrer eigenen Karrierechancen.[502] Die Wirkung von Anreizsystemen in telekooperativen Strukturen hängt also in entscheidendem Maße davon ab, inwieweit die Beziehungsdistanz die subjektiv empfundene Anreizgerechtigkeit beeinflußt.

---

[499] Berthel 1991, S. 494.

[500] Becker 1994, S. 196.

[501] Vgl. Hilgenfeld 1985, S. 127.

[502] Vgl. z.B. Reichwald u.a. 1998b, S. 127; Gray / Hodson / Gordon 1993, S. 108; Nilles 1994, S. 88.

Organisationsdistanz

Ebenso wie die Qualität persönlicher Beziehungen kann auch die Konformität des Handelns eines Telearbeiters mit impliziten organisatorischen Regeln und Verhaltensnormen die Anreizgewährung beeinflussen. Besonders bei Anreizsystemen wie Weiterbildung und Karriereplanung, die auf schwer quantifizierbaren und kaum objektiv vergleichbaren Kriterien der Anreizgewährung beruhen, besteht die Gefahr, daß das Defizit an objektiven Informationen durch mentale Modelle des Bewertenden ersetzt werden. Dies kann dazu führen, daß frühere Erfahrungen, Vorurteile, persönliche, nicht sachbezogene Präferenzen und vor allem die Beobachtbarkeit bestimmter Schlüsselverhaltensmuster die Anreizgewährung beeinflussen.[503] Dadurch leidet jedoch die Transparenz und die empfundene Gerechtigkeit des Anreizsystems. „Die zu beurteilenden Mitarbeiter selbst ... wissen oft nicht, welches Leistungsverhalten von ihnen tatsächlich erwartet wird. Die Verhaltensmuster geben hierzu (falls sie überhaupt explizit formuliert werden, Anm. d. Verf.) aufgrund ihres Beispielcharakters kaum Auskunft."[504] Bei längerdauernder Face-to-face-Zusammenarbeit besteht in einem gewissen Umfang die Möglichkeit – nicht zuletzt über informelle Kommunikation[505] – solche impliziten Erwartungen zu internalisieren und beispielsweise bestimmte, für die Anreizgewährung relevante Präferenzmuster eines Vorgesetzten zu erkennen. Die erhöhte Organisationsdistanz bei telekooperativer Aufgabenerfüllung erschwert jedoch diese Internalisierungsmöglichkeiten, weswegen Telearbeiter in solchen Anreizsystemen Intransparenzen und Ungerechtigkeiten empfinden können, die deren Wirksamkeit in Frage stellen. Befürchtungen von Chancenungleichheit in bezug auf die Anreizgewährung für Telearbeiter wurde auch in empirischen Untersuchungen häufig gefunden.[506]

4.2.3 Schaffung gemeinsamer Wertvorstellungen und Erwartungen

4.2.3.1 Darstellung des Instruments

Zwischen einer sozioökonomischen Institution wie einem Unternehmen und den in dieser Institution tätigen Menschen besteht grundsätzlich ein potentielles Spannungsverhältnis: Da Unternehmen nach dem Prinzip der Zweckrationalität funktionieren, ist es oft unvermeidbar, daß die individuell unterschiedlichen Ziele der Organisationsmitglieder nur teilweise oder auch gar nicht mit denen des Unternehmens in Einklang zu bringen sind. Daraus kann sich eine – zumindest partielle – Frustration des Individuums ergeben. Um dieses durch die „Instrumentalisierung" der Menschen für die Zielerreichung des Unternehmens herbeigeführte Spannungsverhältnis und das daraus resultierende Konfliktpotential möglichst gering zu

---

[503] Vgl. Becker 1994, S. 287.

[504] Becker 1994, S. 288.

[505] Vgl. Kapitel 3.4.3.

[506] Vgl. z.B. Wheeler / Zackin 1994.

halten, ist in gewissem Ausmaß eine Anpassung des Einzelnen an das Unternehmen notwendig.[507] Dies kann über zwei Wege geschehen:

- Im Rahmen einer geeigneten *Selektion* potentieller neuer Unternehmensmitglieder wird versucht, gezielt solche Personen auszuwählen, deren Normen, Werte und letztlich Ziele möglichst kongruent zu denen des Unternehmens sind. Im Kontext des Telemanagements und eines darauf aufbauenden Controlling ist zu prüfen, inwieweit durch geeignete Selektion verhindert werden kann, daß für eine effektive und effiziente Koordination eventuell schädliche Distanzen überhaupt entstehen.[508]

- Durch eine im Rahmen der Unternehmensmitgliedschaft erfolgenden *Sozialisation* wird angestrebt, die Werte und Normen aller Aufgabenträger in Richtung der Unternehmensziele zu verändern und damit auch anzugleichen. Dadurch kann die Koordination der Leistungserstellung wesentlich vereinfacht werden. Im Kontext des Telemanagements und eines darauf aufbauenden Controlling ist zu prüfen, inwieweit Sozialisationsprozesse durch das Auftreten von Distanzen beeinträchtigt werden können.[509]

Selektion

In der Literatur finden sich zahlreiche Kriterien, die eine Selektion von Personen ermöglichen sollen, welche sich für eine telekooperative Aufgabenerfüllung besonders eignen. Vor allem die Ausprägung bestimmter *Persönlichkeitsmerkmale* des potentiellen Aufgabenträgers werden als Indikatoren für den späteren Erfolg der telekooperativen Zusammenarbeit gesehen.[510] Dabei werden insbesondere folgende Kriterien genannt:

- *Unabhängigkeit:* Die telekooperative Aufgabenerfüllung reduziert zwangsläufig die Anzahl der Face-to-face-Kontakte im Arbeitsprozeß. „Such a reduction limits the social support network, that contributes to the individual's feeling of belonging, and may lead to a diminished level of organizational commitment. Therefore, an employee working at home needs to be a more mature individual, capable to work independently ... "[511] Daher wird zum Teil auch die Eignung sehr extrovertierter Personen für Telearbeit in Frage gestellt.[512] Hier kann auftretende Beziehungsdistanz subjektiv stärker empfunden werden.[513]

---

[507] Vgl. von Rosenstiel 1992, S. 133.

[508] Vgl. dazu das folgende Unterkapitel „Selektion".

[509] Vgl. dazu Kapitel 4.2.3.2.

[510] Vgl. Büssing / Aumann 1997, S. 75; Büssing / Aumann 1996a, S. 144f.

[511] Richter / Meshulam 1993, S. 200.

[512] Vgl. Nilles 1994, S. 29.

[513] Vgl. zur subjektiven Wahrnehmung von Distanzen Kapitel 3.3.4.

In jedem Fall erscheint die Fähigkeit wichtig, unabhängig von permanenten Verhaltensanweisungen und -kontrollen selbständig und ergebnisorientiert arbeiten zu können.[514]

- *Selbstdisziplin und Selbstkontrolle:* Die potentiellen Aufgabenträger sollten in der Lage sein, den für sie optimalen Arbeitsstil und -rhythmus sowie das optimale Arbeitstempo selbst zu finden und zu praktizieren. Zeiteinteilung und Arbeitsstrukturierung müssen weitgehend selbständig erfolgen, ohne die Verantwortung für die Erfüllung der Aufgaben aus den Augen zu verlieren. Besonders wichtig ist in diesem Zusammenhang die realistische Einschätzung und die regelmäßige objektive Kontrolle des eigenen Arbeitsfortschrittes.[515] Die so gewonnenen Kontrollinformationen sollten als laufende Rückkopplung in die Planung und Gestaltung des weiteren Arbeitsprozesses einfließen. Wenn diese Fähigkeiten gegeben sind, verliert auch eine eventuelle medienbedingte Informationsdistanz – z.B. zu Vorgesetzten – an Bedeutung, da wesentlich seltener koordinationsrelevante Informationen ausgetauscht werden müssen.

- *Intrinsische Motivierbarkeit:* Als Basis für eine unabhängige Aufgabenerfüllung und eine wirksame Selbstkontrolle ist ein hohes Maß an intrinsischer Motivation erforderlich.[516] „Denn die Motivatoren aus dem sozialen Kontext zentral verrichteter Arbeit wie z.B. das Klima, die persönliche Anerkennung und soziale Unterstützung durch Kollegen und Vorgesetzte, soziale Vergleichs- und Kontrollmechanismen werden in Abhängigkeit vom Dezentralisierungsgrad schwächer und können bei länger ausgeübter Teleheimarbeit weitgehend entfallen. Den Anforderungen an die intrinsische Motivation der Arbeitnehmern (sic!) / -innen kann ... mit der gezielten Selektion von sog. intrinsisch motivierten Telearbeiter/-innen begegnet werden."[517] Auch in dieser Forderung ist das Bemühen zu sehen, gezielt Personen auszuwählen, die auftretende Distanzen subjektiv als weniger bedeutsam empfinden bzw. deren negative Auswirkungen besser kompensieren können.[518]

- *Erfahrung und Kompetenz:* Bereits vorhandene Kompetenzen im telekooperativ zu bewältigenden Aufgabenspektrum wirken sich positiv auf das Funktionieren der Telekooperation aus: „The smoothest transition to homebased telecommuting is with a person who already has the skills and experience to do the job. In some cases the skills part can be addressed by some additional training, but this should be assessed *before* active telecommuting begins."[519] Wenn die Person also bereits ausreichende Informationen über ihr Aufgabenfeld besitzt, fallen telekooperativ bedingte Informationsdistanzen weniger ins

---

[514] Vgl. Bergum 1996, S. 379; Aggarwal / Rezaee 1995, S. 20.

[515] Vgl. Nilles 1994, S. 28; Aggarwal / Rezaee 1995, S. 20.

[516] Vgl. Richter / Meshulam 1993, S. 200.

[517] Büssing / Aumann 1996b, S. 236.

[518] Vgl. Kapitel 3.3.4.

[519] Nilles 1994, S. 28 (Hervorhebung im Original).

Gewicht. Besonders vorteilhaft als Ausgangspunkt für eine erfolgreiche Telekooperation erscheint eine bereits „eingespielte" Face-to-face-Zusammenarbeit und ein daraus entwickeltes soziales Netz zwischen den Kooperationspartnern im Unternehmen. Dies kann nach dem Übergang auf eine telekooperative Aufgabenbewältigung negative Auswirkungen von Beziehungs- und Organisationsdistanzen reduzieren. Als Indikator für die Ausprägung von Erfahrung und Kompetenz wird häufig die Dauer der Zugehörigkeit zu einem Unternehmen gewertet.[520]

- *Kommunikationsfähigkeit:* Die mediengestützte, arbeitsteilige Leistungserstellung erfordert die Beherrschung der zur Verfügung stehenden Kommunikationstechnologien sowie ein Bewußtsein für die Wirkung und den adäquaten Einsatz der einzelnen Medien und deren Potential zur Überwindung von Distanzen.[521]

Die Selektion von Telearbeitern anhand der genannten Persönlichkeitsmerkmale ist umstritten.[522] Bisher konnte nicht generell nachgewiesen werden, daß das Vorhandensein bzw. Fehlen der obengenannten Merkmale den Erfolg von Telekooperationen positiv bzw. negativ beeinflußt.[523] Umgekehrt wurden auch in einer vergleichenden empirischen Erhebung zwischen Telearbeitern und Büroarbeitern kaum signifikante Unterschiede in den Persönlichkeitsmerkmalen beider Gruppen gefunden.[524] So bezeichnet Kugelmass die Durchführung umfangreicher und detaillierter Persönlichkeitstests für die Auswahl von Telearbeitern als „irony of managerial culture", wenn gleichzeitig und ohne besonderes Auswahlverfahren Mitarbeiter in großem Umfang auf Dienstreisen, Seminare, Kongresse und ähnliches geschickt werden, oder aber Außendienstmitarbeiter beschäftigt werden, die häufig längere Zeit ohne Face-to-face-Kontakt zu den Kollegen im Unternehmen arbeiten.[525]

In geringerem Maße auf die Erfüllung bestimmter Einzelkriterien denn auf die Gewinnung eines umfassenden Gesamteindrucks und insbesondere auf die Prüfung der sozialen Integrationsfähigkeit eines potentiellen neuen Mitarbeiters ist das Verfahren der *Kooptation* ausgerichtet.[526] Hierbei handelt es sich um die gemeinsame Beurteilung eines Kandidaten durch die Gruppe, deren Mitglied er werden soll. „Kooptation erhöht die Chance, die häufig impliziten Auswahlkriterien durchzusetzen und die Homogenität der Gruppe in der grundlegenden, gemeinsamen Auffassung zu sichern. Außerdem entsteht ein zusätzlicher Anreiz für die

---

[520] Vgl. Aggarwal / Rezaee 1995, S. 20; Reichwald u.a. 1998b, S. 134.

[521] Vgl. Büssing / Aumann 1996b, S. 237; Sullivan 1997, S. 2. Vgl. ferner die Darstellungen der Kommunikations- und Medientheorien in Kapitel 3.4.3.

[522] Zur ausführlichen Kritik dieses Ansatzes vgl. Kugelmass 1995, S. 93ff.

[523] Vgl. Kugelmass 1995, S. 95 sowie S. 97: „Selection based on personality is a theorem without a proof".

[524] Vgl. Sharp 1988, S. 61ff. In dieser Untersuchung wurden jedoch bei den Telearbeitern ein höheres Interesse für die Bedeutung ihrer Arbeit sowie eine hohe Loyalität zum Arbeitgeber festgestellt.

[525] Vgl. Kugelmass 1995, S. 96f.

[526] Vgl. Sydow 1995, Sp. 1633.

Gruppenmitglieder, mit dafür zu sorgen, daß der 'kooptierte' Handlungsträger die in ihn gesetzten Erwartungen erfüllt."[527]

Ähnlich wie die Kooptation wirken Strategien, die auf die Vermittlung neuer Mitarbeiter durch die bestehende Mitarbeiterschaft aufbauen. „Auf diese Weise homogenisiert sich der Bewerberpool, da bevorzugt Personen rekrutiert werden, die in den Einstellungen und Werten der bestehenden Belegschaft ähnlich sind."[528]

Sowohl die „interne" Vermittlung als auch die Kooptation führt damit tendenziell zu einer Selbstreproduktion der bestehenden Strukturen. Damit verringert sich insbesondere die Gefahr, daß erhöhte Beziehungs- und Organisationsdistanzen die Koordination zwischen den Aufgabenträgern beeinträchtigen. Die Nutzung der beiden Verfahren sind aber nur dann sinnvoll, wenn sich die bestehenden personellen Strukturen als geeignet für die Verfolgung der – sowohl gegenwärtigen als auch zukünftig zu erwartenden – Unternehmensziele erweisen.

Eine weitere Möglichkeit zur Rekrutierung geeigneter Mitarbeiter ist die Nutzung von Selbstselektionsmechanismen. Wer sich entschließt, einer bestimmten Organisation beizutreten, hat sich in der Regel bereits mit den dort herrschenden Zielen, Anforderungen und Verhaltensnormen und deren Kompatibilität zu den eigenen Eignungs- und Neigungsschwerpunkten auseinandergesetzt.[529] Voraussetzung für eine funktionierende Selbstselektion ist jedoch die Umorientierung der Personalbeschaffung vom eher passiven Abwarten geeigneter Bewerbungen hin zu einem aktiven, bewerberorientierten Personalmarketing.[530] „Durch die gezielte Gestaltung von Anzeigen und eine 'wertgetränkte' Selbstdarstellung des Unternehmens wird versucht, nur solche Bewerber anzusprechen, die sich mit dem kommunizierten Bild der Unternehmung identifizieren. Allerdings – die Wirksamkeit solcher Strategien ist bislang kaum erforscht."[531]

Zusammenfassend erscheint damit die Selektion als ein wichtiger Baustein, um Distanzen, wie sie bei telekooperativer Aufgabenerfüllung auftreten, bereits im Vorfeld zu kompensieren. Vielfach werden jedoch auch methodische und konzeptionelle Schwächen von Selektionsinstrumenten erkennbar. Vor allem die fehlende Prozeßorientierung der Selektion[532] macht eine Ergänzung durch Maßnahmen der Sozialisation erforderlich. Beide Konzepte wirken letztlich zusammen, wie bereits Etzioni feststellt: „ ... the more effective the selection, the less

---

[527] Schäffer 1996c, S. 282.

[528] Nerdinger / von Rosenstiel 1996, S. 304.

[529] Vgl. von Rosenstiel 1992, S. 134.

[530] Vgl. Nerdinger / von Rosenstiel 1996, S. 303f.

[531] Nerdinger / von Rosenstiel 1996, S. 304.

[532] Die Selektionsentscheidung basiert lediglich auf einer „Momentaufnahme" eines Zustandes in einem bestimmten Zeitpunkt, vernachlässigt jedoch dynamische Entwicklungen z.B. von Persönlichkeitsmerkmalen.

need for socialization ... , the more effective socialization is, the less the need for supervision."[533]

Sozialisation

Sozialisation im ursprünglichen Sinn der Soziologie bedeutet, durch Verinnerlichung gesellschaftlicher Haltungen Mitglied dieser Gesellschaft zu werden.[534] Im organisationspsychologischen Kontext stellt Sozialisation einen Prozeß dar, in dem eine Person die Werte und Normen einer Organisation – in diesem Fall eines Unternehmens – erlernt, deren Mitglied sie ist. Als Folge des Sozialisationsprozesses werden die im Unternehmen geforderten und praktizierten Verhaltensmuster relativ unreflektiert übernommen und mehr oder minder „selbstverständlich" ausgeführt. Damit verringern sich das mögliche Spannungs- und Konfliktpotential zwischen Person und Organisation.[535]

Werte, die im Sozialisationsprozeß vermittelt werden, sind zu verstehen als auf hohem Abstraktionsniveau angesiedelte Konstrukte, die eine Auffassung von Wünschenswertem beinhalten, die für ein Individuum oder eine Gruppe kennzeichnend sind und die die Auswahl der zugänglichen Weisen, Mittel und Ziele des Handelns beeinflussen.[536]

Normen sind aus den gültigen Wertvorstellungen abgeleitete Regeln, die situationsabhängig Verhaltensweisen vorgeben und damit eine Richtschnur des Handelns für die sozialisierte Person bilden.[537] „They serve to govern the behavior of social actors in matters that otherwise would remain ambiguous, conflictful, or insufficiently coordinated."[538]

Normen wiederum können sich in direkt beobachtbaren *Symbolen* konkretisieren. Symbolcharakter haben dabei nicht nur dingliche Objekte (z.B. Architektur, Büroeinrichtung, Kleidung, Briefköpfe, Unternehmenslogos und -farben etc.), sondern auch ritualisierte Handlungsweisen, Sprachformen usw.[539]

Die *Unternehmenskultur* umfaßt das gesamte System aller Werte, Normen und Symbole, das sich in einem Unternehmen aus dem Spannungsfeld zwischen Umweltanforderungen und den Bedürfnissen und Interessen der Unternehmensmitglieder entwickelt. Demnach kann Sozialisation aus der Perspektive der Unternehmensmitglieder auch verstanden werden als Prozeß,

---

[533] Etzioni 1965, S. 657.

[534] Vgl. Morel u.a. 1989, S. 60. Diese Sichtweise bezieht sich vor allem auf den kindlichen Entwicklungs- und Anpassungsprozeß an die Erwachsenenwelt, z.B. durch den Familienverband oder die Schule.

[535] Vgl. von Rosenstiel 1992, S. 134f.

[536] Vgl. von Rosenstiel 1992, S. 48.

[537] Vgl. Schäffer 1996b, S. 175.

[538] Moch / Seashore 1981, S. 210.

[539] Vgl. Kupsch / Marr 1991, S. 892.

„ ... in dem ihnen die Kulturmerkmale ... bewußt oder unbewußt vermittelt und dadurch ihre Denk- und Verhaltensweisen geprägt werden."[540]

Die Diskussion um die Rolle der Unternehmenskultur als Grundlage einer „kulturellen Steuerung und Kontrolle"[541] im Unternehmen gewann in den letzten Jahren stetig an Bedeutung. Ausschlaggebend hierfür waren wachsende Zweifel an der Möglichkeit einer totalen Plan- und Kontrollierbarkeit aller Unternehmensprozesse und einer vollkommenen System- und Komplexitätsbeherrschung.[542] Demgegenüber werden in immer stärkerem Maße Werte, Normen und Unternehmenskultur als Ergänzungen oder gar als Substitute für traditionelle Steuerungs- und Kontrollmechanismen des Controlling gesehen. „Kultur ist zu einem wirksamen Instrument geworden, das ein Unternehmen trotz des Ansturms solcher Zerfallskräfte wie Dezentralisierung, Ausdünnung und Schrumpfung zusammenhält. Gleichzeitig erweisen sich die herkömmlichen Integrationsmechanismen wie Hierarchien oder strenge Kontrollsysteme als zu kostenträchtig und ineffektiv."[543] Besonders für Leistungen hoher Spezifität stellt Williamson fest: „ ... the firm will engage in considerable social conditioning, to help assure that employees understand and are dedicated to the purpose of the firm."[544]

Tatsächlich können die gemeinsam getragenen Werte und Normen einer Unternehmenskultur eine starke koordinierende Wirkung entfalten. Diese Wirkung beruht vor allem auf drei Funktionen:[545]

• *Orientierungsfunktion:* Innerhalb einer einheitlichen Unternehmenskultur konvergieren die Wahrnehmungs- und Interpretationsprozesse der Mitglieder.[546] Damit wird die Varianz der für die Mitglieder faktisch zu Verfügung stehenden Handlungsalternativen auf diejenigen beschränkt, die mit der Unternehmenskultur vereinbar erscheinen. Abstimmungsprozesse werden vereinfacht und laufen durch das einheitliche Orientierungsmuster der Beteiligten

---

[540] Kupsch / Marr 1991, S. 891.

[541] Sandner 1988, S. 52. Der Autor beschreibt in diesem Beitrag die historische Entwicklung von Planungs- und Steuerungsmechanismen in Unternehmen. Beginnend bei der vorindustriellen, persönlichen Steuerung und Kontrolle über die technische Steuerung und Kontrolle des Scientific Management, die Ansätze der Psychotechnik, der Bürokratietheorie, der Human-Relations-Bewegung und der Humanisierungsdebatte sieht Sandner die kulturelle Steuerung und Kontrolle als vorläufigen Endpunkt der Entwicklung.

[542] Vgl. Hopfenbeck 1992, S. 752. Diese Zweifel wurden beispielsweise geschürt durch die Erkenntnis, daß japanische Unternehmen mit einer stärkeren Betonung der Unternehmenskultur deutliche Wettbewerbsvorteile gegenüber amerikanischen und westeuropäischen Unternehmen aufwiesen, vgl. z.B. Womack / Jones / Roos 1990.

[543] Goffee / Jones 1997, S. 41. Vgl. ferner Picot / Dietl / Franck 1997, S. 184f.

[544] Williamson 1981, S. 565.

[545] Vgl. Schäffer 1996b, S. 177f. sowie Wielpütz 1996, S. 133.

[546] Vgl. dazu in Kapitel 3.4.3 die auf der Wittgenstein'schen Sicht menschlicher Kommunikation basierenden Konzepte, insbesondere die des radikalen Konstruktivismus und der Autopoiese.

effizienter und verzerrungsfreier ab. Insgesamt reduziert sich der Abstimmungsaufwand durch die komplexitätsreduzierende Wirkung der Unternehmenskultur.

- *Integrationsfunktion:* Die Mitglieder eines Unternehmens stehen aufgrund der arbeitsteiligen Leistungserstellung untereinander in vielfältigen Interaktions- und damit Sozialisationsbeziehungen. Dies kann zur Bildung von Subgruppen mit eigenen Werte- und Normengefügen führen. Diese innere Systemdifferenzierung bedingt die Gefahr der Verselbständigung und des „Abdriftens" einzelner Subsysteme. Eine einheitliche, übergeordnete Unternehmenskultur kann diesen Tendenzen der Desintegration durch die Vermittlung einer kulturellen Identität und eines „Wir-Gefühls" („Social glue") entgegenwirken.

- *Motivationsfunktion:* Eine Unternehmenskultur trägt dazu bei, ihren Mitgliedern den Sinnzusammenhang ihres Handelns zu vermitteln. Dieses motivationale Element stärkt das Commitment der Unternehmensmitglieder auf gemeinsame Ziele. Die Bereitschaft, sich für das Unternehmen zu engagieren und dies auch nach außen zu dokumentieren, wird gestärkt.

Je verträglicher die Werte und Normen der Organisationsmitglieder im Rahmen einer gemeinsamen Unternehmenskultur sind, desto reibungsloser verlaufen interpersonelle Abstimmungen. Diese „kulturelle Verhaltensprogrammierung" ist von nicht zu unterschätzender Bedeutung für eine anpassungsfähige und geringen Koordinationsaufwand verursachende Abwicklung von Unternehmensprozessen.[547] „Vor allem stellt Kultur einen – trotz informationstechnischer Vernetzung – unverzichtbaren Dämpfer für die Transaktionskosten dar."[548]

Diese dämpfende Wirkung beruht nicht zuletzt auf der kulturbedingten Entwicklung von Barrieren gegen opportunistisches Verhalten. Damit wird die Notwendigkeit laufender Fremdkontrolle vermindert und eine wichtige Basis für eine funktionierende Selbstkontrolle der Handlungsträger geschaffen.[549] Aufgrund der Schwierigkeiten, die – wie noch zu zeigen sein wird[550] – sowohl Verhaltens- als auch Ergebniskontrollen im Falle des Auftretens von Distanzen mit sich bringen[551], erscheint die Entwicklung einer starken Unternehmenskultur als

---

[547] Vgl. Picot / Dietl / Franck 1997, S. 184.

[548] Reiß 1996, S. 202.

[549] Vgl. Schreyögg 1992, Sp. 1532; Schäffer 1996b, S. 179.

[550] Vgl. Kapitel 4.4.1.

[551] Vgl. PonTell u.a. 1996, S. 27. Neben der – fragwürdigen – Möglichkeit einer permanenten mediengestützten Verhaltenskontrolle sehen die Autoren in der geeigneten Sozialisation der Mitarbeiter die einzige Möglichkeit, das auch der Principal-Agent-Theorie abzuleitende Dilemma zwischen verhaltens- und ergebnisorientierter Kontrolle in telekooperativen Strukturen zu überwinden.

Verhaltensrahmen und Sozialisationsgrundlage als eine wichtige Aufgabe des Controlling im Bereich der Personalführungsinstrumente.[552]

Die gezielte Steuerung eines kulturellen Entwicklungsprozesses erscheint jedoch problematisch: „Auch wenn die Bestrebungen eines 'Kulturmanagement' in fast allen Unternehmen erkennbar sind, bleibt natürlich das Ausmaß fraglich, in dem sich Werte und damit Kultur gezielt durch eine Unternehmensleitung 'machen' lassen."[553] Ein Grund für diese Schwierigkeiten dürfte darin liegen, daß sich die Entwicklung von Werte- und Normensystemen als sozialpsychologischem Prozeß weitgehend den klassischen, auf rationaler Planungslogik basierenden Managementinstrumentarien entzieht: „A culture is more organic than mechanical. It cannot be 'built' or 'assembled'. It must be cultivated, encouraged and 'fertilized'."[554] Entsprechend aufwendig und langfristig gestalten sich auch Maßnahmen zur gezielten Beeinflussung der Unternehmenskultur: „Grundsätzlich ist Kulturarbeit eine kosten- und zeitintensive Veranstaltung."[555]

Für eine mögliche Gestaltung von Unternehmenskultur – verstanden als System von Werten, Normen und Symbolen – bieten sich unterschiedliche Ansatzpunkte an. Am wirkungsvollsten erscheinen Maßnahmen auf der Ebene der Werte, da auf ihnen Normen und Symbole aufbauen. Eine Änderung der Werte kann jedoch nur sehr langfristig und behutsam erfolgen, da entsprechende Aktivitäten des Managements rasch als Versuche der Manipulation gewertet werden können und entsprechende Akzeptanzprobleme und Widerstände hervorrufen. Einfacher erscheint es daher, bei den Normen oder den daraus resultierenden offensichtlichen Symbolen anzusetzen und auf einen evolutionären Wandlungsprozeß zu hoffen.[556] Als problematisch erweist sich jedoch die Frage nach einer zielgerichteten Steuerung solcher Prozesse bzw. die Frage, ob überhaupt in nennenswertem Maße ein Transfer von der Normen- und Symbolebene auf die Wertebene stattfindet.

Konkrete Instrumente und Methoden zur Beeinflussung und Gestaltung von Werten und Normen sind noch wenig entwickelt. Es liegen nur wenig gesicherte Erkenntnisse über Wirkungszusammenhänge in diesem Bereich vor. Angesichts eines komplexen Phänomens wie dem der Unternehmenskultur „ ... verwundert es an sich nicht allzusehr, daß konkrete Vorschläge, wie eine derartige kulturelle Steuerung und Kontrolle zu erreichen sei, eher

---

[552] Kulturentwicklung und Sozialisation sind als wechselseitig abhängige Prozesse zu sehen. Primär wird sich zwar ein einzelner Mitarbeiter an die Unternehmenskultur anpassen, umgekehrt ist aber auch eine inkrementelle Beeinflussung und Veränderung der Unternehmenskultur durch einzelne, beispielsweise neu ins Unternehmen eingetretene Mitarbeiter möglich.

[553] Picot / Dietl / Franck 1997, S. 184.

[554] Picken / Dess 1997, S. 43. In ähnlicher Weise sprechen Neuberger / Kompa 1986 plastisch von einem „Gärtneransatz".

[555] Reiß 1996, S. 202.

[556] Vgl. Kupsch / Marr 1991, S. 892.

Variationen und Kombinationen des bestehenden Steuerungsinstrumentariums darstellen."[557] Aus der Literatur lassen sich im wesentlichen die folgenden Ansatzpunkte ableiten:

- Die Schaffung und Verbreitung von *Leitbildern*, z.B. in Form von fixierten Unternehmensphilosophien oder von Führungsgrundsätzen, wirkt zunächst auf die Ebene der Normen, indem allgemeinverbindliche Verhaltensrichtlinien (bis hin zu „Ritualen") festgelegt werden. Leitbilder können sich aber auch als Symbole in der Selbstdarstellung eines Unternehmens niederschlagen. Durch die Definition eines bestimmten Stellenwertes der Unternehmensmitglieder durch Leitbilder kann andererseits längerfristig deren Wertesystem beeinflußt und harmonisiert werden.[558]

- Die Aufrechterhaltung von *Mythen*, häufig kolportiert in anekdotenhaften Geschichten, kann ebenfalls zur Schaffung gemeinsamer Wertestrukturen beitragen. „Storytelling is one way effective cultures are maintained."[559] In der Regel handelt es sich dabei um besonders einprägsame Begebenheiten mit Symbolgehalt, die ein Unternehmensmitglied zum „Helden" stilisieren. Dieser dient damit als Träger bestimmter Werte.[560]

- Als wichtigste Möglichkeit zur Entwicklung und Veränderung von Unternehmenskulturen wird häufig der Einsatz von *Vorbildern* genannt.[561] Häufig stellen Unternehmensgründer oder exponierte Führungspersönlichkeiten solche Vorbilder dar. Die Wirksamkeit einer auf Vorbildern beruhenden Gestaltung von Unternehmenskulturen ist jedoch unabdingbar an die Glaubwürdigkeit dieser Vorbilder gebunden: „ ... managers – especially top executives – serve as role models. Consistency in word and deed can stimulate cultural cohesion and greater commitment from employees. But 'do as I say, not as I do' simply doesn't get the job done. Mixed signals can sabotage even the best-laid plans."[562]

- Als Möglichkeit der Gestaltung von Unternehmenskulturen in stark dezentralisierten und heterogenen Organisationsstrukturen wie Unternehmensnetzwerken wird von Reiß ein *Kulturimport* vorgeschlagen.[563] Die Idee des Kulturimports beruht auf der Tatsache, daß die Konfiguration von Unternehmensnetzwerken nicht aus dem „Nichts" erfolgt, sondern stets eingebettet ist in umgebende Netze, die als Pool für die Rekrutierung von Netzwerkmitgliedern und als Quellen eines Kulturimports dienen, wie in Abbildung 4-5 dargestellt ist.

---

[557] Sandner 1988, S. 54.

[558] Vgl. Gabele / Kretschmer 1985; Kupsch / Marr 1991, S. 893.

[559] Picken / Dess 1997, S. 43.

[560] Vgl. Kieser / Kubicek 1992, S. 121.

[561] Vgl. z.B. Schein 1995, S. 172ff.

[562] Picken / Dess 1997, S. 43.

[563] Vgl. Reiß 1996, S. 202f.

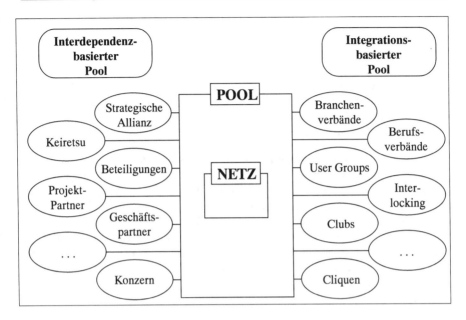

Abbildung 4-5: Kulturimport via Verschachtelung von Netzwerken[564]

Der Kulturimport wird dabei wesentlich durch Institutionen gefördert, die wechselseitige Austauschbeziehungen standardisieren, wie z.b. supranationale Wirtschaftsräume, globale Normungsgemeinschaften (z.b. ISO-Normen) oder das Internet.[565]

„Die Pool-Bildung kann zum einen auf früheren oder aktuellen geschäftlichen Interdependenzen beruhen, einschliessich (sic!) der gemeinsamen Zugehörigkeit zu einem Konzernverbund. Zum anderen werden Pools durch bestimmte Ähnlichkeiten und Übereinstimmungen definiert. Hier reicht das Spektrum von Verbänden, Gemeinschaften und Klubs, Aufsichtsratsverflechtungen bis hin zu persönlichen Cliquen und Seilschaften."[566]

4.2.3.2 Auswirkungen von Distanzen

Informationsdistanz

Über die Sozialisation von Mitarbeitern unter den Bedingungen der Verteiltheit und Medienunterstützung gibt es bisher nur wenige Untersuchungen. Vielfach wurde dieses Problem auch

---

[564] Reiß 1996, S. 203.

[565] Vgl. Reiß 1996, S. 202.

[566] Reiß 1996, S. 202.

unterschätzt: „For years, I and many others have been arguing that ... information technology makes geography irrelevant. With worldwide networks, processes can be distributed around the globe ... Geography has been replaced by virtuality ... But there is a definite dark and little-discussed side to virtuality. A Cornell University survey of IBM virtual office participants hints at the problem. Seventyseven percent of the respondents reported that 'professional communication at work' was somewhat or much worse; 88 percent said that their ability to socialize with co-workers was worse or much worse. The fact is, we don't communicate well in virtual environments."[567]

Für die oben dargestellten Möglichkeiten der Entwicklung einer Kultur über Leitbilder, Mythen, Vorbilder oder einen Kulturimport gilt generell, daß formelle Kommunikationskanäle in der Regel wenig geeignet für eine glaubwürdige Vermittlung sind. Besonders die Ausbreitung von Mythen und die Wirkung von Vorbildern beruht in erster Linie auf informellen Kommunikationsprozessen bzw. auf der Möglichkeit eines direkten „Erlebens", z.B. des Verhaltens eines Vorgesetzten.[568] Diese Formen der Informationsübermittlung lassen sich jedoch nur sehr eingeschränkt über Medien bewältigen.[569] Kommunikationsformen, die sich zur Überwindung einer derart hohen Informationsdistanz eignen, müssen sich – z.B. bezüglich Media Richness und Anforderungen an Komplexität und Vertraulichkeit – sehr nahe am Vorbild der Face-to-face-Kommunikation orientieren.

Beziehungsdistanz

Wie die bereits erwähnte Untersuchung von Grote zeigt,[570] besteht durch den Einsatz elektronischer Kommunikationsmedien generell die Gefahr, daß der Kohäsionsaspekt im Kooperationsprozeß und damit die Möglichkeit der Entwicklung wechselseitiger sozialer Beziehungen unterrepräsentiert wird. Die Wirksamkeit einer Kulturentwicklung über Leitbilder, Mythen, Vorbilder oder Kulturimport hängt jedoch neben der oben dargestellten Möglichkeit zu einer möglichst vollständigen Übertragbarkeit der entsprechenden Informationen auch maßgeblich davon ab, inwieweit Mitarbeiter überhaupt dazu bereit sind, neue Werte und Normen zu akzeptieren und zu verinnerlichen. Diese Bereitschaft wird unter anderem maßgeblich davon beeinflußt, welche Qualität die persönliche Beziehung besitzt

---

[567] Davenport 1995, S. 36.

[568] Für die glaubwürdige Präsentation von Vorbildrollen wird z.B. ein „management by walking around" vorgeschlagen (vgl. Picken / Dess 1997, S. 43) und damit die physische Präsenz des Vorbildes vorausgesetzt.

[569] Vgl. Kraut / Egido / Galegher 1990, S. 161ff.

[570] Vgl. Kapitel 3.4.3.

zwischen der Person, die die neuen Werte und Normen aufnehmen soll und derjenigen, die sie vermittelt.[571]

Damit wirkt sich eine medienbedingt erhöhte Beziehungsdistanz negativ auf die Möglichkeit der Sozialisation aus. Das Ausmaß, in dem Beziehungsdistanz auftritt, kann jedoch stark durch die Art der Mediennutzung beeinflußt werden. Einen bemerkenswerten Beitrag zu dieser Thematik liefern Knoll / Jarvenpaa.[572] In einer experimentellen Untersuchung sollten insgesamt 114 sich bislang unbekannte und geographisch global verteilte Studenten – zusammengefaßt zu Gruppen von 3 bis 7 Personen – je Gruppe ein gemeinsames schriftliches Dokument zu einem Thema aus dem IuK-Bereich erstellen. Die Kooperationsdauer betrug 5 Wochen, in denen ausschließlich per E-Mail kommuniziert wurde. Erhoben wurden unter anderem kommunikative Verhaltensweisen, die die Sozialisation der Teilnehmer innerhalb ihrer Teams erleichterten oder erschwerten. Die Ergebnisse sind in Abbildung 4-6 zusammengefaßt. Sie zeigen Wege auf, sozialisationsrelevante Beziehungsdistanz auch bei telekooperativer Zusammenarbeit gering zu halten.

Outcome	Functional behavior	Dysfunctional behavior
Electronic Socialization Skills	• Communicate with the other team members immediately • Use all team members' names in greeting • Solicit team members' feedback on process • Get permission for risky humor • Disclose appropriate personal information • Describe context vividly • Express appreciation for ideas and finished tasks • Apologize for mistakes • Volunteer for roles • Acknowledge role assignments • Exchange snail mail addresses at project end	• Assume team's understanding of rules • Compare others' credentials unfavorably • Talk within team messages about offline discussions with individual members • Ignore team member's offer to perform a task • Encourage team members to send short messages with no chit-chat • Send first message near end of project with suggestions for group rules • Flame or use sarcastic language • Use derogatory names • Use little understand humor or terms

Abbildung 4-6:   „Electronic Socialization Skills"[573]

---

[571] Vgl. O'Reilly 1983. Aus der allgemeinen Psychologie kann in diesem Zusammenhang auch besonders das Konzept des Modellernens herangezogen werden, das insbesondere die Wirkung von Vorbildern erklärt, vgl. z.B. Schönpflug / Schönpflug 1989, S. 341ff.

[572] Vgl. Knoll / Jarvenpaa 1995.

[573] Knoll / Jarvenpaa 1995, S. 100.

Organisationsdistanz

Psychologische und soziologische Theorien, die sich mit Fragen der Sozialisation von Menschen in Organisationen beschäftigen, wie z.b. Rollen- und Lerntheorien, gehen häufig implizit vom Vorhandensein direkter zwischenmenschlicher Kontakte aus.[574] Häufig werden demnach – zumindest zeitweise, z.b. während einer anfänglichen Trainingsphase eines neuen Mitarbeiters – Face-to-face-Kontakte zur Überwindung von Organisationsdistanz unumgänglich. In der Praxis äußert sich dies beispielsweise in dem häufig verfolgten Grundsatz, nur erfahrene, d.h. auch bereits sozialisierte Mitarbeiter in Telearbeitsverhältnisse zu übernehmen.[575]

Allerdings scheint es durchaus denkbar, bewährte Sozialisationskonzepte auch durch Formen telekooperativer Zusammenarbeit zu ergänzen und dennoch die Organisationsdistanz auf ein tolerierbares Maß zu beschränken:

- Bei der Zuweisung von *Paten* wird dem neuen Mitarbeiter ein erfahrener Kollege als Ansprechpartner zur Seite gestellt. Solche Paten vermitteln die Spielregeln der Gemeinschaft, nicht zuletzt auch über ihre Vorbildfunktion.[576] Diese Funktion ist stark an eine Face-to-face-Zusammenarbeit gebunden. Allerdings kann Telekooperation die Kontaktmöglichkeiten zum Paten – z.B. für weniger komplexe Fragestellungen – wesentlich erweitern, z.B. über Mobilkommunikation bei Dienstreisen.

- Als eine spezielle Form der Sozialisation einer Person in einem Unternehmen kann auch das Konzept der Job rotation betrachtet werden. Während es ursprünglich zur Vermeidung einseitiger Belastungen und zur Qualifikationsförderung der Mitarbeiter entwickelt wurde, steht heute vor allem die integrierende Wirkung des Einblicks in unterschiedliche Unternehmensbereiche und des Aufbaus eines Netzwerks informeller Kontakte im Vordergrund.[577] Zur Vermeidung von Verwechslungen mit dem Job rotation-Konzept in seiner ursprünglichen Fassung wird diese Sozialisationsform auch als *Location rotation* bezeichnet.[578] Auch hier können die Potentiale der Telekooperation das Konzept unterstützen, z.B. durch eine leichtere Aufrechterhaltung eines Netzwerkes von Weak ties, welche über Face-to-face-Kontakte gebildet wurden.[579]

---

[574] Vgl. von Rosenstiel 1992, S. 135f.

[575] Vgl. z.B. Kugelmass 1995, S. 101f.

[576] Vgl. Nerdinger / von Rosenstiel 1996, S. 306f.

[577] Vgl. Nerdinger / von Rosenstiel 1996, S. 307f.

[578] Vgl. Gray / Hodson / Gordon 1993, S. 74; Reichwald u.a. 1998b, S. 289.

[579] Vgl. Kapitel 3.4.3.

4.2.4   Schaffung von Vertrauen

4.2.4.1   Darstellung des Instruments

Im umgangssprachlichen Gebrauch wird der Begriff „Vertrauen" in der Regel mit Attributen wie Zuverlässigkeit, Integrität, Ehrlichkeit und Fairneß belegt.[580] Die wissenschaftliche Auseinandersetzung mit dem Phänomen Vertrauen greift im deutschen Sprachraum häufig auf die sozialwissenschaftlich orientierte Sicht von Niklas Luhmann zurück. Vertrauen wird hier gesehen als Entscheidung für eine bestimmte, frei wählbare Strategie innerhalb einer sozialen Beziehung, die zunächst aufgrund ihres Charakters einer einseitigen Vorleistung ein erhöhtes Risiko mit sich bringt, jedoch zugleich die Chance auf Annahme des Vertrauensvorschusses und das Angebot von Gegenvertrauen zum Aufbau einer wechselseitigen Vertrauensbeziehung mit beiderseitigem Nutzen bietet.[581] Vertrauen beinhaltet damit die Bereitschaft, zugunsten eines erwarteten späteren Nutzenvorteils auf eine unmittelbare Nutzenrealisierung zu verzichten.

Vertrauen im ökonomischen Kontext

Auch bei der Charakterisierung des Vertrauens im ökonomischen Kontext steht die *riskante Vorleistung* des Vertrauenden im Mittelpunkt. „Vertrauen ist die freiwillige Erbringung einer riskanten Vorleistung unter Verzicht auf explizite vertragliche Sicherungs- und Kontrollmaßnahmen gegen opportunistisches Verhalten in der Erwartung, daß der Vertrauensnehmer motiviert ist, freiwillig auf opportunistisches Verhalten zu verzichten."[582] Freiwilligkeit impliziert dabei die Möglichkeit der freien Wahl zwischen den Handlungsalternativen „vertrauendes Handeln" oder „mißtrauendes Handeln" seitens des Vertrauensgebers und „Vertrauen honorieren" oder „Vertrauen enttäuschen" auf der Seite des Vertrauensnehmers. Motivation für eine riskante Vorleistung seitens des Vertrauensgebers ist die Erwartung wohlwollenden Verhaltens des Vertrauensnehmers und damit eines zukünftigen günstigen Ergebnisses der Vertrauensbeziehung.[583] Aufgrund der Wahlfreiheit des Vertrauensnehmers in der Reaktion auf das Vertrauensangebot ist mit der Gewährung von Vertrauen jedoch auch zwangsläufig eine *Verlustgefahr* verbunden.

Die Diskussion des Vertrauens als grundlegendes Organisationsprinzip wurde in den westlichen Industrienationen vor allem angefacht durch den „Japanschock" zu Beginn der 80'er Jahre.[584] Auf der Suche nach Gründen für die hohe Wettbewerbskraft Japans wurden vor allem positive Wirkungen einer vertrauensbasierten Unternehmensführung entdeckt. Ouchi verar-

---

[580] Vgl. Krystek / Redel / Reppegather 1997, S. 367; Lipnack / Stamps 1997, S. 224; Ghoshal / Bartlett 1996, S. 31.

[581] Vgl. Luhmann 1989, S. 23.

[582] Ripperger 1997, S. 36.

[583] Vgl. Krystek / Redel / Reppegather 1997, S. 368.

[584] Vgl. Krystek / Redel / Reppegather 1997, S. 380.

beitete diese Erkenntnisse in seiner „Theorie Z", die wechselseitiges Vertrauen im Rahmen einer clanartigen Unternehmensstruktur als wesentliche Voraussetzung für hohe Mitarbeiter-zufriedenheit und Produktivitätszuwächse identifiziert.[585] Im Gegenzug wird für Unternehmen des westlichen Kulturkreises häufig ein Mangel an Vertrauen konstatiert, der durch möglichst lückenlose Kontrolle kompensiert wird.[586]

Diese vermeintliche Notwendigkeit permanenter Kontrolle birgt die Gefahr einer sich selbst erfüllenden Prophezeiung. Bleicher spricht in diesem Kontext von „Mißtrauensorganisa-tionen", denen das rationalistisch-mechanistische Menschenbild eines normierbaren Funk-tionsträgers zugrunde liegt. Gekennzeichnet ist die Mißtrauensorganisation durch tief gestaffelte, bürokratische Ranghierarchien, hoch formalisierte Kommunikationsbeziehungen, zentralisierte Entscheidungen und hochdifferenzierte Arbeitsteilung. Diese in erster Linie auf umfassende Kontrollierbarkeit ausgelegten Gestaltungsstrategien haben „ ... die Funktionen eines 'Lückenbüssers (sic!) und Sicherheitsnetzes' für die angenommene menschliche Unzulänglichkeit."[587] „Für die Zukunft scheint jedoch eher die kulturell geprägte Einstellung einer 'Vertrauensorganisation' zukunftsführend zu sein. Sie wird getragen vom Menschenbild eines 'complex man', das sich nur über eine vieldimensionale Betrachtung erschließen läßt. Kulturelemente, wie Ehrlichkeit, Offenheit, Toleranz, Partnerschaft, Würde und Sicherheit ... werden zu tragenden Säulen des persönlichen Umgangs."[588] Eine auf der Bleicher'schen Konzeption beruhende Gegenüberstellung von Mißtrauens- und Vertrauensorganisation zeigt Abbildung 4-7.

Tatsächlich sprechen viele Argumente dafür, daß sich Vertrauen in der Praxis als überlegen erweist. Wechselseitige Leistungsbeziehungen werden häufig auf der Basis nur sehr unvoll-ständiger Kontrakte abgewickelt, die weder alle Details der Leistungsbeziehung noch eventuelle Sanktionen im Falle einer Nichterfüllung spezifizieren. „Wir finden in der Realität auf die Vertragspunkte beschränkte Transaktionen eher als Normabweichung denn als Regelfall. Ex ante Vermeidung beziehungsweise kulante Behandlung von Konflikten, Toleranzgrenzen für Abweichungen von Vereinbarungen, die Abwägung der Konsequenzen des eigenen Verhaltens für die zukünftigen Entscheidungen der Interaktionspartner bestimmen das alltägliche Wirtschaftshandeln ... schließlich sind zahlreiche Austauschbeziehungen nur in

---

[585] Vgl. Ouchi 1981, zur kritischen Diskussion Sullivan 1983. Auch für amerikanische Unternehmen identifizierten Peters / Waterman 1982 in einer sehr populär gewordenen Studie werte- und vertrauensba-sierte Unternehmensführungskonzepte als Determinanten der Wettbewerbsstärke.

[586] Vgl. Handy 1995, S. 44, der von „audit mania" spricht.

[587] Bleicher 1992, S. 230, vgl. ferner Bleicher 1982.

[588] Bleicher 1991, S. 781 (Hervorhebungen weggelassen), vgl. ferner Bleicher 1985.

Mißtrauensorganisation		Vertrauensorganisation
Konstruktivistisch-technomorphes Paradigma, Organisation als „leblose Maschine"	**Vorherrschendes Paradigma**	Systemisch-evolutionäres Paradigma, Organisation als „lebendes Organ"
Mensch als überwachungsbedürftiger Aufgabenträger nach Theorie X	**Vorherrschendes Menschenbild**	Mensch als autonom handelnder, selbstkontrollierter Mitarbeiter nach Theorie Y
Organisation als Lückenbüßer für menschliche Schwächen, Sicherheit durch ausgeprägte (Fremd)-Kontrolle	**Der Organisation zugedachte Aufgabe**	Organisation zur Aktivierung des Leistungspotentials einer intelligenten Mitarbeiterschaft
Steile, zentralistische Hierarchien, Typ Fremdorganisation	**Gestaltung der Aufbauorganisation**	Flache, dezentrale Netzwerke auf Zeit, Typ Selbstorganisation
Hohe Arbeitsteilung und Spezialisierung, starre Organisation „ad rem"	**Spezialisierungsgrad**	Ausgeprägtes Generalistentum, Berücksichtigung einer Organisation „ad personam"
Hohe Dichte; Überfluß an Detailregelungen birgt die Gefahr bürokratischer Erstarrung	**Regelungsdichte**	Geringe Dichte; Beschränkung auf generelle Werte und Normen bietet Handlungsspielräume und Flexibilität
Information generell Mangelware durch Vorfilterung in starren top-down-Kommunikationskanälen	**Information und Kommunikation**	Information im Überfluß durch offene, ungebundene Kommunikation
Autoritär-patriarchalisch; Führungskräfte sind Macher und Kommandeure	**Führungsstil**	Kooperativ-partizipativ; Führungskräfte sind Katalysatoren und Kultivateure
Stabilität und Ordnung; Aufspüren von Synergie- und Rationalisierungspotentialen im strukturzentrierten Ansatz	**Eingesetzte Mittel zum Erfolg**	Flexibilität und Entwicklung; Förderung von Innovation und Kreativität im human-zentrierten Ansatz

Abbildung 4-7:   Mißtrauens- versus Vertrauensorganisation[589]

---

[589] Krystek / Zumbrock 1993, S. 32.

geringem Maße programmierbar und/oder kontrollierbar, und dennoch funktionieren sie. Langfristig ist für beide Austauschpartner die Nichtausnutzung der Opportunismusspielräume effizient, rational ist aber nur die kurzfristige Ausbeutung."[590]

Damit stellt sich die Frage, wie und warum sich Vertrauensbeziehungen in Unternehmen herausbilden. Als Erklärungshilfe scheint sich zunächst vor allem die bereits dargestellte Principal-Agent-Theorie anzubieten.[591]

Vertrauen in Lichte der Principal-Agent-Theorie

In der klassischen, von der Annahme individueller Nutzenmaximierung geprägten Ökonomie nimmt das Phänomen des Vertrauens nur einen bescheidenen Raum ein. „Traditionally, approaches from economics have focused on the roles of self-interest and opportunism. The threat of opportunism has to be taken into account, and means of constraining opportunism include contracts and monitoring, which Williamson called 'legal ordering' ... "[592]. Vertrauen wird hierbei unter dem ökonomischen Kalkül der Principal-Agent-Theorie betrachtet:[593] Der Principal verzichtet auf die Beschaffung von Kontrollinformationen[594] und setzt an ihre Stelle Annahmen über das Verhalten des Agent, die die Erwartungsunsicherheit bezüglich dessen Verhalten reduzieren. Das objektiv bestehende Informationsdefizit wird damit subjektiv durch Vertrauen kompensiert.[595] Diese Substitution von Kontrolle durch Vertrauen auf Seiten des Principal ist jedoch aus Principal-Agent-theoretischer Sicht an die *Erfüllung eines ökonomischen Kalküls* gebunden: „Investiere in Vertrauen, wenn die erwarteten Erlöse aus Vertrauen größer sind als die Summe aus erwarteten Kosten des Vertrauensmißbrauchs und die (sic!) Kosten des Aufbaus von Vertrauen."[596] Die Erlöse des Vertrauens sind dabei relativ zur Alternative „Kontrolle" vor allem in einer weniger aufwendigen Konstruktion der Principal-Agent-Beziehung und der damit verbundenen Einsparung von Vereinbarungskosten sowie in der Einsparung von laufenden Überwachungskosten der Beziehung zu sehen.[597]

---

[590] Rößl 1996, S. 328.

[591] Vgl. Kapitel 3.4.1.

[592] Nooteboom / Berger / Noorderhaven 1997, S. 310.

[593] Überwiegend dient dabei Vertrauen als Explanandum für kooperatives Verhalten in Principal-Agent-Beziehungen, das trotz Verzichtes auf explizite Steuerungs- und Kontrollmechanismen entsteht (vgl. Ripperger 1997, S. 63). Die Arbeit von Ripperger analysiert dagegen Vertrauen auf einer höheren Metaebene. Hierbei wird das Verhalten von Vertrauensgeber und Vertrauensnehmer, also die Vertrauensbeziehung selbst, als Principal-Agent-Beziehung auf der Basis eines impliziten „Vertrauensvertrages" interpretiert (vgl. Ripperger 1997, S. 57ff.).

[594] Unter Umständen ist dieser Verzicht nicht rein freiwillig, sondern durch prohibitiv hohe Informationskosten, z.B. aufgrund vorhandener Distanzen, erzwungen.

[595] Vgl. Schäffer 1996c, S. 275.

[596] Schäffer 1996c, S. 275.

[597] Vgl. Rößl 1996, S. 325; Krystek / Redel / Reppegather 1997, S. 372f.

Eine derartige *enge Sicht* erfaßt das Phänomen Vertrauen jedoch nur unvollständig. Besonders das ökonomisch zentrierte, mechanistische Menschenbild der Principal-Agent-Theorie und die daraus resultierende Annahme einer völligen Unpersönlichkeit von Beziehungen ist kritisch zu sehen. „The value of the relationship itself is typically ignored and the impersonality of the transaction is assumed."[598] Die Wirkungen des Vertrauens gehen jedoch über die unmittelbare ökonomische Ebene der Aufgabenkoordination hinaus und betreffen in starkem Maße die Ebene der Mitarbeiterorientierung.[599] „... trust has been viewed as the glue that keeps business partners together ... People may prefer to transact on the basis of trust and its sources: ethics, kinship, friendship, and empathy. Social exchange relies more on unspecified, implicit obligations, which depend on shared systems of meaning, belief, and ethics, than on formal contracts."[600] „Bei aller Bedeutung, die Kostenwirkungen von Vertrauen ... haben, muß doch davor gewarnt werden, die Vertrauensproblematik auf Kostenaspekte zu reduzieren. Die wirtschaftswissenschaftliche Diskussion von Vertrauen als Voraussetzung und effizientes 'Schmiermittel' ökonomischer Austauschprozesse ist zwar nicht neu, doch steht sie wohl noch immer in der Gefahr, Vertrauen zu einem weiteren, bloß rationalistischen Kalkül verkommen zu lassen, das nach Belieben aufgebaut und genutzt werden kann."[601]

Wirkungsebenen des Vertrauens

Wie oben gezeigt, kann das Vorhandensein von Vertrauen auch Wirkungen erzeugen, die über die unmittelbar ökonomische Ebene hinausgehen. Solche weitergehenden Wirkungen in Kooperationsprozessen sind im folgenden zusammengefaßt:[602]

- *Komplexitätsreduktion*

In Vertrauensbeziehungen werden Handlungsmöglichkeiten mit einseitig-opportunistischem Nutzen ausgeschlossen. Dies hat eine erhebliche Reduktion realisierbarer Entscheidungsalternativen[603] und damit die Senkung der Entscheidungskomplexität zur Folge. Die unvollständige Information des Vertrauensgebers, die im Falle hoher Komplexität zu unbefriedigenden Kooperationsergebnissen führen könnte, wird kompensiert durch das Vertrauen auf ein zweckgerichtetes Handeln des Vertrauensnehmers.

---

[598] Murakami / Rohlen 1992, S. 70.

[599] Vgl. Kapitel 3.4.2.

[600] Nooteboom / Berger / Noorderhaven 1997, S. 310.

[601] Krystek / Redel / Reppegather 1997, S. 373.

[602] Vgl. im folgenden Krystek / Redel / Reppegather 1997, S. 369ff. sowie Luhmann 1989, S. 26f., S. 47; Nooteboom / Berger / Noorderhaven 1997, S. 310f.; Rößl 1996, S. 330f.

[603] Natürlich bleiben aufgrund der in Vertrauensbeziehungen gegebenen Freiwilligkeit auch einseitig-opportunistische Entscheidungen wählbar. Diese hätten jedoch unmittelbar die Beendigung der Vertrauensbeziehung zur Folge.

● *Motivation zur Verantwortungsübernahme*

Die Gewährung von Vertrauen verschafft dem Vertrauensnehmer zunächst eine überlegene Position, da sich der Vertrauensgeber selbst „verwundbar" macht. „Für den Vertrauenden ist seine Verwundbarkeit das Instrument, mit dem er eine Vertrauensbeziehung in Gang bringt. Erst aus seinem eigenen Vertrauen ergibt sich für ihn die Möglichkeit, als eine Norm zu formulieren, daß sein Vertrauen nicht enttäuscht werde."[604] Der Vertrauensnehmer wird dadurch zur Übernahme von Verantwortung angespornt. Die Vertrauensgewährung kann für den Vertrauensnehmer jedoch auch stark verpflichtenden Charakter haben: „Wie durch Geschenke kann man auch durch Vertrauensbeweise fesseln."[605]

● *Verbesserung der Kommunikation in Gruppen*

Beim Vorhandensein wechselseitigen Vertrauens in Gruppen ist ein verbesserter kommunikativer Austausch zwischen Gruppenmitgliedern zu erwarten. Durch die Verringerung der Mißbrauchsgefar wird eine offenere Kommunikation stimuliert. Es ist eine Verringerung von Informationsfilterung und -verzerrung und eine erhöhte Bereitschaft zur korrekten und zeitgerechten Informationsweitergabe zu erwarten. Diese offene und unverzerrte Kommunikation fördert damit die Freisetzung von Kreativität und die Bereitschaft zur Problemerkennung und -lösung.

● *Verbesserung der Kooperation in Gruppen*

Vertrauen verbessert, nicht zuletzt auch durch den Einfluß der bereits genannten Faktoren, Kooperations- und Problemlösungsprozesse in Gruppen. Berichtet wird von größerem Gruppenzusammenhalt, größerer Offenheit und Akzeptanz beim Ideenaustausch, schärferer Problem- und Zieldefinition, intensiverer Suche nach Lösungsalternativen und größerer Motivation bei der Entscheidungsdurchsetzung. Generell begünstigt Vertrauen die Durchsetzung langfristiger, aus Sicht des Gesamtsystems optimaler Lösungen gegenüber kurzfristigen, individuell nutzenmaximierenden Strategien.[606]

● *Kostenreduktion*

Die bereits angesprochenen unmittelbar ökonomischen Wirkungen von Vertrauen fallen in erster Linie auf der Ebene der Transaktionskosten an. Sowohl bei externen Transaktionskosten, wie sie für die Anbahnung, Vereinbarung, Abwicklung, Kontrolle und Anpassung von Leistungsbeziehungen zwischen Unternehmen und Umwelt entstehen, als auch bei

---

[604] Luhmann 1989, S. 46.

[605] Luhmann 1989, S. 46.

[606] Vgl. hierzu auch den Zwiespalt zwischen individuell und kollektiv optimaler Lösung in Gefangenendilemma-Situationen, z.B. Picot / Reichwald / Wigand 1998, S. 36f.

internen Koordinationskosten, wie sie z.B. für Prozesse der Planung, Steuerung und Kontrolle anfallen, kann Vertrauen in vielen Bereichen Kosten reduzieren oder ganz eliminieren. Diesen Kosteneinsparungen stehen jedoch Kosten für den Aufbau des Vertrauens sowie für einen etwaigen Vertrauensmißbrauch gegenüber.

Der Aufbau von Vertrauen

Aufgrund der Relevanz des Vertrauens für den reibungslosen Ablauf von Kooperationsprozessen ist seine Bedeutung durchaus mit der eines klassischen Produktionsfaktors vergleichbar. Vertrauen hat dabei aber nicht den Charakter eines sich durch Nutzung verbrauchenden Repetierfaktors, sondern bleibt bei entsprechender Behandlung bestehen oder kann sich durch Nutzung sogar erweitern. „... trust, unlike most economic commodities, can grow rather than wear out through use. Thus, habitualization becomes part of the 'invisible assets' ...“[607] Damit stellt sich die Frage, wie der „Produktionsfaktor Vertrauen“ in Organisationen aufgebaut werden kann.

Die entscheidende Rolle in diesem Prozeß spielt die *persönliche Interaktion*. „Trust requires familiarity and mutual understanding and, hence, depends on time and context, on habit formation, and on the positive development of a relation. Repeated interaction lead to the forming of habits and the institutionalization of behavior.“[608] Interaktionsmerkmale, die für die Herausbildung von Vertrauen in Führungsverhältnissen besonders relevant sind, sind in Abbildung 4-8 dargestellt.

Eine Spezifität im Kontext der Erzeugung von Vertrauensverhältnissen liegt *im asymmetrischen Verhältnis zwischen dem Aufbau von Vertrauen und dessen Verlust*. Während der Aufbau in der Regel einen relativ langfristigen und entsprechend aufwendigen Prozeß der „kleinen Schritte“ erfordert,[609] erfolgt der Verlust von Vertrauen, also das Umschlagen von Vertrauen in Mißtrauen relativ kurzfristig. Es „... scheint eine Asymmetrie zwischen der (stufenweisen) Verstärkung von Vertrauen und einem (schlagartigen) Verlust zu bestehen ... Gestützt durch vertrauensbildende und -stärkende Strategien/Maßnahmen verfestigt sich Vertrauen schrittweise. Dagegen reicht mitunter ein (tatsächlicher oder auch nur vermuteter) Vertrauensbruch aus, das Vertrauensniveau signifikant und schlagartig zu senken.“[610]

---

[607] Nooteboom / Berger / Noorderhaven 1997, S. 314.

[608] Nooteboom / Berger / Noorderhaven 1997, S. 314. Häufig wird die Bedeutung einer sehr offenen Informationspolitik betont, so z.B. beim „Open-book management“. Hierbei werden auch Informationen, die bisher als ausschließlich für das Top-Management bestimmt galten, wie z.B. Erfolgsgrößen, transparent aufbereitet und organisationsweit für alle Mitarbeiter zugänglich gemacht (vgl. Case 1997).

[609] Vgl. Luhmann 1989, S. 43.

[610] Krystek / Redel / Reppegather 1997, S. 391. Vgl. zu dieser Fragilität von Vertrauensbeziehungen auch Bachmann / Lane 1997, S. 89.

- *Berechenbarkeit* der Führungskraft für den Mitarbeiter durch Konsistenz und Stabilität ihrer personalen Merkmale

- *Ehrlichkeit und Aufrichtigkeit* einschließlich der Fähigkeit, Fehler einzugestehen

- *Einhaltung von Versprechen und Zusagen* insbesondere in sensiblen Themenbereichen

- *Zielklarheit und Deutlichkeit der Aussagen* zur Abwendung „nicht intendierter Vertrauensbrüche"

- *Bereitschaft zur vollständigen Information* und Verzicht auf Informationsrationierung

- *Bereitschaft zur Teilung von Verantwortung* und *Kontrollverzicht*

- *Bekämpfung von Gerüchten durch Information*

- *Fehlertoleranz und Verzicht auf (voreilige) Schuldzuweisungen*

- *Wahrung von Erfolgs- und Urheberrechten der Mitarbeiter* und strikte Enthaltung von „Erfolgspiraterie"

- *Wahrnehmung und Abbau von Ängsten und Widerständen* durch Gespräche

- *Strikte Wahrung von Vertraulichkeit*, durchaus nach dem Vorbild des kirchlichen Beichtgeheimnisses

Abbildung 4-8:   Konstitution von Vertrauen zwischen Führungskraft und Mitarbeiter[611]

Vertrauen in telekooperativen Strukturen

Wie bereits bei der Untersuchung der Organisationsinstrumente gezeigt wurde, erweist sich eine telekooperative Zusammenarbeit vor allem für modulare, teamorientierte Strukturen als strategisch erfolgversprechend.[612] Gerade in solchen Strukturen versagen oft Koordinations-mechanismen der traditionellen Kontrolle und Überwachung.[613] Als Ersatz für diese Mechanismen wird häufig der Aufbau von Vertrauensverhältnissen propagiert: „Trust has always been important for groups. In the work-a-day world of the Industrial Age, it was more a 'nice to have' quality ... In the networks and virtual teams of the Information Age, trust is a

---

[611] Krystek / Redel / Reppegather 1997, S. 386.

[612] Vgl. Kapitel 4.1.4.

[613] Vgl. Kapitel 4.4.

'need to have' quality in productive relationships."[614] Vertrauen wird damit zu einem zentralen Koordinationsinstrument in telekooperativen Strukturen.

Erklärt werden kann diese Überlegenheit des Vertrauens durch die Überlegung, daß in modularen, teamorientierten Strukturen besonders effizient Aufgaben bewältigt werden können, die sich durch hohe Komplexität und Unsicherheit auszeichnen. Beide Aufgabenmerkmale können anscheinend bei Vorhandensein von Vertrauen besser bewältigt werden:

- Die Wirkung von Vertrauen auf die *Komplexität* wurde bereits erläutert. Durch die Einengung des Entscheidungsfeldes bei Vorhandensein einer Vertrauensbeziehung stellt diese eine wirksame Möglichkeit der Komplexitätsreduktion dar. „Selbstverpflichtung stellt daher nicht nur eine kosteneffiziente Form der Handhabung von Austauschbeziehungen dar, sondern ist für komplexe Transaktionen, die nicht durch 'hard contracting' gesteuert werden können, auch die einzig mögliche Koordinationsform ... "[615].

- Die Wirkung von Vertrauen auf die *Unsicherheit* wurde bereits in der Principal-Agent-theoretischen Betrachtung des Vertrauens angesprochen. Unsicherheit schlägt sich in der möglichen Gestaltungsvielfalt einer Kooperationsbeziehung nieder. „Leaving such a contract incompletely specified is an alternative, but one that will succeed only if each party can trust the other to interpret the uncertain future in a manner that is acceptable to him."[616] Durch Vertrauen wird also die Unsicherheit über das mögliche Verhalten des Kooperationspartners durch die Annahme wohlwollenden Verhaltens kompensiert.[617]

Vertrauen und Kontrolle stellen in diesem Fall jedoch nicht, wie häufig suggeriert, zwei disjunkte Extrempositionen dar. „ ... zu den Paradoxien im Umfeld von Vertrauen gehört das *Spannungsverhältnis zwischen Vertrauen und Kontrolle.* Einerseits ersetzt Vertrauen ansonsten notwendig erscheinende (Fremd-)Kontrolle ... Andererseits bedarf gerade die Bildung und Verstärkung von Vertrauen der Kontrolle."[618] Besonders kurzfristige und hochdynamische Kooperationsformen, wie sie in telekooperativen Strukturen der Regelfall sind, verlangen nach langfristigen, stabilen und allgemein akzeptierten „Spielregeln".[619]

Kontrollen, die mit dem Aufbau von Vertrauen kompatibel sind, müssen jedoch zwei Bedingungen erfüllen. Einerseits dürfen die *Kontrollen die Komplexität nicht erhöhen*, die ja

---

[614] Lipnack / Stamps 1997, S. 225 (Hervorhebungen weggelassen), vgl. ferner Handy 1995, S. 41; Burr 1997, S. 38f.

[615] Rößl 1996, S. 326. Der Begriff der Selbstverpflichtung wird von Rößl für eine auf freiwilliger, riskanter Vorleistung und damit auf Vertrauen basierende Koordinationsform verwendet.

[616] Ouchi 1980, S. 132.

[617] Vgl. Schäffer 1996c, S. 275; Sjurts 1998, S. 92.

[618] Krystek / Redel / Reppegather 1997, S. 394 (Hervorhebung des Verfassers); vgl. auch Sjurts 1998, S. 291.

[619] Vgl. Picot / Reichwald / Wigand 1998, S. 410f.; Bonus 1997.

gerade durch die Implementierung von Vertrauen gesenkt werden soll. Damit scheidet die möglichst lückenlose und detaillierte Erfassung von Kontrollinformationen aus, wie sie noch häufig als Ideal klassischer Controlling-Konzepte propagiert wird. Andererseits darf *Kontrolle nicht in Richtung des Aufbaus einer Mißtrauensorganisation* wirken. Mißtrauensorientierte Kontrollen können – erklärbar durch die Dynamik eines Regelkreises mit positiver Rückkopplung – sehr schnell in einer sogenannten *Mißtrauensspirale* zu einer Erosion von Vertrauen führen:[620] Intensivierte Kontrollaktivitäten seitens des Vertrauensgebers werden vom Vertrauensnehmer als Ausdruck des Mißtrauens und damit als Bruch des impliziten Vertrauensvertrages interpretiert. Der dadurch empfundene Wegfall von Verpflichtungen aus dem Vertrauensvertrag hat auf seiten des Vertrauensnehmers eine Reduktion der Anstrengungen zur Folge. Auf die dadurch wahrnehmbare Leistungsverschlechterung reagiert der Vertrauensnehmer wiederum mit Mißtrauen und verstärkter Kontrolle.[621]

4.2.4.2 Auswirkungen von Distanzen

Informationsdistanz

Vertrauen sollte nicht blind gewährt werden. „It is unwise to trust people whom you do not know well, whom you have not observed in action over time, and who are not committed to the same goals."[622] Voraussetzung für eine erfolgreiche Vertrauensbildung ist damit die Möglichkeit, sich eingehend über Normen, Werte, Ziele und Verhalten eines möglichen Kooperationspartners zu informieren. Selbst reiche Kommunikationsmedien, die auch Anforderungen an Komplexität und Vertraulichkeit erfüllen können, stehen dabei vor dem Problem, daß kaum eine längerfristige, ganzheitliche Beobachtung eines Partners und eine fundierte Beurteilung seiner Vertrauenswürdigkeit möglich ist.[623]

Hilfreich erscheint eine Unterstützung durch eine geeignete organisatorische Gestaltung des Kooperationsprozesses.[624] Ein vertrauensfördernder Informationsaustausch ist vor allem in kleineren Gruppenstrukturen realisierbar, die eine häufige Interaktion der Gruppenmitglieder ermöglichen und dadurch die Grundlage für eine realistische wechselseitige Einschätzung bilden. „To grow trust, small is beautiful."[625] Die Herausbildung von Vertrauen in großen Unternehmen ist damit nicht ausgeschlossen, jedoch sind entsprechende organisatorische Restrukturierungsmaßnahmen, wie z.B. Modularisierungskonzepte, unerläßlich. „Large organizations are not therefore incompatible with the principle of trust, but they have to be

---

[620] Vgl. Ripperger 1997, S. 55f.

[621] Zu weiterführenden Ansätzen vertrauenserhaltender Kontrollformen vgl. Kapitel 5.3.3.

[622] Handy 1995, S. 44.

[623] Vgl. Handy 1995, S. 46, der diesen Sachverhalt in der Formel „Trust needs touch" zusammenfaßt.

[624] Vgl. Kapitel 4.1.

[625] Lipnack / Stamps 1997, S. 234.

made up of relatively constant, smaller groupings."[626] Auch auf der Mikroebene der Arbeitsorganisation scheinen diese Konzepte für die Vertrauensbildung förderlich zu sein, da durch die Möglichkeit der Bearbeitung ganzheitlicher Aufgaben Informationsdistanz zwischen spezialisierten Aufgabenträgern häufig gar nicht erst entsteht. „Freedom within boundaries works best, when the work unit is self-contained, having the capability within it to solve its own problems. Trust-based organizations are, as a result, reengineering their work, pulling back from the old reductionist models of organization, in which everything was divided into its component parts or functions."[627]

Jedoch ist nicht nur die Überwindung bzw. Vermeidung von Informationsdistanz als Voraussetzung für die Vertrauensbildung zu sehen. Auch umgekehrt stellt das Vorhandensein wechselseitigen Vertrauens eine wichtige Voraussetzung für die korrekte Interpretation von Informationsinhalten in Kommunikationsprozessen und damit generell für eine funktionierende Kommunikation dar. Kommunikation und Vertrauen bedingen sich aus dieser Sicht eines funktionierenden Informationsaustausches gegenseitig.[628]

Beziehungsdistanz

Vertrauen ist stark an persönliche Beziehungen zwischen bestimmten Personen und deren Möglichkeiten einer längerfristigen und direkten sozialen Interaktion gebunden. Der Aufbau von Vertrauensbeziehungen erfolgt bevorzugt über Face-to-face-Kontakte. Telekooperative Strukturen und Vertrauen scheinen daher aufgrund erhöhter Beziehungsdistanz zunächst schwer vereinbar: Der kurzfristige Aufbau und der häufige personelle Wechsel in Kooperationsbeziehungen sowie die Mediatisierung von Kommunikationsvorgängen können den Aufbau von Vertrauensbeziehungen stören bzw. vorhandene Vertrauensbeziehungen zerstören. Die Telekooperation gerät dadurch in ein Dilemma: „Paradoxically, the more virtual an organization becomes, the more its people need to meet in person."[629]

Eine zumindest teilweise Lösung dieses Dilemmas zeichnet sich in einer empirischen Untersuchung von Jarvenpaa / Leidner ab.[630] In einem experimentellen Feld von 29 global verteilten Teams von jeweils 4 - 6 einander bislang nicht bekannten Mitgliedern wurden die Möglichkeiten einer ausschließlich auf E-Mail gestützten Kooperation in einem Zeitraum von 6 - 7 Wochen untersucht. Die beobachtete hohe Kooperationsfähigkeit einiger Teams wurde mit der Genese von sogenanntem *„swift trust"* erklärt. „Swift trust depends less on psychologically relating to others and more on doing in pursuit of the common goal ... In temporary

---

[626] Handy 1995, S. 44.

[627] Handy 1995, S. 46.

[628] Vgl. Schäffer 1996c, S. 276 sowie Kapitel 3.4.3.

[629] Handy 1995, S. 46.

[630] Vgl. Jarvenpaa / Leidner 1997.

teams, members have to behave as if trust existed rather than spending time developing it or waiting to see who is or is not trustworthy. Hence, trust is not based on deterrence, knowledge, nor identification. Rather it is based on self-fulfilling prophecy; that is, if one acts toward another in a trusting matter, this trust behavior creates trust that was presumed to be there in the first place. In order to maintain trust members have to keep engaging in these trusting behaviors. In summary, swift trust is characterized as less of an affective or cognitive interpersonal form and more of a depersonalized action form directed toward the whole team."[631]

Offensichtlich besteht auch bei rein mediengestützter und relativ kurzfristiger Zusammenarbeit die Möglichkeit des Aufbaus von Vertrauen. „Hence, pragmatically this study suggests that under right circumstances, there is no minimum requirement for face to face contact for a global virtual team ... "[632]. Allerdings wird jedoch eine höhere Unsicherheit und damit auch Fragilität dieser auf swift trust beruhenden Vertrauensbeziehungen eingeräumt. Andererseits werden auch die Möglichkeiten eines ungestörteren Vertrauensaufbaus durch die Abwesenheit von subjektiven Eindrücken und darauf beruhenden Sympathie- oder Antipathieempfindungen bei der Face-to-face-Kommunikation erwogen.[633]

Als Faktoren, die den Aufbau von swift trust in mediengestützten Kooperationen fördern, werden genannt:[634]

- *Proactive action orientation:* Eigeninitiative und Freiwilligkeit bei der Übernahme von Aufgaben,

- *Task orientation:* Dominanz aufgabenbezogener Kommunikation,

- *Positive tone:* Wechselseitiges Lob und Ermutigung,

- *Rotating leadership:* Alternierende und verteilte Führungsfunktionen,

- *Task goal clarity:* Exakte und konsensorientierte Zieldefinition,

- *Role division and specificity:* Ausdifferenzierung spezialisierter Rollen,

- *Time management:* Exakte und verbindliche Zeit- und Terminplanung,

- *Feedback:* Konstruktive Rückkopplungsinformationen,

---

[631] Jarvenpaa / Leidner 1997, S. 5, vgl. auch Meyerson / Weick / Kramer 1996.

[632] Jarvenpaa / Leidner 1997, S. 28.

[633] Vgl. Jarvenpaa / Leidner 1997, S. 28.

[634] Vgl. Jarvenpaa / Knoll / Leidner 1998.

• *Frequent interaction:* Intensive wechselseitige Kommunikation.

Organisationsdistanz

Neben der Möglichkeit einer sachlichen Information über einen Kooperationspartner und dem Potential für wechselseitige soziale Interaktion spielt auch das unternehmenskulturelle Umfeld für den Vertrauensaufbau eine wesentliche Rolle. „In einer Kultur, in der die Einhaltung eines gegebenen Versprechens als selbstverständlich gilt und Vertrauensbrecher entsprechend sozial geächtet werden, kann der Vertrauende mit hoher Wahrscheinlichkeit davon ausgehen, daß die Vertrauensperson sich erwartungsgemäß verhält. Ein Vertrauensbruch würde den Vertrauensbrecher stigmatisieren und in seinem sozialen Umfeld isolieren. Die Kosten eines Vertrauensbruchs sind hier zu hoch."[635]

Die Wirksamkeit dieser Barriere gegen Vertrauensbruch ist jedoch davon abhängig, inwieweit sich einzelne Akteure einer gemeinsamen Unternehmenskultur zugehörig und verpflichtet fühlen. Im Falle einer durch telekooperative Aufgabenerfüllung erhöhten Organisationsdistanz besteht die Gefahr, daß dieser Mechanismus versagt. Es erscheint daher in diesem Fall wesentlich, einmal aufgebautes, auf kultureller Identität beruhendes Vertrauen zu pflegen, um es so auch für zukünftige Kooperationsbeziehungen nutzbar zu machen.

Häufig werden ehemalige Kooperationspartner auch selbst daran interessiert sein, ein bewährtes soziales Netz[636] weiter zu nutzen, Erfahrungen aus vergangenen Kooperationen auszutauschen und so den Pool möglicher zukünftiger Kooperationspartner zu erweitern. In diesem Zusammenhang wird auch von *sozialem Kapital* gesprochen.[637] Eine wesentliche Rolle für die Erhaltung dieses latenten Netzwerkes spielen Weak ties.[638] „Weak ties are more likely to link members of different small groups than are strong one, which tend to be concentrated within particular groups."[639]

„Eine hohe Anzahl und Dichte von 'weak ties' wirkt sich in doppelter Hinsicht positiv auf die Genese von Vertrauen innerhalb eines sozialen Systems aus: (1) Durch die weitere und schnellere Diffusion von Informationen wird die Effizienz von Reputationsmechanismen ... erhöht. (2) Durch die größere Anzahl sozialer Kontakte wird gleichzeitig die Wahrscheinlichkeit erhöht, daß ein potentieller Vertrauensgeber A eine soziale Verbindung zu Akteur C besitzt, der mit dem potentiellen Vertrauensnehmer B in der Vergangenheit interagiert hat und als Informant und Intermediär ... fungieren kann. Informanten bzw. Intermediäre dienen als

---

[635] Sjurts 1998, S. 286 (Fußnote weggelassen).

[636] Vgl. Reichwald u.a. 1998b, S. 62.

[637] Vgl. Lipnack / Stamps 1997, S. 228ff.

[638] Vgl. auch Kapitel 3.4.3.

[639] Granovetter 1973, S. 1376.

verläßliche Informationsquellen über die Reputation eines potentiellen Vertrauensnehmers und verringern dadurch die Gefahr einer Fehlentscheidung seitens des Vertrauensgebers."[640] Denkbar ist in diesem Zusammenhang eine regelrechte „Vertrauenswährung" in Form allgemein zugänglicher und transparenter Vertrauens- und Kompetenzbewertungen, die die Reputation möglicher Kooperationspartner nachweisen.[641]

4.2.5   Fazit

Die dargestellten *Controlling-Instrumente der Personalführung* – Zielvorgaben, Anreizsysteme, gemeinsame Wertvorstellungen und Erwartungen sowie Vertrauen – erweisen sich als wichtige Voraussetzung für die Funktionsfähigkeit der in den anderen Führungsteilsystemen eingesetzten koordinierenden Instrumente. Im Kontext der Telekooperation können der Wirksamkeit der Personalführungsinstrumente aufgrund des Auftretens von Distanzen jedoch Grenzen gesetzt sein.

Bei dem häufig für telekooperative Strukturen empfohlenen *Instrument der Zielvorgabe* zeigt sich, daß eine Reihe von Problemfeldern dieses Konzeptes durch erhöhte Informations-, Beziehungs- und Organisationsdistanzen noch verschärft werden. Insbesondere besitzt es nur einen relativ kleinen Anwendungsbereich und erscheint für höher variable und komplexe Aufgaben aufgrund von Schwierigkeiten bei der Zielquantifizierung und der Berücksichtigung situativer Bedingungen wenig geeignet. Darüber hinaus erweist sich die starke Individualisierung und geringe Teambezogenheit des Konzeptes in telekooperativen Strukturen als kritisch. Die generelle Empfehlung eines Einsatzes von Zielvorgaben für telekooperative Strukturen erscheint daher zu undifferenziert.

Anreizsysteme können ihre koordinierende Wirkung nur dann voll entfalten, wenn auch bei telekooperativer Zusammenarbeit die Anforderungen an Transparenz, Individualität und Gerechtigkeit dieser Systeme erfüllt werden können. Dies erscheint bei kürzerfristig orientierten Entgeltsystemen weniger problematisch als bei langfristig ausgerichteten Personalentwicklungsanreizen, die aufgrund hoher Anforderungen an Komplexität und Vertraulichkeit als intensiv „erklärungsbedürftig" erscheinen. Wie auch empirische Studien zeigen, besteht in diesem Bereich noch hoher Bedarf hinsichtlich der Entwicklung geeigneter Gestaltungsstrategien.

Die *Schaffung gemeinsamer Wertvorstellungen* und Erwartungen läßt sich in zwei Bereiche gliedern. Die geeignete *Selektion* von Aufgabenträgern erweist sich als wirksamer Mechanismus, um bei späterer telekooperativer Zusammenarbeit Distanzen erst gar nicht entstehen zu lassen. Gängige Ratschläge zur Auswahl anhand bestimmter Persönlichkeitseigenschaften erweisen sich jedoch als theoretisch und empirisch wenig gesichert und auch methodisch

---

[640] Ripperger 1997, S. 176f.

[641] Vgl. Picot 1999, S. 171.

problematisch. Instrumenten der Kooptation oder der Selbstselektion ist in der Regel der Vorzug zu gewähren. Selektion kann jedoch nur eine „Momentaufnahme" aktueller Eigenschaften eines Aufgabenträgers leisten und erfordert daher eine Ergänzung durch Sozialisationsmaßnahmen.

Sozialisation beinhaltet für die Aufgabenträger sowohl eine Orientierungs- und Integrations- als auch eine Motivationsfunktion und ist damit Basis für eine indirekte, „kulturelle Steuerung und Kontrolle". Sozialisation erweist sich aber auch als langfristiger und schwer formalisierbarer Prozeß, der durch Distanzen stark behindert werden kann. Neue Forschungsansätze weisen jedoch darauf hin, daß auch im Kontext der Telekooperation durch die Einhaltung bestimmter „Spielregeln" der elektronischen Kommunikation sowie durch eine selektive Ergänzung traditioneller Ansätze durch Medienkommunikation eine erfolgreiche Sozialisation stattfinden kann.

Als wichtigster „Enabler" für den effizienten Einsatz der weiteren in Kapitel 4 dargestellten Instrumente erweist sich das *Vertrauen*. Vielfach wird heute die hohe Bedeutung des Vertrauens erkannt, seine Betrachtung jedoch häufig auf die unmittelbare ökonomische Ebene und damit auf das Kalkül der Principal-Agent-Theorie reduziert. Vertrauen kann aber darüber hinaus vielfache positive Wirkungen entfalten, z.B. in den Bereichen Komplexitätsreduktion, Motivation, Verbesserung der Kommunikation und effizientere Abstimmung in Gruppen. Grundsätzlich erscheint der Prozeß des Aufbaus von Vertrauen als sehr anfällig für erhöhte Distanzen. Daher ist in telekooperativen Strukturen besonders auf eine Unterstützung der Vertrauensbildung durch Organisationsstrategien der Modularisierung, eine konstruktive und offenen Kommunikationskultur sowie die verstärkte Nutzung und Pflege bereits vorhandener Beziehungs- und Vertrauensnetzwerke (Weak ties) zu achten.

4.3   Planungsinstrumente

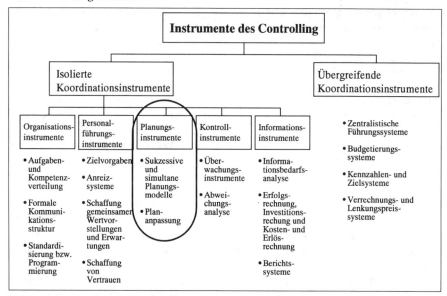

Abbildung 4-9:   Planungsinstrumente des Controlling

Innerhalb des Managementsystems kommt der Planung eine besondere Bedeutung zu. Bei einer prozeßorientierten Betrachtung des Managements bildet sie den Ausgangspunkt des Managementzyklus'.[642] Dennoch besteht in der Literatur kein allgemeiner Konsens über die genauen Inhalte des Begriffes Planung. „Gemeinsam ist jedoch den meisten betriebswirtschaftlichen Definitionen, daß Planung als ein systematisches zukunftsbezogenes Durchdenken und Festlegen von Zielen, Maßnahmen, Mitteln und Wegen der zukünftigen Zielerreichung aufzufassen ist. Allgemeiner könnte man sagen: Planung ist ein systematisch-methodischer Prozeß der Erkenntnis und Lösung von Zukunftsproblemen."[643] Im Zuge einer genaueren Begriffsbestimmung werden der Planung vor allem die folgenden charakteristischen Merkmale zugewiesen:[644]

- *Zukunftsbezogenheit:* Planung ist zukunftsgerichtet, da sie stets vor der Realisierung der geplanten Sachverhalte stattfindet. Durch diese Vorwegnahme erfolgt jedoch Planung in der Regel auf der Basis mehr oder minder unsicherer und unvollständiger Informationen, was ein gewisses Irrtumsrisiko nach sich zieht.

---

[642] Zu diesem „Primat der Planung" vgl. Kapitel 2.3.1 sowie Wild 1982, S. 32ff.

[643] Wild 1982, S. 13 (Hervorhebungen weggelassen).

[644] Vgl. Wild 1982, S. 13f.

- *Rationalität:* Planung erfolgt zielgerichtet auf der Basis eines methodisch-systematischen Vorgehens bei Problemlösung und Entscheidung und unterscheidet sich dadurch von einem intuitiven Vorgehen.

- *Gestaltungscharakter:* Neben dem bloßen Erkennen zukünftiger Probleme versucht die Planung, konkrete Maßnahmen und Lösungswege für die Problembewältigung zur Verfügung zu stellen, um damit zukünftiges Geschehen beherrschen zu können. Planung geht daher über reine Prognose hinaus.

- *Prozeßcharakter:* Planung ist innerhalb eines komplexen und zeitlich überdauernden Systems wie dem eines Unternehmens keine einmalige, punktuelle Aktion. Sie ist vielmehr als mehrstufiger, zyklisch-repetitiver Prozeß zu sehen.

- *Informationscharakter:* Planung kann als Informationsverarbeitungsprozeß charakterisiert werden und weist damit enge Bezüge zum Informationssystem auf.[645]

Wie diese Merkmalen deutlich machen, wird das gesamte Unternehmen von der Planung durchzogen. Um dieses Managementteilsystem in seiner Komplexität zu durchdringen und damit in der Praxis beherrschbar zu manchen, existieren unterschiedliche Ansätze, die die Unternehmensplanung in verschiedene Teilbereiche differenzieren. Neben Ansätzen einer funktionalen Unterteilung[646] (z.B. Beschaffungs-, Produktions-, Absatz-, Investitions-, Finanzierungsplanung etc.) sowie einer Differenzierung nach bestimmten Einzeleigenschaften[647] (z.B. zugrundeliegende Modelle und Größen, Detaillierungsgrad, Umfang der EDV-Unterstützung etc.) erscheint vor allem die in Abbildung 4-10 illustrierte ebenenorientierte Einteilung in strategische, taktische und operative Planung zweckmäßig.

Durch eine derartige Aufteilung der Unternehmensplanung kann die Komplexität in den einzelnen Teilbereichen auf beherrschbarem Niveau gehalten werden. Gleichzeitig werden jedoch auch Interdependenzen zwischen den Teilbereichen zerschnitten, was die Gefahr einer isolierten Optimierung von Teilzielen bei gleichzeitig suboptimaler Gesamtzielerreichung mit sich bringt. Um die Verfolgung der übergeordneten Unternehmensziele zu gewährleisten, ist daher eine Koordination der Planungsteilbereiche erforderlich. Diese erfolgt durch die Instrumente der *simultanen und sukzessiven Planabstimmung,* die in Kapitel 4.3.1 behandelt werden. Des weiteren ist – ableitbar aus dem Merkmal der Zukunftsbezogenheit und dem Prozeßcharakter der Planung – die laufende Koordination der Planung mit den sich im Zeitablauf dynamisch verändernden Umweltparametern erforderlich, um die Aktualität und Realitätsnähe der Planung sicherzustellen. Diese laufende Anpassung wird durch das Instru-

---

[645] Vgl. Kapitel 4.5.

[646] Vgl. Töpfer 1976, S. 144.

[647] Vgl. Töpfer 1976, S. 97ff.

	Strategische Planung	Taktische Planung	Operative Planung
Planungs-horizont	langfristig von 5 bis über 10 Jahre	mittelfristig bis ca. 5 Jahre	Kurzfristig bis 1 Jahr und kürzer
Zielgrößen	qualitative Zielgrößen: • Erfolgspotentiale • Bestimmungsgrößen des Gewinns	eher quantitative Zielgrößen: • Produktziele • mehrperiodige Erfolgsziele • Erhalt der Zahlungsfähigkeit	Quantitative Zielgrößen: • Produktionsziele • einperiodige und stückbezogene Erfolgsziele • Sicherung der Liquidität
Variablen und Alternativen	• Produkt- und Marktstrategien • Geschäftsfelder • Standorte	• quantitatives und qualitatives Produktionsprogramm • Investitions- und Finanzierungsprogramme • Personalausstattung	• Ablaufplanung • Losgrößenplanung • Bestellmengenplanung • Kapazitätsabstimmung • Personaleinsatzplanung
Charakteristische Merkmale	• gesamtunternehmensbezogen • hohes Abstraktionsniveau • großer Planungsumfang, geringe Detailliertheit und Vollständigkeit • qualitative Ausrichtung • langfristige Rahmenplanung	• funktionsbezogen • mittleres Abstraktionsniveau • mittlerer Planungsumfang, zunehmende Detailliertheit und Vollständigkeit • stärkere quantitative Ausrichtung • inhaltliche Konkretisierung der strategischen Planung	• durchführungsbezogen • niedriges Abstraktionsniveau • geringer Planungsumfang, hohe Detailliertheit und Vollständigkeit • quantitative Ausrichtung • Umsetzung der taktischen Planung in konkrete Durchführungspläne

Abbildung 4-10:　　Merkmale der strategischen, taktischen und operativen Planung[648]

ment der *Plananpassung* sichergestellt, das in Kapitel 4.3.2 behandelt wird. Nach der Darstellung der Instrumente der simultanen und sukzessiven Planabstimmung sowie der Plananpassung werden jeweils die Auswirkungen der durch telekooperative Aufgabenabwicklung entstehenden Distanzen auf diese Koordinationsinstrumente analysiert.

---

[648] In Anlehnung an Küpper 1997, S. 64; Zäpfel 1989, S. 13f.

4.3.1 Sukzessive und simultane Planung

4.3.1.1 Darstellung des Instruments

Im Rahmen der *simultanen Planabstimmung* wird versucht, durch die synchrone und wechselseitig abgestimmte Beplanung mehrerer Planungsteilbereiche die Zerschneidung von Interdependenzen zwischen diesen Bereichen zu minimieren. „Durch die simultane Berücksichtigung und Festlegung der verschiedenen Planungsgegenstände wird ein Höchstmaß an Koordination oder 'Planungsintegrität' erreicht."[649]

In der Literatur vorgeschlagene und in quantitativen Modellen operationalisierte Ansätze der simultanen Planabstimmung versuchen in der Regel, die Teilplanungen verschiedener Funktionsbereiche des Unternehmens zu integrieren. Beispielhaft seien hier Modelle genannt, in denen die Produktions- und Investitionsplanung[650], die Investitions- und Finanzplanung[651] oder die Bilanz- und GuV-Rechnung, die Finanzplanung sowie die Planung von Kapitalmarktkennzahlen[652] simultan erfolgen. Ebenso wäre eine Integration über strategische, taktische und operative Teilplanungsebenen und damit über Planungen unterschiedlicher Fristigkeits- und Detaillierungsgrade denkbar. Im theoretischen Extremfall einer unternehmensweiten Integration aller Teilplanungen in einer Totalplanung könnten alle relevanten Interdependenzen im Unternehmen berücksichtigt werden und so die Unternehmensziele optimal erreicht werden. Eine derartige Totalplanung würde damit auch sämtliche Koordinationsaufgaben im Unternehmen abdecken und damit sämtliche anderen Controlling-Instrumente überflüssig machen.[653]

Die simultane Planabstimmung ist jedoch auch – je weiter man sich in Richtung einer unternehmensweiten Totalplanung bewegt – mit immer schwerwiegenderen Restriktionen und Nachteilen behaftet:

- Simultane Planabstimmung benötigt idealerweise von Beginn an *vollkomme Information* über die zu verfolgenden Ziele, die zur Verfügung stehenden Ressourcen sowie sämtliche Umweltparameter, die den Planungsbereich beeinflussen. Je mehr Interdependenzen zwischen Planungsbereichen berücksichtigt werden sollen, desto komplexer gestaltet sich die simultane Planabstimmung. Im Extremfall wird die gesamte Planungsrationalität, damit aber auch die gesamte Komplexität eines Unternehmens, im Planungssystem konzentriert.

[649] Küpper 1997, S. 78.

[650] Vgl. Swoboda 1965.

[651] Vgl. Hax 1964.

[652] Vgl. das FINPLAN-Modell von Warren / Shelton 1971.

[653] Vgl. Frese 1995, S. 122.

„Die Verwirklichung eines solchen Ideals scheitert jedoch an der begrenzten Kapazität der Entscheidungseinheiten."[654]

- Aufgrund des Umfanges und der Komplexität einer simultanen Planabstimmung ist der *Aufwand für die laufende Planrevision* (z.b. aufgrund veränderter Umweltbedingungen) sehr hoch. So würde beispielsweise bei einer Totalplanung über alle Planungsebenen hinweg eine geringe Änderung im operativen Bereich (z.b. Annahme eines zusätzlichen, unerwarteten Auftrages) planungstechnisch bis in den strategischen Planungsbereich hineinwirken (z.b. Notwendigkeit einer Neuplanung von Unternehmensportfolios aufgrund eines minimal veränderten Marktanteils des Unternehmens). Da eine solche laufende und umfassende Neuplanung jedoch aus Kapazitätsgründen kaum durchführbar ist, müssen aufgrund einer nur in größeren Abständen durchführbaren Neuplanung Inflexibilitäten sowie höhere Planungsrisiken in Kauf genommen werden.

- Durch vollständige simultane Planabstimmung findet eine vollständige Konzentration von Planungsaufgaben auf das Managementteilsystem der Planung statt. Mitarbeiter außerhalb des Planungsbereiches erhalten lediglich den Status von Datenlieferanten und ausführenden Organen. Damit wird zum einen auf die Nutzung des impliziten Wissens und auf die Mitwirkungsbereitschaft dieser Mitarbeiter verzichtet, was die Effizienz einer simultanen Planabstimmung in Frage stellen kann.[655] Zum anderen kann die Mitarbeitermotivation leiden: „Wie will man das mittlere und untere Management motivieren, wenn ihnen die Mitwirkung an den Planentscheidungen vorbehalten bleibt und sich ihre Rolle auf das Zutragen von Informationen beschränkt?"[656]

Aufgrund dieser Nachteile bleibt die simultane Planabstimmung in der Regel auf wenige Planungsteilbereiche bzw. auf sehr kurzfristige Planungshorizonte beschränkt. Als Alternative wird in der Regel die *sukzessive Planabstimmung* gewählt. In diesem Fall wird die Planungskomplexität reduziert, indem die Planung in verschiedenen, im Umfang überschaubaren Teilplanungen zeitlich aufeinanderfolgend abgearbeitet wird.[657] Die Koordination der unterschiedlichen Planungsbereiche bzw. Ebenen wird dadurch erreicht, daß die Planungsergebnisse der zeitlich vorgelagerten Teilbereiche zu Rahmenbedingungen für die nachfolgenden Bereiche werden.

Ausschlaggebend für die Effizienz einer sukzessiven Planabstimmung ist die Reihenfolge, in welcher die Teilplanungsaufgaben nacheinander gelöst werden. Vorrangige Bedeutung haben Planungsbereiche, die eine starke und unmittelbare Wirkung auf die Unternehmensziele und eine große sachliche und zeitliche Reichweite haben. Dies spricht im Falle einer ebenen-

---

[654] Frese 1995, S. 122.

[655] Vgl. Küpper 1997, S. 80.

[656] Koch 1982, S. 27.

[657] Vgl. Wild 1982, S. 78f.

orientierten Betrachtung für eine Planung, die nacheinander vom strategischen über den taktischen hin zum operativen Bereich erfolgt.[658]

Aufgrund der zeitlichen Staffelung der Planungsebenen ist die sukzessive Planabstimmung relativ flexibel. Es werden nicht, wie bei der Simultanplanung, alle Entscheidungen gleichzeitig getroffen, sondern zeitlich gestaffelt und damit nicht bereits frühzeitig endgültig festgelegt. Beispielsweise kann die kürzerfristig orientierte operative Planung erst unmittelbar vor der Planrealisierung erfolgen, ohne daß bereits abgearbeitete strategische und taktische Planungsebenen erneut durchlaufen werden müssen. Zu diesem späten Zeitpunkt können die planungsrelevanten Umweltparameter relativ vollständig und mit hoher Sicherheit prognostiziert und in der Planung berücksichtigt werden.[659]

Als Nachteil ist jedoch zu sehen, daß zeitliche Interdependenzen, die von späteren Entscheidungen auf frühere Entscheidungen zurückwirken, in der sukzessiven Planabstimmung nicht berücksichtigt werden. „Sie unterliegt damit der Gefahr, durch Festlegen der Ausgangsentscheidung ohne Berücksichtigung der Folgeentscheidungen einen nichtoptimalen Pfad im Entscheidungsbaum auszuwählen."[660]

4.3.1.2 Auswirkungen von Distanzen

Informationsdistanz

Planung wurde im vorhergehenden Kapitel als komplexer Informationsverarbeitungsprozeß charakterisiert. Diese Charakterisierung trifft sowohl auf die Planungsprozesse selbst als auch auf die Abstimmungsprozesse zwischen den Planungsteilbereichen bzw. -ebenen zu. Die Effizienz und Effektivität der Koordinationsinstrumente der simultanen und sukzessiven Planung hängt daher maßgeblich vom Grad der Zugänglichkeit von abstimmungsrelevanten Informationen ab. Im Falle einer telekooperativ unterstützten Planung ist zunächst zu fragen, inwieweit sich eine erhöhte Informationsdistanz auf das Instrument der simultanen und sukzessiven Planung auswirkt und welche Anforderungen sich dadurch für die Anwendung dieser Instrumente ergeben. Dabei sind sowohl Aspekte der Qualität als auch der Quantität der zu verarbeitenden Informationen zu berücksichtigen.

Die *Qualität* der zu verarbeitenden Informationen hängt vorrangig von der Ebene ab, auf der die Planabstimmung erfolgt.[661] Auf der *strategischen Ebene* herrschen vor allem Informationen vor, die sich auf hohem Aggregations- und Abstraktionsniveau bewegen. Solche Informationen sind in der Regel nicht rein quantitativ und eindimensional z.B. in Zahlen-

---

[658] Vgl. Küpper 1980, S. 269ff.; Küpper 1997, S. 80.

[659] Vgl. Wild 1982, S. 82.

[660] Wild 1982, S. 80.

[661] Vgl. hierzu auch Abbildung 4-10.

werten zu fassen, sondern besitzen einen multidimensional-qualitativen, häufig auch interpretativen Charakter (z.B. Charakterisierung von heutigen und zukünftigen Geschäftsfeldpositionen zur Einordnung in ein strategisches Portfolio).[662] In der Regel besteht dadurch auch ein hoher Visualisierungsbedarf.[663] Zahlreiche Methoden aus dem Bereich der strategischen Planung beruhen auf der Visualisierung von Informationsinhalten, z.B. Portfolio- und Szenario-Techniken, Chartanalysen etc. Entsprechend dominiert bei telekooperativer Planabstimmung in diesem Bereich die Kommunikationsanforderung der Komplexität, insbesondere in Form einer Übertragbarkeit visueller Informationen. Anforderungen an Schnelligkeit und Genauigkeit treten dagegen aufgrund der Langfristigkeit und des hohen Abstraktionsniveaus eher in den Hintergrund. Bei telekooperativer Abwicklung ist daher auf reiche Medien Wert zu legen, die ein hohes Maß an Telepräsenz ermöglichen.

Auf der *operativen Ebene* lassen sich die zu verarbeitenden Informationen dagegen in der Regel problemlos in Zahlen fassen. Sie sind quantitativer Natur und von hohem Detaillierungs- und Konkretisierungsgrad (z.B. Kennzahlen des Produktionsbereichs wie Durchlaufzeiten[664] oder Auslastungsgrade oder Finanzkennzahlen wie z.B. Liquidität). Entsprechend dominieren hier die Kommunikationsanforderungen der Genauigkeit sowie – aufgrund der kurzfristigen Ausrichtung des operativen Bereichs – die Anforderung der Schnelligkeit. Solche Informationen können problemlos über schnelle, aber arme Medien in standardisierten Austauschformaten übermittelt werden. Die *taktische Ebene* nimmt bezüglich der Kommunikationsanforderungen und Medienunterstützung eine Mittelstellung zwischen strategischer und operativer Ebene ein.

Auch die *Quantität* der auszutauschenden Informationen hat Einfluß auf Effektivität und Effizienz einer telekooperativen Planabstimmung. Die Quantität der auszutauschenden Informationen hängt weniger von der Planungsebene als vielmehr von der Art der Planabstimmung ab. Bei der *simultanen Planabstimmung* werden, wie oben dargestellt, im Idealfall alle Interdependenzen zwischen Planungsbereichen bzw. -ebenen gleichzeitig berücksichtigt. Entsprechend hoch ist das zu verarbeitende Datenvolumen. Wie die häufig gescheiterten Ansätze einer integrierten, IuK-gestützten Gesamtunternehmensplanung (Managementinformationssysteme, MIS) zeigen,[665] sind auch moderne Technologien mit einer umfangreichen simultanen Planabstimmung rasch überfordert. Insbesondere für den komplexen und schwer formalisierbaren Informationsbedarf im Führungsbereich können Technologien, die auf dem Prinzip der simultanen Planabstimmung beruhen, nicht genügend relevante Informationen bieten, was zu mangelnder Akzeptanz dieser Systeme führte.[666] *Sukzessivplanungskonzepte*

---

[662] Vgl. Zäpfel 1989, S. 15f.

[663] Vgl. zusammenfassend Möslein 1999.

[664] Vgl. Reichwald / Sachenbacher 1996b.

[665] Vgl. Kirsch / Klein 1977.

[666] Vgl. Beckurts / Reichwald 1984; Müller-Böhling / Müller 1986.

begrenzen dagegen den Umfang an zu berücksichtigenden Interdependenzen und damit auch den Informationsaustauschbedarf. Dieses Konzept unterstützt letztlich die Organisationsstrategie der Modularisierung,[667] indem Teilplanungen in Modulen zusammengefaßt werden und klar definierte Schnittstellen zu anderen Planungsbereichen bestehen, die als Rahmenbedingungen für die jeweilige Teilplanung interpretiert werden können. Bei einer durch telekooperative Zusammenarbeit erhöhten Informationsdistanz erweisen sich daher Sukzessivplanungskonzepte als überlegen, sowohl im Hinblick auf die mediengestützte Bewältigung des Kommunikationsbedarfs als auch im Hinblick auf die Kompatibilität zur organisatorischen Innovationsstrategie der Modularisierung.

Beziehungsdistanz

Ein Wesensmerkmal der Planung ist die Rationalität. Sowohl die Planungsprozesse selbst als auch die Instrumente der simultanen und sukzessiven Planabstimmung sind alleine dem sachlogischen Kalkül und der rationalen Informationsverarbeitung des „homo oeconomicus" unterworfen. Zwischenmenschliche Beziehungen und damit auch eine Erhöhung der Beziehungsdistanz durch Telekooperation scheinen damit prinzipiell keinen Einfluß auf die Instrumente der Planabstimmung zu besitzen.

Andererseits ist es unstrittig, daß auch Aspekte der „Durchführungsmotivation" für die Wirksamkeit von Planungsinstrumenten von ausschlaggebender Bedeutung ist.[668] Bei sukzessiver Planabstimmung kann diese Motivation in Verbindung mit Organisationsstrategien der Modularisierung vor allem durch die Möglichkeit einer breiten Partizipation an den Planungsprozessen erzeugt werden.[669] Im Falle einer (zentral stattfindenden) simultanen Planabstimmung entfällt dagegen diese Motivationsquelle.[670] Die Motivation hängt daher in diesen Fällen davon ab, inwieweit es gelingt, die „Sinnhaftigkeit" einer fremdbestimmten Planung zu vermitteln, wofür der Beziehungsaspekt zwischen Ausführendem und Plankoordinator ausschlaggebend ist (z.B. Erläuterung des Nutzens von zu liefernden Daten, Aufzeigen von Zusammenhängen zwischen Planungsteilbereichen etc.). Insofern kann sich eine erhöhte Beziehungsdistanz vor allem in Verbindung mit simultaner Planabstimmung kontraproduktiv auswirken.

Organisationsdistanz

Aus dem Rationalitätsmerkmal der Planung läßt sich deren Gebundenheit an sachlogische Regeln bezüglich des Ablaufes der Planungsprozesse und der Planungsabstimmung ableiten.

---

[667] Vgl. Kapitel 4.1.1.

[668] Vgl. Wild 1982, S. 187.

[669] Zur Motivationswirkung von Planungsprozessen vgl. Wild 1982, S. 187.

[670] Vgl. Kapitel 4.3.1.1.

Im operativen Bereich sind diese Regeln aufgrund der hohen Determiniertheit der zugrunde-liegenden Planungsinformationen in hohem Maße formalisierbar und explizit darstellbar.[671] Damit sind in diesem Bereich auch bei telekooperativer Aufgabenabwicklung die bei der Planung anzuwendenden Regeln transparent, leicht übermittelbar und in ihre Einhaltung leicht kontrollierbar. Organisationsdistanz hat in diesem Kontext kaum Einfluß auf die Funktionsfä-higkeit der Instrumente.

Ein anderes Bild bietet sich auf der strategischen Ebene: Durch ein hohes Abstraktionsniveau, eine geringe Detailliertheit und Vollständigkeit sowie eine langfristige Ausrichtung und damit eine hohe Unsicherheit ist die Planabstimmung auf dieser Ebene wenig determiniert. Dadurch eröffnen sich größere Spielräume in den einzelnen Teilplanungsbereichen. Zum einen besteht die Gefahr, daß diese Spielräume bewußt opportunistisch ausgenutzt werden, um damit Hidden action kaschieren zu können[672] (z.b. übertrieben negative Interpretation von Markt- und Umweltfaktoren, um eigene ungenügende Planungs- und Abstimmungsleistungen nicht selbst verantworten zu müssen). Zum anderen können diese Spielräume aber auch – ohne opportunistische Absichten – für eine stark auf die Eigenheiten der Teilplanungsbereiche abgestimmte, individualisierte Planungssystematik genutzt werden. Die dadurch in sich optimalen Teilpläne müssen jedoch in der Aggregation keineswegs zu einer optimalen Gesamtplanung führen.

In beiden Fällen kann das „Auseinanderdriften" der Teilplanungen sowohl die sukzessive als auch die simultane Planabstimmung stark behindern. Daher ist eine Begrenzung solcher Spielräume durch gemeinsam getragene Regeln und Verhaltensnormen erforderlich. Im wenig determinierten strategischen Bereich können diese jedoch häufig nur impliziter Natur sein und vorwiegend indirekt über Personalführungsmaßnahmen wie z.B. Sozialisation wirksam werden.[673] Eine erhöhte Organisationsdistanz kann diese Verinnerlichung impliziter Regeln und Verhaltensnormen und damit die Funktionsfähigkeit der Planabstimmung vor allem im strategischen Bereich stark beeinträchtigen.

4.3.2　Plananpassung

4.3.2.1　Darstellung des Instruments

Im vorangegangenen Kapitel wurden die Instrumente der sukzessiven und simultanen Planung untersucht. Sie wirken koordinierend zwischen unterschiedlichen Teilplanungsbereichen bzw. -ebenen. Um eine hohe Realitätsnähe und damit Effektivität der Planung sicherzustellen, ist aber auch eine laufende Abstimmung zwischen Planungssystem und Umwelt erforderlich. „Verfahren der Plananpassung dienen der Koordination von ursprünglich abgeschlossenen

---

[671] Die operative Planung kann daher in hohem Maße durch Programmierung kompletter Planungsabläufe unterstützt werden, vgl. Kapitel 4.1.3.

[672] Vgl. Kapitel 3.4.1.

[673] Vgl. Kapitel 4.2.3.

Planungen mit unerwarteten Datenänderungen und Umweltentwicklungen. Sie sind damit unmittelbar auf die Anpassungsfunktion des Controlling gerichtet."[674]

Die Notwendigkeit einer Plananpassung läßt sich aus dem Charakteristikum der Zukunftsbezogenheit ableiten. Sie impliziert, daß zwischen der Erstellung und der Realisierung eines Planes immer eine gewisse Zeitspanne liegt. Daher gelingt es in der Regel nicht, zum Zeitpunkt der Planfertigstellung alle relevanten Informationen mit Sicherheit zu prognostizieren. Vielmehr treten bis zum Zeitpunkt der Planrealisierung – besonders in einem dynamischen Wettbewerbsumfeld – unvorhersehbare Änderungen der Planungsgrundlagen auf. Diesbezüglich sind für die Durchführung eines Planungsprozesses zwei grundsätzliche Strategien denkbar:

- Einerseits ist eine *einmalige, starre Planung* denkbar, deren Pläne einmal erstellt werden und bis zum Zeitpunkt der Realisierung unverändert bestehen. Dieses Vorgehen hält den Planungsaufwand in Grenzen, kann aber aufgrund veränderter Planungsgrundlagen zum Zeitpunkt der Realisierung zu suboptimalen Lösungen führen.

- Andererseits kann die Planung bis zum Zeitpunkt der Realisierung *permanent aktualisiert* werden. Dies sichert eine hohe Planungsqualität, die jedoch mit einem sehr hohen Planungsaufwand „erkauft" werden muß.

Beide Fälle sind theoretischer Natur. In der Realität gilt es, einen Mittelweg zu finden zwischen der Gefahr einer Entwertung einer einmaligen Planung durch veränderte Umweltparameter und einem unverhältnismäßig hohen Planungsaufwand durch permanente Plananpassung. Dabei sind unterschiedliche Ansätze denkbar:[675]

- *Zeitaufschiebung:* Im Falle einer relativ geringen Interdependenz zwischen verschiedenen Teilplanungsbereichen ist es unter Umständen möglich, stark von Umweltänderungen betroffene Teilplanungsbereiche zeitlich nahe an die Realisierungsphase zu legen. Die Grenze für die Vorverschiebung markiert die notwendige Vorlaufzeit für die Realisierungsmaßnahmen (z.B. könnte bei der Planung der Markteinführung eines neuen Produktes die Teilplanung der Marketingmaßnahmen erst kurz vor dem Markteintritt auf der Basis exakter Marktdaten und Produktspezifikationen erfolgen).

- *Revolvierende Planung:* Bei höheren Interdependenzen und Anwendung einer sukzessiven Planabstimmung zur Koordination verschiedener Planungsebenen kann es sinnvoll sein, die Teilplanungen auf der unteren, operativen Ebene in kürzeren Zyklen und dadurch zeitnah an der Realisierungsphase durchzuführen bzw. zu aktualisieren. Diese detaillierten Teilplanungen sind eingebettet in eine längerfristige Rahmenplanung im strategischen und taktischen Bereich, die in größeren Zyklen überarbeitet wird (z.B. kann eine kurzfristige

---

[674] Küpper 1997, S. 27 (Hervorhebung weggelassen).

[675] Vgl. im folgenden Wild 1982, S. 76ff. sowie S. 176ff.

Personaleinsatzplanung wöchentlich je nach Auftragslage erfolgen, muß aber die Rahmenbedingungen der langfristigen Personalpolitik beachten, die in größeren Abständen beispielsweise Gesamtpersonalbestand und Qualifikationsprofile plant.)

- *Einbau von Planreserven:* Umweltunsicherheiten können nicht nur durch laufende Überarbeitung und Anpassung der Planung kompensiert werden, sondern auch durch die antizipierende Einplanung von Reserven (z.B. Einplanung von Pufferkapazitäten im Produktionsbereich oder „budgetary slack"[676] bei Projekten, um unvorhersehbare Umwelteinflüsse abfangen zu können).

- *Flexible Planung:* Bereits im Planungsprozeß können Unsicherheiten von Umweltparametern antizipiert werden, indem für deren mögliche unterschiedliche Ausprägungen jeweils unterschiedliche Alternativpläne erstellt werden. In Abhängigkeit von der tatsächlichen Ausprägung der Parameter nach Planerstellung wird der jeweils situativ geeignete Plan realisiert (z.B. können in einem Projekt unterschiedliche Szenarien, beispielsweise ein worst-case- und ein best-case-Szenario, angenommen und dafür alternative Maßnahmenpläne entwickelt werden, die je nach eintretender Umweltsituation alternativ zum Einsatz kommen).

4.3.2.2 Auswirkungen von Distanzen

Informationsdistanz

Wie im Falle der Planabstimmung müssen für die Analyse der Auswirkungen der Informationsdistanz auf das Instrument der Plananpassung sowohl Aspekte der Quantität als auch der Qualität der zu verarbeitenden Planungsdaten betrachtet werden.

- Bei einer Plananpassung durch *Zeitaufschiebung* sind die Teilplanungen in relativ autonome Module konzentriert und weisen relativ geringe Interdependenzen untereinander auf. Insofern können sich die einzelnen Planungsmodule vorrangig auf die Abstimmung ihrer Planung mit der Planungsumwelt konzentrieren. Informationsdistanz zwischen den Teilplanungsbereichen wäre aufgrund des geringen Austauschvolumens nur von untergeordneter Bedeutung. Dagegen kann in diesem Fall durch eine telekooperative Aufgabenerfüllung die Informationsdistanz zur relevanten Planungsumwelt verringert werden, z.B. in Ansätzen der mobilen oder der On-Site-Telearbeit.[677]

- Im Falle *revolvierender Planung* bestehen zwischen den Teilplanungsbereichen höhere Interdependenzen als im Falle der Zeitaufschiebung. Im Vergleich zu einer einmalig durchlaufenen Sukzessivplanung nimmt durch die sich zyklisch häufiger wiederholende

---

[676] Vgl. Kapitel 4.6.2.

[677] Dieses Potential kommt vor allem in der Symmetrieeigenschaft der Distanz zum Ausdruck, vgl. Kapitel 3.3.4.

operative Teilplanung das Volumen der auszutauschenden Planungsdaten zu. Entsprechend verschärfen sich hier bei erhöhter Informationsdistanz die bereits bei der Sukzessivplanung ermittelten Anforderungen an Schnelligkeit und Genauigkeit der mediengestützten Übertragung.[678]

- Bei der Berücksichtigung von *Planungsreserven* kann erhöhte Informationsdistanz die Unsicherheit bezüglich der Höhe der einzuplanenden Reserven vergrößern und damit tendenziell eine Vergrößerung dieser Reserven bewirken. Letztlich stehen den Aufgabenträgern in der Interpretation der Principal-Agent-Theorie durch eine erhöhte Informationsasymmetrie größere Handlungsspielräume zu Verfügung.[679] Dies muß sich nicht a priori negativ auswirken. Um jedoch eine im Sinne des Unternehmens optimale Effizienz und Effektivität der Aufgabenerfüllung zu gewährleisten, ist in hohem Maße der komplementäre Einsatz entsprechender Personalführungsinstrumente erforderlich.[680]

- Bei der *flexiblen Planung* fällt durch die Erstellung mehrerer Alternativpläne ein höheres Datenvolumen an als bei der einfachen Planung einer Lösungsalternative unter der Annahme fixer Bedingungen. Für eine erhöhte Informationsdistanz treffen im Falle der flexiblen Planung tendenziell die gleichen Aussagen zu, die bei der Analyse der Instrumente der Planabstimmung in Abhängigkeit von Qualität (determiniert durch die Planungsebene) und Quantität (determiniert durch simultanes oder sukzessives Vorgehen) gemacht wurden.[681]

Beziehungsdistanz

Wie gezeigt wurde, kann die Plananpassung als rationales Kalkül zwischen Maximierung der Planungsqualität (bei erhöhtem Planungsaufwand durch stärkere Berücksichtigung von Umweltparametern) und Minimierung des Planungsaufwandes (bei Verschlechterung der Planungsqualität durch höheres Planungsrisiko) angesehen werden. Damit scheint zunächst eine erhöhte Beziehungsdistanz für dieses Instrument ohne Bedeutung zu sein.

Allerdings kann auch hier – analog zur Argumentation bei der Plananpassung – der Aspekt der Motivation zur tatsächlichen Durchführung einer laufenden Plananpassung mit einbezogen werden. Hierbei spielt vor allem der Partizipationsgrad der Aufgabenträger an Planungsaufgaben eine wesentliche Rolle. Dieser ist vor allem bei der Zeitaufschiebung und der revolvierenden Planung als potentiell hoch einzuschätzen, da diese Plananpassungsmethoden – wie beschrieben – weitgehend bruchlos in modulare Organisationsstrukturen eingebettet

---

[678] Vgl. Kapitel 4.3.1.

[679] Vgl. Kapitel 3.4.1

[680] Vgl. Kapitel 4.2.

[681] Vgl. Kapitel 4.3.1.

werden können. Voraussetzung für die Motivationswirkung der Partizipation ist jedoch bei telekooperativer Aufgabenerfüllung die Überwindung von Beziehungsdistanz durch Medien, die einen hohen Grad an sozialer Präsenz ermöglichen.

Für die Methoden der Einplanung von Reserven und der flexiblen Planung ist dagegen a priori keine eindeutige Aussage hinsichtlich des Partizipationsumfanges und damit der Auswirkung von Beziehungsdistanz möglich. Sie hängt maßgeblich davon ab, ob ein zentrales, simultanes oder ein dezentrales, sukzessives Planungskonzept zugrundeliegt.

Organisationsdistanz

Die Organisationsdistanz beschreibt das Maß für die Bindung eines Aufgabenträgers an organisatorische Regeln und Normen. Die Auswirkung von Organisationsdistanz auf das Instrument der Plananpassung ist daher davon abhängig, inwieweit die Plananpassungsmethoden an bestimmte Regeln bezüglich der Prozeßabwicklung gebunden sind.

Aufgrund der relativen Autonomie und Selbständigkeit der Teilplanungsbereiche im Falle der *Zeitaufschiebung* können diese Module die Planung und Plananpassung weitgehend nach eigenem Ermessen gestalten, solange die Schnittstellenanforderungen gegenüber anderen Teilplanungsbereichen erfüllt werden. Ein höherer Grad an Interdependenz besteht im Falle einer *revolvierenden Planung*. Allerdings lassen sich in diesem Fall im Bereich der höchsten Anpassungsintensität – dem operativen Bereich – aufgrund des hohen Konkretisierungsgrades auch explizite, operationale Planungsregeln definieren, die auch bei telekooperativer Aufgabenerfüllung leicht mediengestützt vermittelbar sind. Damit zeigen sich diese beiden Methoden der Plananpassung als wenig anfällig für eine erhöhte Organisationsdistanz.

Keine klare Aussage bezüglich der Auswirkung von Organisationsdistanz läßt sich für die Bildung von Planreserven und die flexible Planung machen. Hierbei ist in erster Linie ausschlaggebend, ob sich die Plananpassung auf operativer, taktischer oder strategischer Ebene bewegt.

4.3.3 Fazit

Planung läßt sich charakterisieren als zukunftsbezogener, rationaler und systematischer Prozeß des Erkennens und Lösens von Zukunftsproblemen. Zur Systematisierung der Planungen im Unternehmen erscheint eine *ebenenorientierte Einteilung* in strategische, taktische und operative Planung zweckmäßig.

Zur Koordination zwischen unterschiedlichen Planungsebenen oder unterschiedlichen funktionalen Teilplanungsbereichen stehen die Verfahren der sukzessiven und der simultanen Planabstimmung zur Verfügung. *Simultane Planabstimmung* in größerem Umfang führt jedoch rasch zu einer nicht mehr beherrschbaren Komplexität und stößt besonders in telekooperativen Strukturen rasch an Grenzen der Handhabbarkeit von Planungsinformationen. Wesentlich besser geeignet erscheinen dagegen *Sukzessivplanungskonzepte*, die die Planungskomplexität reduzieren und sich besonders gut in Verbindung mit Ansätzen der organisatorischen Modularisierung realisieren lassen. Die Auswirkung erhöhter Distanzen hängt dabei vor allem von der Planungsebene ab. Im operativen Bereich kann Informationsdistanz aufgrund guter Quantifizierbarkeit leicht überwunden werden; Beziehungs- und Organisationsdistanzen wirken sich aufgrund der hohen Determiniertheit der Pläne kaum aus. Der Bereich der strategischen Planung verlangt dagegen für die Überwindung von Informationsdistanz anpruchsvollere Medienunterstützung; zusätzlich spielen auch Beziehungsdistanz in der Frage der Durchführungsmotivation und Organisationsdistanz in der Frage des unternehmenszielkonformen Ausfüllens von Planungsspielräumen eine bedeutendere Rolle.

Zur Koordination der bereits erstellten Pläne mit einer sich dynamisch verändernden Umwelt stehen unterschiedliche *Verfahren der Plananpassung* – Zeitaufschiebung, revolvierende Planung, Einbau von Planreserven und flexible Planung – zur Verfügung. Distanzen wirken sich auf diese Verfahren in sehr unterschiedlichen Bereichen aus; generell trifft jedoch auch hier die oben dargestellte Abhängigkeit von der betrachteten Planungsebene zu.

4.4   Kontrollinstrumente

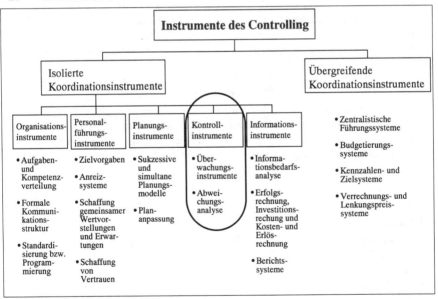

Abbildung 4-11:   Kontrollinstrumente des Controlling

„Die Kontrolle wird in der Controllingliteratur als Pendant zur Planung gesehen."[682] Bereits bei der Darstellung des Managementsystems aus prozessualer Perspektive[683] wurde deutlich, daß Planung und Kontrolle eng miteinander verknüpft sind: Ausgangspunkt des Managementprozesses bildet die Planung, in der im Hinblick auf die zu verfolgenden Unternehmensziele eine zukünftige „Soll-Ordnung" gestaltet wird. Im Rahmen der am Ende des Managementzyklus' stehenden Kontrollfunktion wird ermittelt, ob der erreichte Ist-Zustand dieser geplanten Soll-Ordnung entspricht. Die so gewonnenen Kontrollinformationen können zur erneuten Initiierung eines Planungsprozesses führen[684] und somit Ausgangspunkt für einen erneuten Durchlauf des Managementprozesses sein.

Entsprechend dieser Funktion wird der Soll-Ist-Vergleich in der Regel als zentrales definitorisches Merkmal der Kontrolle gesehen.[685] „Unter 'Kontrolle' wird in der Betriebswirtschaftslehre üblicherweise der Vergleich zwischen vorgegebenen Sollwerten und ermittelten Istwerten zum Zwecke der Überprüfung der Sollwerteinhaltung verstanden."[686] Die Beschränkung auf eine alleinige Betrachtung eines Soll-Ist-Vergleiches kann jedoch für manche Zwecke zu eng gefaßt sein. Daher wird auch allgemeiner der Vergleich zwischen einer Normgröße und einer Prüfgröße[687], welche durch den Vergleich mit der Normgröße beurteilt werden soll, als Definitionsgrundlage vorgeschlagen. Entsprechend dieser erweiterten Sichtweise kann man „ ... unter einer Kontrolle einen systematischen informationsverarbeitenden Prozeß verstehen, in dem ein beurteilender Vergleich zwischen zwei Größen vollzogen wird. In der Regel schließt die Beurteilung eine Analyse der Abweichungsursachen ein."[688]

Bereits bei der Spezifizierung des Controlling-Begriffes[689] wurde die – zumindest sprachliche – Nähe von Kontrolle und Controlling erwähnt. Über das Verhältnis dieser beiden Führungsfunktionen zueinander und über ihre wechselseitige Abgrenzung gibt es sowohl in der Literatur als auch in der Praxis sehr unterschiedliche Vorstellungen.[690] Eine Position – in erster Linie von Gegnern einer expliziten Controlling-Funktion im Unternehmen vertreten – geht von einer faktischen Identität der Aufgaben von Controlling und Kontrolle aus. Jedoch

---

[682] Horváth 1996, S. 157.

[683] Vgl. Kapitel 2.3.1.

[684] Z.B. zur Nachbesserung noch vorhandener Soll-Ist-Abweichungen oder zur Weiterentwicklung der Ziele im Falle einer Zielerreichung.

[685] Vgl. Pfohl / Stölzle 1997, S. 3.

[686] Frese / Simon 1987, Sp. 1247.

[687] Maßstabsgröße und Prüfgröße können in dieser Betrachtung sowohl Soll- und Istgrößen als auch Prognosegrößen (Wirdgrößen) sein. Zur Systematisierung der daraus ableitbaren Kontrollformen vgl. Amshoff 1993, S. 265.

[688] Vgl. Küpper 1997, S. 165.

[689] Vgl. Kapitel 2.1.2.

[690] Vgl. im folgenden Küpper 1997, S. 176.

würde aus Sicht von Verfechtern einer eigenständigen Controlling-Funktion eine „ …
Gleichsetzung von Controlling mit Kontrolle … eine unzweckmäßige Verengung seiner
Aufgaben bedeuten und viele Impulse außer acht lassen, die mit seiner Entwicklung in den
vergangenen Jahrzehnten verbunden waren."[691] Von der Gegenposition aus werden dement-
sprechend Controlling und Kontrolle explizit als getrennte Sachverhalte gesehen: „Der
Controller kontrolliert nicht!"[692] Aus dieser Sicht – letztlich die Folge einer konsequenten
Anwendung der koordinationsorientierten Controlling-Konzeption – werden Kontrollaufga-
ben durch das Managementteilsystem der Kontrolle erfüllt, Koordinationsaufgaben dagegen
durch das Controlling.

Solche Koordinationsaufgaben fallen vor allem zwischen den beiden Managementteilsys-
temen der Planung und der Kontrolle an, zwischen denen starke Interdependenzen bestehen.
Sehr deutlich zeigt sich dies innerhalb der planungs- und kontrollorientierten Controlling-
Konzeption[693], die – wie der Name bereits deutlich macht – die Koordination zwischen
Planung und Kontrolle in den Mittelpunkt stellt. Dies kann soweit gehen, daß Planung und
Kontrolle als eine einzige funktionale Einheit betrachtet werden.[694] Die hier zugrundegelegte
koordinationsorientierte Controlling-Konzeption betrachtet zwar Planung und Kontrolle als
eigenständige Managementteilfunktionen, sieht aber in der Koordination zwischen diesen
beiden Bereichen ebenfalls ein zentrales Aufgabenfeld des Controlling.

Zur instrumentellen Unterstützung dieser Controlling-Funktion stehen innerhalb des Kontroll-
systems einerseits Instrumente der *Überwachung* und andererseits das Instrumentarium der
Abweichungsanalyse zur Verfügung, die in den folgenden Kapiteln dargestellt werden. Im
Anschluß werden jeweils die Auswirkungen von telekooperativ bedingten Distanzen auf diese
Koordinationsinstrumente analysiert.

4.4.1 Überwachung

4.4.1.1 Darstellung des Instruments

Der Begriff der Überwachung steht innerhalb des Oberbegriffes der Kontrolle in der Regel für
den eigentlichen Vergleich zwischen Norm- und Prüfgröße.[695] Für die Gewinnung der
entsprechenden Vergleichsinformationen sind grundsätzlich zwei unterschiedliche Verfahren
denkbar:[696]

---

[691] Küpper 1997, S. 176.

[692] Horváth 1996, S. 158. Der Autor formuliert diese These lediglich zur Veranschaulichung dieser Position,
vertritt sie jedoch nicht in dieser Extremform.

[693] Vgl. Kapitel 2.1.3.

[694] Vgl. Horváth 1996, S. 163ff.

[695] Vgl. Baetge 1993, S. 179.

[696] Vgl. Thieme 1982, S. 28 sowie S. 181ff.; Pfohl / Stölzle 1997, S. 245.

- *Verhaltensorientierte Verfahren:* In diesem Fall wird versucht, über die Erfassung bestimmter Verhaltensweisen von Aufgabenträgern (z.b. das Ausführen bestimmter Tätigkeiten, die Nachfrage bestimmter Informationen oder auch nur die Anwesenheit am Arbeitsplatz) auf den Umfang und die Qualität der Aufgabenerfüllung zu schließen. Dabei wird angenommen, daß zwischen der Häufigkeit des Auftretens eines Verhaltens (z.B. Zeitdauer der Anwesenheit) und der Wirksamkeit hinsichtlich der Aufgabenerfüllung ein linearer Zusammenhang besteht.[697]

- *Ergebnisorientierte Verfahren:* Hierbei wird direkt das Resultat einer Tätigkeit mit der Normgröße (z.b. Sollwert aus der Planung) verglichen. Der Aufgabenträger verfügt dadurch über gewisse Freiräume hinsichtlich der Art und Weise der Zielerreichung und kann den Prozeß der Aufgabenerfüllung weitgehend selbst gestalten. Dies erfordert in der Regel auch eine prozeßbegleitende Selbstüberwachung des Ausführenden während des Leistungserstellungsprozesses.

Im folgenden werden die Anforderungen bzw. Problemfelder, die verhaltens- und ergebnisorientierte Verfahren der Überwachung bei ihrer Anwendung im Unternehmen stellen, herausgearbeitet. Sie dienen als Grundlage für die Analyse der Auswirkungen von Distanzen auf diese Instrumente.

Verhaltensorientierte Verfahren

Verhaltensorientierte Verfahren der Überwachung nehmen in der heutigen Managementpraxis vielfach noch eine dominierende Stellung ein. „Despite the development of global organization, remote work technologies, and telecommunication-based coordination, management practice remains tradition-bound. It relies on two forms of control: rules and visual observation of the work process. Rules tell workers what to do and observations confirm how well they do it. It's a tight, familiar formula. For the last hundred years legions of managers and supervisors, and of course their employees, have worked by it, sworn by it, and often sworn at it."[698] Plastisch wird auch von „hands-on management"[699] oder „eyeball management"[700] gesprochen. Auch die Empfehlung eines „management by walking around"[701] kann als Indiz für die Präferenz verhaltensorientierter Verfahren der Überwachung gewertet werden.

Verhaltensorientierte Verfahren sind jedoch nicht immer unproblematisch in ihrer Anwendung. Anhand der Problemfelder, die sich in der Anwendungspraxis häufig stellen, können

---

[697] Vgl. Becker 1994, S. 291.

[698] Kugelmass 1995, S. 6.

[699] Cohen 1997, S. 35.

[700] British Telecom 1994, S. 32.

[701] Vgl. Larson / King 1996, S. 58; kritisch hierzu im Kontext des Telemanagements Caudron 1992, S. 44.

die Anforderungen an eine effektive und effiziente Anwendung dieser Verfahren abgeleitet werden:[702]

- *Mehrdimensionalität:* Häufig ist festzustellen, daß die Verhaltensbeobachtung aus Vereinfachungsgründen auf wenige „Norm"-Verhaltensmuster (diese entsprechen den Normgrößen als Vergleichsbasis) beschränkt werden. Mitarbeiter, die abweichendes Verhalten zeigen, können jedoch ihre Aufgaben ebenso effektiv bewältigen. Für eine fundierte Bewertung eines beobachtbaren Verhaltens ist daher eine mehrdimensionale und individualisierte Betrachtung erforderlich.

- *Objektivität:* Die verhaltensorientierte Überwachung erfordert zum einen die Einstufung eines beobachtbaren Verhaltens auf einer Beurteilungsskala und zum anderen den Schluß von diesem Skalenwert auf den Grad der Aufgabenerfüllung, also letztlich auf die zu prüfende Größe. Beide Schritte sind jedoch in der Regel nicht frei von subjektiven Einflüssen. Verstärkt werden solche Einflüsse durch die obengenannte Anforderung nach einer individualisierten und mehrdimensionalen Bewertung. An das Überwachungsverfahren ist damit die Anforderung einer hohen intersubjektiven Vergleichbarkeit – im Idealfall der Objektivität – zu stellen.

- *Validität:* In der Regel wird bei der verhaltensorientierten Überwachung – zumindest intuitiv – unterstellt, daß ein linearer Zusammenhang zwischen der beobachteten Häufigkeit eines bestimmten Verhaltens und der angenommenen Verhaltenswirksamkeit, also der Ausprägung der Prüfgröße, besteht. Dies muß jedoch keineswegs immer der Fall sein. Über eine exakte Analyse der Ursache-Wirkungs-Funktion ist daher eine hohe Validität der Verhaltensbeurteilung anzustreben.

Ergebnisorientierte Verfahren

Ergebnisorientierte Verfahren der Überwachung sind eine wesentliche Komponente des Management-by-Objectives-Konzeptes, das bereits ausführlich dargestellt wurde.[703] Durch die Zielvorgabe oder die partizipative Zielvereinbarung wird die Normgröße, die als Maßstab für eine optimale Aufgabenerfüllung dient, festgelegt. Anhand dieses für den Ausführenden verbindlichen Zieles erfolgt zum einen die für die Aufgabenerfüllung notwendige Selbstkoordination, zum anderen kann im Rahmen der Überwachung der Erfüllungsgrad der Aufgabe durch den Vergleich von Normgröße (anzustrebendes Ziel) mit der Prüfgröße (tatsächlich realisierte Zielerreichung) bestimmt werden.

Bei ergebnisorientierten Verfahren der Überwachung ist im Gegensatz zu verhaltensorientierten Verfahren kein „Umweg" über das beobachtbare Verhalten und damit auch kein auf

---

[702] Vgl. Becker 1994, S. 286ff.

[703] Vgl. Kapitel 4.2.1.

diesem Verhalten basierender indirekter Schluß auf die Prüfgröße erforderlich. Damit werden durch die Anwendung ergebnisorientierter Verfahren die wesentlichen Nachteile bzw. Anforderungen, die verhaltensorientierte Verfahren in bezug auf Mehrdimensionalität, Objektivität und Validität aufweisen, vermieden.

Diesen methodischen Vorteilen stehen jedoch auch spezifische Probleme ergebnisorientierter Verfahren gegenüber. Besonders die Principal-Agent-Theorie erscheint geeignet, die Frage zu beantworten, zu welchem Preis die beschriebenen Vorteile „erkauft" werden müssen. Aus Principal-Agent-theoretischer Sicht ist zu fragen, welche Faktoren im Falle einer ergebnisorientierten Überwachung die Agency-Kosten – den Effizienzmaßstab für Principal-Agent-Verträge – in welcher Weise beeinflussen.[704] Dabei zeigt sich folgendes:

- Ergebnisorientierte Kontrollen verlagern das Risiko der Aufgabenerfüllung vollständig auf den Agent. Um den Agent für dieses erhöhte Risiko zu entschädigen, muß der Principal ihm zur längerfristigen Aufrechterhaltung des Principal-Agent-Vertrages einen Ausgleich in Form einer *Risikoprämie* gewähren (z.B. eine Gewinnbeteiligung im Erfolgsfall). Diese erhöht jedoch die Agency-Kosten.

- Bei einer ergebnisorientierten Überwachung im Rahmen eines Management-by-Objectives kann „ ... der entstehende Aufwand ein schwerwiegender negativer Aspekt hinsichtlich Praktikabilität und Wirtschaftlichkeit sein. So fordert ein Management-by-Objectives von den Führungskräften großen, die Zielformulierung und -überprüfung betreffenden Einsatz."[705] Aus Sicht der Principal-Agent-Theorie entstehen damit Agency-Kosten durch *erhöhte Überwachungskosten* des Principal (z.B. durch die notwendige Einarbeitung des Überwachenden in eine spezifische Problemstellung).

Sowohl verhaltens- als auch ergebnisorientierte Formen der Überwachung weisen offensichtlich in der Anwendung Problemfelder unterschiedlicher Art auf. Im folgenden ist zu fragen, inwieweit diese Problemfelder auch bei der Anwendung von Überwachungsinstrumenten in telekooperativen Strukturen eine Rolle spielen oder gegebenenfalls durch den Einfluß von Distanzen sogar neue Dimensionen gewinnen.

4.4.1.2 Auswirkungen von Distanzen

Informationsdistanz

Für den Fall *verhaltensorientierter Überwachung* ist zu analysieren, ob und in welcher Weise auch bei erhöhter Informationsdistanz die oben abgeleiteten Anforderungen erfüllt werden können.

---

[704] Vgl. Kapitel 3.4.1.

[705] Fallgatter 1996, S. 103f. Ähnlich argumentieren auch Küpper / Weber 1997, S. 221, die von einer „ ... übermäßigen Ausdehnung des Kontroll- und Verwaltungsaufwands ... " sprechen.

In informationsverarbeitenden Tätigkeitsfeldern („knowledge working"), wie sie als Teleleistungen im Rahmen der Telekooperation erbracht werden, ist – solange es sich nicht um reine Routineaufgaben wie z.b. Datenerfassung handelt – kaum ein Normverhalten abzuleiten, das in jedem Fall die optimale Aufgabenerfüllung garantiert. Alchian / Demsetz beschreiben dies plastisch: „In 'artistic' or 'professional' work, watching a man's activities is not a good clue to what he is actually thinking or doing with his mind. While it is relatively easy to manage or direct the loading of trucks by a team of dock workers where input activity is so highly related in an obvious way to output, it is more difficult to manage and direct a lawyer in the preparation and presentation of a case. Dock workers can be directed in detail without the monitor himself loading the truck ... but detailed direction in the preparation of a law case would require in much greater degree that the monitor prepare the case himself."[706]

Die verhaltensorientierte Überwachung telekooperativer Leistungserstellung würde damit in der Regel mehrdimensional und stark individualisiert erfolgen müssen. Bei telekooperativer Aufgabenerfüllung findet jedoch kein für diese Zwecke optimaler Face-to-face-Kontakt statt. Mediengestützte Verhaltenskontrolle erscheint allenfalls als stichprobenartige Anwesenheitskontrolle mit relativ armen Medien (z.b. in Form von Kontrollanrufen oder über die Erfassung von login-Zeiten am Computer) möglich. Durch die in diesem Fall medienbedingt auftretende Informationsdistanz kann dieses Vorgehen den Ansprüchen an eine mehrdimensionale, ganzheitliche Beurteilung der Aufgabenerfüllung jedoch in keiner Weise gerecht werden. Ferner besteht die Gefahr, daß die Validität der Überwachung durch die ungenügende Berücksichtigung situativer Gegebenheiten, welche die Vorteilhaftigkeit bzw. Nachteiligkeit eines bestimmten Verhaltens relativieren, stark beeinträchtigt wird (z.b. im Falle einer starken Einbindung eines On-site-Telearbeiters in ein Kundenunternehmen und eine entsprechende Anpassung an dessen Arbeitsrhythmen und -prozesse).

Die *ergebnisorientierte Überwachung* scheint zunächst von solchen Nachteilen nicht betroffen zu sein.[707] Allerdings wurde oben gezeigt, daß bei ihrer Anwendung – aus der Perspektive der Principal-Agent-Theorie – auch zusätzliche Agency-Kosten in Kauf genommen werden müssen. Zu fragen ist daher, wie sich eine Erhöhung der Informationsdistanz auf diese Kosten auswirkt.

PonTell u.a. analysieren die Effizienz ergebnisorientierter Verfahren der Überwachung im Telemanagement unter den Prämissen der Principal-Agent-Theorie und stellen Hypothesen über die Höhe von Risikoprämie und Kontrollkosten als Bestandteile der Agency-Kosten auf:[708]

---

[706] Alchian / Demsetz 1972, S. 786.

[707] In den meisten Veröffentlichungen zum Telemanagement, vor allem in praxisnahen Beiträgen, wird daher auch relativ unreflektiert eine ergebnisorientierte Überwachung von Telearbeitern empfohlen.

[708] Vgl. PonTell u.a. 1996, S. 24ff.

- „The principal is assumed to have more assets and greater risk diversification opportunities than the agent and thus better able to bear risks related to possible outcomes. Outcome based contracts transfer risk related to uncontrollable factors to agents, hence require more pay (a risk premium) to achieve results comparable to behavior based contracts where the principal bears the risk."[709] Durch eine erhöhte Informationsdistanz bei telekooperativer Aufgabenerfüllung kann sich das Risiko für den Agent erhöhen, da geringere Möglichkeiten einer häufigen und direkten arbeitsbegleitenden Rückkopplung und einer laufenden Prozeßsteuerung bestehen. Es kann daher angenommen werden, daß aus diesem Grund der Agent bei höherer Informationsdistanz auch eine höhere Risikoprämie verlangt.

- Ergebnisorientierte Überwachung ist für den Principal aufwendiger durchzuführen als verhaltensorientierte Überwachung. „Managers become responsible for outcomes, which are more difficult to measure than behavior."[710] Das Problem einer mangelnden Beobachtbarkeit der Aktivitäten des Agent durch den Principal bei verhaltensorientierten Verfahren wird also durch ergebnisorientierte Verfahren nicht gelöst, sondern vielmehr hin zu der Frage einer Vereinbarung sinnvoller, angemessener Zielvorgaben und einer situativ angemessenen Beurteilung des Output verlagert.[711] Dazu muß sich der Principal jedoch intensiv und mit entsprechendem Aufwand einerseits mit der Problemstellung und andererseits mit den situativen Gegebenheiten der Leistungsefüllung vertraut machen.[712] Eine erhöhte Informationsdistanz kann diesen Prozeß deutlich erschweren und damit die Überwachungskosten bei ergebnisorientierter Überwachung erhöhen.

Beziehungsdistanz

Neben der rein inhaltlichen Dimension eines Vergleiches zwischen Norm- und Prüfgröße berührt die Überwachung in hohem Maße den Beziehungsaspekt zwischen der überwachenden und der überwachten Person. Einerseits kann Überwachung in positiver Weise soziale Kontaktmotive ansprechen,[713] andererseits wird sie häufig auch als Akt der Herrschaftsausübung interpretiert, der für beide Seiten als unangenehm empfunden wird.[714] Letzteres gilt insbesondere für eine rein *verhaltensorientierte Überwachung*, da diese tätigkeitsbegleitend und daher mit größerer Häufigkeit erfolgt und die Gefahr einer wenig ausgeprägten (oder auch nur vom Überwachten subjektiv als gering wahrgenommenen) Mehrdimensionalität und damit Individualität besteht. Die dadurch empfundene Einengung des Handlungsspielraumes

---

[709] PonTell u.a. 1996, S. 24; vgl. auch Sjurts 1998, S. 288 sowie Reichwald / Sachenbacher 1999, S. 11f.

[710] PonTell u.a. 1996, S. 27.

[711] Vgl. Reichwald u.a. 1998b, S. 288.

[712] Vgl. Thieme 1982, S. 148.

[713] Vgl. Thieme 1982, S. 125.

[714] Vgl. Pfohl / Stölzle 1997, S. 242.

kann als unangemessene „Gängelung" empfunden werden und entsprechend belastend und akzeptanzmindernd wirken.[715]

Durch die bei telekooperativer Aufgabenerfüllung erhöhte Beziehungsdistanz kann sich diese Situation erheblich verschärfen, da unter Umständen die motivierende und kompensierende Wirkung sozialer Kontakte bei Kontrollprozessen durch die Mediatisierung stark eingeschränkt wird und eine derart „entpersönlichte" Überwachung als bedrohlich und invasiv empfunden wird. „Actually it is technologically possible to monitor home telecommuters continuously. We strongly recommend against it for reasons of good management practice, not to mention invasion of privacy issues."[716] Dysfunktionale Wirkungen, z.B. durch Verletzung des Selbstwertgefühls und der Privatsphäre der überwachten Person, sind hier als besonders hoch einzuschätzen.[717] Krystek / Redel / Reppegather spitzen dies auf die Aussage zu: „Der Einsatz modernster Informations- und Kommunikationstechnologien zur immer perfekteren Fremd-Kontrolle von Mitarbeitern muß als eine Perversion der Anwendung dieser Technologien gewertet werden."[718]

Auch bei der Anwendung *ergebnisorientierter Verfahren* besitzt Beziehungsdistanz eine nicht zu unterschätzende Bedeutung. Um eine effektive Überwachung zu gewährleisten, muß der Überwachende unter anderem die Fähigkeit aufweisen, „ ... sich in die Lage des Aufgabenträgers hineinzuversetzen."[719] Dies erscheint notwendig, da das Ergebnis der Aufgabenerfüllung – also die Ausprägung der Prüfgröße – nicht nur von der Aufgabe selbst (z.B. deren Umfang und Schwierigkeitsgrad) und den situativen Bedingungen (z.B. zur Verfügung stehende Ressourcen) abhängt, sondern auch wesentlich von der individuellen Persönlichkeit der überwachten Person bestimmt wird. Überwachung muß daher „ ... in Abhängigkeit von bestehenden (auch widersprüchlichen) sozialen Normen ... sowie der unterschiedlichen Persönlichkeiten ... "[720] erfolgen. Das Erkennen und die Einschätzung dieser Merkmale durch den Überwachenden erfolgt in erster Linie über den Beziehungsaspekt.

Mit steigender Beziehungsdistanz besteht die Gefahr, daß die Überwachung zunehmend auf den Inhaltsaspekt fokussiert[721] und individuelle Persönlichkeitseigenschaften der überwachten Telearbeiter keine Berücksichtigung mehr finden. Eine solche Vereinheitlichung der Überwachung kann eine schwindende Motivation und Leistungsbereitschaft zur Folge haben.[722]

---

[715] Vgl. Thieme 1982, S. 195, mit Bezug auf Müller-Böling 1979.

[716] Nilles 1994, S. 28.

[717] Vgl. Thieme 1982, S. 182.

[718] Krystek / Redel / Reppegather 1997, S. 398.

[719] Vgl. Pfohl / Stölzle 1997, S. 242; Thieme 1982, S. 148.

[720] Thieme 1982, S. 147.

[721] Vgl. dazu auch die in Kapitel 3.4.3 dargestellte Untersuchung von Grote.

[722] Vgl. Thieme 1982, S. 147f.

Organisationsdistanz

Neben den oben beschriebenen Einflüssen von Informations- und Beziehungsdistanz kann im Falle telekooperativer Aufgabenerfüllung auch eine verminderte Einbindung der zu überwachenden Aufgabenträger in organisationsweit getragene Regeln und Normen – also eine erhöhte Organisationsdistanz – die Wirksamkeit von Überwachungsinstrumenten beeinträchtigen.

In der traditionellen „Same time / Same place" - Situation im Unternehmen bilden sich in der Regel durch eine dauerhafte Face-to-face-Zusammenarbeit und entsprechende gruppendynamische Prozesse mehr oder weniger allgemein akzeptierte, implizite Verhaltensnormen heraus. Häufig finden diese Normen auch Eingang in verhaltensorientierte Überwachungsinstrumente (z.B. als idealisiertes Normverhalten, das als Prüfgröße herangezogen wird).

Durch eine erhöhte Organisationsdistanz wird sich jedoch in der Regel das zu beobachtende Verhaltensspektrum der telekooperierenden Aufgabenträger breiter auffächern. Dadurch besteht die Gefahr, daß ein von impliziten Verhaltensnormen abweichendes Verhalten (so z.B. auch kreatives und originelles Problemlösen) im Rahmen einer auf eine oder wenige Verhaltensdimensionen beschränkten Überwachung negativ bewertet wird.

Durch eine geringere Einbindung der Telearbeiter in organisatorische Normen kann ferner – z.B. aufgrund einer Überlastung des Überwachenden durch sehr viele unterschiedliche Verhaltensmuster – die Tendenz bestehen, bestimmte Menschenbilder, frühere Erfahrungen oder auch Vorurteile stärker in den Überwachungs- und Beurteilungsprozeß mit einzubeziehen, was dessen Objektivität schmälert. Darüber hinaus besteht die Gefahr einer Verfälschung durch Überbewertung besonders einprägsamer, kritischer Ereignisse.[723]

4.4.2 Abweichungsanalyse

4.4.2.1 Darstellung des Instruments

Die bloße Überwachung im Sinne eines Vergleiches von Maßstabs- und Prüfgröße bewirkt noch keine Veränderungen und somit im Falle eines mangelhaften Ergebnisses auch keine Verbesserungen von Leistungserstellungsprozessen im Unternehmen. Die aus der Überwachung gewonnenen Informationen müssen vielmehr im Hinblick auf die zugrundeliegenden *Abweichungsursachen untersucht und daraus entsprechende Anpassungsmaßnahmen abgeleitet* werden. Dies geschieht im Rahmen der Abweichungsanalyse.

Das Bezugsfeld der Abweichungsanalyse wird häufig stark auf Kosten- und Leistungsabweichungen innerhalb der betrieblichen Kosten- und Erlösrechnung eingeschränkt.[724] Hier soll jedoch – analog zur oben dargestellten Sichtweise der Kontrolle – eine breitere Betrachtungs-

---

[723] Vgl. Becker 1994, S. 287.

[724] Vgl. hierzu beispielsweise die ausführliche Darstellung bei Coenenberg 1992, S. 351ff.

weise zugrundegelegt werden. Die Instrumente der Abweichungsanalyse dienen allgemein
„ ... dem Erkennen von Abweichungsursachen, um diese abzustellen und bei der künftigen
Planung und Durchführung diese Abweichungen zu vermeiden."[725] Die Ursachen von
Abweichungen können dabei in drei unterschiedlichen Bereichen liegen:[726]

- *Mängel in der Ausführung* des Leistungserstellungsprozesses,

- *Fehlerhafte Ermittlung der Prüfgröße* im Rahmen der Überwachung,[727]

- *Fehler bei der Festlegung der Normgröße* im Rahmen der Planung.[728]

Aus diesen drei Ursachenkomplexen kann der koordinierende Charakter der
Abweichungsanalyse abgeleitet werden: Je nach Ursache der ermittelten Abweichung ist
entweder eine Rückkopplung an die ausführenden Stellen, an das Überwachungssystem oder
an das Planungssystem erforderlich. Die Abweichungsanalyse besitzt damit eine Schnittstel-
lenposition innerhalb des Managementprozesses. Erst durch die Rückkopplung der gewonnenen Informationen kann die wechselseitige Abstimmung von Planung, Kontrolle und
Ausführung untereinander optimiert und die Reaktionsfähigkeit des Unternehmens auf
Umwelteinflüsse sichergestellt werden. Insofern kann das Instrumentarium der Abweichungsanalyse zu den Controlling-Instrumenten gezählt werden.

Die Qualität der Abweichungsanalyse hängt nicht alleine von der korrekten Zuordnung von
Fehlerursachen und dem effizienten Informationsaustausch zwischen den Schnittstellen ab.
Vielmehr ist auch zu beachten, daß sich durch die Form der Analysedurchführung und die Art
der Rückkopplung von Abweichungsinformationen bei den Betroffenen auch *Verhaltens- und
Motivationswirkungen* ergeben, die starken Einfluß auf die Durchführung entsprechender
Anpassungsmaßnahmen haben können. Entsprechende Erkenntnisse wurden vor allem aus der
Forschungsrichtung des „behavioral accounting" abgeleitet.[729] Für die Implementierung einer
effektiven und effizienten Abweichungsanalyse sind demnach folgende Anforderungen zu
stellen:[730]

- realitätsgetreue Abbildung der tatsächlichen Leistungsstruktur durch das Analysesystem,

- häufige, schnelle, unmittelbare und exakte Rückkopplung von Abweichungsinformationen,

---

[725] Küpper 1997, S. 27.

[726] Vgl. Küpper 1997, S. 182.

[727] Vgl. Kapitel 4.4.1.

[728] Vgl. Kapitel 4.3.

[729] Hierbei wurden die Wirkungen von Planungs- und Kontrollinformationen, insbesondere aus dem Bereich des
betrieblichen Rechnungswesens, auf das Verhalten von Mitarbeitern im Unternehmen untersucht, vgl. z.B.
im deutschen Sprachraum Macharzina 1976; Höller 1978; Jehle 1982.

[730] Vgl. im folgenden Jehle 1982, S. 211 sowie die dort zitierten empirischen Untersuchungen.

- Beschränkung der Analyse und Rückkopplung auf die innerhalb des betrachteten Bereiches relevanten Abweichungsinformationen,

- Verdeutlichung und Untermauerung der Abweichungsinformationen durch zusätzliche erläuternde Angaben, Vergleiche und Kommentare,

- transparente Verknüpfung der Analyseergebnisse mit dem Anreizsystem.[731]

Im Falle telekooperativer Aufgabenerfüllung ist zu prüfen, inwieweit die oben dargestellten Anforderungen an die Abweichungsanalyse auch beim Auftreten von Distanzen erfüllt werden können.

4.4.2.2 Auswirkungen von Distanzen

Informationsdistanz

Durch die Erhöhung der Informationsdistanz kann vor allem die Anforderung an häufige, schnelle, unmittelbare und exakte Rückkopplung von Abweichungsinformationen betroffen sein. Inwieweit sich hier Informationsdistanz auswirkt, ist jedoch stark von der Qualität der Abweichungsinformationen abhängig.

So sind im operativen Bereich diesbezüglich nur geringe Probleme zu erwarten, da die relevanten Informationen expliziter und quantifizierbarer Natur sind. Die Rückkopplung der Abweichungsinformationen kann effizient über schnelle, asynchrone und „arme" Medien erfolgen. Durch die Möglichkeit einer Automatisierung der Abweichungsanalyse und -rückkopplung kann durch integrierten EDV- und Medieneinsatz sogar eine Verbesserung bezüglich Schnelligkeit, Häufigkeit und Exaktheit erreicht werden.[732] Allerdings kann dabei auch ein Zielkonflikt mit der Anforderung an eine Beschränkung auf relevante Informationen auftreten. Durch die automatisierte Erzeugung der entsprechenden Rückmeldeinformationen und die Möglichkeit einer kostengünstigen Verbreitung (z.B. E-Mail-Verteiler) besteht – vor allem bei mangelhaftem Informationsmanagement[733] – die Gefahr wenig selektiver, pauschaler Rückmeldungen nach dem „Gießkannenprinzip".[734] Solche für einen Aufgabenträger irrelevanten, weil nicht seinen Aufgabenbereich betreffenden Informationen bergen jedoch

---

[731] Vgl. Kapitel 4.2.2.

[732] Vgl. Küpper 1997, S. 190.

[733] Vgl. Kapitel 4.5.

[734] Dieses Phänomen kann durch die Bedeutung von Informationsaktivitäten als Signal (z.B. für den Fleiß desjenigen, der die Abweichungsanalyse durchführt) zusätzlich angereizt werden, vgl. Feldmann / March 1981. In der E-Mail-Kommunikation wird dies beispielsweise durch das Auftreten eines hohen Anteils sogenannter „Junk-Mail" sichtbar, vgl. Pribilla / Reichwald / Goecke 1996, S. 209.

Gefahren des Produktivitätsverlustes durch unnötigen Handling-Aufwand beim Empfänger sowie durch „information overload".[735]

Ein anderes Bild bietet sich in Bereichen, in denen vorwiegend mit strategischen Informationen gearbeitet wird. Bei „ ... Abweichungsanalysen treten auf der strategischen Ebene insoweit Probleme auf, als die vielfältigen kausalen Zusammenhänge, die bei der Strategieimplementierung zu beachten sind, kaum vollständig berücksichtigt werden können und die Zeiträume, nach denen die Wirkungen der Umsetzung von Strategiealternativen auftreten, nicht nur langfristig angelegt, sondern auch schwer zu bestimmen sind."[736] Entsprechend komplex gestaltet sich die Durchführung entsprechender Analysen und die Rückkopplung von Abweichungsinformationen. Die Anforderungen an Unmittelbarkeit und Exaktheit können bei telekooperativer Aufgabenerfüllung nur über reiche Medien mit hohem Potential bezüglich Vertraulichkeit und Komplexität erfüllt werden.

Beziehungsdistanz

Wie erwähnt, hängt die Effektivität und Effizienz der Abweichungsanalyse unter anderem davon ab, inwieweit es gelingt, die rein sachbezogenen Informationen über Abweichungshöhe und Abweichungsursachen durch zusätzliche (aus rein rational-logischer Perspektive redundante) Angaben zur Verdeutlichung und Untermauerung der Sachinformationen anzureichern. Dies kann vor allem durch erläuternde *Kommentare* (z.B. zur Transparenmachung von Verfahren und Prämissen, die bei der Analyse angewandt wurden) und durch *Vergleiche*, die die Abweichungsinformationen in einen relativierenden Kontext stellen (z.B. Vergleiche mit anderen Organisationseinheiten oder intertemporale Vergleiche), erfolgen.[737] Des weiteren hat auch die *Darstellungs- und Präsentationsform* sowie die *Ausgewogenheit zwischen positiven und negativen Informationen* Einfluß auf die Wirksamkeit der Informationsrückkopplung im Rahmen der Abweichungsanalyse.[738]

Es erscheint jedoch keine generelle Gestaltungsempfehlung ableitbar, die angibt, in welchem Umfang Kommentare erforderlich sind, wie Informationen optimal dargestellt und in welchem Verhältnis positive und negative Rückmeldungen stehen sollten. Vielmehr richtet sich die Zweckmäßigkeit „ ... nach den Persönlichkeitsmerkmalen des Aufgabenträgers und kann deshalb nicht pauschal vorgegeben werden."[739] Für die Transparenz individueller Persönlichkeitsmerkmale eines Telearbeiters für den Träger der Abweichungsanalyse spielt jedoch der Beziehungsaspekt und damit die Beziehungsdistanz eine entscheidende Rolle.

---

[735] Vgl. Picot / Reichwald / Wigand 1998, S. 86f.

[736] Pfohl / Stölzle 1997, S. 179; mit Bezug auf Bea / Haas 1995, S. 29 (Auszeichnungen weglassen).

[737] Vgl. Höller 1978, S. 193f. sowie die dort genannten Untersuchungen.

[738] Vgl. Pfohl / Stölzle 1997, S. 260f.

[739] Pfohl / Stölzle 1997, S. 261.

Für eine wirksame mediengestützte Rückkopplung von Abweichungsergebnissen ist daher ein hohes Maß an sozialer Präsenz erforderlich. Beispielsweise können bei der Kommentierung von Abweichungsinformationen bereits Nuancen von Stimme, Mimik oder Gestik die Interpretation durch den Empfänger beeinflussen. Daher sollte sich das unterstützende Medium nahe an der Face-to-face-Kommunikation orientieren. Ebenso erscheint eine hohe Nutzungsoffenheit und ein hohes Visualisierungspotential vorteilhaft, um die Darstellungs- und Präsentationsform individuell anpassen zu können.[740]

Organisationsdistanz

Durch eine längerdauernde Face-to-face-Zusammenarbeit kann bei den Aufgabenträgern allmählich Erfahrungswissen über die Funktionsweise und die spezifischen Eigenheiten der Abweichungsanalyse im Unternehmen aufgebaut werden. Die Vertrautheit mit den entsprechenden organisationsspezifischen Normen und Regeln sichert die Akzeptanz des Systems und dessen mehr oder weniger reibungslose Funktion.[741]

Durch eine bei telekooperativer Zusammenarbeit erhöhte Organisationsdistanz kann diese Internalisierung erschwert werden. Damit kann jedoch auch die obengenannte Anforderung an eine realitätsgetreue Abbildung der tatsächlichen Leistungsstruktur durch das System der Abweichungsanalyse nicht mehr hinreichend erfüllt werden. Dies birgt die Gefahr, daß das Abweichungsanalysesystem – vor allem wenn es sehr komplex gestaltet und hochgradig ausdifferenziert ist – dem Aufgabenträger mehr oder minder als undurchschaubare „black box" erscheint und entsprechend schlecht akzeptiert und unterstützt wird.

4.4.3　Fazit

Kontrolle bezeichnet im betriebswirtschaftlichen Kontext einen systematischen Prozeß des Vergleiches zwischen einer Norm- und einer Prüfgröße. Kontrolle ist daher aus der Perspektive des Managementprozesses eng mit dem Führungsteilsystem der Planung verknüpft. Der eigentliche Vergleich zwischen Norm- und Prüfgröße findet im Teilbereich der Überwachung statt. Dabei bestehen die beiden grundsätzlichen Verfahrensoptionen der verhaltens- und der ergebnisorientierten Überwachung. Im anschließenden Prozeß der Abweichungsanalyse werden Abweichungsursachen analysiert und Anpassungsmaßnahmen eingeleitet.

---

[740] Vgl. Möslein 1999.

[741] Allerdings erzeugt eine sehr starke Vertrautheit mit Kontroll- und Abweichungsanalyseprozessen im Unternehmen (beispielsweise hinsichtlich bevorzugt erhobener und ausgewerteter Analysegrößen) unter Umständen auch ein opportunistisches und daher in der Regel dysfunktionales Anpassungsverhalten der Aufgabenträger (vgl. Höller 1978, S. 424ff.). Daher ist besonders auf eine transparente und geeignete Verknüpfung mit dem Anreizsystem (vgl. hierzu die obengenannten Anforderungen sowie Kapitel 4.2.2) zu achten.

Verhaltensorientierte Verfahren der Überwachung stellen im Falle überwiegender Face-to-face-Zusammenarbeit eine „bequeme" Alternative für das Management dar: „Managers of teleworkers need ... pay attention to the basic management skills that should be used in the office – but are frequently ignored or done haphazardly because of the luxury of frequent, close contact with staff members in the office."[742] Im Falle telekooperativer Zusammenarbeit kann dabei jedoch den Anforderungen an Mehrdimensionalität, Objektivität und Validität aufgrund erhöhter Distanzen nur noch ungenügend Rechnung getragen werden. Ferner besteht die Gefahr einer Verletzung der Privatsphäre des Aufgabenträgers und dem Empfinden einer Bedrohung durch die unpersönliche, maschinelle Verhaltenskontrolle.

Aber auch die Alternative einer *ergebnisorientierten Überwachung* erweist sich als problembehaftet: Die Überwindung von Distanzen zur fundierten Beurteilung von Ergebnissen erzeugt bei telekooperativer, ergebnisorientierter Überwachung einen erheblichen Aufwand. Das „klassische" Instrument der Überwachung gerät damit in telekooperativen Strukturen in ein *Dilemma zwischen unpraktikabler verhaltensorientierter und ineffizienter ergebnisorientierter Überwachung*. Der Ausweg aus diesem Dilemma liegt vor allem in der Beschränkung des Überwachungsbedarfs durch den komplementären Einsatz entsprechender Personalführungsinstrumente.

Die *Abweichungsanalyse* und die Rückkopplung der Ergebnisse an die Aufgabenträger wird ebenfalls durch Distanzen beeinflußt. Informationsdistanzen können dabei in der Regel ohne große Schwierigkeiten überwunden werden. Um die Wirksamkeit dieser Informationen und die Einleitung entsprechender Anpassungsmaßnahmen beim Empfänger sicherzustellen, ist jedoch auch die Überwindung von Beziehungs- und Organisationsdistanzen erforderlich, was in der Regel breitbandige, reiche Medien mit einem hohen Potential zur Vermittlung sozialer Präsenz erfordert.

---

[742] British Telecom 1994, S. 1.

4.5   Informationsinstrumente

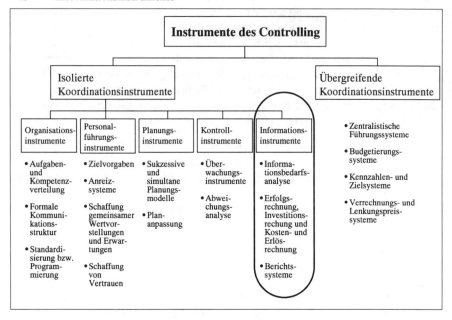

Abbildung 4-12:   Informationsinstrumente des Controlling

Die Koordination der Leistungserstellung im Unternehmen beruht in der Regel auf dem Austausch von Informationen zwischen den Aufgabenträgern. Die Funktionsfähigkeit der bisher dargestellten Controlling-Instrumente der Organisation, der Personalführung, der Planung und der Kontrolle kann daher nur durch entsprechend leistungsfähige Informationssysteme gewährleistet werden. So verwundert es auch nicht, daß die Wurzeln des Controlling in diesem Führungsteilsystem und dort insbesondere im Bereich des betrieblichen Rechnungswesens zu finden sind.

Der Gedanke, das Rechnungswesen nicht nur zu Dokumentations- und Verrechnungszwecken, sondern auch als Basis zu *Verhaltenssteuerung von Aufgabenträgern* und damit als koordinierend wirkendes Führungsunterstützungssystem zu verwenden, ist nicht neu. Vielmehr kann diese Ausrichtung sogar als *Ursprung des Rechnungswesens* betrachtet werden.[743] Rechnungswesendaten dienten anfangs in erster Linie dazu, Dritte im Hinblick auf die Ziele des Rechnungslegenden hin zu beeinflussen. „Nicht die möglichst objektive

---

[743] Vgl. Schneider 1992b, S. 4.

Abbildung der Realität, sondern die Ausnutzung eigener ökonomischer Interessen machte aus Rechnungslegung eine sinnvolle Investition."[744]

Mit der Herausbildung kapitalintensiver und stark arbeitsteiliger Produktionsstrukturen in der industriellen Revolution veränderten sich die Anforderungen an das Rechnungswesen. „The emergence more than 150 years ago of such organizations created a new demand for accounting information. As conversion processes that formerly were supplied at a price through market exchanges became performed within organizations, a demand arose for measures to determine the 'price' of output from internal operations. Lacking price information on the conversion processes occurring within their organizations, owners devised measures to summarize the efficiency by which labor and material were converted to finished products ... "[745]. Damit entwickelte sich das Rechnungswesen zu einem unternehmensinternen Instrument der Informationsversorgung, bei dem die Entscheidungsorientierung im Vordergrund stand:[746] „Accounting is a service discipline whose function is to provide relevant and timely information about the financial affairs of businesses ... to assist ... users in making economic decisions."[747] In Deutschland verstärkte sich die *entscheidungsorientierte Ausrichtung des Rechnungswesens* besonders nach dem zweiten Weltkrieg durch die Entwicklung der Grenzplankostenrechnung durch Kilger und Plaut[748] sowie das vollständig entscheidungsorientierte System der relativen Einzelkostenrechnung nach Riebel[749].

Mit der immer feineren Ausdifferenzierung von entscheidungsorientierten Rechnungswesensystemen zeigten sich jedoch auch immer häufiger *dysfunktionale Wirkungen*. Häufig führte der Einsatz solcher Systeme zu Verhaltenswirkungen, die die Erreichung der Unternehmensziele beeinträchtigten.[750] Insbesondere wurden dysfunktionale Anpassungen des Leistungsverhaltens[751] und Tendenzen zur Informationsmanipulation[752] festgestellt. Eine Erklärung solcher dysfunktionaler Wirkungen in rein entscheidungsorientierten Rechnungswesensystemen liefert eine Betrachtung der zugrundeliegenden Prämissen:[753]

---

[744] Weber 1994, S. 99f. (Hervorhebungen weggelassen).

[745] Johnson / Kaplan 1991, S. 7; vgl. ferner S. 19ff.

[746] Diese Entwicklung des internen Rechnungswesens zeigt enge Parallelen zur Entwicklung des Managements selbst, vgl. Kapitel 2.3.1.

[747] Siegel / Ramanauskas-Marconi 1989, S. 1.

[748] Vgl. Kilger 1961; Plaut 1953 sowie nachfolgende Veröffentlichungen. Zur Entscheidungsorientierung der Kostenrechnung vgl. Hummel 1992.

[749] Vgl. Riebel 1972 sowie nachfolgende Veröffentlichungen.

[750] Vgl. Höller 1978, S. 205.

[751] Vgl. Höller 1978, S. 240ff.; Pfohl / Stölzle 1997, S. 265f.

[752] Vgl. Höller 1978, S. 228ff.; Pfohl / Stölzle 1997, S. 266.

[753] Vgl. im folgenden Weber 1994, S. 100.

- Entscheidungen, die durch das Rechnungswesen fundiert werden sollen, müssen exakt abgrenzbar sein.

- Erfolgswirkungen müssen diesen Entscheidungen objektiv zugeordnet werden können.

„Beide Bedingungen sind jeweils – und erst recht gleichzeitig – schwer zu erfüllen. Einzelentscheidungen sind ... ein gedankliches Konstrukt ... Letztendlich sind alle Entscheidungen in einem Unternehmen netzförmig miteinander verbunden."[754] Wachsende Komplexität der Aufgaben und erhöhte Umweltdynamik verschärfen das Problem. Offensichtlich besteht unter diesen Bedingungen in immer geringerem Maße die Möglichkeit, alle relevanten Informationen in einer laufenden Rechnung vollständig abzubilden.

Gleichzeitig entstehen in neuen, modularisierten Organisationsformen,[755] welche Komplexität und Variabilität besser bewältigen können als hierarchisierte Strukturen, immer mehr dezentrale Entscheidungsspielräume, die eine solche vollständige Abbildung auch gar nicht mehr erfordern. „Die Fundierung und Kontrolle der wesentlichen unternehmerischen Entscheidungen wird – so steht zu vermuten – verstärkt fallweisen Analysen vorbehalten sein. Letztere wollen nicht allgemeine Zusammenhänge möglichst neutral abbilden, sondern unter Bezug auf ein konkretes Zerschlagen von weniger bedeutsamen Verbunden die Konsequenzen unternehmerischen Wollens aufzeigen."[756] Ein zentralisiertes, entscheidungsorientiertes Rechnungswesen läuft Gefahr, unter den veränderten Rahmenbedingungen „selbstzweckhafte Züge" anzunehmen.[757] „For too many firms today, ... the management accounting system is seen as a system designed and run by accountants to satisfy the informational needs of accountants. This is clearly wrong."[758]

Offensichtlich *verliert damit das Rechnungswesen sehr viel von seiner ursprünglich zentralen Bedeutung für das Controlling*. Im Kontext telekooperativer Strukturen kommt hinzu, daß in der heutigen Praxis ein Großteil des Rechnungswesens ohnehin EDV-technisch und damit bereits mediatisiert abgewickelt wird. Damit sind beim Übergang zur Telekooperation keine wesentlichen Änderungen in der Funktionalität der entsprechenden Systeme zu erwarten. Im folgenden werden daher die *Informationsinstrumente des Rechnungswesens* sowie die vorgelagerte Funktion der *Informationsbedarfsanalyse* und die nachgelagerte Funktion des *Berichtswesens* nur relativ knapp und zusammenfassend behandelt.

---

[754] Weber 1994, S. 100 (Hervorhebungen weggelassen).

[755] Vgl. Kapitel 4.1.

[756] Weber 1994, S. 100f. (Hervorhebungen weggelassen).

[757] Vgl. Schanz 1993b, Sp. 2009.

[758] Johnson / Kaplan 1991, S. 262.

4.5.1   Informationsbedarfsanalyse

4.5.1.1   Darstellung des Instruments

Sowohl ein Zuviel als auch ein Zuwenig an Information ist einer optimalen arbeitsteiligen Leistungserfüllung abträglich.[759] Ein wichtiges Instrument innerhalb des Informationssystems eines Unternehmens ist damit die Informationsbedarfsanalyse. Der Informationsbedarf beschreibt die Art, Menge und Qualität der Informationen, die eine Person innerhalb eines bestimmten Zeitraumes für die Erfüllung ihrer Aufgaben benötigt.[760] Der Informationsbedarf eines Aufgabenträgers wird von mehreren Faktoren determiniert. Einen wesentlichen Einfluß übt die zu bewältigende Aufgabe und die entsprechende, durch das Organisationssystem zugewiesene Kompetenzausstattung des Aufgabenträgers (z.b. Umfang der Entscheidungsrechte) aus.[761] Daneben sind weitere situative Bedingungen wie Methodeneinsatz (z.b. Art und Ausmaß der EDV-Unterstützung), Umweltdynamik oder Dokumentationsvorschriften sowie Persönlichkeits- und Verhaltenseigenschaften des Aufgabenträgers von Bedeutung.[762]

In Abhängigkeit davon, welche dieser Determinanten vorrangig betrachtet werden, können unterschiedliche Arten von Informationsbedarf abgeleitet werden.[763] Der *objektive Informationsbedarf* wird unmittelbar aus der Aufgabe abgeleitet und gibt an, welche Informationen aus rein sachlogischer Sicht für die Aufgabenerfüllung erforderlich sind. Der *subjektive Informationsbedarf* umfaßt dagegen diejenigen Informationen, die aus Sicht des Aufgabenträgers – also unter Einbeziehung seiner individuellen Eigenschaften, Erfahrungen, Präferenzen etc. – relevant erscheinen. Die zentralen Aufgaben der Informationsbedarfsanalyse bestehen darin, sowohl objektiven als auch subjektiven Informationsbedarf zu ermitteln, diese beiden Kategorien möglichst in Übereinstimmung zu bringen und dafür zu sorgen, daß dem Informationsbedarf ein möglichst deckungsgleiches *Informationsangebot* gegenübersteht. Da sich das Angebot an relevanten Informationen in der Regel aus unterschiedlichen, über die Organisation oder auch extern verteilten Quellen speist, wirkt die Informationsbedarfsanalyse unmittelbar koordinierend zwischen unterschiedlichen organisatorischen Einheiten und kann somit als Instrument eines koordinationsorientierten Controlling gesehen werden.

Methodisch unterstützt wird die Informationsbedarfsanalyse besonders durch Verfahren der *Organisations- und Kommunikationsanalyse*.[764] Im Rahmen dieser Analysen werden die tatsächlich stattfindenden aufgabenbezogenen Informationsflüsse in einer Organisation erhoben und systematisch ausgewertet. Grundlage hierfür bilden zum einen direkte Erhebun-

---

[759] Dies zeigen zahlreiche Modelle des menschlichen Informations- und Kommunikationsverhaltens, vgl. zusammenfassend Picot / Reichwald / Wigand 1998, S. 86ff.

[760] Vgl. Picot / Reichwald / Wigand 1998, S. 106.

[761] Vgl. Kapitel 4.1.

[762] Vgl. Küpper 1997, S. 138ff.

[763] Vgl. Picot / Reichwald 1991, S. 275.

[764] Vgl. Reichwald 1990.

gen bei den Aufgabenträgern in Form von Interviews oder schriftlichen Befragungen. Zum anderen können aber auch indirekte Beobachtungsverfahren wie die Dokumentenanalyse eingesetzt werden, bei der die Informationsinhalte schriftlicher oder auch elektronischer Kommunikationsvorgänge untersucht werden. Da mit diesen Verfahren vorwiegend der subjektive Informationsbedarf aus Sicht der Aufgabenträger erfaßt wird, ist für eine vollständige Betrachtung ferner eine *Aufgabenanalyse* erforderlich, in der auf Basis der objektiven Merkmale der Aufgaben und der zur Aufgabenbewältigung erforderlichen Entscheidungen der objektive Informationsbedarf abgeleitet wird.

Ziel einer Organisations- und Kommunikationsanalyse ist es, den „ ... Weg von der Erfassung der Informationen bis zur Verwertung der Verarbeitungsergebnisse möglichst vollständig zu verfolgen."[765] Dieses Ziel scheint vor allem bei gut strukturierten und wenig komplexen Standardaufgaben leicht erreichbar. Im Falle zunehmender Komplexität und Veränderlichkeit der Aufgaben – wie vor allem im Führungsbereich typisch – wird der Informationsbedarf und seine Deckung jedoch immer weniger eindeutig nachvollziehbar. Ferner nimmt der Anteil an tazitem, nicht formal abbildbarem Wissen zu.

Im Führungsbereich dominieren daher andere Methodiken der Informationsbedarfsanalyse. Vor allem ist die Methode der *kritischen Erfolgsfaktoren* zu nennen.[766] Ziel dieser Methode ist das Auffinden von Schlüsselfaktoren, die für die Erreichung übergeordneter strategischer Zielsetzungen von Bedeutung sind. Basis der Erhebung dieser Faktoren ist ein Interview, in dem Führungskräfte und (häufig externe) Analytiker zunächst die verfolgten Ziele, die für die Erreichung dieser Ziele bedeutenden Faktoren sowie deren wechselseitige Wirkungsbeziehungen diskutieren. In diesen Sitzungen findet durch eine starke persönliche Interaktion der Beteiligten eine Reflexion und Konkretisierung der kritischen Erfolgsfaktoren statt, denen bezüglich einer adäquaten Informationsversorgung besondere Aufmerksamkeit zu widmen ist. In einer nachfolgenden zweiten Sitzung werden auf der Basis der aufbereiteten Ergebnisse die für die Verfolgung der kritischen Erfolgsfaktoren notwendigen Informationen sowie deren mögliche Quellen und Beschaffungsmöglichkeiten bestimmt. Angesichts der kaum möglichen Bestimmung des objektiven Informationsbedarfs im Führungsbereich bietet die Methode der kritischen Erfolgsfaktoren eine Informationsbedarfsanalyse ausschließlich auf der Basis des subjektiven, von den beteiligten Führungskräften geäußerten Informationsbedarfs. Jedoch zwingt die Methodik auch zu einer systematischen und strukturierten Auseinandersetzung mit der Frage nach den tatsächlich erfolgsrelevanten Informationen. Sie kann damit einerseits die Nachfrage nach unwichtigen Informationen begrenzen, andererseits aber auch auf die Erschließung bisher nicht nachgefragter, aber erfolgskritischer Informationen anstoßen.

---

[765] Picot / Reichwald 1991, S. 281.

[766] Vgl. Rockart 1979, S. 84ff. sowie Picot / Reichwald 1991, S. 278ff.

4.5.1.2 Auswirkungen von Distanzen

Informationsdistanz

Eine mediengestützte, telekooperative Aufgabenbewältigung bereitet vor allem bei wohl-strukturierten Methoden der Organisations- und Kommunikationsanalyse nur geringe Probleme. Standardisierte Interviewverfahren oder Dokumentenanalysen, die auf die Erfassung gut strukturierter und abbildbarer Informationen ausgerichtet sind, werden in der Regel ohnehin mit einem hohen Grad an EDV-Unterstützung durchgeführt, um eine möglichst vollständige und konsistente Abbildung zu erreichen (z.b. Befragungen über E-Mail-Verteiler, automatisierte Erfassung von Kommunikationsmustern etc.). Damit ist in diesem Bereich der Übergang auf telekooperative Anwendung dieser Instrumente kaum mit Schwierigkeiten verbunden; die elektronische Abbildung kommt diesem Übergang sogar entgegen.

Ein anderes Bild ergibt sich für eine telekooperative Abwicklung der Methode der kritischen Erfolgsfaktoren. Die Methodik in den Sitzungen ist hoch interaktiv, die zu gewinnenden Informationen sind häufig unstrukturiert, komplex und von tazitem Charakter. Ferner ist aufgrund der erfolgskritischen Eigenschaften der Informationen häufig ein großer Bedarf an Vertraulichkeit vorhanden. Die im Falle telekooperativer Unterstützung auftretenden Informationsdistanzen sind daher gravierend und können auch mit sehr reichen Medien kaum überbrückt werden; in der Regel wird eine Face-to-face-Zusammenarbeit unumgänglich sein.

Beziehungsdistanz

Die stark formalisierten Methoden der Organisations- und Kommunikationsanalyse betreffen in der Regel praktisch ausschließlich Inhaltsaspekte; Beziehungsaspekte werden durch Methoden wie Dokumentenanalyse oder standardisierte Erhebungen kaum berührt. Insofern sind Beziehungsdistanzen in diesen Fällen für die methodische Funktion unerheblich. Allerdings besteht die Gefahr, daß eine EDV-technische Erfassung von Informationsflüssen aus Sicht der Mitarbeiter den Charakter eines unpersönlichen, elektronischen Überwachungs-systems annimmt.[767] Als Folge können bei fehlender Kompensation über persönliche Beziehungen Akzeptanzprobleme bei den Aufgabenträgern entstehen.

Unerläßlich erscheint die Berücksichtigung des Beziehungsaspektes bei der Bestimmung kritischer Erfolgsfaktoren. Für eine konstruktive wechselseitige Diskussion sind ungestörte persönliche Beziehungen zwischen den Beteiligten erforderlich. Eine rein telekooperative Abwicklung der Sitzungen ist daher nur innerhalb eines bereits bestehenden Vertrauensnetz-werkes erforgversprechend.

---

[767] Vgl. Kapitel 4.4.1 sowie Bogard 1996.

Organisationsdistanz

Im Kontext der Informationsbedarfsanalyse äußert sich die Organisationsdistanz als das Maß, in dem der Analyseträger mit den spezifischen Eigenschaften des Informationssystems und den Determinanten von Informationsbedarf und Informationsangebot innerhalb der Organisation vertraut ist. Eine Erhöhung der Organisationsdistanz durch telekooperative Abwicklung ist in ihren Effekten auf die Informationsbedarfsanalyse ambivalent einzuschätzen: Einerseits sichert sie den notwendigen kritischen Abstand von „ritualisierten" und nicht mehr hinterfragten Prozessen der Informationsproduktion und -nachfrage.[768] Dies erleichtert das Aufdecken pathologischer Muster innerhalb der Struktur der Informationssysteme. Andererseits besteht gerade im Führungsbereich die Gefahr, daß durch eine mangelnde Vertrautheit mit organisationsspezifischen Rahmenbedingungen ein unvollständiges Bild über kritische Informationsprozesse entsteht. Für die Gewinnung eines vollständigen Bildes ist häufig auch implizites Erfahrungswissen, z.B. über die Zugänglichkeit und Zuverlässigkeit von Informationsquellen oder über den Verlauf informeller Kommunikationskanäle, erforderlich.

4.5.2   Kosten- und Erlösrechnung, Investitionsrechnung und integrierte Erfolgsrechnung

4.5.2.1 Darstellung der Instrumente

In traditionellen Ansätzen des Controlling werden – wie bereits erwähnt – insbesondere die Systeme des betriebswirtschaftlichen Rechnungswesens als wesentliche Controlling-Instrumente betrachtet.[769] Innerhalb der koordinationsorientierten Controlling-Konzeption wird diese pauschale Zuordnung jedoch kritisch gesehen. Nach Auffassung Küppers stellt die Unternehmensrechnung – als Sammelbegriff für die Einzelsysteme des betrieblichen Rechnungswesens – zwar „ ... das wichtigste Instrument der betrieblichen Informationserzeugung ... "[770] dar, jedoch dienen Systeme wie Kosten- und Erlösrechnung, Investitionsrechnung oder integrierte Systeme der Erfolgsrechnung als Bestandteile der Unternehmensrechnung nicht unmittelbar der Koordination. Vielmehr können die in ihnen erzeugten Informationen und Verfahren innerhalb anderer Koordinationsinstrumente zum Einsatz kommen. Die genannten Rechnungssysteme haben daher den Charakter „unterstützender (Hilfs-)Instrumente".[771]

„Das betriebswirtschaftliche Rechnungswesen kann ... als ein spezielles Informationssystem innerhalb einer Unternehmung charakterisiert werden, dessen Funktion in der vorwiegend mengen- und wertmäßigen Erfassung von ökonomisch relevanten Daten über vergangene, gegenwärtige und zukünftige wirtschaftliche Tatbestände und Vorgänge im Betrieb sowie ...

---

[768] Aus diesem Grund werden für diese Analysen auch häufig externe Berater herangezogen, vgl. z.B. Küpper 1997, S. 147.

[769] Vgl. die Darstellung der frühen rechnungswesenorientierten Ansätze des Controlling in Kapitel 2.1.1.

[770] Küpper 1997, S. 106.

[771] Vgl. Küpper 1997, S. 27f.

deren Speicherung auf Datenträgern, der nachfolgenden Transformation entsprechend den zugrundeliegenden Zwecken und der Weitergabe an interne und externe Informationsbenutzer besteht."[772] Im Kontext des Controlling erscheinen vor allem drei *Teilsysteme des betriebswirtschaftlichen Rechnungswesens* relevant:

• Gegenstand der *Kosten- und Erlösrechnung* ist eine Wertrechnung über Güterverbräuche und Entstehungen[773], die den betrieblichen Transformationsprozeß quantitativ abbildet. Als Kosten werden dabei die bewerteten mengenmäßigen Verbräuche an Gütern und Dienstleistungen bezeichnet; der Begriff der Erlöse bezeichnet deren bewertete mengenmäßige Entstehung.[774] Die Informationen aus der Kosten- und Erlösrechnung dienen als Grundlage für das Fällen betrieblicher Entscheidungen nach dem Kriterium der Wirtschaftlichkeit.[775]

• Im Gegensatz zur Kosten- und Erlösrechnung operiert die *Investitionsrechnung* nicht mit Wert-, sondern mit Zahlungsgrößen (pagatorische Größen). Sie bildet betriebliche Vorgänge ab, „ ... bei denen die zeitliche Divergenz zwischen Input und Output eine solche Größenordnung annimmt, daß es zu einer sachgerechten Beurteilung ... notwendig ist, die zeitliche Abfolge der jeweils relevanten Input- und Output-Größen explizit zu berücksichtigen."[776]

• Sowohl Kosten- und Erlösrechnung als auch Investitionsrechnung orientieren sich am Erfolgsziel. Allerdings sind die in beiden Systemen verwendeten Erfolgsbegriffe nicht deckungsgleich.[777] In *integrierten Systemen der Erfolgsrechnung* wird der Versuch unternommen, diese beiden Rechnungssysteme, die letztlich dem gleichen Zweck dienen, methodisch zu integrieren. Einen Ansatz hierzu bietet beispielsweise das Konzept der investitionstheoretischen Kostenrechnung.[778]

4.5.2.2 Auswirkungen von Distanzen

Sowohl die Kosten- und Erlösrechnung als auch die Investitionsrechnung wird heute in der Praxis nahezu vollständig über entsprechend standardisierte EDV-Implementierungen abgewickelt. Aufgrund dieses ohnehin bereits hohen Grades an Formalisierung und informationstechnischer Automatisierung ist bei einer zusätzlichen räumlichen Verteilung im

---

[772] Coenenberg 1992, S. 26 (Hervorhebungen weggelassen).

[773] Vgl. Dellmann 1998, S. 589.

[774] Häufig wird – vor allem in älteren Quellen – auch der Begriff der Leistung synonym zum Erlös gebraucht. Zunehmend setzt sich jedoch eine Differenzierung dergestalt durch, daß der Erlös die bewertete Güterentstehung abbildet, während Leistung lediglich das Mengengerüst bezeichnet.

[775] Vgl. Heinen 1983, S. 35.

[776] Bitz 1998, S. 109 (Hervorhebungen weggelassen).

[777] Dies sind Gewinn im Falle der Kostenrechnung versus Einzahlungsüberschuß, Kapitalwert etc. in der Investitionsrechnung.

[778] Vgl. Küpper 1997, S. 113ff.

Rahmen einer telekooperativen Abwicklung nicht mit negativen Auswirkungen von Distanzen zu rechnen. Vielfach wird daher das betriebliche Rechnungswesen bereits über eine entsprechende Medienanbindung von spezialisierten externen Anbietern (z.B. DATEV) übernommen.

4.5.3   Berichtssysteme

4.5.3.1   Darstellung des Instruments

Aufgabe des Berichtssystems ist es, die innerhalb des Informationssystems – vor allem aus den Systemen der Unternehmensrechnung – gewonnenen *Informationen für die Aufgabenträger verfügbar zu machen*. In einer sehr weiten Begriffsfassung wird das Berichtssystem mit dem gesamten Informationssystem gleichgesetzt.[779] In Abgrenzung zu den oben dargestellten Instrumenten der Informationsbedarfsanalyse und des Rechnungswesens erscheint es jedoch zweckmäßig, den Begriff ausschließlich auf die Funktion der Informationsübermittlung an innerbetriebliche Aufgabenträger zu beschränken.[780] Das Berichtssystem trägt damit wesentlich zur Koordination zwischen dem Informationssystem und den anderen Führungsteilsystemen bei, weshalb es zu den dem Informationssystem zugehörigen Controlling-Instrumenten zu rechnen ist.

Den Orientierungsmaßstab für Umfang, Inhalt und Form der zu übermittelnden Informationen liefert die Informationsbedarfsanalyse.[781] „Die Merkmale des Informationsbedarfs lassen sich ... als Anforderungen an die Merkmale von Berichten interpretieren."[782] Die beiden Instrumente greifen daher häufig eng ineinander, was einerseits die optimale Nutzung der Berichtsinformationen sichert und andererseits den Aufwand für die Aufbereitung und die Weiterleitung nicht nachgefragter Informationen minimiert.[783]

In der Literatur existiert eine Vielzahl von Differenzierungsschemata für Berichte, z.B. nach betroffenen betrieblichen Funktionsbereichen oder hierarchischen Ebenen, unterstützten Phasen im Managementprozeß[784], Frequenz der Berichtserstellung, Verdichtungsgrad der Informationen etc.[785] Häufig wird zwischen Standard-, Abweichungs- und Bedarfsberichten unterschieden. *Standardberichte* werden auf der Basis eines einmalig ermittelten Informationsbedarfes in festen Zeitabständen einer größeren Anzahl von Aufgabenträgern übermittelt (z.B. „Rundschreiben"). Inhalt und formale Gestaltung sind für einen relativ weiten Empfän-

---

[779] Vgl. z.B. Blohm 1982, S. 866.

[780] Vgl. Horváth 1996, S. 582.

[781] Vgl. Kapitel 4.5.1.

[782] Koch 1994, S. 58f. (Hervorhebungen weggelassen).

[783] Vgl. Küpper 1997, S. 148.

[784] Vgl. Kapitel 2.3.1.

[785] Vgl. Horváth 1996, S. 583ff.

gerkreis standardisiert. Daher müssen die Einzelempfänger die für sie relevanten Informationen selbst auswählen. *Abweichungsberichte* werden dagegen erst durch ein bestimmtes Ereignis (häufig das Über- oder Unterschreiten bestimmter Toleranzgrenzen von Kennzahlen) ausgelöst. Sie weisen auf einen individuellen Entscheidungsbedarf hin. *Bedarfsberichte* werden nicht auf Initiative des Berichtssystems, sondern auf Nachfrage des Empfängers erzeugt. Sie dienen der Deckung eines individuellen, spontan auftretenden Informationsbedarfs.[786]

Maßstab für die Effektivität und Effizienz eines Berichtssystems ist der Umfang, in dem die aufbereiteten und übermittelten Informationen von den Berichtsempfängern tatsächlich genutzt werden bzw. das Verhältnis von Nutzungsumfang und Aufwand für die Bereitstellung. Der Nutzungsumfang durch den Empfänger wird dabei von mehreren Faktoren bestimmt:[787]

• Die *Akzeptanz des Berichtes* hängt vor allem von der Motivation des Aufgabenträgers ab, grundsätzlich die Existenz des Berichtes wahrzunehmen. Dies kann beispielsweise vom Berichtersteller, von bereits vorweg vermuteten Inhalten oder von der allgemeinen Arbeitsbelastung abhängen.

• Die *Wahrnehmung* (Perzeption) der Berichtsinformationen wird vor allem durch die optische Gestaltung des Berichtes beeinflußt (z.B. Lesbarkeit der Schrift, Klarheit von Grafiken und Tabellen).

• Das *Verständnis* (Apperzeption) der Informationen kann beispielsweise von der Wortwahl, dem Stil oder vom Verdichtungsgrad des Berichtes beeinflußt werden.

• Die *Einschätzung der Zweckorientierung* durch den Empfänger hängt davon ab, inwieweit dieser eine Verbindung der Berichtsinformationen zu seiner eigenen Situation herstellen kann (z.B. Verwendbarkeit zur Problemlösung).

• Die *Akzeptanz der Berichtsinformation* wird vor allem durch die subjektive Einstellung des Berichtsempfängers zu den enthaltenen Informationen bestimmt (z.B. Kompatibilität mit individuellen Werten und Motiven).

Im folgenden ist auf der Grundlage dieser Determinanten des Nutzungsverhaltens zu prüfen, wie sich telekooperativ bedingte Distanzen auf die Nutzung von Berichtsinformationen durch den Empfänger auswirken können.

---

[786] Vgl. Horváth 1996, S. 584.

[787] Vgl. Koch 1994, S. 99ff.

4.5.3.2 Auswirkungen von Distanzen

Informationsdistanz

Die Einrichtung eines Berichtssystems erscheint nur bei vorhandener Informationsdistanz sinnvoll, da es der Übermittlung relevanter Informationen an Aufgabenträger dient. Damit liegt nach der hier zugrundegelegten Definition die allgemeine Aufgabe eines Berichtssystems in der Reduktion von Informationsdistanz, was die Diskussion der Auswirkungen von Informationsdistanz erübrigt.[788]

Beziehungsdistanz

Eine erhöhte Beziehungsdistanz kann über die obengenannte Determinanten des Nutzungsumfanges den Berichtsnutzen negativ beeinflussen. Bereits die Akzeptanz des Berichtes an sich kann von der Qualität der persönlichen Beziehung zwischen Berichtersteller und Berichtsempfänger abhängen. Besteht zum Ersteller ein positives Verhältnis und wird dieser als vertrauenswürdig eingeschätzt, so ist die Akzeptanz des Berichtes wahrscheinlicher.[789]

Eine positive Einschätzung der Zweckorientierung und eine stärkere Akzeptanz der Berichtsinformationen kann durch einen intensiven persönlichen Kontakt und der damit verbundenen Möglichkeit einer stärkeren Individualisierung der Berichte gefördert werden. Wenig reichhaltige Medien können dagegen in diesem Bereich Nachteile aufweisen. „Empirisch einheitlich bestätigt ist die These, daß eine Übermittlung im persönlichen Gespräch wirksamer als die Schriftform ist. Die Informationsweitergabe kann nämlich auf die jeweilige Person abgestellt werden und durch die Atmosphäre sowie sonstige Begleitmaßnahmen gefördert werden."[790] Unter „sonstigen Begleitmaßnahmen" ist vor allem die akzeptanzfördernde Verdeutlichung und Untermauerung von Berichtsinformationen durch zusätzliche Kontextinformationen, Vergleiche und erläuternde Kommentare sowie die Möglichkeit des „Abpufferns" negativer Informationen durch ausführliche Begründungen, Relativierungen oder die ausgewogene Mischung mit positiven Informationen zu erwähnen.[791]

Organisationsdistanz

Auch die Einbindung eines Berichtsempfängers in gemeinsam getragene Regeln und Verhaltensnormen kann die Nutzung von Berichtsinformationen beeinflussen. Der Grad an Identifi-

---

[788] Zu den Auswirkungen der Medienunterstützung des Berichtswesens, vor allem im Hinblick auf Wahrnehmung und Verständnis der Berichtsinformationen, sei auf die allgemeinen medientheoretischen Ausführungen in Kapitel 3.4.3 verwiesen.

[789] Vgl. O'Reilly 1983, S. 103ff.

[790] Küpper 1997, S. 163.

[791] Vgl. Jehle 1982, S. 211; Pfohl / Stölzle 1997, S. 260f.

kation mit solchen gemeinsamen Normen wirkt sich sowohl auf die Akzeptanz des Berichtes selbst als auch die Akzeptanz der darin enthaltenen Informationen aus. „Über die Zugehörigkeit zu formellen oder informellen Gruppen ... werden vielfach Normen wirksam, welche die Persönlichkeit und das Verhalten des Empfängers beeinflussen. Diese können sich z.b. darauf beziehen, welche Berichte und Informationen er verwendet."[792] Damit wird die enge Verbindung und der hohe Koordinationsbedarf des Berichtssystem mit den Instrumenten des Organisations- und Personalführungsbereichs deutlich:[793] Aus Akzeptanzgründen erscheint es notwendig, das Berichtssystem an organisatorischen Gegebenheiten auszurichten und darauf zu achten, daß Berichtersteller und -empfänger im Hinblick auf ihre Persönlichkeitsmerkmale Gemeinsamkeiten besitzen bzw. solche entwickeln können, um einer durch Telekooperation erhöhten Organisationsdistanz entgegenzuwirken.

4.5.4 Fazit

Die Implementierung und der Einsatz von Informationsinstrumenten, insbesondere des Rechnungswesens, kann als einer der frühesten Aufgabenbereiche des Controlling angesehen werden. Die starke Ausrichtung des Rechnungswesens auf die Funktion der Entscheidungsunterstützung mittels vollständiger Abbildung aller Unternehmensprozesse erscheint jedoch in modularisierten telekooperativen Strukturen nicht mehr zweckmäßig. Damit verliert das klassische Rechnungswesen in diesem Feld stark an Bedeutung. Wichtiger erscheinen dagegen die Fragen, wie der individuelle Informationsbedarf der Aufgabenträger ermittelt werden kann (Informationsbedarfsanalyse) sowie auf welche Weise die entsprechenden Informationen aus den Systemen der Unternehmensrechnung gewonnen und effektiv und effizient an die Aufgabenträger weitergegeben werden können (Berichtswesen).

Die *Informationsbedarfsanalyse* ermittelt den spezifischen Informationsbedarf, der sich aus einer Aufgabe ergibt bzw. vom Aufgabenträger geäußert wird. Diesem Bedarf ist ein möglichst deckungsgleiches Informationsangebot gegenüberzustellen. Die Auswirkungen telekooperativ bedingter Distanzen auf die Informationsbedarfsanalyse hängen dabei von den zugrundeliegenden Methoden ab. Während bei wohlstrukturierten Verfahren der Organisations- und Kommunikationsanalyse Informationsdistanzen leicht zu überwinden sind und sich Beziehungs- und Organisationsdistanzen kaum auswirken, sind bei der Gewinnung taziter und schlecht strukturierter Informationen, wie z.B. bei der Methode der kritischen Erfolgsfaktoren, die Auswirkungen aller drei Distanzdimensionen zu beachten.

Auf die Systeme der Unternehmensrechnung, wie *Kosten- und Erlösrechnung, Investitionsrechnung und integrierte Erfolgsrechnung*, hat eine telekooperative Abwicklung aufgrund des hohen Grades an Formalisierung und IuK-technischer Abbildbarkeit kaum Einfluß.

---

[792] Küpper 1997, S. 164.

[793] Vgl. Kapitel 4.1 und 4.2.

Berichtssysteme dienen der Übermittlung der durch das Informationssystems gewonnenen Informationen an die Aufgabenträger. Telekooperativ bedingte Beziehungs- und Organisationsdistanzen können sich dabei störend sowohl auf die Akzeptanz der Berichte an sich als auch auf die darin enthaltenen Inhalte auswirken. Um dem entgegenzuwirken, ist insbesondere auf eine individualisierte Form der Übermittlung und auf die Anreicherung der eigentlichen Berichtsinformationen mit erläuternden und motivierenden Kontextinformationen und Kommentaren zu achten.

4.6   Übergreifende Controlling-Instrumente

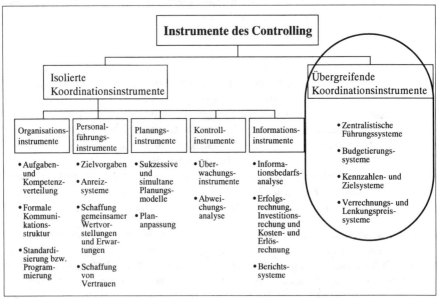

Abbildung 4-13:   Übergreifende Instrumente des Controlling

Im Gegensatz zu den bisher in den Kapitels 4.1 bis 4.5 behandelten isolierten Instrumenten des Controlling lassen sich die im folgenden darzustellenden übergreifenden Controlling-Instrumente nicht mehr eindeutig einem einzigen Führungsteilsystem zuordnen. Sie nehmen als übergreifende Koordinationssysteme Komponenten aus mehreren Teilsystemen auf. Typische Instrumente dieser Art sind zentralistische Führungssysteme, Systeme der Budgetvorgabe, Kennzahlen- und Zielsysteme sowie Verrechnungs- und Lenkungspreissysteme.[794]

---

[794] Vgl. Küpper 1997, S. 28.

4.6.1   Zentralistische Führungssysteme

4.6.1.1   Darstellung des Instruments

Zentralistische Führungssysteme entsprechen den Koordinationsprinzipien, die hierarchisierten Organisationsformen zugrundeliegen.[795] Die in solchen Strukturen effizient zu bewältigenden Aufgaben sind von geringer Komplexität und Variabilität. Für die Koordination dieser Aufgaben durch ein übergreifendes Controlling-System hat dies Folgen: Die geringe Variabilität erlaubt es einerseits, ein langfristig stabiles, stark ausdifferenziertes und formalisiertes Koordinationssystem aufzubauen, da dem Aufwand für die einmalige Implementierung eine dauerhafte Reduktion variabler Koordinationskosten gegenübersteht. Die geringe Komplexität ermöglicht andererseits eine ressourceneffiziente Zentralisierung der Koordinationsaufgaben, ohne daß ein solches zentrales Controlling komplexitätsbedingt überfordert wäre.

Damit sind die wesentlichen Charakteristika eines zentralistischen Führungssystems angesprochen:[796] Entscheidungs- und Weisungsrechte sind weitgehend an der Hierarchiespitze konzentriert; Delegation und Partizipation finden kaum statt. Unterstützt wird diese organisatorische Zentralisierung durch eine entsprechend verbindliche formale Kommunikationsstruktur sowie durch ein hohes Maß an organisatorischer Programmierung und Standardisierung, was das Verhalten untergeordneter Aufgabenträger weitestgehend determiniert. Auch in den anderen Führungsteilsystemen spiegeln sich diese Charakteristika zentralistischer Führungssysteme wieder: Die Personalführung ist geprägt von direkter Einflußnahme und expliziter Verhaltenssteuerung durch den unmittelbaren Vorgesetzten sowie durch eine produktionstechnisch bedingte „Zwangskoordination".[797] Es dominieren monetäre Anreize, die in der Regel direkt an den quantitativen Output gekoppelt sind. Das Planungssystem ist entsprechend der Organisationsstruktur stark zentralisiert und standardisiert, was tendenziell einen höheren Grad an Simultanplanung erlaubt. Ebenso wird durch das Kontrollsystem eine möglichst vollständige und entsprechend intensive Überwachung angestrebt, die in erster Linie auf quantitative Größen abzielt. Das Informationssystem basiert stark auf einheitlichen formalen Rechnungssystemen, vor allem der Kosten- und Erlösrechnung, die die gesamten Leistungserstellungsprozesse im Unternehmen vollständig abbilden.

---

[795] Vgl. Kapitel 4.1.

[796] Vgl. auch Kapitel 4.1.1.1 sowie Küpper 1997, S. 291f.

[797] Vgl. Sandner 1988, S. 41f.

4.6.1.2 Auswirkungen von Distanzen

Informationsdistanz

Aufgrund des hohen Zentralisierungsgrades besteht in zentralistischen Führungssystemen ein großer Bedarf an laufendem Austausch koordinationsrelevanter Informationen zwischen dem zentralen Controlling und den einzelnen Aufgabenträgern. Durch die geringe Komplexität und Variabilität handelt es sich hierbei jedoch in der Regel um hoch strukturierte, meist quantitative Informationen. Aufgrund der stark funktional spezialisierten Arbeitsplätze und der fehlenden dezentralen Entscheidungs- und Handlungsspielräume wird auch kaum neues Erfahrungswissen über die Aufgabenbewältigung aufgebaut, die Aufgabenerfüllung ist durch die Organisationsstruktur bereits „vorkoordiniert". Damit entfällt auch die Notwendigkeit des Austausches von schwer transferierbarem, implizitem Wissen. Informationsdistanzen, wie sie im Falle telekooperativer Aufgabenerfüllung auftreten können, sind damit in zentralistischen Führungssystemen ohne Schwierigkeiten mit konventionellen, weniger reichen Medien überwindbar. Durch den Aufbau „elektronischer Hierarchien"[798] kann ein zentralistisches Führungssystem auch auf ein telekooperatives Umfeld übertragen werden. Allerdings ist zu betonen, daß eine solche Strategie ausschließlich bei entsprechenden Ausprägungen der Aufgabenmerkmale – nämlich einer sehr geringen Komplexität und Variabilität der zu erstellenden Leistung – ökonomisch sinnvoll sein kann.

Beziehungs- und Organisationsdistanz

In zentralistischen Führungssystemen steht für das Controlling die Unterstützung des Lokomotionsaspektes des Managements im Vordergrund. Aufgrund der problemlosen Abbildbarkeit des Leistungserstellungsprozesses mittels formaler Planungs- und Kontrollsysteme spielt der Kohäsionsaspekt keine wesentliche Rolle. In elektronischen Hierarchien hat weder die Pflege persönlicher Beziehungen noch die Entwicklung gemeinsam getragener Normen und Werte eine Bedeutung für die Leistungskoordination. Sie könnten damit im Extremfall als Mißtrauensorganisation[799] betrieben werden.

Vor diesem Hintergrund hat auch eine erhöhte Beziehungs- und Organisationsdistanz für ein zentralistisches Führungssystem praktisch keine Bedeutung.

4.6.2 Budgetierungssysteme

4.6.2.1 Darstellung des Instruments

Im Falle zentralistischer Führungssysteme erfolgt Koordination und Steuerung über die explizite und vollständige Festlegung konkreter Maßnahmen und Handlungen. Im Gegensatz

---

[798] Vgl. Kapitel 4.1.4.

[799] Vgl. Kapitel 4.2.4.1.

dazu schafft das Instrument der Budgetierung einen Handlungsrahmen für die jeweils budgetierten Verantwortungsbereiche. Innerhalb dieses Rahmens besteht weitgehende Handlungsfreiheit hinsichtlich der Realisierung konkreter Maßnahmen. Im Vergleich zu zentralistischen Führungssystemen, die stärker auf eine Verhaltenssteuerung der Aufgabenträger fokussieren, zeichnen sich Budgetierungssysteme daher durch eine stärkere Bereichs- und Ergebnisorientierung aus.[800]

Ein *Budget* stellt ein in Geldeinheiten bewertetes, geplantes Soll-Ergebnis dar (z.b. Umsatz-, Ausgaben- oder Kostenbudgets). Diese Plangröße wird einem bestimmten Verantwortungsbereich (in der Regel einer organisatorischen Einheit wie z.b. einer einzelnen Stelle, einer Abteilung oder einem Unternehmensmodul) für eine festgelegte Periode (häufig ein Jahr oder kürzer) verbindlich vorgegeben. Dieser organisatorischen Einheit wird damit die Verantwortung übertragen, das Budget über die Periode einzuhalten.[801]

Die Bestimmung von Budgets kann grundsätzlich über zwei unterschiedliche Ansätze erfolgen. Eine gut strukturierte, standardisierte Aufgabenstellung mit relativ eindeutigen Input-Output-Beziehungen erlaubt die Nutzung von Produktions- und Kostenfunktionen zur quantitativen Herleitung von Budgets. Solche *problemorientierten Techniken der Budgetvorgabe* lassen sich vor allem durch die Methoden der Plankostenrechnung unterstützen. Im Falle unstrukturierter und wenig standardisierbarer Leistungsprozesse sind diese Ansätze jedoch aufgrund der schwer formal abbildbaren Transformationsprozesse kaum nutzbar. Alternativ wird in *verfahrensorientierten Techniken der Budgetvorgabe* die Input- oder die Output-Seite isoliert betrachtet. Zu diesen verfahrensorientierten Techniken zählen beispielsweise die häufig im Verwaltungsbereich angewandten, jedoch nicht unumstrittenen inputorientierten Techniken der Fortschreibungsbudgetierung sowie wertanalytische Verfahren.[802]

Die Koordinationswirkung von Budgetierungssystemen entfaltet sich auf zwei Ebenen: Zum einen wird die Führung von einer komplexen, detaillierten Maßnahmenplanung entlastet; der Aufgabenschwerpunkt liegt auf der Planung und Vorgabe der aggregierten Budgets. „Durch Budgetierung wird insbesondere der vertikale controllingbezogene Koordinationsbedarf durch die explizite Vorgabe bzw. Vereinbarung von Sollgrößen abgedeckt."[803] Durch die Abstimmung der Budgets für die einzelnen Verantwortungsbereiche kann deren wechselseitiges Zusammenwirken gesteuert werden (*Allokationsfunktion*) und anhand des Vergleichs von Budget-Plangrößen und tatsächlich realisierten Ist-Größen überwacht werden (*Kontrollfunktion*). Zum anderen können „innerhalb dieser Bereiche ... von den dezentralen Bereichen die Aufgaben der Abweichungsermittlung, Ursachenanalyse und Korrektur selbständig vorge-

[800] Vgl. Grimmer 1980, S. 14f.; Eichenseher 1997, S. 256.

[801] Vgl. Grimmer 1980, S. 13f.

[802] Vgl. Küpper 1997, S. 299ff.; Wildemann 1999, S. 52ff.

[803] Eichenseher 1997, S. 257.

nommen werden."[804] Diese erweiterten Handlungsspielräume eröffnen den Verantwortungsbereichen Chancen für die Entwicklung von Eigeninitiative bei der eigenverantwortlichen Planung, Steuerung, Kontrolle und letztlich Koordination der Aufgabenerfüllung in Form eines Selbst-Controlling (*Motivationsfunktion*).

Andererseits besteht auch die Gefahr, daß solche Handlungsspielräume opportunistisch ausgenutzt werden. Dies zeigt sich in der häufig beobachtbaren Tendenz zur Bildung *von „budgetary slacks"*, also das Einbringen von Spielräumen bei der Budgetfestlegung. Die Einhaltung solcher großzügig bemessener Budgets vergrößert den nutzbaren Handlungsrahmen, erleichtert die Budgeteinhaltung und erhöht die Chance auf die Gewährung damit verbundener Anreize. Budgetary slack kann als „Reserve" zum Ausgleich unvorhergesehener Veränderungen der Rahmenbedingungen flexibilitäts- und damit effizienzsteigernd wirken. Andererseits können die höheren Spielräume auch kontraproduktiv zur opportinistischen Verfolgung eigener Ziele oder zur Senkung des notwendigen Anstrengungsniveau genutzt werden.[805]

Wesentliche Aufgabe des Controlling im Budgetierungsprozeß ist es damit, einen Mittelweg zu finden zwischen unproduktiver „Verschwendung" von Ressourcen durch zu hohe Budgetansätze und einer zu starken Einschränkung der Handlungsfreiheit durch zu knappe Budgets. Wie sich eine telekooperative Abwicklung unter den Bedingungen erhöhter Informations-, Beziehungs- und Organisationsdistanz auf diese Aufgabe auswirkt, wird im folgenden untersucht.

4.6.2.2 Auswirkungen von Distanzen

Informationsdistanz

Die für die Festlegung der Budgets erforderlichen Informationen hängen in erster Linie von den Merkmalen der zu bewältigenden Aufgabe ab. Für den Fall wenig komplexer und gering variabler Aufgaben kann mittels der oben dargestellten problemorientierten Budgetierungsansätze mit nur wenigen quantitativen Parametern (z.B. Materialkosten, Lohnkosten und absetzbare Produktmenge) über eindeutige Produktions- und Kostenfunktionen und relativ sicher prognostizierbare Rahmenbedingungen die optimale Budgethöhe (z.B. das einzuhaltende Kostenbudget) bestimmt werden. In diesen Fällen erfolgt die Entscheidung über Höhe und Verteilung von Budgets in der Regel durch übergeordnete Instanzen (z.B. in Form einer zentralen Controlling-Abteilung). Der Budgetierungsprozeß läßt sich leicht formalisieren und quantitativ abbilden und daher auch mit wenig reichhaltigen Medien telekooperativ bewältigen, ohne daß Informationsdistanz zum Problem wird.

---

[804] Eichenseher 1997, S. 257.

[805] Vgl. Höller 1978, S. 228ff.; Pfohl / Stölzle 1997, S. 266ff.

Budgetierungssysteme, die nach diesem Muster arbeiten, weisen jedoch einen stark hierarchischen Charakter auf. Die ermittelten Budgets werden in der Regal zentral und ohne Mitsprache der betroffenen Verantwortungsbereiche ermittelt und vorgegeben. Dabei bleibt durch den hohen Determiniertheitsgrad wenig dezentraler Handlungsspielraum erhalten, so daß kaum noch Unterschiede zu zentralistischen Führungssystemen bestehen und der Sinn solcher Budgetierungssysteme fraglich wird.

Sinnvoller einsetzbar erscheinen Budgetierungssysteme dagegen für Aufgaben mit höherer Komplexität, geringerer Strukturiertheit und größerer Unsicherheit, da hier durch Budgetierung im Vergleich zur zentralistischen Führung die erforderlichen Handlungs- und Entscheidungsspielräume in den einzelnen Verantwortungsbereichen erhalten werden können. Allerdings ist in diesem Fall die Ermittlung der Budgethöhe – wie die oben angesprochenen und häufig als unbefriedigend empfundenen verfahrensorientierten Techniken der Budgetvorgabe zeigen – wesentlich anspruchsvoller. Um alle notwendigen Informationen möglichst vollständig zu berücksichtigen, erscheint eine umfangreiche Partizipation der Verantwortungsbereiche erforderlich.[806] Dabei spielen häufig auch qualitative, tazite und mehrdeutige Informationen eine Rolle. Entsprechend werden im Fall der Telekooperation zur Überwindung der Informationsdistanz sehr reiche und vertrauliche Medien mit hohem Interaktivitätspotential benötigt, die sich am Ideal einer nicht mediatisierten Gruppendiskussion orientieren.

Beziehungsdistanz

Im eben angesprochenen Fall komplexer und unsicherer Aufgaben erfolgt die Budgetierung in einem komplexen wechselseitigen Diskussionsprozeß. In solchen treffend als „budget games" bezeichneten Prozessen spielen neben objektiven Fakten auch persönliche Beziehungen eine entscheidende Rolle. Über die Nutzung positiver Beziehungen zu einflußreichen Personen können gezielt unternehmenspolitische Prozesse angestoßen werden, durch die dem eigenen Verantwortungsbereich eine erhöhte Aufmerksamkeit gewidmet wird. Ferner besteht dabei die Tendenz, daß weitgehend objektiv determinierte Informationen (z.B. bezüglich der Aufgabenschwierigkeit oder der zu erwartenden Rahmenbedingungen) gezielt und mit opportunistischer Absicht gefiltert oder verzerrt werden.[807] Über diese vorteilhafte Darstellung sollen höhere Budgets mit größeren Spielräumen erreicht werden. Besonders „erfolgversprechend" erscheinen diese „budget games" bei stark vernetzten Leistungsprozessen (Nonseparability-Problem).[808]

Der „Erfolg" von budget games hängt entscheidend von der Qualität der persönlichen Beziehungen zu den entsprechenden Schlüsselpersonen und damit von der Beziehungsdistanz

---

[806] Vgl. Grimmer 1980, S. 124ff.

[807] Vgl. Pfohl / Stölzle 1997, S. 267.

[808] Vgl. Alchian / Demsetz 1972, S. 778f.

ab. So dürfte die häufig von Telearbeitern geäußerten Befürchtungen hinsichtlich der Isolation von Teamkollegen und einer Abkopplung von internen Informationsflüssen[809] unter anderem auch der Befürchtung entspringen, Budgetinteressen im Vergleich zu „Inhouse"-Kollegen weniger effektiv durchsetzen zu können.

Aus Sicht der Unternehmensziele kann jedoch eine durch Medienunterstützung erhöhte Beziehungsdistanz durchaus auch die Chance beinhalten, suboptimale Gesamtergebnisse des Budgetierungsprozesses, die auf der opportunistischen Durchsetzung von Einzelinteressen beruhen, zu vermeiden. Wie bereits bei der Untersuchung der Auswirkungen von Distanzen auf Entscheidungsprozesse dargestellt, können insbesondere arme Medien, die wenig soziale Kontextinformationen vermitteln (wie z.b. E-Mail) zu einer ausgewogenen, breiten Partizipation und zu einer Versachlichung und Demokratisierung des Budgetierungsprozesses beitragen und damit negative Auswirkungen von Budget games in Form von Fehlallokationen verringern.[810]

Organisationsdistanz

Eine erhöhte Beziehungsdistanz kann sich, wie oben dargestellt, durchaus positiv auf die Funktionsfähigkeit von Budgetierungssystemen auswirken. Sie vermindert die Gefahr einer durch den Einfluß persönlicher Beziehungen subjektiv beeinflußten Entscheidungsfindung. Eine erhöhte Organisationsdistanz kann dagegen in die entgegengesetzte Richtung wirken. Durch eine verminderte Identifikation der Telearbeiter mit ihrem Unternehmen und dessen Zielen können bereichsegoistische Budget games angereizt und Neigungen zur individuellen Optimierung zu Lasten einer unternehmensweiten Gesamtoptimierung gefördert werden. Für ein partizipatives Budgetierungssystem, das unternehmensweit effizient arbeiten soll, ist daher eine Reduktion von Organisationsdistanz erforderlich. In erster Linie ist dazu das Instrument der Budgetierung durch Personalführungsinstrumente, vor allem solcher zur Bildung gemeinsamer Normen und Werte, zu ergänzen.[811]

4.6.3　Kennzahlen- und Zielsysteme

4.6.3.1　Darstellung des Instruments

Kennzahlen bilden quantitativ meßbare, unternehmensrelevante Sachverhalte in Zahlengrößen ab. Besonders erscheinen solche Größen als Kennzahlen geeignet, die diese Sachverhalte in verdichteter und vereinfachter Form wiedergeben.[812]

---

[809] Vgl. z.B. Wheeler / Zackin 1994.

[810] Vgl. Kapitel 4.1.1.2. sowie Freisleben u.a. 1991, S. 251; McLeod 1996, S. 439.

[811] Vgl. Kapitel 4.2.3.

[812] Vgl. Dellmann / Pedell 1994, S. 106; Reichmann 1995.

Kennzahlen können auf unterschiedliche Weise hergeleitet werden. Bei einer *empirisch-induktiven Gewinnung* wird vor allem auf Erfahrungswissen von Mitarbeitern zurückgegriffen. Häufig liegen bei den Aufgabenträgern intuitive Einsichten oder Plausibilitätsüberlegungen über die Zusammenhänge zwischen der Ausprägung unternehmerischer Sachverhalte und bestimmten quantitativen Größen vor, die mittels statistischer Verfahren (z.B. der Regressions- und Diskriminanzanalyse) weiter aufbereitet werden können. Kennzahlen lassen sich aber auch durch eine rein *mathematisch-logische Herleitung* gewinnen, indem über definitorische Zusammenhänge und mathematische Umformungen ein in sich konsistentes Kennzahlensystem entwickelt wird. Dieses Vorgehen bietet sich vor allem in den Bereichen Finanzwirtschaft und Rechnungswesen an, wo vorwiegend mit monetären Größen operiert wird (z.B. DuPont-Kennzahlensystem).[813]

Kennzahlen können zunächst als reines *Informationsinstrument* reale Sachverhalte abbilden. Durch eine aufgaben- und benutzeradäquate Auswahl geeigneter Kennzahlen können entscheidungsrelevante Informationen den Aufgabenträgern in kompakter, verdichteter und übersichtlicher Form zur Verfügung gestellt werden. Im Kontext des Controlling erscheint jedoch vor allem die Verwendung von Kennzahlen als *Steuerungs- und Koordinationsinstrument* von Bedeutung. „Zur Koordination dienen Kennzahlen, wenn sie als Ziele zur Steuerung genutzt werden.“[814]

Hierbei erfüllt eine Kennzahl eine zweifache Funktion. Zum einen bildet sie eine Zielgröße in Form eines Soll-Wertes ab und hat dadurch Vorgabe- und Maßstabsfunktion. Zum anderen quantifiziert sie ex post als Ist-Wert die Ausprägung eines realen Sachverhaltes im Unternehmen. Der laufende Soll-Ist-Vergleich dient der zielgerichteten Steuerung und Kontrolle des zugrundeliegenden Sachverhaltes. Durch ein übergreifendes und konsistent abgestimmtes Kennzahlen- und Zielsystem kann eine umfassende Koordination der Leistungsprozesse im Unternehmen erreicht werden. Insofern kann ein solches System als übergreifendes Controlling-Instrument angesehen werden. Im Unterschied zu Budgetierungssystemen erfolgt die Koordination dabei jedoch nicht durch eine Begrenzung der Rahmenbedingungen, sondern durch die Vorgabe konkreter Ziele, die unmittelbar auf die organisatorischen Einheiten und deren Aufgaben bezogen sind.

Bei der Koordination über Kennzahlen- und Zielsysteme können zwei wesentliche Ausrichtungen unterschieden werden.[815] Zum einen ist eine *vertikale Koordination* über verschiedene hierarchische Ebenen eines Unternehmens denkbar. Diese Variante ist die Hauptzielrichtung der Management-by-Objectives-Ansätze.[816] Übergeordnete Unternehmensziele werden stufenweise in Teilziele aufgespalten und konkretisiert, die für die jeweiligen organisato-

---

[813] Vgl. Dellmann / Pedell 1994, S. 116ff.

[814] Küpper 1997, S. 340.

[815] Vgl. Küpper 1997, S. 340ff.

[816] Vgl. Kapitel 4.2.1.

rischen Bereiche operational sind und sowohl ex ante als Orientierungs- als auch ex post als Beurteilungsmaßstab dienen. Um eine differenzierte und situationsadäquate Steuerung und Koordination sicherzustellen, erscheinen vor allem mehrdimensionale Zielsysteme geeignet, die auf ein zu hohes Maß an Zielaggregation verzichten und neben monetären Kriterien auch weitere Dimensionen wie Zeit-, Qualitäts-, Flexibilitäts- und Humanziele berücksichtigen. Diese Anforderungen werden vor allem von Ansätzen der erweiterten Wirtschaftlichkeits-rechnung[817] sowie der Balanced Scorecard[818] erfüllt.

Für die wechselseitige Abstimmung zwischen weitgehend selbständigen und gleichrangigen Einheiten erscheint die Ausrichtung von Kennzahlen- und Zielsysteme auf eine *horizontale Koordination* zweckmäßig. Sie steht bei modularisierten Unternehmensstrukturen im Vordergrund. Als Ziele für die mehr oder minder autonomen Einheiten erscheinen vor allem solche Größen geeignet, die Rückschlüsse auf die Leistungsqualität und -quantität der Einheiten erlauben und als Indikatoren für eventuell auftretende Probleme dienen können. Die Zielgrößen müssen dabei eindeutig den jeweiligen Einheiten zurechenbar sein, was eine hohe Entscheidungsautonomie voraussetzt.[819] Zur Erhebung entsprechender Größen eignen sich beispielsweise Verfahren des Benchmarking und des Auditing.[820]

4.6.3.2 Auswirkungen von Distanzen

Informationsdistanz

Kennzahlen- und Zielsysteme werden häufig als wirksames Koordinationsinstrument für modularisierte und dezentralisierte Unternehmensformen empfohlen.[821] Prinzipiell erscheinen diese Systeme aufgrund ihrer quantitativen Ausrichtung auch für die Koordination bei verteilter und mediengestützter Aufgabenabwicklung im Rahmen der Telekooperation geeignet. Durch die Informationsverdichtung in Kennzahlen werden an die Übertragungs-medien nur geringe Anforderungen an Reichhaltigkeit oder Übertragungfähigkeit komplexer Sachverhalte gestellt. Informationsdistanz kann damit leicht überwunden werden.

Im Vergleich zu einer Face-to-face-Kooperation ist jedoch fraglich, inwieweit gerade komplexe und unsichere Aufgabenzusammenhänge soweit vereinfacht werden können, daß sie sich restlos quantifizieren und vollständig in Kennzahlensystemen abbilden lassen. Insofern können sich auch erhöhte Beziehungs- und Organisationsdistanzen auf die Funk-tionsfähigkeit von Kennzahlen- und Zielsystemen auswirken.

---

[817] Vgl. Reichwald / Höfer / Weichselbaumer 1996; im Kontext der Telekooperation vgl. Reichwald 1997, S. 252ff.

[818] Vgl. Kaplan / Norton 1997.

[819] Vgl. Frese 1995, S. 74ff.

[820] Vgl. Wildemann 1997; Wildemann 1999, S. 46ff.

[821] Vgl. z.B. Brede 1997; Can / Grevener 1994; Kinkel 1997.

Beziehungsdistanz

Beziehungsdistanz hat keinen unmittelbaren Einfluß auf die Ermittlung und Übermittlung von Kennzahlen. Es ist jedoch zu erwarten, daß die Akzeptanz und die Interpretation von Kennzahlen auch durch die Qualität der persönlichen Beziehungen zwischen Lieferant und Empfänger bestimmt wird. Auf diesem Weg kann sich eine erhöhte Beziehungsdistanz auf die Funktionsfähigkeit von Kennzahlen- und Zielsystemen auswirken.

Die Akzeptanz von Kennzahlen wird maßgeblich davon bestimmt, inwieweit im Anwendungsbereich ein Konsens über Aussage und Zweckmäßigkeit bestimmter Kennzahlen besteht und deren Ermittlung und Auswertung für alle Beteiligten transparent erfolgt. Daher ist sowohl bei der Implementierung als auch bei der laufenden Anpassung des Systems ein hoher Grad an Partizipation anzustreben.[822] Die Wirkung der Partizipation ist wiederum vom Vorhandensein positiver sozialer Beziehungen und Vertrauensverhältnisse abhängig. Eine medienbedingt erhöhte Beziehungsdistanz kann daher ohne ergänzende Maßnahmen im Personalführungssystem[823] zu Intransparenz, Mißtrauen und Fehlinterpretationen von Kennzahlen führen.

Organisationsdistanz

Die verdichtete Abbildung unternehmensrelevanter Sachverhalte in Kennzahlen- und Zielsystemen führt für die einzelnen Aufgabenträger in der Regel zu einer reduzierten Informationsverarbeitungs- und Entscheidungskomplexität. Häufig ist daher eine Präferenz von quantitativen gegenüber qualitativen Zielen zu beobachten.[824]

Allerdings besteht durch die bei der Verdichtung und Quantifizierung häufig unvermeidliche Vereinfachung auch die Gefahr, daß viele Wirkungszusammenhänge zwischen der Optimierung einzelner Kennzahlen und der Auswirkung auf unternehmerische Strukturen und Prozesse intransparent bleiben. In diesem Fall können die Aufgabenträger ihr Leistungsverhalten einseitig auf die Verfolgung bestimmter, bereichsbezogener Kennzahlen ausrichten und übergeordnete Unternehmensziele aus dem Blick verlieren. Eine erhöhte Organisationsdistanz kann diese Situation verschärfen, da die kompensatorische Wirkung von organisationsweit geteilten Regeln und Verhaltensnormen abgeschwächt wird.

---

[822] Vgl. Küpper 1997, S. 326.

[823] Vgl. zu Maßnahmen zur Schaffung gemeinsamer Normen und Werte sowie zur Vertrauensbildung Kapitel 4.2.3 und 4.2.4.

[824] Vgl. Höller 1978, S. 242ff. In der Regel lassen quantitative Ziele auch eine transparentere Verknüpfung zwischen dem Grad der Zielerreichung und der Gewährung von Anreizen zu, vgl. Kapitel 4.2.2 sowie Pfohl / Stölzle 1997, S. 265.

4.6.4 Verrechnungs- und Lenkungspreissysteme

4.6.4.1 Darstellung des Instruments

Verrechnungs- und Lenkungspreise sind Preise, die für den unternehmensinternen Austausch von Leistungen festgelegt werden. Mit dem Ansatz von Verrechnungs- und Lenkungspreisen wird versucht, den marktlichen Koordinationsmechanismus zwischen selbständigen Wirtschaftssubjekten auch für den Leistungsaustausch zwischen mehr oder weniger selbständigen Einheiten innerhalb eines Unternehmens zu nutzen. Verrechnungs- und Lenkungspreise zielen daher vor allem auf den Einsatz in modularisierten Organisationsformen ab.

Die Bildung unternehmensinterner Verrechnungs- und Lenkungspreise ist auf unterschiedlichen Wegen möglich. Im einen Extremfall können sie zentral von einer übergeordneten Instanz festgelegt werden. Dem gegenüber steht das völlig freie Aushandeln der Preise zwischen gleichgestellten Einheiten.[825] Als Zwischenlösung bietet es sich an, die Preisfindung zunächst auf dem Verhandlungsweg zu betreiben, aber bei der Gefahr unvorteilhafter Gesamtlösungen (z.B. aufgrund von opportunistischem Verhaltenspotential) eine übergeordnete Instanz einzuschalten, bzw. durch diese bereits im Vorfeld den Verhandlungsspielraum der beteiligten Einheiten zu beschränken. Letzteres kann durch die Vorgabe von Richtlinien im Hinblick auf die Preisermittlung oder durch die Festlegung von Preisober- und -untergrenzen geschehen.

Die Höhe der Verrechnungs- und Lenkungspreise, die zentral vorgegeben werden, bzw. den Ausgangspunkt für weitere Verhandlungen bilden, kann sich an unterschiedlichen Maßstäben orientieren.[826] Bei einer *marktorientierten Herleitung* richtet sich der Preis einer unternehmensinternen Leistung nach dem auf einem externen, freien Markt gebildeten Preis. Dieses Vorgehen ist allerdings nur möglich, wenn außerhalb des Unternehmens auch eine vergleichbare Leistung (sowohl hinsichtlich der unmittelbaren Produktmerkmale als auch z.B. hinsichtlich Bezugsfristen, verfügbarer Mengen, längerfristiger Versorgungssicherheit etc.) existiert und gehandelt wird. Falls für die interne Leistung kein externer Markt existiert (z.B. aufgrund hoher Spezifität), bietet sich eine *kostenorientierte Herleitung* des Verrechnungs- bzw. Lenkungspreises an. Aus kurzfristiger Perspektive bilden dabei die variablen Kosten den relevanten Maßstab der Preisermittlung,[827] während bei längerfristiger Perspektive auch Fixkostenanteile zu berücksichtigen sind (vollkostenorientierte Preise). Schließlich kann auch das Auftreten von betrieblichen Engpässen die Ermittlung von Verrechnungs- und Lenkungspreisen beeinflussen (*knappheitsorientierte Herleitung*). Falls eine knappe Leistung alternativ für mehrere Verwendungszwecke eingesetzt werden kann, sind für die Preisfestsetzung bei einem Leistungsaustausch die Opportunitätskosten dieser Leistung maßgeblich. Diese

---

[825] Vgl. Horváth 1996, S. 567.

[826] Vgl. Ewert / Wagenhofer 1995, S. 517ff.

[827] Bei Existenz eines nicht (sofort) abbaufähigen Fixkostenblocks sind kurzfristig alleine die Grenzkosten für die Erstellung einer Leistungseinheit entscheidungsrelevant.

entsprechen dem bewerteten Nutzen, den die zu verrechnende Leistung in der bestmöglichen alternativen Verwendung erbracht hätte.

Verrechnungs- und Lenkungspreissysteme können zwei unterschiedlichen Zwecken dienen. Zum einen bilden sie die unternehmensinternen Leistungsverflechtungen ab und schaffen so die Grundlage für die Ermittlung der monetären (Teil-)Erfolge der einzelnen Module (*Verrechnungsfunktion*). Im Kontext eines koordinationsorientierten Controlling ist jedoch vor allem die wechselseitig abstimmende Wirkung dieser Systeme von Bedeutung (*Lenkungsfunktion*). Sie zielt darauf ab, die einzelnen Einheiten mit einem möglichst wenig dirigistischem Eingriff auf die übergeordneten Unternehmensziele hin zu steuern. Somit „ ... klingt diese Art der Koordination verlockend, weil die Gruppen weitgehend autonom sind und doch ihre Leistungen attraktiv gestalten müssen, um sie auf dem internen Markt erfolgreich anbieten zu können. Dies fördert unternehmerisches, erfolgsbezogenes Denken und Handeln der Mitarbeiter."[828] Allerdings muß bei der Anwendung von Lenkungspreisen berücksichtigt werden, daß die Funktionsfähigkeit dieses auf dem marktlichen Koordinationsprinzip beruhenden Instrumentes auch an die Bedingungen eines vollkommenen Marktes geknüpft ist. Diese sind jedoch innerhalb eines Unternehmens in der Regel nicht gegeben. „Dies heißt nicht, man solle auf die Idee von Markt und Wettbewerb im Unternehmen ... verzichten. Es heißt nur, ... das eigentliche Ziel ... , nämlich zum Wohle des Ganzen zu agieren, nicht aus den Augen zu verlieren. Und dafür sorgt im Unternehmen eben keine unsichtbare Hand! Dafür braucht man ein Controlling."[829]

4.6.4.2 Auswirkungen von Distanzen

Informationsdistanz

Die Herleitung von Verrechnungs- und Lenkungspreisen erfolgt vornehmlich auf der Basis quantitativer Informationen (z.B. Kostenrechnungsdaten und Marktpreisinformationen). Informationsdistanzen können in diesem Prozeß leicht mittels elektronischer Medien überbrückt werden. Auch die Vorgabe der Preise durch eine zentrale Stelle ist problemlos mediengestützt zu bewältigen. Der Preis als hochverdichteter Indikator für Produkteigenschaften wie z.B. Verfügbarkeit oder Nutzen einer Leistung ist als rein quantitativer Wert auch über ärmere Medien vermittelbar.

Beziehungsdistanz

Beziehungsdistanzen spielen vor allem in Prozessen des Aushandelns von Verrechnungs- und Lenkungspreisen eine Rolle. Ähnlich wie der Budgetierung wird auch diesem Prozeß – besonders im Falle komplexer und unsicherer Leistungen – ein sehr hoch ausgeprägtes

---

[828] Reichwald / Koller 1996, S. 118.

[829] Koch 1997, S. 306.

Manipulationspotential bescheinigt.[830] Über den Anstoß unternehmenspolitischer Prozesse und die Nutzung persönlicher Kontakte zu entsprechenden Schlüsselpersonen können persönliche Beziehung die Preisbildung erheblich beeinflussen.

Analog zur Argumentation für Budgetierungsprozesse kann auch im Falle von Verrechnungs- und Lenkungspreissystemen eine Versachlichung der Verhandlungen durch Medienunterstützung und Erhöhung der Beziehungsdistanz angenommen werden.

Organisationsdistanz

In der Regel werden beim Aushandeln von Verrechnungs- und Lenkungspreisen die Interessen der einzelnen Verhandlungspartner – z.b. bedingt durch individuell unterschiedliche Motive und Werte – nicht a priori kongruent auf die Erreichung übergeordneter Unternehmensziele ausgerichtet sein. Verstärkt werden kann dies durch ungünst gestaltete Anreizsysteme,[831] die – beispielsweise durch eine Überbetonung von Bereichserfolgen als Bemessungsgrundlage für die Anreizhöhe – Bereichsegoismen fördern. Unter diesen Bedingungen führen wechselseitige Verhandlungen jedoch nur zufällig zu Lösungen im Sinne der übergeordneten Gesamtziele.[832]

Besonders beim Austausch von Leistungen hoher Spezifität können einseitige Abhängigkeiten opportunistisch für überhöhte Preisforderungen ausgenützt werden. Dies kann zu einem Ausweichen der abhängigen Bereiche auf die Eigenerstellung solcher Leistungen und zu einer dysfunktionalen Zersplitterung des Gesamtunternehmens führen.[833]

Eine medienbedingt erhöhte Organisationsdistanz verschärft diese Probleme durch eine verstärkte Divergenz der Ziele der Verhandlungspartner. Für die funktionierende Koordination über Verrechnungs- und Lenkungspreise erscheint daher eine Ergänzung dieses Instrumentes durch Maßnahmen zur Bildung gemeinsamer Werte und Normen und damit zu einer Ausrichtung der an der Preisbildung beteiligten Einheiten auf gemeinsam getragene, übergeordnete Ziele unerläßlich.

4.6.5 Fazit

Übergreifende Controlling-Instrumente – zentralistische Führungssysteme, Budgetierungssysteme, Kennzahlen- und Zielsysteme sowie Verrechnungs- und Lenkungspreissysteme – lassen sich im Gegensatz zu den in den Kapiteln 4.1 bis 4.5 behandelten isolierten Instrumenten des Controlling nicht mehr nur einem einzigen Führungsteilsystem zuordnen.

---

[830] Vgl. Eichenseher 1997, S. 263.

[831] Vgl. Kapitel 4.2.2.

[832] Vgl. Laux 1995, S. 516.

[833] Vgl. Reichwald / Koller 1996, S. 119.

Zentralistische Führungssysteme spiegeln die Koordinationsprinzipien hierarchisierter Organisationsformen wider und eignen daher auch ausschließlich für Aufgaben sehr geringer Komplexität und Variabilität. Informationsdistanzen können aufgrund der guten Abbildbarkeit koordinationsrelevanter Informationen leicht überwunden werden. Beziehungs- und Organisationsdistanzen wirken sich aufgrund der Dominanz expliziter formaler Koordinationsmechanismen – vor allem des Planungs- und Kontrollsystems – kaum aus.

Budgetierungssysteme erhöhen den Handlungsspielraum der Aufgabenträger durch den Verzicht auf explizite Verhaltensanweisungen und die Vorgabe eines Budgets als Handlungsrahmen. Entsprechend stärker wirken sich in diesem Fall auch die drei Distanzdimensionen aus: Bei der Festlegung der Budgets bestehen hohe Ansprüche an die Überwindung von Informations- und Organisationsdistanzen, um den Budgetierungsbereich und seine spezifischen Rahmenbedingungen vollständig abzubilden und Konsens über Bereichs- und Unternehmensziele herzustellen. Eine erhöhte Beziehungsdistanz kann einerseits ein wechselseitiges Aushandeln der Budgets erschweren, andererseits jedoch auch eine positiv zu wertende Versachlichung dieses Prozesses bewirken.

Das Grundprinzip der *Kennzahlen- und Zielsysteme* liegt nicht, wie bei Budgetierungssystemen, in der Implementierung eines Handlungsrahmens in Form von einzuhaltenden Budgets, sondern in der Vorgabe konkreter, quantitativer Zielsetzungen. Diese Informationsverdichtung in Kennzahlen kommt der Überwindung von Informationsdistanzen entgegen. Daneben ist jedoch auch auf eine Verringerung der Beziehungsdistanz zu achten, um die Akzeptanz von Kennzahlen zu sichern. Ein Abbau von Organisationsdistanz erscheint notwendig, um Informationsverluste, die durch die verdichtete Abbildung in Kennzahlen entstehen, über gemeinsame, implizite Normen und Ziele zu kompensieren.

Verrechnungs- und Lenkungspreissysteme zielen auf eine weitestgehende Verselbständigung der kooperierenden Aufgabenträger bzw. Organisationseinheiten, indem der Marktpreismechanismus als Koordinationsprinzip zwischen diesen Einheiten genutzt wird. Auch hier bereitet erhöhte Informationsdistanz aufgrund der extremen Verdichtung koordinationsrelevanter Informationen in Preisen kaum Schwierigkeiten. Eine erhöhte Beziehungsdistanz kann sogar – ähnlich wie im Falle der Budgetierungssysteme – eine Versachlichung des Preisbildungsprozesses bewirken. Dagegen besteht durch eine erhöhte Organisationsdistanz die Gefahr der Verstärkung dysfunktionaler Bereichsegoismen und opportunistischen Verhaltens.

5   Träger des Controlling in telekooperativen Strukturen: Das Spannungsfeld zwischen Fremd- und Selbst-Controlling

Koordination – als Hauptfunktion des Controlling in der koordinationsorientierten Controlling-Konzeption – kann grundsätzlich durch zwei unterschiedliche Mechanismen bewältigt werden. Zum einen ist Koordination im Rahmen eines direkten Führungsprozesses und damit innerhalb einer hierarchischen Über- und Unterordnung denkbar („Koordination durch persönliche Weisungen", „direct supervision"). Zum anderen kann Koordination aber auch nicht-hierarchisch durch die Herbeiführung eines wechselseitigen Einverständnisses gleichrangiger Akteure stattfinden („Koordination durch Selbstabstimmung", „mutual adjustment").[834]

Entsprechend dieser Unterscheidung können auch die im vorhergehenden Kapitel 4 erläuterten, koordinierend wirkenden Controlling-Instrumente prinzipiell entweder von einer eigenständigen, hierarchisch übergeordneten Einheit (z.B. eigene Controlling-Stabsabteilung des Managements) oder von den Aufgabenträgern selbst angewendet werden. Diese beiden Alternativen spannen das Feld zwischen Fremd- und Selbst-Controlling auf, das Gegenstand des folgenden Kapitels 5 ist.

5.1   Enge versus lose Kopplung

Wie in Kapitel 4.1 gezeigt wurde, sind für die Leistungserstellung im Rahmen der Telekooperation zwei grundsätzliche Strategien der organisatorischen Strukturierung denkbar. Eine Hierarchisierung läßt sich charakterisieren durch die starke Konzentration von Weisungs- und Entscheidungsrechten auf übergeordnete Einheiten sowie durch eine Dominanz fremdbestimmter Planung und lückenloser Überwachung als Koordinationsinstrumente.[835] Die Handlungen der Aufgabenträger sind durch diese hoch formalisierten Instrumente *eng gekoppelt*, d.h. die Instrumente lassen kaum Handlungsspielräume zu – mit entsprechenden Nachteilen der Inflexibilität und Störungsanfälligkeit.[836]

---

[834] Vgl. Kieser / Kubicek 1992, S. 103ff. sowie Mintzberg 1979, S. 3ff. Kieser / Kubicek 1992, S. 110ff. unterscheiden über diese beiden unmittelbaren Koordinationsformen hinaus die Koordination durch Programme und Pläne. Auch diese Formen lassen sich jedoch in die dargestellte Dichotomie einordnen. In Abhängigkeit vom Entstehungsprozeß der Pläne bzw. Programme (durch partizipative, gleichrangige Entscheidungen oder durch hierarchische Entscheidungen) können auch diese Koordinationsmechanismen Weisungs- oder Selbstabstimmungscharakter besitzen. Ebenso ergänzt Mintzberg 1979, S. 5ff. die beiden grundsätzlichen Mechanismen „mutual adjustment" und „direct supervision" durch drei Mechanismen der Standardisierung (standardization of work process, output, skills). Auch diese Mechanismen lassen sich über die Frage nach der Urheberschaft der Standardisierungsregeln wieder auf die Grundformen zurückführen.

[835] Vgl. dazu auch die Ausführungen zu zentralistischen Führungssystemen in Kapitel 4.6.1.

[836] Vgl. Staehle 1991, S. 327f.

Im Kontext telekooperativer Aufgabenbewältigung erweist sich dagegen das Konzept der Modularisierung als überlegen, das sich durch höhere Objektorientierung, Dezentralisierung von Weisungs- und Entscheidungsrechten und einen Übergang zu verstärkter Selbstkoordination auszeichnet.[837] Die Grundidee, die hinter diesen Gestaltungsprinzipien steht, ist die der *losen Kopplung*. Lose Kopplung – ein Konzept, das ursprünglich aus der Biologie und der Mechanik stammt – bedeutet eine teilweise Entkopplung und Autonomisierung von Subsystemen eines Gesamtsystems. Die Subsysteme (z.b. Aufgabenträger oder modulare organisatorische Einheiten) „ ... verfügen über Slack, sind dezentralisiert und mit Autonomie ausgestattet; das Personal kann vor Ort entscheiden, ob die Prozesse unterbrochen werden, es kann quer zu den Instanzenwegen kommunizieren und auch externen Rat einholen (Redundanz von Beziehungen)."[838]

Die Koordinationsaufgabe in solchen modularisierten telekooperativen Strukturen beinhaltet damit zweierlei: Zum einen die vorwiegend nicht-hierarchische Koordination innerhalb der lose gekoppelten Module und zum anderen die übergeordnete Koordination des Gesamtsystems auf ein Gesamtziel hin. Dies „ ... erfordert eine Neupositionierung des Controlling in zweierlei Hinsicht:

• Zum einen muß das klassische Controlling in ein schlankes Controlling transformiert werden, damit das Unternehmertum in den Centern (entsprechen den Modulen, Anm. d. Verf.) nicht durch (Fremd-)Controlling behindert wird.

• Zum anderen muß Controlling den Aufbau von dezentraler Kompetenz zum Selbst-Controlling vor Ort in den Centern aktiv unterstützen."[839]

Damit eröffnet sich ein *Spannungsfeld zwischen individuellem Selbst-Controlling und übergeordnetem Fremd-Controlling*. Dieses Spannungsfeld manifestiert sich in unterschiedlichen Bereichen als Trade-off-Beziehung zwischen dem Koordinationsaufwand für die modulinterne Leistungserbringung und dem Koordinationsaufwand für die Abstimmung mit dem Gesamtsystem, wie folgende Beispiele zeigen:[840]

• Das Vorhandensein bzw. die direkte Gewinnbarkeit von spezifischen, prozeßbezogenen Informationen beim Ausführenden spricht für ein Selbst-Controlling, während die Koordination mit den unternehmensweiten Gesamtzielen unter Umständen die begrenzte Rationalität des Einzelnen übersteigt.

---

[837] Vgl. Kapitel 4.1.1.1.

[838] Staehle 1991, S. 330.

[839] Reiß / Höge 1994, S. 216 (Hervorhebungen weggelassen).

[840] Vgl. im folgenden Schäffer 1996a, S. 345.

- Ein spezialisiertes, prozeßeffizientes Selbst-Controlling steht unter Umständen unternehmensweit standardisierten und formalisierten Informations- und Dokumentationsanforderungen entgegen, welche ressourceneffizient durch ein zentralisiertes Fremd-Controlling abgewickelt werden können (z.b. unternehmensweit einheitliche Rechnungssysteme).

- Der für ein ausgedehntes Selbst-Controlling benötigte Ressourcenbedarf (z.b. hinsichtlich Personal und Qualifikation) kann im Widerspruch zu den Bedürfnissen anderer Bereiche im Unternehmen stehen, was unter Umständen eine zentrale Verteilungsregelung notwendig macht.

- Die Autonomie in Controlling-Fragen fördert unter Umständen die Herausbildung eigener Werte und Normen, auf deren Basis die Koordinationsfunktion individuell wahrgenommen wird. Diese Controlling-"Subkultur" kann aber im Widerspruch zur Kultur der Gesamtunternehmung stehen und so die Integration der einzelnen Module erschweren.

Angesichts dieser Dilemmata stellt sich die Frage, wie Controlling-Aufgaben in geeigneter Weise zwischen „Selbst" und „Fremd" aufgeteilt werden können. Mögliche Ansätze dazu werden in den folgenden Kapiteln dargestellt.

5.2   Selbst-Controlling

„Under mutual adjustment, control of the work rests in the hands of the doers ... "[841]. Das Konzept des Selbst-Controlling baut auf dieser Variante der Koordination auf. Selbst-Controlling zielt damit jedoch nicht auf die Substitution von spezialisierten Controlling-Stellen durch die Verlegung von Controlling-Aufgaben auf die Träger der eigentlichen Leistungsprozesse: „Kerngedanke eines Self Controlling ist nicht eine Übertragung von Controllingkompetenzen auf Mitarbeiter, die direkt in den betrieblichen Leistungsprozeß eingebunden sind, sondern vielmehr die Befähigung dieser Mitarbeiter, auf Basis entsprechender Methodenunterstützung eigenständig Maßnahmen zur Rationalisierung und Leistungsverbesserung zu identifizieren und umzusetzen, ohne daß ein formalisiertes System zwischengeschaltet wird."[842] Wichtigste Zielrichtung des Selbst-Controlling ist es also, Controlling-Aufgaben – im Sinne von Aufgaben, die von einer eigens dafür geschaffenen Controlling-Instanz zu bewältigen sind – erst gar nicht entstehen zu lassen[843] und so den Bedarf an Fremd-Controlling zu minimieren.[844] Welche Bereiche sich für ein Selbst-Control-

---

[841] Mintzberg 1979, S. 3.

[842] Reichmann 1996, S. 568.

[843] Vgl. Horváth 1992, S. 7f.

[844] Vor diesem Hintergrund erscheint es auch unzweckmäßig bzw. sogar unmöglich, einen generellen „Instrumentenkasten" für das Selbst-Controlling zu entwickeln, da die Potentiale zur Vermeidung von Fremd-Controlling-Bedarf sehr stark sowohl von situativen Merkmalen der Aufgabe als auch von den individuellen Merkmalen des Aufgabenträgers abhängen. So schlägt z.B. Reichmann 1996, S. 568f. zur Unterstützung des Selbst-Controlling organisatorische Rahmenkonzepte wie Gruppenarbeit, Kaizen, KVP,

ling sowohl aus informationsökonomischer als auch aus motivationaler Sicht besonders eignen, wird im folgenden dargestellt.

5.2.1 Informationsökonomische Aspekte des Selbst-Controlling

Die informationsökonomische Betrachtung der Entscheidung zwischen Selbst-Controlling und Fremd-Controlling basiert auf der Frage, *wo Controlling-relevantes Wissen anfällt und inwieweit bzw. mit welchem Aufwand dieses Wissen transferierbar ist* (z.B. an eine zentrale Controlling-Stelle).[845] Selbst-Controlling erscheint aus dieser Perspektive immer dann angebracht, wenn Wissen benötigt wird, „ ... das aufgrund seiner handlungsträgerbezogenen Spezifität weder der Instanz noch anderen Handlungsträgern in der Gruppe zugänglich ist.‟[846] Diese Eigenschaft besitzt in erster Linie das sogenannte implizite Wissen.[847] Diese Art von Wissen herrscht besonders bei kreativen und wissenschaftlichen Aufgaben vor, z.B. in Form von Erfahrungswissen.[848] Es entzieht sich einem Fremd-Controlling weitgehend, da es an Personen gebunden und schwer transferierbar ist sowie außerhalb seines spezifischen Anwendungskontextes kaum bewertbar ist.

Eine Erweiterung dieses Kalküls zur Transferierbarkeit von Wissen bietet Picot auf der Basis von Principal-Agent-theoretischen Überlegungen.[849] Neben der Dimension der Beobachtbarkeit der Handlungen des Aufgabenträgers, also der *Transferierbarkeit Controlling-relevanten Wissens* im obigen Sinne, wird als zweites, für die Entscheidung zwischen Selbst- und Fremd-Controlling relevantes Merkmal die *Beeinflußbarkeit des Arbeitsergebnisses* durch den Handlungsträger herangezogen. Damit ergibt sich die in der Abbildung 5-1 dargestellte Matrix.

In telekooperativen Strukturen, die auf Modularisierungskonzepten beruhen, tritt zunehmend die Situation in Feld 2 auf: Durch Dezentralisierung von Entscheidungsrechten und Gewährung größerer Handlungsspielräume bleibt nur die Möglichkeit, den Handlungsträgern selbst „ ... bewußt einen ganzheitlichen Verantwortungsbereich zu übertragen – einschließlich der Verpflichtung zum Self-Controlling ... ‟[850].

---

betriebliches Vorschlagswesen und Qualitätszirkel vor. Ähnlich plädiert Horváth 1995, S. 264 in erster Linie für die beiden organisatorischen Maßnahmen einer „Rückführung der Arbeitsteilung" und einer „Ausrichtung an Prozessen".

[845] Vgl. Schäffer 1996c, S. 273.

[846] Schäffer 1996c, S. 274. Schäffer merkt an dieser Stelle das „äußerst geringe" Wissen der Betriebswirtschaftslehre bezüglich Konzepten der Selbstkontrolle und des Selbst-Controlling an.

[847] Vgl. Polanyi 1985.

[848] Eric von Hippel spricht im gleichen Kontext auch von „sticky information", vgl. von Hippel 1994, S. 429ff. sowie Kapitel 3.3.1.

[849] Vgl. Picot 1997, S. 195f.

[850] Koller 1998, S. 68 mit Bezug auf Picot.

Beobachtbarkeit

der Handlungen des Agenten durch den Principal

		tendenziell hoch	tendenziell gering
		(1) Direkte Führung Controlling des Agenten durch den Principal	**(2) Indirekte Führung** Führung über Zielvereinbarung - Self-Controlling des Agents - Anreizsysteme und Reputation
Beeinflußbarkeit der Ergebnisse durch den Agenten	tendenziell hoch		
	tendenziell gering	**(3) Zentrale Überwachung** **Schwerpunkt Prozeß** Controlling durch den Principal, unterstützt durch Stäbe	**(4) Zentrale Überwachung** **Schwerpunkt Ergebnis** Controlling durch den Principal, unterstützt durch Stäbe

Abbildung 5-1:   Alternative Strategien des Controlling[851]

Eine Fokussierung der Entscheidung zwischen Selbst- und Fremd-Controlling auf die *Merkmale der zugrundeliegenden Aufgaben*, speziell deren Komplexität und Variabilität, findet sich bei Sjurts: Bei hoher Umweltdynamik würde ein Fremd-Controlling hohen Aufwand verursachen, „ ... da zum einen je Umweltsituation die spezifisch zielführenden Handlungsweisen ... neu zu bestimmen sind und zum anderen zur Beobachtung dieses Handelns auch immer wieder neue Informationssysteme entwickelt werden müssen."[852] Daher erweist sich in diesem Falle Selbst-Controlling als überlegen: „The cybernetic principle of self control ... absorbs variety 'like a sponge'."[853] Bei hoher Komplexität andererseits können durch Selbst-Controlling umfangreiche und zeitraubende hierarchische Abstimmungsprozesse reduziert werden.[854] Daher schlägt auch Mintzberg für hoch komplexe Aufgaben den Koordinationsmechanismus des „mutual adjustment" vor, „ ... because ... it is the only one that works under extremely difficult circumstances."[855]

---

[851] Picot 1997, S. 195.

[852] Sjurts 1998, S. 291.

[853] Dent / Ezzamel 1995, S. 22.

[854] Vgl. Sjurts 1998, S. 291.

[855] Mintzberg 1979, S. 3. Paradoxerweise, so Mintzberg an gleicher Stelle, erweist sich aber „mutual adjustment" auch für sehr einfache Aufgabenstrukturen als die beste Lösung: „Because it is such a simple coordinating mechanism, mutual adjustment is naturally used in the very simplest of organizations."

Letztlich beruhen die beiden Kalküle von Picot und Sjurts auf der grundlegenden Argumentation von Hayeks, daß ab einem bestimmten Grad an Komplexität und Variabilität der Umwelt es nicht mehr möglich ist, verstreutes Wissen an einer zentralen Stelle zu bündeln.[856] „In dem Maße, in dem bei der Instanz hohe kontrollrelevante Wissensbeschränkungen vorliegen und das nötige Wissen auf die Handlungsträger verteilt ist, wird es effizient sein, auf das Wissen der Handlungsträger zuzugreifen.“[857] In telekooperativen Strukturen scheint dieser Zugriff in Form eines Selbst-Controlling von besonderer Bedeutung, da durch eine mediengestützte Zusammenarbeit der Transfer Controlling-relevanten Wissens zusätzlich erschwert wird.[858]

5.2.2 Motivationale Aspekte des Selbst-Controlling

Neben den obengenannten informationsökonomischen Kalkülen können auch motivationale Aspekte die Entscheidung zwischen Fremd-Controlling und Selbst-Controlling beeinflussen. Eine Reihe von Argumenten spricht aus dieser Sicht für das Selbst-Controlling. Bereits in den 60'er Jahren zeigte Herzbergs Zwei-Faktoren-Theorie, daß von der Übernahme von Verantwortung für die Gestaltung der Arbeitsaufgabe motivierende Wirkungen ausgehen.[859] Diese Erkenntnisse, vor allem hinsichtlich der *positiven Wirkungen von Handlungsspielräumen* bei der Arbeitsgestaltung, hatten Einfluß auf zahlreiche Ansätze zur Humanisierung der Arbeit, wie z.B. das „Job Characteristics Model" von Hackman / Oldham[860] und auf Arbeitsstrukturierungskonzepte wie Job enrichment oder teilautonome Arbeitsgruppen.[861]

Selbst-Controlling erweitert durch die Möglichkeit einer selbständigen Koordination sowie die Möglichkeit einer Mitwirkung bei der Zielbildung[862] den Handlungsspielraum des Aufgabenträgers erheblich. „Damit kann er (der Handlungsspielraum, Anm. d. Verf.) Selbstverwirklichungsmotive aktivieren und möglicherweise eine höhere Leistungsbereitschaft erreichen. Dieser Zusammenhang gilt vornehmlich bei einer intrinsischen Motivation des Aufgabenträgers."[863] Auch ermöglicht die größere Prozeßnähe eine wirksamere Regulation, z.B. im Falle von Störungen bei der Aufgabenerfüllung. „Die Selbstinformation führt zu einer direkten Rückmeldung über die Wirksamkeit des eigenen Handelns und trägt so zu einer Erhöhung des Realitätsgrades und in der Folge zu einer realistischen Anhebung des An-

---

[856] Vgl. von Hayek 1969.

[857] Schäffer 1996c, S. 273.

[858] Vgl. dazu auch Kapitel 3.4.3.

[859] Vgl. Herzberg 1968, S. 56ff. sowie Sandner 1988, S. 50.

[860] Vgl. Hackman / Oldham 1976.

[861] Vgl. zusammenfassend Picot / Reichwald / Wigand 1998, S. 443f.; Alioth 1995, Sp. 1894f.; Dent / Ezzamel 1995, S. 17f.; von Rosenstiel 1992, S. 104ff. sowie die jeweils angegebene Literatur.

[862] Vgl. Horváth 1995, S. 261f.; Kinkel 1997, S. 239.

[863] Pfohl / Stölzle 1997, S. 257; vgl. auch Thieme 1982, S. 171.

spruchsniveaus bei. Abweichungen von Ergebnis und Standard bewirken bei der Selbst-kontrolle eine entsprechende Änderung des Zielverhaltens. Sie führt zu hoher Identifikation mit den Zielen und einer starken Ich-Beteiligung an der Zielerreichung."[864]

Gerade in telekooperativen Strukturen scheint dieser motivationale Aspekt eines großen Handlungsspielraumes von hoher Bedeutung, da durch Medieneinsatz und eine dadurch erhöhte Beziehungsdistanz die Motivationswirkungen des Kohäsionsaspektes (z.b. durch direkten sozialen Kontakt) beschnitten werden.[865]

5.2.3 Grenzen des Selbst-Controlling

Auch wenn sowohl informationsökonomische als auch motivationale Aspekte gerade in Telekooperationen für ein ausgedehntes Selbst-Controlling sprechen, sind der Implementie-rung doch Grenzen gesetzt. Der durch das Selbst-Controlling erweiterte Handlungsspielraum eröffnet das Risiko der Ausnutzung dieser Spielräume zur opportunistischen Verfolgung individueller Ziele, die nicht mit den übergeordneten Zielen vereinbar sind.[866] Durch reines Selbst-Controlling läßt sich solch ein opportunistisches Verhalten nicht aufdecken.[867] Bei einem hohen Grad an Informationsasymmetrie und schlechter Transferierbarkeit relevanter Informationen (z.B. bedingt durch hohe Komplexität und Variabilität oder durch einen hohen Anteil impliziten Wissens) erscheint bei Zieldivergenzen zwischen Aufgabenträger und Gesamtunternehmen die Gefahr einer unbemerkten *Manipulation von Controlling-Informa-tionen* besonders groß.[868]

Die Verfälschung von Controlling-Informationen kann jedoch auch ohne eine bewußte, opportunistische Manipulation stattfinden. Im Falle einer Abweichung objektiver Controlling-Informationen von den subjektiven Zielvorstellungen des Selbst-Controlling-Trägers kann „kognitive Dissonanz" auftreten.[869] Dadurch tendiert der Aufgabenträger dazu, „ ... den bisherigen Informationen neue, konsonante Informationen hinzuzufügen oder aber die bislang dissonanten Informationen umzubewerten. Damit findet er Rechtfertigungen, die er selbst akzeptiert und aufgrund derer er sein inneres Gleichgewicht wiederzufinden vermag. Maß-nahmen zur Beseitigung der Zielabweichungen leitet er jedoch in der Regel nicht ein."[870]

---

[864] Thieme 1982, S. 166 (Hervorhebungen weggelassen).

[865] Vgl. dazu auch Kapitel 3.4.2.

[866] Vgl. Pfohl / Stölzle 1997, S. 257.

[867] Vgl. Schäffer 1996c, S. 277.

[868] Vgl. Thieme 1982, S. 167.

[869] Vgl. Festinger 1962, S. 262. Die kognitive Dissonanz wird sich in diesem Fall als zu vermeidender und abzubauender Konfliktzustand zwischen persönlichen Zielvorstellungen und davon abweichender objektiver Information um die tatsächliche Zielerreichung manifestieren.

[870] Pfohl / Stölzle 1997, S. 258.

Neben der bewußten Manipulation unterliegt das Selbst-Controlling also auch der Gefahr einer mehr oder weniger unbewußten *Fehleinschätzung.*[871]

5.2.4 Vertrauen als Voraussetzung für Selbst-Controlling

Wie die obigen Ausführungen zeigen, befindet sich das Controlling besonders bei komplexen und variablen Aufgaben in einem *Dilemma*: Während ein Fremd-Controlling hier aufgrund mangelnder Transferierbarkeit und Bewertbarkeit Controlling-relevanter Informationen sowie der Gefahr eines Motivationsverlustes kaum praktikabel erscheint, bestehen beim Selbst-Controlling bei solchen Aufgaben hohe Risiken des opportunistischen Verhaltens, der Manipulation und der Fehleinschätzung. Die Lösung dieses Dilemmas kann nur darin liegen, die Freiräume für ein ausgedehntes Selbst-Controlling zu belassen, jedoch das opportunistische Ausnutzen von Spielräumen zu vermeiden. Dies kann vor allem durch die Schaffung von Vertrauen geschehen.

Vertrauen kann – das wurde bereits dargestellt[872] – die problematischen Konsequenzen von Komplexität und Variabilität abmildern: Durch das Vorhandensein von Vertrauen wird die Erwartungsunsicherheit bezüglich des Verhaltens der Aufgabenträger reduziert.[873] Dies vermindert Gefahren opportunistischen Verhaltens. Zusätzlich wird die Entscheidung für ein vertrauensbasiertes Selbst-Controlling dadurch gestützt, daß „ ... das Vertrauensrisiko durch die geänderte Einstellung der Mitarbeiter gegenüber der Arbeit und ihrer Organisation verringert wird. Mitarbeiter erwarten eine Chance zu mehr Selbstbestimmung in der Arbeit und präferieren deshalb partizipative und kooperative Organisationsstrukturen. Insofern werden sie aus schierem Eigeninteresse das in sie gesetzte Vertrauen nicht enttäuschen wollen."[874]

Vertrauen macht jedoch eine Ergänzung des Selbst-Controlling durch Fremd-Controlling nicht überflüssig. Es ist festzuhalten, „ ... daß Vertrauen und Kontrolle (wie sie im Rahmen des Fremd-Controlling stattfinden, Anm d. Verf.) sich gegenseitig nicht nur nicht ausschließen, sondern Kontrolle in Form einer Vertrauenskontrolle sogar zwingende Voraussetzung für sinnvolles Vertrauen ist."[875] Solche Formen der Vertrauenskontrolle werden bei der Behandlung des Fremd-Controlling vertieft.[876]

---

[871] Vgl. Picot 1997, S. 196f., Thieme 1982, S. 167f.

[872] Vgl. Kapitel 4.2.4.

[873] Vgl. Schäffer 1996c, S. 275.

[874] Sjurts 1998, S. 292. Vgl. zur veränderten Einstellung der Mitarbeiter auch Kapitel 3.1.1.

[875] Sjurts 1998, S. 284.

[876] Vgl. Kapitel 5.4.

5.3   Controlling in Gruppen

Als Mittelweg zwischen den beiden Extremformen Selbst-Controlling und Fremd-Controlling ist es denkbar, daß Controlling-Aufgaben gemeinsam von einer Mehrheit kooperierender Aufgabenträger wahrgenommen werden. Ein derartiges Gruppen-Controlling kann dazu beitragen, sowohl Nachteile des Selbst-Controlling[877] als auch des Fremd-Controlling[878] zu kompensieren.

Wichtigster Wirkungsmechanismus des Gruppen-Controlling ist die *soziale Kontrolle.*[879] Sie stellt „ ... einen unterschwellig ablaufenden Prozeß der Konformitätsherstellung bzw. -sicherung dar ... "[880] und wird vom unmittelbaren sozialen Umfeld eines Aufgabenträgers ausgeübt. Die Existenz und die gemeinschaftliche Orientierung an sozialen Normen[881] kann – besonders bei hoher Gruppenkohäsion – über die Erzeugung sozialen Drucks die Gruppenmitglieder zu konformem Verhalten zwingen. Soziale Kontrolle kann damit auch als zentraler Mechanismus der Sozialisation betrachtet werden.

„Je besser nun die soziale Kontrolle diesen Anpassungsmechanismus befördert, desto geringer wird gleichzeitig auch der Bedarf an formaler Kontrolle ... "[882]. Zugleich ist durch die Konsensbildungsfunktion eine raschere Entscheidungsfindung und -implementierung zu erwarten.[883] Daß soziale Kontrolle tatsächlich hoch wirksam sein kann, ohne gleichzeitig das Gefühl einer zu starken Fremdkontrolliertheit zu vermitteln, konstatiert O'Reilly: „With formal systems people often have a sense of external constraint which is binding and unsatisfying. With social controls, we are often feel as though we have great autonomy, even though paradoxically we are conforming much more."[884] Entsprechende Wirkungen wurden auch empirisch bestätigt.[885]

5.3.1   Gruppen-Controlling auf der Basis sozialer Kontrolle

Ein auf sozialer Kontrolle basierendes Controlling kann durch die beschriebenen Mechanismen die Risiken eines reinen Selbst-Controlling, also die opportunistische Ausnutzung von Handlungsspielräumen und die bewußte Manipulation von Informationen, beschränken.

---

[877] Vgl. Kapitel 5.2.

[878] Vgl. Kapitel 5.4.

[879] Kontrolle ist dabei nicht im engen Sinne eines Soll-Ist-Vergleiches (vgl. Kapitel 4.4.), sondern allgemeiner als Verhaltenssteuerung und Begrenzung von Verhaltensspielräumen zu sehen.

[880] Sjurts 1995, S. 53.

[881] Vgl. Kapitel 4.3.2.

[882] Sjurts 1995, S. 54.

[883] Vgl. Pfohl / Stölzle 1997, S. 245.

[884] O'Reilly 1989, S. 12.

[885] Vgl. Schäffer 1996b, S. 114 sowie die dort angegebene Literatur.

Handeln, das nicht dem gültigen Normengefüge entspricht, wird unterbunden „ ... durch das dem Prozeß der Kooperation immanente Sanktionspotential ... "[886].

Durch Gruppen-Controlling bleibt aus *informationsökonomischer Sicht* in der Regel auch ein großer Teil des impliziten, schwer transferierbaren Wissens verfügbar, auf das ein Fremd-Controlling weitgehend verzichten müßte. Durch die Kenntnis des Aufgabenzusammenhangs in der Gruppe und das „Prinzip der gegenseitigen Kontrolle"[887] kann implizites Wissen prozeßnah genutzt werden. „Performance evaluation takes place ... through the kind of subtle reading of signals that is possible among intimate coworkers but which cannot be translated into explicit, verifiable measures."[888]

Auch aus *motivationaler Sicht* erscheint Controlling innerhalb einer Gruppe günstig. Die Verlagerung von Controlling-Aufgaben in die Gruppe bedeutet – wie beim Selbst-Controlling – eine Erweiterung des Handlungsspielraumes. Ferner eröffnet sich durch Gruppen-Controlling die Möglichkeit der Aktivierung sozialer Kontaktmotive[889] sowie einer breiten Partizipation aller Gruppenmitglieder, was entsprechende Motivationspotentiale freisetzen kann. Die konsequente Umsetzung dieses Gedankens findet sich in der teilautonomen Arbeitsgruppe.[890]

5.3.2   Grenzen des Gruppen-Controlling

Die starke Fundierung des Gruppen-Controlling auf soziale Kontrolle läßt auch die Grenzen dieses Konzeptes erkennen: Die konsonante Ausrichtung aller Gruppenmitglieder auf die gültigen Gruppennormen besagt noch nichts über den Inhalt dieser Normen. So wurde zwar empirisch mit steigender Gruppenkohäsion eine immer geringere Abweichungswahrscheinlichkeit von den gesetzten Normen festgestellt, dieser Effekt war jedoch völlig unabhängig von Normeninhalten festzustellen.[891] Dies führt zu kontraproduktiven Effekten, falls die Gruppennormen nicht mit den Unternehmenszielen übereinstimmen.

In diesem Zusammenhang ist das Phänomen der *Leistungsrestriktion* zu sehen. In mehreren empirischen Studien wurden Arbeitsgruppen gefunden, in denen kein Mitglied ein bestimmtes, gruppenspezifisches Leistungsniveau überschritt, obwohl einige Gruppenmitglieder dazu in der Lage gewesen wären. Sanktionen der Gruppe bei Verletzung dieser impliziten Leistungsnormen hinderten sie jedoch – selbst bei einem individualisierten Anreizsystem wie der

---

[886] Schäffer 1996c, S. 273.

[887] Polanyi 1985, S. 67.

[888] Ouchi 1980, S. 137.

[889] Vgl. von Rosenstiel 1992, S. 106.

[890] Vgl. zusammenfassend z.B. Picot / Reichwald / Wigand 1998, S. 228f. sowie S. 443f., von Rosenstiel 1992, S. 107ff. sowie S. 279f.

[891] Vgl. von Rosenstiel 1992, S. 270f. In der Studie wurden in verschiedenen hochkohäsiven Gruppen entweder ein einheitlich geringes oder ein einheitlich hohes Leistungsniveau aller Mitglieder festgestellt.

Akkordentlohnung – am Erbringen höherer Leistungen.[892] Damit zeigt sich, daß soziale Kontrolle sehr weit reichen kann und bei Inkongruenz persönlicher Wertvorstellungen mit Gruppennormen auch zu starkem psychischen Druck (*Gruppendruck*)[893] und Konformitätszwang führen kann.

Gruppendruck kann sich über die nachteiligen Auswirkungen auf das Individuum hinaus auch in suboptimalen Gruppenenleistungen äußern. Das bereits erwähnte *Groupthink*-Phänomen[894] verschärft sich mit zunehmender Gruppenkohäsion. Durch die Tendenz zur Verdrängung mißliebiger Controlling-Informationen und die Konzentration auf erwünschte Ergebnisse verringert sich die Chance auf ein objektives Aufdecken von kritischen Entwicklungen und ein adäquates und rechtzeitiges Gegensteuern. Auch das mögliche Auftreten von *Risky-shift*[895] in hochkohäsiven Gruppen setzt dem Konzept des Gruppen-Controlling Grenzen. Die subjektive Verringerung der Controlling-Verantwortung des Einzelnen und das bewußte Eingehen höherer Risiken[896] können zu suboptimalen Ergebnissen im Gruppen-Controlling führen.

5.4 Fremd-Controlling

Während Selbst-Controlling auf dem Grundgedanken der Koordination durch Selbstabstimmung beruht, baut Fremd-Controlling auf dem Gedanken einer vom Aufgabenträger getrennten Koordinationsfunktion auf, die vor allem innerhalb des Führungsprozesses erfolgt („Koordination durch persönliche Weisung" bzw. „direct supervision").[897]

5.4.1 Informationsökonomische Aspekte des Fremd-Controlling

Fremd-Controlling ist auf die Transferierbarkeit von Controlling-relevantem Wissen vom Aufgabenträger zu einer Controlling-Instanz angewiesen. Wie gezeigt, ist diese Transferierbarkeit besonders bei komplexen und variablen Aufgaben und beim Vorhandensein impliziten Wissens nur sehr eingeschränkt gegeben, weswegen in diesem Fall ein weitestgehendes Selbst-Controlling zu empfehlen ist.

---

[892] Vgl. zusammenfassend von Rosenstiel 1987.

[893] Vgl. von Rosenstiel 1992, S. 327f.

[894] Vgl. Kapitel 4.1.1.2 sowie Janis 1982.

[895] Vgl. Kapitel 4.1.1.2 sowie Kogan / Wallach 1964.

[896] Vgl. von Rosenstiel 1992, S. 328f.; Schäffer 1996b, S. 128.

[897] Vgl. Kieser / Kubicek 1992, S. 104ff.; Mintzberg 1979, S. 3ff, Horváth 1995, S. 261. Dies bedeutet jedoch nicht zwangsläufig, daß derjenige, der die Controlling-Funktion trägt (z.B. der Inhaber einer formalen Controlling-Stelle), im Rahmen des Fremd-Controlling auch die Rolle des Führenden übernimmt bzw. Weisungsbefugnisse besitzt. Fremd-Controlling kann im Sinne der Servicefunktion des Controlling auch von einer nicht weisungsberechtigten Stelle ausgeübt werden, wobei die gewonnenen Informationen als Grundlage für die eigentliche Führungstätigkeit (z.B. des Linienmanagements) dienen.

Aus der Perspektive einer beschränkten Rationalität des Individuums[898] kann jedoch mit steigender Komplexität und Variabilität der Aufgaben ein Punkt erreicht werden, an dem die Möglichkeiten einer autonomen Koordination im Rahmen des Selbst-Controlling erschöpft sind. Die *Koordination der Einzelaktivitäten auf ein übergeordnetes Gesamtziel* hin muß in diesem Falle auf einer Metaebene erfolgen, die von Detailinformationen abstrahiert und durch ihre Koordinationstätigkeit die Einzelergebnisse zum gewünschten Gesamtergebnis hin aggregiert. Eine Instanz zur Wahrnehmung eines derartigen Fremd-Controlling würde sich in diesem Falle „... aus ihrer Kenntnis des Gesamtzusammenhangs heraus ... "[899] rechtfertigen.

Fremd-Controlling erscheint auch dann angezeigt, wenn *hohes opportunistisches Potential* bei den Aufgabenträgern zu befürchten ist. In diesem Fall ist ein unabhängiges Fremd-Controlling unumgänglich, um die Gefahr der bewußten Manipulation von Controlling-relevanten Informationen und damit dem Vertrauensmißbrauch zu begegnen. Aber auch die unbewußten und unbeabsichtigten kognitiven Verzerrungen, die beim Individuum als kognitive Dissonanz und in Gruppen als Groupthink und Risky-shift auftreten können, sind letztlich nur durch eine unabhängige, neutrale Instanz des Fremd-Controlling aufzudecken.[900]

Aufgrund hoher Barrieren des Wissenstransfers, wie sie in telekooperativen Strukturen als Auswirkungen von Distanzen typischerweise auftreten, kann jedoch hier ein Fremd-Controlling nicht in Form der traditionellen „Tight control" und der möglichst lückenlosen Erfassung von Controlling-Informationen durchgeführt werden. Vielmehr gilt es, im Sinne einer *„Loose control"* Umfang und Intensität der Controlling-induzierten Informationsbeschaffung gezielt zu reduzieren. Dabei sind vor allem folgende Strategien denkbar, die gegebenenfalls auch in Kombination anwendbar sind:[901]

- *Einsatz von Indikatoren:* Indikatoren sind Größen, die den Ablauf eines Leistungserstellungsprozesses ausschnittweise bzw. stellvertretend abbilden (z.B. Anzahl von Patenten als Indikator für den Erfolg einer F&E-Abteilung). Sie ermöglichen mit einer gewissen Wahrscheinlichkeit Rückschlüsse auf die tatsächliche Abwicklung dieses Prozesses und dessen Ergebnisse. Durch die Verdichtung Controlling-relevanter Informationen in Indikatoren kann das Transferproblem beschränkt werden. Allerdings ist die Ermittlung von Indikatoren in der Regel mit Aufwand verbunden. Ferner kann der Bezug eines Indikators auf nur einen Ausschnitt der zugrundeliegenden Realität zu fehlerhaften Anreizen und daraus resultierend zu einseitiger Suboptimierung führen.

---

[898] Vgl. March / Simon 1976, S. 129ff.

[899] Gutenberg 1962, S. 60.

[900] So wird zur Verminderung des Groupthink-Effektes unter anderem das Heranziehen eines unabhängigen, externen Beobachters empfohlen, der die Rolle des „Advocatus Diaboli" übernimmt, vgl. von Rosenstiel 1992, S. 333.

[901] Vgl. Schäffer 1996c, S. 280f.

- *Stichproben:* Die Quantität des für ein Fremd-Controlling notwendigen Informationstransfers kann durch Stichproben reduziert werden. Dabei wird nur eine – bewußte oder zufällige – Auswahl von relevanten Informationen berücksichtigt. Das Fremd-Controlling auf der Basis von Stichproben stößt jedoch an seine Grenzen, wenn mit der steigenden Komplexität der Aufgaben immer weniger Interdependenzen berücksichtigt werden können. Ferner kann bei bewußter Auswahl der Stichproben im Laufe der Zeit die Stichprobennahme des Fremd-Controlling für die Aufgabenträger vorhersehbar werden, was wiederum Spielräume für opportunistisches Verhalten eröffnet.

- *Relativer Vergleich:* Eine weitere Möglichkeit, den Bedarf an Informationstransfer zu beschränken, besteht in einem Verzicht auf die Einholung detaillierter Prozeßinformationen. Anstelle dessen tritt eine ganzheitliche Beurteilung der gesamten Leistungserstellung und der Vergleich mit ähnlichen Prozessen zur Ermittlung der „Best practice". Dieses Vorgehen liegt den Ansätzen des Benchmarking zugrunde.[902] Probleme kann jedoch die schlechte Vergleichbarkeit im Falle innovativer, mehr oder minder einmaliger Aufgaben bereiten. Ferner besteht durch das Fehlen eines absoluten Bezugspunktes die Gefahr, daß eine suboptimale Leistung mit einer anderen suboptimalen Leistung verglichen und daraus kein Handlungsbedarf abgeleitet wird.

- *Verkürzung des Controlling-Horizonts:* Durch die Aufteilung des gesamten Leistungsprozesses in Teilleistungen (z.B. Meilensteine) kann die Komplexität und damit auch der Informationstransfer leichter handhabbar gemacht werden. Allerdings besteht durch die verkürzte Perspektive die Gefahr der Nichtberücksichtigung intertemporärer Interdependenzen. Ferner wird aus der Perspektive der Gesamtleistung der letztlich auftretende kumulierte Informationsbedarf nicht reduziert.

5.4.2   Motivationale Aspekte des Fremd-Controlling

Wie gezeigt wurde,[903] sind von einem Selbst-Controlling eine Reihe positiver motivationaler Wirkungen zu erwarten. Dennoch kann, wie ebenfalls deutlich wurde, auch auf ein Fremd-Controlling nicht völlig verzichtet werden. Daher stellt sich die Frage, welche Aspekte hinsichtlich der Motivation beim Fremd-Controlling zu berücksichtigen sind und wie gegebenenfalls negative Auswirkungen in diesem Bereich minimiert werden können.

Aus motivationaler Sicht erscheint beim Fremd-Controlling vor allem die *Notwendigkeit einer Fremdkontrolle* problematisch.[904] „Fremdkontrolle führt tendenziell dem Kontrollierten die eigene Unfähigkeit und Unmündigkeit vor Augen, da er von anderen überwacht und auf seine Fehler hingewiesen wird. Sie bewirkt damit teilweise Frustrationen sowie daraus folgendes

---

[902] Vgl. Wildemann 1995, S. 77.

[903] Vgl. Kapitel 5.2.2.

[904] Vgl. Horváth 1996, S. 210.

Aggressions- und Resistenzverhalten und aktiviert gleichzeitig Sicherheitsmotive. Die Fremdkontrolle führt eventuell zu einer paradoxen Wirkung: Je mehr der Kontrollträger versucht, direkt auf das Verhalten des Kontrollierten einzuwirken, desto weniger Kontrolle wird er tatsächlich ausüben können."[905] Eine häufig beobachtbare Reaktion der fremdkontrollierten Aufgabenträger liegt daher im Versuch, derartige Kontrollen zu umgehen und den Handlungsspielraum wieder herzustellen (*Reaktanz*). „Dieser Drang steigt mit zunehmender Beschränkung und kann zu für den Vorgesetzten unerwarteten Verhaltensmustern führen."[906]

Allerdings kann eine Fremdkontrolle auch durch die Aufgabenträger erwünscht sein. Dies ist vor allem dann zu erwarten, wenn diese eine *Rückkopplung über die konkrete Einschätzung ihrer Leistung* erhalten möchten.[907] Eine auf diesen Wunsch ausgerichtete Fremdkontrolle ist demnach aufgrund ihrer transparenzschaffenden und sicherheitsvermittelnden Wirkung als motivationsfördernd einzustufen.

Generell ist die Wirkung von Fremdkontrollen stark von individuellen Persönlichkeitsmerkmalen der Aufgabenträger sowie von situativen Bedingungen der Aufgabenerfüllung abhängig. „Damit steht der Vorgesetzte vor der Herausforderung, möglichst individuell für jeden Aufgabenträger das Ausmaß weitestreichender Selbstkontrolle sowie die für die Zielerreichung unerläßliche Fremdkontrolle zu bestimmen."[908]

5.4.3   Fremd-Controlling und Vertrauen

Eine große Gefahr des Fremd-Controlling liegt in einer möglicherweise vertrauensschädigenden Wirkung der dafür erforderlichen Fremdkontrolle. Vertrauen ist jedoch die unabdingbare Basis für ein funktionierendes Selbst-Controlling in telekooperativen Strukturen.[909] „Ein wohl in den meisten Unternehmen immer noch zu findendes Übermaß an Fremdkontrolle mit ausgefeilten Systemen der Vielfach- und Detailkontrolle ist der augenfälligste Indikator für Mißtrauensorganisationen. Unzweifelhaft bleibt, daß (übertriebene) Fremdkontrolle das Vertrauen zwischen Personen untergräbt oder gar nicht erst aufkommen läßt ... "[910].

Als Ursachen für diese Gefahren „ ... gelten in erster Linie die Fremdkontroll-Zentrierung des Controlling, ein überkommenes Menschenbild, das die Tätigkeit des Controllers dominiert, sowie eine deutliche Disparität zwischen der Informationsmacht und der Verantwortung des

---

[905] Thieme 1982, S. 153 (Hervorhebungen und Fußnoten weggelassen).

[906] Pfohl / Stölzle 1997, S. 243.

[907] Vgl. Thieme 1982, S. 172.

[908] Pfohl / Stölzle 1997, S. 243f.

[909] Vgl. Kapitel 5.2.4.

[910] Krystek / Redel / Reppegather 1997, S. 378. Entsprechend prägte Krystek 1991 auch den vielzitierten Begriff des „Controlling als Speerspitze einer Mißtrauensorganisation". Zur Unterscheidung von Vertrauens- und Mißtrauensorganisationen vgl. Kap. 4.2.4.1.

Controlling."[911] Um ein wirksames Zusammenspiel von Selbst- und Fremd-Controlling zu gewährleisten, ist es daher erforderlich, einerseits potentielle Risiken des Fremd-Controlling hinsichtlich einer Vertrauensschädigung zu minimieren, andererseits aber auch die Wirksamkeit einer Fremdkontrolle nicht zu beschneiden.

Dies erscheint möglich, da sich – wie bereits erwähnt[912] – Vertrauen und Kontrolle nicht a priori gegenseitig ausschließen. Eine sogenannte *Vertrauenskontrolle* wird sogar als essentielle Voraussetzung für das langfristige Funktionieren von Vertrauensbeziehungen gesehen.[913] Im Gegensatz zu traditionellen, unmittelbar leistungsorientierten Kontrollformen versucht die Vertrauenskontrolle die Frage zu beantworten, ob die Entscheidung für die Erbringung der riskanten Vorleistung „Vertrauen" begründet ist oder revidiert werden soll. „Bei der Vertrauenskontrolle ... bildet nicht nur das aufgabenorientierte Handeln des Agent das Kontrollobjekt, sondern sein Handeln ganz allgemein ... "[914]. Als Kontrollformen, die in der Regel kein Mißtrauen auslösen,[915] werden vorgeschlagen:[916]

- *Symbolische Kontrollen:* Im Gegensatz zur herkömmlichen Fremdkontrolle geht das Konzept der symbolischen Kontrolle a priori von der Aufrichtigkeit des Kontrollierten aus. Anstelle einer detaillierten Faktenkontrolle tritt die fallweise und stichprobenartige Einschätzung der Redlichkeit und Integrität des Vertrauensnehmers. Symbolische Kontrolle bezieht sich daher nicht auf „harte" Fakten, sondern auf Absichten und Motivstrukturen, die z.B. anhand eines groben Gerüstes von Indizien erfaßt werden.[917]

- *Schwellenkontrolle:* Schwellenkontrollen können symbolische Kontrollen ergänzen, indem sie deren latenter Problematik der Zufälligkeit und Willkür entgegenwirken. Schwellenkontrollen beruhen auf der Festlegung von Schwellen in Form bestimmter, vertrauenskritischer Verhaltensweisen. Die damit verbundene Einräumung eines sogenannten Vertrauenskredites schafft Handlungsspielräume, in denen in einem definierten Rahmen auch von der Norm abweichendes Verhalten toleriert wird.

5.4.4   Fremd-Controlling als notwendiger Rahmen des Selbst-Controlling

Aufgrund der dargestellten Risiken, insbesondere der Prozeßferne und der Nichtberücksichtigung impliziten Wissens sowie der Demotivation und Vertrauensschädigung, sollte ein Fremd-Controlling in telekooperativen Strukturen – auch bei Beachtung der obengenannten

---

[911] Krystek / Redel / Reppegather 1997, S. 379 (Hervorhebungen weggelassen).

[912] Vgl. Kapitel 4.2.4.1.

[913] Vgl. Reichwald / Sachenbacher 1999, S. 12; Sjurts 1998, S. 284.

[914] Sjurts 1998, S. 290.

[915] und daher auch nicht in eine Mißtrauensspirale führen, vgl. Kapitel 4.2.4.1.

[916] Vgl. Krystek / Redel / Reppegather 1997, S. 395ff.

[917] Vgl. Luhmann 1989, S. 31.

Gestaltungshinweise – auf ein notwendiges Mindestmaß beschränkt werden. Das Fremd-Controlling darf das Selbst-Controlling nur geringstmöglich beeinträchtigen. Gegenüber den klassischen, an einer vollständigen Abbildung der Unternehmensprozesse orientierten Controlling-Ansätzen ist „ ... das bestehende Instrumentarium zu vereinfachen und zu entrümpeln."[918] Die konkrete Ausgestaltung ist dabei weitgehend situationsabhängig: „Die Dezentralisierung von Controlling-Funktionen und damit verbunden die Schaffung eines schlanken 'Rumpf-Controllings' läßt sich immer nur im konkreten Fall ... diskutieren. Nach dem Subsidiaritätsprinzip 'So dezentral wie möglich, so zentral wie nötig' sind die einzelnen Funktionen daraufhin abzuklopfen, ob sie nicht in dezentralisierter Form wirtschaftlicher erbracht werden können."[919]

Die wesentlichen Aufgabenfelder, die demnach von Fremd-Controlling abzudecken sind, liegen vor allem in der Sicherstellung der Gesamtkoordination und in der Vermeidung eines unerwünschten Auseinanderdriftens der einzelnen Teilbereiche der betrieblichen Leistungserstellung. Diese „Rahmenfunktion" des Fremd-Controlling skizziert auch Horváth: „Das Controlling (im Sinne des Fremd-Controlling, Anm. d. Verf.) gibt durch die Ausgestaltung des betrieblichen Planungs- und Kontrollsystems der Selbstorganisation den Rahmen vor, damit die gewährten Freiräume (im Sinne des Selbst-Controlling, Anm. d. Verf.) nicht zu einer ineffektiven und dysfunktionalen, weil individuellen Verhaltensweise führen."[920] Im einzelnen sind dabei vor allem folgende Teilfunktionen relevant:[921]

- *Schnittstellenfunktion:* Das Fremd-Controlling muß die Schnittstellen zwischen relativ autonomen Teilbereichen bzw. Modulen definieren und dabei Art und Menge der zu erbringenden Output-Leistungen festlegen. Diese dienen als Orientierungsmaßstab für das prozeßbegleitende Selbst-Controlling. „Thus, controlling the required output ... by standardizing component interfaces permits effective coordination of development processes without the continual exercise of managerial authority. The specifications for standardized component interfaces provides, in effect, an information structure ... that coordinates the loosely coupled activities ... "[922]. Zum anderen ermöglicht die zentrale Festsetzung der gewünschten Output-Leistungen auch eine vergleichende Leistungsbewertung der Module. „Statt nämlich Einzelfälle zu kontrollieren, wird ... eine pauschale ex-post-Kontrolle favorisiert."[923] Dieses Vorgehen ist allerdings mit allen Nachteilen des MbO-Konzeptes behaftet.[924] Anzustreben ist daher in jedem Falle ein partizipatives Vorgehen unter Einbeziehung

---

[918] Horváth 1992, S. 3.

[919] Reiß / Höge 1994, S. 219f.

[920] Horváth 1995, S. 261.

[921] Vgl. auch Reichwald / Koller 1996, S. 134f.

[922] Sanchez / Mahoney 1996, S. 66 (Hervorhebungen weggelassen).

[923] Sjurts 1998, S. 293.

[924] Vgl. Kapitel 4.2.1.

der einzelnen Module, um einen möglichst weitgehenden Konsens über die zu erzielenden Leistungen zu erreichen.

- *Transparenzfunktion:* Da durch die Schnittstellen im Sinne der losen Kopplung die Outputs der einzelnen Module nicht a priori vollständig spezifiziert werden, sondern nur ein „Toleranzbereich" definiert werden kann, der für eine reibungslose Zusammenarbeit einzuhalten ist, können diese Outputs die Leistungserstellung in einem nachgelagerten Modul beeinflussen, ohne daß letzteres diesen Einfluß zu verantworten hätte. Ein bekanntes und vielzitiertes Beispiel ist die Trennung von Kostenfestlegung (z.b. in einem für die Konstruktion zuständigen Modul) und Kostenanfall (z.b. in einem Produktionsmodul).[925] Durch ein reines Selbst-Controlling können jedoch lediglich Informationen erfaßt werden, die den unmittelbaren Leistungsprozeß betreffen, den einzelne Aufgabenträger bewältigen und verantworten. Um auch die laufende Koordination mit vor- oder nachgelagerten Prozessen der Wertschöpfungskette gewährleisten zu können, werden transparente Maßstäbe benötigt, die eine sinnvolle wechselseitige Abstimmung der Teilprozesse ermöglichen.

Die Informationen sollten daher nach einer einheitlichen und transparenten Grundsystematik erfaßt und aufbereitet werden, z.b. im Rahmen eines unternehmensweiten, konsistenten Kennzahlensystems.[926] Auf der Basis dieses Datenpools können dann bedarfsspezifisch einzelne Auswertungsverfahren durchgeführt werden. An eine derartige, vom Fremd-Controlling zu entwickelnde und zu pflegende Grundsystematik sind folgende Anforderungen zu stellen, um die Transparenz des Systems zu sichern:[927]

- *Effizienz:* Die Auswahl und Aufbereitung der Informationen sollte unter Abwägung des Aufwandes mit dem zu erwartenden Nutzen geschehen.

- *Selektivität:* Die Informationsgewinnung sollte auf wenige, regelmäßig verwendete und aussagefähige Größen beschränkt werden. Diese sollten auch tatsächlich von den Aufgabenträgern steuerbar sein.

- *Widerspruchsfreiheit:* Die Kennzahlen müssen eindeutig interpretierbar und widerspruchsfrei sein. Die Auflösung eventueller Zielkonflikte muß bereits auf der Ebene des Fremd-Controlling bzw. des Managements bewältigt werden.

- *Verzicht auf Verdichtung:* Verdichtung oder Monetarisierung von Informationen sind zu vermeiden, soweit sie Abweichungsursachen verschleiern und Übertragungsverluste verursachen.

---

[925] Vgl. Reiß / Grimmeisen 1998, S. 47.

[926] Vgl. Kapitel 4.6.3.

[927] Vgl. Kinkel 1997, S. 243f.

– *Zeitnahe Rückkopplung:* Um die Wirkung von Steuerungsmaßnahmen beurteilen zu können, sollte die Realisierung von Maßnahmen und die Auswertung von Rückmeldeinformationen zeitlich möglichst wenig auseinanderfallen.

– *Isoliertheit:* Die gewonnenen Informationen sollten disjunkt sein und jeweils ihren spezifischen Beitrag zur Erreichung des Gesamtziels erkennen lassen.

• *Qualifikationsfunktion:* Die spezifische, teilprozeßbezogene Auswertung des einheitlichen Datenpools, der vom Fremd-Controlling im Rahmen seiner Transparenzfunktion zur Verfügung gestellt wird, ist von den Aufgabenträgern im Rahmen des Selbst-Controlling vorzunehmen. Damit dies sinnvoll geschehen kann, fallen dem Fremd-Controlling zwei weitere Aufgabenkomplexe zu:

– Das Fremd-Controlling muß einen Satz von *Methodiken* für die Aufgabenträger bereithalten, die deren möglichen Informationsverarbeitungsbedarf abdecken können. Das Fremd-Controlling muß bei der Auswahl geeignete Methoden sowie bei einer eventuell notwendigen problemspezifischen Anpassung oder Weiterentwicklung Hilfestellung leisten.

– Das Fremd-Controlling muß die Aufgabenträger für die Durchführung von Aufgaben des Selbst-Controlling *qualifizieren.*[928] Da es jedoch nicht ressourceneffizient sein kann, alle Aufgabenträger zu Controlling-Experten auszubilden, läßt sich diese Aufgabe des Fremd-Controlling vor allem als „Hilfe zur Selbsthilfe" charakterisieren. Schwerpunkte bilden Aufbau von Methodenkompetenz (z.B. Anwenderschulung für EDV-Tools) und laufende Beratung (z.B. „Hotline"-Service für unvorhersehbare Probleme).

• *Wissenstransferfunktion:* Das Fremd-Controlling muß die Weiterentwicklung und Innovation des Unternehmens fördern. In modularisierten Organisationsstrukturen wird in diesem Zusammenhang ein strukturbedingtes Dilemma sichtbar: Durch die unmittelbare, dezentrale Gewinnung und Nutzung Controlling-relevanten Wissens wird einerseits die Komplexität des gesamten Leistungssystems handhabbar. Andererseits besteht auch das Risiko, daß ein möglicher Nutzen eines solchen modulinternen, „verborgenen" Wissens für das Gesamtsystem unerkannt bleibt. „ ... gravierend sind die Schwierigkeiten, die dort auftreten, wo Teams die verborgenen Informationen – also die Kenntnisse, die Teams selbst über die Art und Weise besitzen, in der 'ihr' Modul funktioniert – der übrigen Organisation vorenthalten. Solche Kommunikationsdefizite können kostspielig werden ... "[929]. Aufgabe des Fremd-Controlling ist es daher, mit Hilfe entsprechender Methoden des Wissens-

---

[928] Vgl. Eichenseher 1997, S. 67.

[929] Baldwin / Clark 1998, S. 48.

managements[930] einen möglichen übergeordneten Nutzen von modulinternem Wissen zu erkennen und für dessen Diffusion zu sorgen.

5.5   Fazit

Als Träger für das Controlling in telekooperativen Strukturen kommen grundsätzlich die Aufgabenträger selbst (im Falles des Selbst-Controlling), Mehrheiten von Aufgabenträgern (im Fall des Gruppen-Controlling) sowie spezialisierte Controlling-Instanzen (im Falles des Fremd-Controlling) in Frage.

Die Potentiale des *Selbst-Controlling* liegen vor allem in einer schnellen, flexiblen und prozeßnahen Informationsverarbeitung. Unter den Bedingungen erhöhter Informationsdistanz in telekooperativen Strukturen kann ein großer Teil des Aufwandes für Informationstransfer eingespart werden, indem Controlling-Aufgaben – im Sinne von Aufgaben einer spezialisierten, eigenständigen Controlling-Instanz – gar nicht erst anfallen. Auch weist das Selbst-Controlling eine Reihe motivationaler Vorteile auf. Um das volle Flexibilisierungspotential telekooperativer Strukturen ausschöpfen zu können, muß dort in hohem Maße auf Selbst-Controlling zurückgegriffen werden. Umgekehrt eröffnet aber auch das Konzept der Telekooperation neue Potentiale für das Selbst-Controlling: „ ... information technologies that enhance individuals' productivity by allowing them to be spatially and temporal distanced from others also has the potential to enhance productivity at the organizational level by providing distant workers a means to coordinate their activities ... "[931].

Die beim Selbst-Controlling vorhandenen Risiken einer bewußten, opportunistischen Manipulation oder einer unbewußten Fehleinschätzung Controlling-relevanter Informationen können zum Teil durch ein *Gruppen-Controlling* über den Mechanismus der sozialen Kontrolle eingedämmt werden. Gleichzeitig können, ähnlich wie beim Selbst-Controlling, informationsökonomische und motivationale Vorteile genutzt werden. Allerdings unterliegt das Gruppen-Controlling Gefahren kollektiver kognitiver Informationsverzerrungen, wie Groupthink oder Risky-shift. Im Kontext der Telekooperation stellt sich für das Gruppen-Controlling vor allem die Frage nach der Vermittelbarkeit von oft impliziten (Gruppen-) Normen über Telemedien und damit unter den Bedingungen erhöhter Beziehungsdistanz. Häufig basiert diese Vermittlung auf informeller Kommunikation und berührt stark den Kohäsionsaspekt, also einen offensichtlichen Problembereich mediengestützter Kommunikation.

Telekooperative Strukturen eröffnen große Handlungsspielräume für die Aufgabenträger. Diese hohe Autonomie und die durch Medieneinsatz eingeschränkte Wirkung eines „Social glue" kann zu Zieldivergenzen zwischen den telekooperativen Einheiten und letztlich zu deren

---

[930] Vgl. z.B. Güldenberg 1997; Davenport / De Long / Beers 1998.

[931] Raghuram / Wiesenfeld / Garud 1996, S. 15; vgl. ferner Garud / Kotha 1994.

dysfunktionalem Auseinanderdriften und zu opportunistischem Ausnützen von Spielräumen führen. Zur gemeinsamen Zielausrichtung und zur Begrenzung opportunistischer Potentiale ist die Ergänzung des Selbst-Controlling durch ein *Fremd-Controlling* unumgänglich. Dies hat vor allem die Aufgaben der Schnittstellendefinition, der Schaffung von modulübergreifender Transparenz, der Qualifikation zum Selbst-Controlling und der Sicherstellung des Wissenstransfers. Ein traditionelles, vor allem auf „harte" Kontrollen aufbauendes Controlling erscheint in diesem Kontext nicht zielführend. Unterschiedliche Formen von Loose control können dazu beitragen, die in telekooperativen Strukturen besonders gewichtigen Probleme schwer transferierbaren, impliziten Wissens zu vermeiden. Vertrauenserhaltende Formen des Fremd-Controlling, die auf symbolischer Kontrolle und Schwellenkontrolle beruhen, verhindern den Verlust des für das Selbst-Controlling so bedeutenden Vertrauens.

6   Ausblick

In zahlreichen, vor allem praxisnahen Gestaltungsempfehlungen zur Telearbeit und Telekooperation liegt in bezug auf das Controlling der Betrachtungsschwerpunkt auf der Perspektive der Informationsdistanz und deren technischer Überwindung mittels des Einsatzes von
IuK-Systemen. In der ökonomischen Theorie findet diese Perspektive ihre Entsprechung vor
allem in der Principal-Agent-Theorie, die sich im Kern mit Informationsasymmetrien und
Möglichkeiten zu deren Überwindung befaßt.

Diese Perspektive erscheint jedoch für eine ganzheitliche Beurteilung nicht ausreichend: „ ...
the theoretical work in agency theory unnecessarily oversimplifies the complexity of the
contract and skirts some serious problems about fundamental characteristics of its common
elements ... "[932] Offensichtlich genügt es nicht, die Analyse der dargestellten Controlling-
Instrumente ausschließlich auf den Aspekt einer rein aufgabenbezogenen Informationsversorgung und somit auf eine „rationale" Optimierung von Principal-Agent-Beziehungen zu
beschränken.

Es erscheint vielmehr notwendig, die Analysebasis auf zwei ergänzende Perspektiven des
Distanzphänomens zu erweitern: Aus Sicht der Beziehungsdistanz wird untersucht, wie sich
die durch Verteiltheit und Medienunterstützung bedingten Beeinträchtigungen des Aufbaus
und des Erhaltes sozialer Beziehungen auf die dargestellten Controlling-Instrumente auswirken. Ferner ist aus Sicht der Organisationsdistanz zu fragen, welche Konsequenzen eine
telekooperativ bedingte geringere Einbindung der Aufgabenträger in unternehmensweit
getragene, gemeinsame Regeln und Normen auf die Funktionsfähigkeit dieser Instrumente
hat.

Unter dieser erweiterten Perspektive zeigt sich, daß die dargestellten Instrumente von
unterschiedlich hoher Bedeutung für eine funktionierende Gesamtkoordination in einem
telekooperativ strukturierten Unternehmen sind: Als wichtigste instrumentelle Grundlage sind
die Strukturvariablen der organisatorischen Gestaltung zu sehen. Hierbei erweist sich das
Konzept einer organisatorischen Modularisierung als überlegen. Es stellt zwar – im Vergleich
zu einer Strategie der Hierarchisierung, bei der die Überwindung der Informationsdistanz im
Mittelpunkt steht – höhere Anforderungen an die Überwindung von Distanzen in allen drei
Dimensionen, erweist sich aber als notwendig für die telekooperative Bewältigung komplexerer Aufgaben und bildet die Basis für den effizienten Einsatz weiterer Controlling-Instrumente.

---

[932] Tosi / Katz / Gomez-Mejia 1997, S. 585. Ähnlich auch die Kritik Küppers an der Principal-Agent-Analyse
1997, S. 55: „Die Modelle erreichen schnell eine hohe Komplexität. Vielfach sind sie nur für relativ einfache
Prämissen exakt lösbar. Deshalb können sie die Komponenten und Zusammenhänge der Realität nur beschränkt erfassen. ... Komplexe Beziehungen, wie sie in der Wirklichkeit sowohl zwischen Einzelpersonen
als auch durch das Zusammenspiel von mehreren Personen und Gruppen bestehen, lassen sich mit ihnen
nicht ohne weiteres analysieren."

Modularisierung gewährleistet die notwendige Flexibilität der Leistungserstellung, indem die Potentiale der Mitarbeiter weitestgehend genutzt werden können. Insbesondere entlastet die Nutzung der Selbstkoordinationsfähigkeit der Aufgabenträger zunehmend von der Notwendigkeit des Einsatzes hoch formalisierter und ausdifferenzierter Instrumente der Planung, der Kontrolle, des Informationssystems sowie übergreifender Controlling-Instrumente. Letztere besitzen damit für die Koordination in telekooperativen, modularen Strukturen eher unterstützende Bedeutung.

Durch organisatorische Modularisierung und telekooperativ bedingte Distanzen entstehen zwangsläufig größere individuelle Entscheidungs- und Verhaltensspielräume. Diese sichern einerseits die notwendige Flexibilität und Handlungsfähigkeit eines Unternehmens, können jedoch bei fehlender Zielkongruenz zwischen Individuum und Organisation sowie opportunistischem Verhaltenspotential auch stark dysfunktionale Wirkungen erzeugen.

Als wichtigste „Enabler" modularisierter telekooperativer Strukturen sind daher Personalführungsinstrumente anzusehen, die einerseits eine Angleichung individueller und gesamtunternehmensbezogener Ziele bewirken und andererseits opportunistische Spielräume begrenzen, ohne dabei notwendige Flexibilitätsspielräume zu stark zu beschränken. Von zentraler Bedeutung sind in diesem Zusammenhang die Implementierung geeigneter Anreizsysteme, die Herstellung gemeinsamer Wertvorstellungen und Erwartungen sowie die Schaffung von Vertrauen.

Das wechselseitige Verhältnis der unterschiedlichen Controlling-Instrumente im Kontext telekooperativer Strukturen ist in Abbildung 6-1 zusammengefaßt.

Hinsichtlich der Trägerschaft der behandelten Controlling-Instrumente eröffnet sich das Spannungsfeld zwischen Fremd- und Selbst-Controlling. Es zeigt sich, daß in modularisierten telekooperativen Strukturen dem Selbst-Controlling eine überragende Bedeutung für die Begrenzung wechselseitigen Koordinations- und Abstimmungsbedarfes und damit für die Vermeidung negativer Distanzwirkungen zukommt. Funktionen zur Sicherstellung des Zusammenhaltes und der Integrität des Gesamtsystems – Schnittstellen-, Transparenz-, Qualifikations- und Wissenstransferfunktion – sind dagegen von einem rahmengebenden Fremd-Controlling wahrzunehmen.

Aus der Untersuchung des Controlling in telekooperativen Strukturen im Rahmen dieser Arbeit lassen sich sowohl für die betriebswirtschaftliche Praxis als auch für die betriebswirtschaftliche Forschung und Theorie Tätigkeitsfelder ableiten, denen in Zukunft verstärkte Aufmerksamkeit geschenkt werden muß:

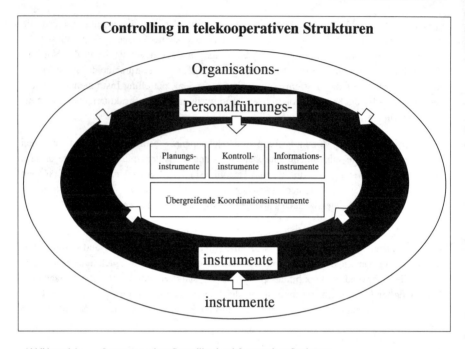

Controlling in telekooperativen Strukturen

Organisations-

Personalführungs-

| Planungs-
instrumente | Kontroll-
instrumente | Informations-
instrumente |

Übergreifende Koordinationsinstrumente

instrumente

instrumente

Abbildung 6-1:   Instrumente eines Controlling in telekooperativen Strukturen

Für die betriebswirtschaftliche Praxis des Controlling ergibt sich angesichts der gesammelten Erkenntnisse die Notwendigkeit eines gezielten *Distanzmanagements* als neue Meta-Funktion. Die Überwindung von Informationsdistanz in telekooperativen Strukturen stellt sich heute in den meisten Fällen als gut beherrschbar dar, jedoch erscheint der alleinige Fokus auf diese Distanzdimension als zu eng. Für die effektive und effiziente Gestaltung von Controlling-Instrumenten sind explizit auch die Dimensionen der Beziehungs- und Organisationsdistanz einzubeziehen. Dabei erweist es sich als illusorisch, alle Arten von Distanzen auf Null reduzieren zu wollen: Einerseits kann dies aufgrund der dargestellten Symmetrieeigenschaft des Konstruktes Distanz prinzipiell nie gelingen; andererseits erscheint es auch – wie die bei einzelnen Instrumenten als neutral oder vereinzelt sogar als positiv einzuschätzenden Auswirkungen von Distanzen zeigen – nicht zwangsläufig als der anzustrebende Idealzustand. Ein wirksames Distanzmanagement muß daher differenzierter vorgehen: Neben den Auswirkungen von Distanzen auf die einzelnen Controlling-Instrumente sind auch Interdependenzen und Trade-off-Beziehungen zwischen den Distanzdimensionen zu berücksichtigen. Ebenso muß ein Bewußtsein für die Subjektivität und die individuell unterschiedliche Wahrnehmung von Distanzen bei Aufgabenträgern entwickelt werden.

Für die betriebswirtschaftliche Forschung und Theorie erscheint im Kontext des Controlling in telekooperativen Strukturen vor allem die Weiterentwicklung der Instrumente im Bereich der Personalführung wichtig. Das Feld der *Sozialisation und Vertrauensbildung bei Distanz* ist aufgrund der beschränkten Einsatzmöglichkeiten stark formalisierter Instrumenten der Planung, der Kontrolle und des Informationssystems von zentraler Bedeutung für eine funktionierende Koordination durch Maßnahmen „indirekter Führung". Gerade in diesem Bereich erscheint jedoch eine intensive Face-to-face-Kooperation besonders wichtig, während Distanzen erhebliche negative Auswirkungen nach sich ziehen können. Daraus erwächst ein nicht zu unterschätzendes Dilemma: In telekooperativen Strukturen muß verstärkt auf „weiche" Koordinationsprinzipien wie gemeinsame Normen und Werte sowie auf Vertrauen zurückgegriffen werden. Jedoch werden Prozesse der Sozialisation und Vertrauensbildung durch die Bedingungen der Verteiltheit und der Medienunterstützung deutlich erschwert. Den Weg zur Auflösung dieses Dilemmas weisen insbesondere die dargestellten experimentellen Ansätze zur mediengestützten Sozialisation und Vertrauensbildung sowie die neueren Kommunikations- und Medientheorien. In diesen interdisziplinären Feldern ist für die Zukunft erheblicher Forschungsbedarf, aber auch hohes Erkenntnispotential zu erwarten.

Literaturverzeichnis

Aggarwal, R. / Rezaee, Z. (1995): Internal Control Structure in Telecommuting, in: Internal Auditing, Nr. 1, 1995, S. 16-23.

Alchian, A.A. / Demsetz, H. (1972): Production, Information Costs and Economic Organizations, in: American Economic Review, Nr. 12, 1972, S. 777-795.

Alioth, A. (1995): Selbststeuerungskonzepte, in: Kieser, A. / Reber, G. / Wunderer, R. (Hrsg.): Handwörterbuch der Führung, 2. Aufl., Stuttgart 1995, Sp. 1894-1902.

Allen, T. (1977): Managing the Flow of Technology. Technology Transfer and the Dissemination of Technological Information within the R&D Organization, Cambridge (MA) 1977.

Amshoff, B. (1993): Controlling in deutschen Unternehmungen. Realtypen, Kontext und Effizienz, Wiesbaden 1993.

Anthony, R.N. / Dearden, J. / Govindarayan, V. (1992): Management Control Systems, 7. Aufl., Homewood (IL) 1992.

Argyris, C. (1952): The Impact of Budgets on People, Ithaca 1952.

Bachmann, R. / Lane, C. (1997): Vertrauen und Macht in zwischenbetrieblichen Kooperationen – zur Rolle von Wirtschaftsrecht und Wirtschaftsverbänden in Deutschland und Großbritannien, in: Schreyögg, G. / Sydow, J. (Hrsg.): Managementforschung 7: Gestaltung von Organisationsgrenzen, Berlin / New York 1997, S. 79-110.

Baetge, J. (1993): Überwachung, in: Bitz, M. / Dellmann, K. / Domsch, M. / Egner, H. (Hrsg.): Vahlens Kompendium der Betriebswirtschaftslehre, Bd. 2, 3. Aufl., München 1993, S. 177-218.

Baldwin, C.Y. / Clark, K.B. (1998): Modularisierung: Ein Konzept wird universell, in: Harvard Business Manager, Nr. 2, 1998, S. 39-48.

Bavelas, A. (1962): Communication patterns in task oriented groups, in: Cartwright, D. / Zander, A. (Hrsg.): Group dynamics – research and theory, 2. Aufl., Evanston (IL) 1962, S. 669-682.

Bea, F.X. / Haas, J. (1995): Strategisches Management, Stuttgart / Jena 1995.

Becker, F.G. (1994): Grundlagen betrieblicher Leistungsbeurteilungen. Leistungsverständnis und -prinzip, Beurteilungsproblematik und Verfahrensprobleme, 2. Aufl., Stuttgart 1994.

Becker, W. (1988): Funktionen und Aufgaben des Controlling, in: krp – Kostenrechnungspraxis, Nr. 6, 1988, S. 273-275.

Beckurts, K.-H. / Reichwald, R. (1984): Kooperation im Management mit integrierter Bürotechnik. Anwendererfahrungen, München 1984.

Bennis, W.G. (1993): Beyond Bureaucracy. Essays on the Development and Evolution of Human Organization, San Francisco (CA) 1993.

Bergum, S. (1996): Telemanagement of Distributes Organizations: Background, Communication Patterns, Management Requirements and Consequences, in: Igbaria, M. (Hrsg.): Proceedings of the 1996 ACM SIGCPR/SIGMIS Conference, Denver (CO) 11.-13. April 1996, S. 378-380.

Berthel, J. (1991): Karriereanreize für Mitarbeiter, in: Schanz, G. (Hrsg.): Handbuch Anreizsysteme in Wirtschaft und Verwaltung, Stuttgart 1991, S. 481-498.

Bikson, T.K. / Eveland, J.D. (1990): The Interplay of Work Group Structures and Computer Support, in: Galegher, J. / Kraut, R.E. / Egido, C. (Hrsg.): Intellectual Teamwork: Social and Technological Foundations of Cooperative Work, Hillsdale (NJ) 1990, S. 245-290.

Bitz, M. (1998): Investition, in: Bitz, M. / Dellmann, K. / Domsch, M. / Wagner, F.W. (Hrsg.): Vahlens Kompendium der Betriebswirtschaftslehre, Bd. 1, 4. Aufl., München 1998, S. 107-173.

Blake, R.R. / Mouton, J.S. (1968): Verhaltenspsychologie im Betrieb, Düsseldorf / Wien 1968.

Bleicher, K. (1982): Vor dem Ende der Mißtrauensorganisation?, in: Office Management, Nr. 4, 1982, S. 400-404.

Bleicher, K. (1985): Meilensteine auf dem Weg zur Vertrauensorganisation, in: Thexis, Nr. 4, 1985, S. 2-7.

Bleicher, K. (1991): Organisation. Strategien – Strukturen – Kulturen, 2. Aufl., Wiesbaden 1991.

Bleicher, K. (1992): Das Konzept Integriertes Management, 2. Aufl., Frankfurt am Main / New York 1992.

Bleicher, K. / Meyer, E. (1976): Führung in der Unternehmung. Formen und Modelle, Reinbek bei Hamburg 1976.

Blohm, H. (1982): Berichtswesen, betriebliches, in: Management Enzyklopädie, Bd. 1, München 1982, S. 866-876.

Bogard, W. (1996): The Simulation of Surveillance: Hypercontrol in Telematic Societies, Cambridge (UK) 1996.

Boland, R.J. / Tenkasi, R.V. (1995): Perspective Making and Perspective Taking in Communities of Knowing, in: Organization Science, Nr. 4, July-August 1995, S. 350-372.

Bonus, H. (1997): Die Langsamkeit von Spielregeln, in: Backhaus, K. / Bonus, H. (Hrsg.): Die Beschleunigungsfalle oder der Triumph der Schildkröte, 2. Aufl., Stuttgart 1997, S. 1-18.

Braverman, H. (1977): Die Arbeit im modernen Produktionsprozeß, Frankfurt / New York 1977.

Brede, H. (1997): Prozeßorientiertes Controlling wandelbarer Strukturen, in: Controlling, Nr. 5, 1997, S. 326-333.

British Telecom (Hrsg., 1994): Managing Telework, Version No. 1, Teleworking Report 28th February 1994., o.O., 1994.

Burr, W. (1997): Steuerung und Kontrolle von Telearbeit: Telearbeit zwingt zu Telemanagement, in: Office Management, Nr. 3, 1997, S. 38-40.

Büssing, A. / Aumann, S. (1996a): Telearbeit aus arbeitspsychologischer Perspektive. Eine Analyse von Telearbeit anhand Kriterien humaner Arbeit, in: Arbeit. Zeitschrift für Arbeitsforschung, Arbeitsgestaltung und Arbeitspolitik, Nr. 2, 1996, S. 133-153.

Büssing, A. / Aumann, S. (1996b): Telearbeit im Spannungsfeld der Interessen betrieblicher Akteure: Implikationen für das Personalmanagement, in: Zeitschrift für Personalforschung, Nr. 3, 1996, S. 223-239.

Büssing, A. / Aumann, S. (1997): Die Organisation von Telearbeit. Formen, Erfolgsbedingungen und Konsequenzen, in: Zeitschrift für betriebswirtschaftliche Forschung, Nr. 1, 1997, S. 67-82.

Can, K. / Grevener, H. (1994): Lean Management - Neue Herausforderungen für das Controlling, in: krp - Kostenrechnungspraxis, Nr. 1, 1994, S. 68-73.

Carroll, S.J. / Gillen, D.J. (1987): Are the Classical Management Functions Useful in Describing Managerial Work?, in: Academy of Management Review, Nr. 12, 1987, S. 38-51.

Carroll, S.J. / Schneider, C.E. (1982): Performance Appraisal and Review Systems. Measurement and Development of Performance Organizations. Glenview / London 1982.

Case, J. (1997): Opening the Books, in: Harvard Business Review, March-April 1997, S. 118-127.

Caudron, S. (1992): Working at Home Pays Off, in: Personnel Journal, Vol. 71, November 1992, S. 40-49.

Chadwick, S.A. (1996): Optimizing the Communication Effectiveness of Telecommuters, in: Proceedings of the Telecommuting '96 Conference, Jacksonville, Florida, 25.-26. April 1996, URL: http://www.cba.uga.edu/management/TC96/proceedings.html (Stand 16.08. 1999).

Coch, L. / French, J.R. (1948): Overcoming Resistance to Change, in: Human Relations, Vol. 1, 1948, 512-532.

Coenenberg, A.G. (1992): Kostenrechnung und Kostenanalyse, Landsberg am Lech 1992.

Cohen, S. (1997): On becoming virtual, in: Training & Development, Nr. 5, Mai 1997, S. 30-37.

Controller-Verein e.V. (Hrsg., o.J.): Controller Statements, Loseblattsammlung, Gauting, o.J.

Craipeau, S. (1994): Telematics and Corporate Regulations, in: Andriessen, J.H. / Roe, R.A. (Hrsg.): Telematics and Work, Hove (UK) / Hillsdale (NJ) 1994, S. 289-311.

Daft, R.L. / Lengel, R.H. (1984): Information Richness: A New Approach to Managerial Behavior and Organization Design, in:. Cummings, L.L. / Staw, B.M (Hrsg.): Research in Organizational Behavior, Vol. 6, Greenwich (CT) 1984, S. 191-233.

Daft, R.L. / Lengel, R.H. / Trevino, L.K. (1987): Message Equivocality, Media Selection and Manager Performance: Implications for Information Systems, in: MIS Quarterly, Nr. 11, 1987, S. 355-366.

Davenport, T.H. (1995): Think tank: The Virtual and the Physical, in: CIO, Vol. 9, 15. November 1995, S. 36-38.

Davenport, T.H. / De Long, D.W. / Beers, M.C. (1998): Successful Knowledge Management Projects, in: Sloan Management Review, Winter 1998, S. 43-57.

Dellmann, K. (1998): Kosten- und Leistungsrechnung, in: Bitz, M. / Dellmann, K. / Domsch, M. / Wagner, F.W. (Hrsg.): Vahlens Kompendium der Betriebswirtschaftslehre, Bd. 1, 4. Aufl., München 1998, S. 587-676.

Dellmann, K. / Pedell, K.L. (Hrsg., 1994): Controlling von Produktivität, Wirtschaftlichkeit und Ergebnis, Stuttgart 1994.

Dent, J. / Ezzamel, M. (1995): Organizational control and management accounting, in: Holloway, J. / Lewis, J. / Mallory, G. (Hrsg.): Performance Measurement and Evaluation, London / Thousand Oaks / New Delhi 1995, S. 15-44.

Drucker, P.F. (1954): The Practice of Management, New York 1954.

Dunbar, R.L. (1981): Designs for Organizational Control, in: Nystrom, P.C. / Starbuck, W.H. (Hrsg.): Handbook of Organizational Design. Volume 2: Remodeling organizations and their environments, New York 1981, S. 85-115.

Eco, U. (1977): Einführung in die Semiotik, München 1977.

Eichenseher, E (1997): Dezentralisierung des Controlling, Frankfurt am Main 1997.

Emery, F.E. (1959): Characteristics of Sociotechnical Systems (Tavistock document No. 527), London 1959.

Etzioni, A. (1965): Organizational Control Structure, in: March, J.G. (Hrsg.): Handbook of Organizations, Chicago (IL) 1965, S. 650-677.

Ewert, R. / Wagenhofer, A. (1995): Interne Unternehmensrechnung, 2. Aufl., Berlin u.a. 1995.

Fallgatter, M.J. (1996): Beurteilung von Lower Management-Leistung. Konzeptualisierung eines zielorientierten Verfahrens, Lohmar / Köln 1996.

FEI (Financial Executive Institute) (Hrsg., 1962): Controllership and Treasurership Functions Defined by FEI, in: The Controller, Nr. 30, 1962, S. 289.

Feldman, M.S. / March, J.G. (1981): Information in Organizations as Signal and Symbol, in: Administrative Science Quarterly, Nr. 26, 1981, S. 171-186.

Festinger, L. (1962): A Theory of Cognitive Dissonance, Stanford (CA) 1962.

Finholt, T. / Sproull, L. / Kiesler, S. (1990): Communication and Performance in ad hoc Task Groups, in: Galegher, J. / Kraut, R.E. / Egido, C. (Hrsg.): Intellectual Teamwork: Social and Technological Foundations of Cooperative Work, Hillsdale (NJ) 1990, S. 291-325.

Flanagan, J.G. (1954): The Critical Incident Technique, in: Psychological Bulletin, Vol. 51, S. 327-358.

Franck, E. (1997): Über die raum-zeitliche und institutionelle Entkopplung von Arbeitsprozessen durch Informations- und Kommunikationstechnik, in: Information Management, Nr. 2, 1997, S. 6-16.

Freisleben, B. / Rüttinger, B. / Sourisseaux, A. / Schramme, S. (1991): Auswirkungen computermediierter Kommunikation auf Gruppenentscheidungen, in: Friedrich, J. / Rödiger, K.-H. (Hrsg.): Computergestützte Gruppenarbeit (CSCW). 1. Fachtagung, 30. September bis 2. Oktober 1991, Bremen / Stuttgart 1991, S. 251-258.

Frese, E. (1990): Industrielle Personalwirtschaft, in: Schweizer, M. (Hrsg.): Industriebetriebslehre. Das Wirtschaften in Industrieunternehmungen, München 1990, S. 219-329.

Frese, E. (1995): Grundlagen der Organisation. Konzept – Prinzipien – Strukturen, 6. Aufl., Wiesbaden 1995.

Frese, E. / Simon, R. (1987): Kontrolle und Führung, in: Kieser, A. / Reber, G. / Wunderer, R. (Hrsg.): Handwörterbuch der Führung, Stuttgart 1987, Sp. 1247-1257.

Fritz, M.B. / Narasimhan, S. / Rhee, H.-S. (1996): The Impact of Remote Work on Informal Organizational Communication, in: Proceedings of the Telecommuting '96 Conference, Jacksonville, Florida, 25.-26. April 1996, URL: http://www.cba.uga.edu/management/ TC96/proceedings.html (Stand 16.08.1999).

Fulk, J. / DeSanctis, G. (1995): Electronic Communication and Changing Organizational Forms, in: Organization Science, Nr. 4, July-August 1995, S. 337-349.

Gabele, E. / Kretschmer, H. (1985): Unternehmensgrundsätze, Frankfurt am Main 1985.

Garud, R. / Kotha, S. (1994): Using the Brain as a Metaphor to Model Flexible Production Systems, in: Academy of Management Review, Vol. 19, S. 671-698.

Gebert, D. (1995): Führung im MbO-Prozeß, in: Kieser, A. / Reber, G. / Wunderer, R. (Hrsg.): Handwörterbuch der Führung, 2. Aufl., Stuttgart 1995, Sp. 426-436.

George, J.M. / Jones, G.R. (1996): Understanding and Managing Organizational Behavior, Reading (MA) 1996.

Ghoshal, S. / Bartlett, C.A. (1996): Rebuilding Behavioral Context: A Blueprint for Corporate Renewal, in: Sloan Management Review, Winter 1996, S. 23-36.

Godehardt, B. / Worch, A. / Förster, G. (1997): Teleworking: So verwirklichen Unternehmen das Büro der Zukunft, Landsberg am Lech 1997.

Goecke, R. (1997): Kommunikation von Führungskräften. Fallstudien zur Medienanwendung im oberen Management, Wiesbaden 1997.

Goffee, R. / Jones, G. (1997): Kultur: Der Stoff, der Unternehmen zusammenhält, in: Harvard Business Manager, Nr. 2, 1997, S. 41-54.

Granovetter, M.S. (1973): The Strength of Weak Ties, in: American Journal of Sociology, Vol. 78, S. 1360-1380.

Gray, M. / Hodson, N. / Gordon, G. (1993): Teleworking Explained, Chichester 1993.

Grenier, R. / Metes, G. (1992): Enterprise Networking: Working Together Apart, Bedford (MA) 1992.

Grimmer, H. (1980): Budgets als Führungsinstrument in der Unternehmung. Eine sach- und verhaltensorientierte Analyse, Frankfurt an Main / Bern / Cirencester 1980.

Grote, G. (1994): Auswirkungen elektronischer Kommunikation auf Führungsprozesse, in: Zeitschrift für Arbeits- und Organisationspsychologie, Nr. 2, 1994, S. 71-75.

Güldenberg, S. (1997): Wissensmanagement und Wissenscontrolling in lernenden Organisationen. Ein Systemtheoretischer Ansatz, Wiesbaden 1997.

Gulick, L. (1937): Notes on the Theory of Organization, in: Gulick, L. / Urwick, L.F. (Hrsg.): Papers on the Science of Administration, New York 1937, S. 3-45.

Gutenberg, E. (1958): Einführung in die Betriebswirtschaftslehre, Wiesbaden 1958.

Gutenberg, E. (1962): Unternehmensführung – Organisation und Entscheidung, Wiesbaden 1962.

Gutenberg, E. (1983): Grundlagen der Betriebswirtschaftslehre, Band 1: Die Produktion, 24. Aufl., Berlin / Heidelberg / New York 1983.

Habermas, J. (1981): Theorie kommunikativen Handelns, Frankfurt am Main 1981.

Hackman, J.R. / Oldham, G.R. (1976): Motivation Through the Design of Work: Test of a Theory, in: Organizational Behavior and Human Performance, Vol. 16., 1976, S. 250-279.

Hahn, D. (1995): Unternehmungsziele im Wandel: Konsequenzen für das Controlling, in: Controlling, Nr. 6, 1995, S. 328-338.

Halpin, A.W. / Winer, B.J. (1957): A Factorial Study of the Leader Behavior Descriptions, in: Stogdill, R.M. / Coons, A.E. (Hrsg.): Leader Behavior: Its Description and Measurement, Columbus 1957, S. 39-51.

Handy, C. (1995): Trust and the Virtual Organization, in: Harvard Business Review, May-June 1995, S. 40-50.

Handy, S.L. / Mokhtarian, P.L. (1995): Planning for Telecommuting, Measurement and Policy Issues, in: Journal of the American Planning Association, Vol. 61, Nr. 1, Winter 1995, S. 99-111.

Hax, H. (1964): Investitions- und Finanzplanung mit Hilfe der Linearen Programmierung, in: Zeitschrift für betriebswirtschaftliche Forschung, 1964, S. 430-446.

Hayek, F.A. von (1945): The Use of Knowledge in Society, in: American Economic Review, Nr. 4, 1945, S. 519-530.

Hayek, F.A. von (1969): Arten der Ordnung, in: Hayek, F.A. von: Freiburger Studien, Tübingen 1969, S. 32-46.

Heath, R.L. (1994): Management of Corporate Communication. From Interpersonal Contacts to External Affairs, Hillsdale (NJ) / Hove (UK) 1994.

Heinen, E. (1983): Betriebswirtschaftliche Kostenlehre. Kostentheorie und Kostenentscheidungen, 6. Aufl., Wiesbaden 1983.

Heinen, E. (1984): Führung als Gegenstand der Betriebswirtschaftslehre, in: Heinen, E. (Hrsg.): Betriebswirtschaftliche Führungslehre, Grundlagen – Strategien – Modelle. Ein entscheidungsorientierter Ansatz, 2. Aufl., Wiesbaden 1984, S. 17-49.

Heinen, E. (1991): Industriebetriebslehre als entscheidungsorientierte Unternehmensführung, in: Heinen, E. (Hrsg.): Industriebetriebslehre. Entscheidungen im Industriebetrieb, 9. Aufl., Wiesbaden 1991, S. 1-71.

Hellriegel, D. / Slocum, J.W. (1974): Organizational climate. Maesures, research and contingencies, in: Academy of Management Jourmal, Nr. 17, 1974, S. 255-280.

Henzler, H. (1974): Der Januskopf muß weg, in: Wirtschaftswoche, Nr. 38, 1974, S. 60-63.

Hersey, P. / Blanchard K.H. (1977): Management of Organizational Behavior. Utilizing Human Ressources. Englewood Cliffs (NJ) 1977.

Herzberg, F. (1968): One more time: How Do You Motivate Employees?, in: Harvard Business Review, Nr. 1, 1968, S. 53-62.

Hesch, G. (1997): Das Menschenbild neuer Organisationsformen. Mitarbeiter und Manager im Unternehmen der Zukunft, Wiesbaden 1997.

Heusler, N. (1998): Controlling in verteilten Strukturen, Diplomarbeit am Lehrstuhl für Allgemeine und Industrielle Betriebswirtschaftslehre, Technische Universität München, 07.02.1998.

Hilgenfeld, C. (1985): Kontrolle ist gut – Vertrauen ist besser. Das Ende der traditionellen Personalbeurteilungsforschung, in: Hampp, R. von (Hrsg.): Beurteilungspersonal. Perspektivenwechsel in der Personalbeurteilung, Großhesselohe 1985, S. 119-152.

Hill, P. (1976): Towards a New Philosophy of Management, Westmead 1976.

Hill, W. / Fehlbaum, R. / Ulrich, P. (1994): Organisationslehre 1: Ziele, Instrumente und Bedingungen der Organisation sozialer Systeme, 5. Aufl., Bern / Stuttgart / Wien 1994.

Hippel, E. von (1994): „Sticky Information" and the Locus of Problem Solving: Implications for Innovation, in: Management Science, Nr. 4, 1994, S. 429-439.

Hoffmann, W. / Niedermayr, R. / Risak, J. (1996): Führungsergänzung durch Controlling, in: Eschenbach, R. (Hrsg.): Controlling, 2. Aufl., Stuttgart 1996, S. 3-48.

Hofmann, M. (1988): Strukturen der Führung von Mitarbeitern. Steuerung und Kontrolle beruflicher Arbeit, in: Hofmann, M. / Rosenstiel, L. von (Hrsg.): Funktionale Managementlehre, Berlin u.a. 1988, S. 7-37.

Hofstede, G.H. (1968): The Game of Budget Control, Assen / London 1968.

Höller, H. (1978): Verhaltenswirkungen betrieblicher Planungs- und Kontrollsysteme. Ein Beitrag zur verhaltensorientierten Weiterentwicklung des betrieblichen Rechnungswesens, München 1978.

Hopfenbeck, W. (1992): Allgemeine Betriebswirtschafts- und Managementlehre. Das Unternehmen im Spannungsfeld zwischen ökonomischen, sozialen und ökologischen Interessen, 6. Aufl., Landsberg am Lech 1992.

Horváth, P. (1978): Entwicklung und Stand einer Konzeption zur Lösung der Adaptions- und Koordinationsprobleme der Führung, in: Zeitschrift für Betriebswirtschaft, Nr. 3, 1978, S. 194-208.

Horváth, P. (1992): Effektives und schlankes Controlling – Herausforderung an den Controller, in: Horváth, P. (Hrsg.): Effektives und schlankes Controlling, Stuttgart 1992, S. 1-9.

Horváth, P. (1993): Controllinginstrumente, in: Wittmann, W. / Kern, W. / Köhler, R. / Küpper, H.-U. / Wysocki, K. von (Hrsg.): Handwörterbuch der Betriebswirtschaft, Teilband 1, 5. Aufl., Stuttgart 1993, Sp. 669-680.

Horváth, P. (1995): Selbstorganisation und Controlling, in: Krystek, U. / Link, J. (Hrsg.): Führungskräfte und Führungserfolg. Neue Herausforderungen für das strategische Management, Wiesbaden 1995, S. 255-267.

Horváth, P. (1996): Controlling, 6. Aufl., München 1996.

Hrubi, F.R. (1988): Kommunikationsmanagement, in: Hofmann, M. / Rosenstiel, L. von (Hrsg.): Funktionale Managementlehre, Berlin u.a. 1988, S. 59-94.

Hummel, S. (1992): Die Forderung nach entscheidungsrelevanten Kosteninformationen, in: Männel, W. (Hrsg.): Handbuch Kostenrechnung, Wiesbaden 1992, S. 76-86.

Inglehart, R. (1977): The Silent Revolution. Changing Values and Political Styles among Western Politics, Princeton (NJ) 1977.

Janis, I.L. (1982): Groupthink, Boston (MA) u.a. 1982.

Jarvenpaa, S.L / Knoll, K. / Leidner, D.E. (1998): Is Anybody Out There?: Antecedents of Trust in Global Virtual Teams, in: Journal of Management Information Systems, Nr. 4, 1998, S. 29-48.

Jarvenpaa, S.L. / Leidner, D.E. (1997): Do You Read Me? The Development and Maintenance of Trust in Global Virtual Teams, Beitrag eingereicht für „Organizational Science", Ausgabe: „Communication Processes for Virtual Organizations".

Jehle, E. (1982): Der Beitrag der verhaltenswissenschaftlich orientierten Rechnungswesenforschung für die Gestaltung der Plankostenrechnung, in: krp – Kostenrechnungspraxis, Nr. 5, 1982, S. 205-214.

Jensen, M. / Meckling, W. (1976): Theory of the Firm: Managerial Behavior, Agency Costs, and Capital Structure, in: Journal of Financial Economics, Nr. 1/2, 1976, S. 305-360.

Johanning, D. (1997): Telearbeit. Einführung und Leitfaden für Unternehmer und Mitarbeiter, München / Wien 1997.

Johnson, H.T. / Kaplan, R.S. (1991): Relevance Lost. The Rise and Fall of Management Accounting, Boston (MA) 1991.

Kaplan, R.S. / Norton, D.P. (1997): Balanced Scorecard. Strategien erfolgreich umsetzen, Stuttgart 1997.

Kieser, A. (1993): Managementlehre und Taylorismus, in: Kieser, A. (Hrsg.): Organisationstheorien, Stuttgart / Berlin / Köln 1993, S. 63-94.

Kieser, A. / Hegele, C. (1998): Die Veränderung des Controllings und das Controlling der Veränderung - aus organisationswissenschaftlicher Sicht, in: krp - Kostenrechnungspraxis, Sonderheft Nr. 1, 1998, S. 12-14.

Kieser, A. / Hegele, C. / Klimmer, M. (1998): Kommunikation im organisatorischen Wandel, Stuttgart 1998.

Kieser, A. / Kubicek, H. (1992): Organisation, 3. Aufl., Berlin / New York 1992.

Kilger, W. (1961): Flexible Plankostenrechnung und Deckungsbeitragsrechnung, Wiesbaden 1961.

Kinkel, S. (1997): Controlling – Kontrollinstrument oder Hilfsmittel zur Selbststeuerung, in: Lay, G. / Mies, C. (Hrsg.): Erfolgreich Reorganisieren. Unternehmenskonzepte aus der Praxis, Berlin u.a. 1997, S. 235-261.

Kirsch, W. / Klein, H.K. (1977): Management Informationssysteme II. Auf dem Weg zu einem neuen Taylorismus?, Stuttgart 1977.

Klages, H. (1984): Wertorientierungen im Wandel. Rückblick, Gegenwartsanalyse, Prognosen. Frankfurt am Main / New York 1984.

Knoll, K. / Jarvenpaa, S.L. (1995): Learning to Work in Distributed Global Teams, in: Proceedings of the 28th Annual Hawaii International Conference on System Sciences, 1995, S. 92-101.

Koch, H. (1982): Integrierte Unternehmensplanung, Wiesbaden 1982.

Koch, H.-D. (1997): Informations- und Controlling-Strukturen in dezentralisierten Unternehmen, in: Picot, A. (Hrsg.): Information als Wettbewerbsfaktor. Kongreß-Dokumentation 50. Deutscher Betriebswirtschafter-Tag 1996, Stuttgart 1997, S. 303-314.

Koch, R. (1994): Betriebliches Berichtswesen als Informations- und Steuerungsinstrument, Frankfurt am Main u.a. 1994.

Kogan, N. / Wallach, M.A. (1964): Risk Taking. A Study in Cognition and Personality, New York 1964.

Koller, H. (1998): Chancen, Probleme und Ausgestaltung der Unternehmensdezentralisierung, in: Lutz, B. (Hrsg.): Zukunftsperspektiven industrieller Produktion, Frankfurt am Main / New York 1998, S. 45-98.

Koontz, H. / O'Donnel, C. (1955): Principles of Management: An Analysis of Managerial Function, New York 1955.

Kosiol, E. (1966): Die Unternehmung als wirtschaftliches Aktionszentrum. Einführung in die Betriebswirtschaftslehre, Reinbek bei Hamburg 1966.

Kraege, R. (1997): Controlling strategischer Unternehmungskooperationen. Aufgaben, Instrumente und Gestaltungsempfehlungen, München / Mering 1997.

Kraut, R.E. / Egido, C. / Galegher, J. (1990): Patterns of Contact and Communication in Scientific Research Collaborations, in: Galegher, J. / Kraut, R.E. / Egido, C. (Hrsg.): Intellectual Teamwork: Social and Technological Foundations of Cooperative Work, Hillsdale (NJ) 1990, S. 149-171.

Krystek, U. (1991): Speerspitze einer Mißtrauensorganisation?, in: Gablers Magazin, Nr. 5, 1991, S. 18-22.

Krystek, U. / Redel, W. / Reppegather, S. (1997): Grundzüge virtueller Organisationen. Elemente und Erfolgsfaktoren, Chancen und Risiken, Wiesbaden 1997.

Krystek, U. / Zumbrock, S. (1993): Planung und Vertrauen. Die Bedeutung von Vertrauen und Mißtrauen für die Qualität von Planungs- und Kontrollsystemen, Stuttgart 1993.

Kugelmass, J. (1995): Telecommuting. A Manager's Guide to Flexible Work Arrangements, New York u.a. 1995.

Küpper, H.-U. (1980): Interdependenzen zwischen Produktionstheorie und der Organisation des Produktionsprozesses, Berlin 1980.

Küpper, H.-U. (1997): Controlling. Konzeption, Aufgaben, Instrumente, 2. Aufl., Stuttgart 1997.

Küpper, H.-U. / Weber, J. (Hrsg., 1997): Taschenlexikon Controlling, Stuttgart 1997.

Küpper, H.-U. / Weber, J. / Zünd, A. (1990): Zum Verständnis und Selbstverständnis des Controlling. Thesen zur Konsensbildung, in: Zeitschrift für Betriebswirtschaft, Nr. 3, 1990, S. 281-293.

Kupsch, P.U. / Marr, R. (1991): Personalwirtschaft, in: Heinen, E. (Hrsg.): Industriebetriebslehre: Entscheidungen im Industriebetrieb, 9. Aufl., Wiesbaden 1991, S. 729-894.

Kurke, L.B. / Aldrich, H.E. (1983): Mintzberg Was Right! – A Replication and Extension of the Nature of Managerial Work, in: Management Science, Nr. 8, 1993, S. 975-984.

Larson, E.W. / King, J.B. (1996): The Systemic Distortion of Information: An Ongoing Challenge to Management, in: Organizational Dynamics, Winter 1996, S. 49-61.

Laux, H. (1995): Erfolgssteuerung und Organisation 1: Anreizkompatible Erfolgsrechnung, Erfolgsbeteiligung und Erfolgskontrolle, Berlin u.a. 1995.

Liedtke, U. (1991): Controlling und Informationstechnologie. Auswirkungen auf die organisatorische Gestaltung, München 1991.

Liessmann, K. (Hrsg., 1997): Lexikon Controlling und Kostenrechnung, Wiesbaden 1997.

Lingnau, V. (1998): Geschichte des Controllings, in: Wirtschaftswissenschaftliches Studium, Nr. 6, 1998, S. 274-281.

Lipnack, J. / Stamps, J. (1997): Virtual Teams. Reaching Across Space, Time and Organizations with Technology, New York 1997.

Luhmann, N. (1976): Funktionen und Folgen formaler Organisation, 3. Aufl., Berlin 1976.

Luhmann, N. (1986): Organisation, in: Küpper, W. / Ortmann, G. (Hrsg.): Mikropolitik. Rationalität, Macht und Spiele in Organisationen, Opladen 1986, S. 165-185.

Luhmann, N. (1989): Vertrauen: Ein Mechanismus der Reduktion sozialer Komplexität, 3. Aufl., Stuttgart 1989.

Luhmann, N. (1994): Die Wirtschaft der Gesellschaft, Frankfurt am Main 1994.

Macharzina, K. (1976): Die Bedeutung verhaltenstheoretischer Aussagen für kosten- und leistungsorientierte Planungs- und Kontrollrechnungen, in: Coenenberg, A.G. (Hrsg.): Unternehmensrechnung. Betriebliche Planungs- und Kontrollrechnungen auf der Basis von Kosten und Leistungen, München 1976, S. 324-344.

Mackenzie, R.A. (1969): The Management Process 3-D, in: Harvard Business Review, Nr. 6, 1969, S. 81-86.

Mahfood, P.E. (1994): Managing the Home-Based Worker. How to Hire, Motivate & Monitor Employees Who Work at Home, Chicago / Cambridge 1994.

Malone, T.W. (1997): Is Empowerment Just a Fad? Control, Decision Making, and IT, in: Sloan Management Review, Winter 1997, S. 23-35.

Mann, R. (1973): Die Praxis des Controlling. Instrumente – Einführung – Konflikte, München 1973.

March, J.G. / Simon, H.A. (1976): Organisation und Individuum. Menschliches Verhalten in Organisationen, Wiesbaden 1976.

Matthies, P. (1997): Telearbeit. Das Unternehmen der Zukunft. Umwälzungen in der Arbeitswelt, Haar bei München 1997.

Maturana, R.H. / Varela, F.J. (1987): Der Baum der Erkenntnis, Bern / München 1987.

McLeod, P.L. (1996): New Communication Technologies for Group Decision Making. Towards an Integrative Framework, in: Hirokawa, R.Y. / Scott Poole, M. (Hrsg.): Communication and Group Decision Making, 2. Aufl., Thousand Oaks / London / New Dheli 1996, S. 426-461.

Mertens, P. (1993): Integrierte Informationsverarbeitung, Bd. 1: Administrations- und Dispositionssysteme in der Industrie, 9. Aufl., Wiesbaden 1993.

Meyerson, D. / Weick, K.E. / Kramer, R.M. (1996): Swift Trust and Temporary Groups, in: Kramer, R.M. / Tyler, T.R. (Hrsg.): Trust in Organizations. Frontiers of Theory and Research, Thousand Oaks (CA) 1996, S. 166-195.

Mia, L. (1988): Managerial Attitude, Motivation and the Effectiveness of Budget Participation, in: Accounting, Organizations and Society, Vol. 13, 1988, S. 465-475.

Milgrom, P. / Roberts, J. (1992): Economics, Organization and Management, Englewood Cliffs (NJ) 1992.

Minsky, M. (1980): Telepresence, in: Omni, June 1980, S. 45-51.

Mintzberg, H. (1973): The Nature of Managerial Work, Englewood Cliffs (NJ) 1973.

Mintzberg, H. (1979): The Structuring of Organizations, Englewood Cliffs (NJ) 1979.

Mintzberg, H. (1983): Structure in Fives. Designing Effective Organizations, Englewood Cliffs (NJ) 1983.

Mintzberg, H. (1994): Rounding out the Manager's Job, in: Sloan Management Review, Fall 1994, S. 11-26.

Moch, M. / Seashore, S.E. (1981): How Norms Affect Behaviors in and of Corporations, in: Nystrom, P.C. / Starbuck, W.H. (Hrsg.): Handbook of Organizational Design. Volume 1: Adapting organizations to their environments, New York 1981, S. 210-237.

Morel, J. / Bauer, E. / Meleghy, T. / Preglau, M. / Niedenzu, H.-J. / Staubmann, H. (1989): Soziologische Theorie. Abriß der Ansätze ihrer Hauptvertreter, München / Wien 1989.

Möslein, K. (1999): Organisation und Visualisierung, Dissertation Technische Universität München, 1999.

Müller, A. (1996): Kann die koordinationsbezogene Konzeption eine theoretische Fundierung des Controlling hervorbringen?, in: krp – Kostenrechnungspraxis, Nr. 3, 1996, S. 139-147.

Müller, W. (1974): Die Koordination von Informationsbedarf und Informationbeschaffung als zentrale Aufgabe des Controlling, in: Zeitschrift für betriebswirtschaftliche Forschung, 1974, S. 683-693.

Müller-Böling, D. (1979): Handlungsspielraum und Arbeitszufriedenheit von Organisationsmitgliedern, in: Zeitschrift für Organisation, Nr. 6, 1979, S. 303-308.

Müller-Böling, D. / Müller, M. (1986): Akzeptanzforschung der Bürokommunikation, München u.a. 1986.

Müller-Böling, D. / Ramme I. (1990): Informations- und Kommunikationstechniken für Führungskräfte: Top Manager zwischen Technikeuphorie und Tastaturphobie, München / Wien, 1990.

Murakami, Y. / Rohlen, T.P (1992): Social-exchange Aspects of the Japanese Political Economy: Culture, Efficiency and Change, in: Kumon, S. / Rosorsky, H. (Hrsg.): The Political Economy of Japan. Vol. 3: Cultural and Social Dynamics, Stanford (CA) 1992, S. 63-105.

Naimark, M. (1990): Realness and Interactivity, in: Laurel, B. (Hrsg.): The Art of Human Computer Interface Design, Reading (MA) 1990, S. 455-459.

Naisbitt J. (1984): Megatrends, New York 1984.

Negroponte, N. (1995): being digital, London 1995.

Nerdinger, F.W. / Rosenstiel, L. von (1996): Führung und Personalwirtschaft bei dezentralisierten Kompetenzen, in: Lutz, B. / Hartmann, M. / Hirsch-Kreinsen, H. (Hrsg.): Produzieren im 21. Jahrhundert: Herausforderungen für die deutsche Industrie, Frankfurt am Main / New York 1996, S. 295-323.

Neuberger, O. / Kompa, A. (1986): Firmenkultur IV, in: Psychologie Heute, Nr. 9, S. 64-71.

Nilles, J.M. (1994): Making Telecommuting Happen. A Guide for Telemanagers and Telecommuters, New York 1994.

Nilles, J.M. / Carlson, F.R. / Gray, P. / Hanneman, G.J. (1976): The Telecommunications – Transportation Trade off, New York 1976.

Nooteboom, B. / Berger, H. / Noorderhaven, N.G. (1997): Effects of Trust and Governance on Relational Risks, in: Academy of Management Journal, Nr. 2, 1997, S. 308-338.

O'Hara-Devereaux, M. / Johansen, R. (1994): Globalwork: Bridging Distance, Culture and Time, San Francisco (CA) 1994.

O'Reilly, C.A. (1983): The Use of Information in Organizational Decision Making: A Model and Some Propositions, in: Research in Organizational Behavior, Nr. 5, 1983, S. 103-139.

O'Reilly, C.A. (1989): Corporations, Culture, and Commitment. Motivational and Social Control in Organizations, in: California Management Review, Nr. 4, 1989, S. 9-25.

Odiorne, G.S. (1967): Management by Objectives. Führung durch Vorgabe von Zielen, München 1967.

Ouchi, W.G. (1980): Markets, Bureaucracies, and Clans, in: Administrative Science Quarterly, Vol. 25, 1980, S 129-141.

Ouchi, W.G. (1981): The Theory Z. How American Business Can Meet the Japanese Challenge. Reading (MA) 1981.

Palmer, M.T. (1995): Interpersonal Communication and Virtual Reality: Mediating Interpersonal Relationships, in: Biocca, F. / Levy, M.R. (Hrsg.) Communication in the Age of Virtual Reality, Hillsdale (NJ) / Hove (UK) 1995, S. 277-299.

Peters, T.J. / Waterman, R.H. (1982): In Search of Excellence. Lessons form America's Best-Run Companies, New York 1982.

Pfohl, H.-C. / Stölzle, W. (1997): Planung und Kontrolle. Konzeption, Gestaltung, Implementierung, 2. Aufl., München 1997.

Pfohl, H.-C. / Zettelmeyer, B. (1987): Strategisches Controlling?, in: Zeitschrift für Betriebswirtschaft, Nr. 2, 1987, S. 145-175.

Picken, J.C. / Dess, G.G. (1997): Out of (Strategic) Control, in: Organizational Dynamics, Summer 1997, S. 35-48.

Picot, A. (1993): Organisation, in: Bitz, M. / Dellmann, K. / Domsch, M. / Egner, H. (Hrsg.): Vahlens Kompendium der Betriebswirtschaftslehre, Bd. 2, 3. Aufl., München 1993, S. 101-174.

Picot, A. (1997): Information als Wettbewerbsfaktor – Veränderungen in Organisation und Controlling, in: Picot, A. (Hrsg): Information als Wettbewerbsfaktor. Kongreß-Dokumentation 50. Deutscher Betriebswirtschafter-Tag 1996, Stuttgart 1997, S. 175-199.

Picot, A. (1999): Organisation, in: Bitz, M. / Dellmann, K. / Domsch, M. / Wagner, F.W. (Hrsg.): Vahlens Kompendium der Betriebswirtschaftslehre, Bd. 2, 4. Aufl., München 1999, S. 107-180.

Picot, A. / Dietl, H. / Franck, E. (1997): Organisation. Eine ökonomische Perspektive, Stuttgart 1997.

Picot, A. / Neuburger, R. (1997): Virtuelle Unternehmung, in: Gablers Wirtschaftslexikon, 14. Aufl., Wiesbaden 1997, S. 4214-4220.

Picot, A. / Reichwald, R. (1987): Bürokommunikation. Leitsätze für den Anwender, 3. Aufl., Hallbergmoos 1987.

Picot, A. / Reichwald, R. (1991): Informationswirtschaft, in: Heinen, E. (Hrsg.): Industriebetriebslehre: Entscheidungen im Industriebetrieb, 9. Aufl., Wiesbaden 1991, S. 241-393.

Picot, A. / Reichwald, R. (1999): Führung in virtuellen Organisationsformen, in: Nagel, K. / Erben, R. / Piller, F. (Hrsg.): Produktionswirtschaft 2000 – Perspektiven für die Fabrik der Zukunft, Wiesbaden 1999, S. 129-150.

Picot, A. / Reichwald, R. / Wigand, R. (1998): Die grenzenlose Unternehmung. Information, Organisation und Management, 3. Aufl., Wiesbaden 1998.

Plaut, H. (1953): Die Grenz-Plankostenrechnung, in: Zeitschrift für Betriebswirtschaft, 1953, S. 347-363, 402-413.

Polanyi, M. (1985): Implizites Wissen, Frankfurt am Main 1985.

PonTell, S. / Gray, P. / Markus, M.L / Westfall, R.D. (1996): The Demand for Telecommuting, in: Proceedings of the Telecommuting '96 Conference, Jacksonville, Florida, 25.-26. April 1996, URL: http://www.cba.uga.edu/management/TC96/proceedings.html (Stand 16.08.1999).

Pribilla, P. / Reichwald, R. / Goecke, R. (1996): Telekommunikation im Management. Strategien für den globalen Wettbewerb, Stuttgart 1996.

Raghuram, S. / Wiesenfeld, B. / Garud, R. (1996): Distance and Propinquity: A New Way to Conceptualize Work, in: Proceedings of the Telecommuting '96 Conference, Jacksonville, Florida, 25.-26. April 1996, URL: http://www.cba.uga.edu:80/tc96/Proceedings.html (Stand 29.11.1997).

Reddin, W. (1970): Managerial Effectiveness, New York 1970.

Reichmann, T. (1995): Controlling mit Kennzahlen und Managementberichten, 2. Aufl., München 1995.

Reichmann, T. (1996): Management und Controlling. Gleiche Ziele – unterschiedliche Wege und Instrumente, in: Zeitschrift für Betriebswirtschaft, Nr. 5, 1996, S. 559-585.

Reichmann, T. / Kleinschnittger, U. / Kemper, W. (1988): Empirische Untersuchung zur Funktionsbestimmung und Funktionsabgrenzung des Controlling, in: Reichmann, T. (Hrsg.): Controlling-Praxis. Erfolgsorientierte Unternehmenssteuerung, München 1988, S. 16-59.

Reichwald, R. (1984): Produktivitätsbeziehungen in der Unternehmensverwaltung – Grundüberlegungen zur Modellierung und Gestaltung der Büroarbeit unter dem Einfluß neuer Informationstechnologie, in: Börner, D. / Pack, L. (Hrsg.): Betriebswirtschaftliche Entscheidungen bei Stagnation, Wiesbaden 1984, S. 197-213.

Reichwald, R. (1989): Die Entwicklung der Arbeitsteilung unter dem Einfluß von Technikeinsatz im Industriebetrieb – Ein Beitrag zum betriebswirtschaftlichen Rationalisierungsverständnis, in: Kirsch, W. / Picot, A. (Hrsg.): Die Betriebswirtschaftslehre im Spannungsfeld zwischen Generalisierung und Spezialisierung, Wiesbaden 1989, S. 299-322.

Reichwald, R. (1990): EDV-gestützte Werkzeuge der Organisationsanalyse, in: Zahn, E. (Hrsg.): Organisationsstrategie und Produktion, München 1990, S. 389-423.

Reichwald, R. (1993a): Kommunikation, in: Bitz, M. / Dellmann, K. / Domsch, M. / Egner, H. (Hrsg.): Vahlens Kompendium der Betriebswirtschaftslehre, Bd. 2, 3. Aufl., München 1993, S. 447-494.

Reichwald, R. (1993b): Kommunikation und Kommunikationsmodelle, in: Wittmann, W. / Kern, W. / Köhler, R. / Küpper, H.-U. / Wysocki, K. von (Hrsg.): Handwörterbuch der Betriebswirtschaft, Bd. 2, 5. Aufl., Stuttgart 1993, Sp. 2174-2188.

Reichwald, R. (1997): Neue Arbeitsformen in der vernetzten Unternehmung: Flexibilität und Controlling, in: Picot, A. (Hrsg.): Information als Wettbewerbsfaktor. Kongreß-Dokumentation 50. Deutscher Betriebswirtschafter-Tag 1996, Stuttgart 1997, S. 233-263.

Reichwald, R. (1999): Informationsmanagement, in: Bitz, M. / Dellmann, K. / Domsch, M. / Wagner, F.W. (Hrsg.): Vahlens Kompendium der Betriebswirtschaftslehre, Bd. 2, 4. Aufl., München 1999, S. 221-288.

Reichwald, R. / Bastian, C. (1999): Führung von Mitarbeitern in verteilten Organisationen – Ergebnisse explorativer Forschung, in: Egger, A. / Grün, O. / Moser, R. (Hrsg.): Managementinstrumente und -konzepte. Entstehung, Verbreitung und Bedeutung für die Betriebswirtschaftslehre, Stuttgart 1999, S. 141-162.

Reichwald, R. / Dietel, B. (1991): Produktionswirtschaft, in: Heinen, E. (Hrsg.): Industriebetriebslehre. Entscheidungen im Industriebetrieb, 9. Aufl., Wiesbaden 1991, S. 395-622.

Reichwald, R. / Goecke, R. (1995): Bürokommunikationstechnik und Führung, in: Kieser, A. / Reber, G. / Wunderer, R. (Hrsg.): Handwörterbuch der Führung, 2. Aufl., Stuttgart 1995, Sp. 164-182.

Reichwald, R. / Höfer, C. / Weichselbaumer, J. (1996): Erfolg von Reorganisationsprozessen. Leitfaden zur strategieorientierten Bewertung, Stuttgart 1996.

Reichwald, R. / Koller, H. (1996): Die Dezentralisierung als Maßnahme zur Förderunge der Lernfähigkeit von Organisationen – Spannungsfelder auf dem Weg zu neuen Innovationsstrategien, in: Bullinger, H.-J. (Hrsg.): Lernende Organisationen: Konzepte, Methoden, Erfahrungsberichte, Stuttgart 1996, S. 105-153.

Reichwald, R. / Möslein, K. (1996a): Telearbeit und Telekooperation, in: Bullinger, H.-J. / Warnecke, H.J. (Hrsg.): Neue Organisationsformen im Unternehmen – Ein Handbuch für das moderne Management, Berlin u.a. 1996, S. 691-708.

Reichwald, R. / Möslein, K. (1996b): Telekooperation und Dezentralisierung: Eine organisatorisch-technische Perspektive, in: Sandkuhl, K. / Weber, H. (Hrsg.): Telekooperations-Systeme in dezentralen Organisationen, Stuttgart 1996, S. 51-66.

Reichwald, R. / Möslein, K. (1999): Management und Technologie, in: Rosenstiel, L. von / Regnet, E. / Domsch, M. (Hrsg.): Führung von Mitarbeitern. Handbuch für erfolgreiches Personalmanagement, 4. Aufl., Stuttgart 1999, S. 709-727.

Reichwald, R. / Möslein, K. / Sachenbacher, H. / Englberger, H. (1998a): Telearbeit & Telekooperation. Bedingungen und Strategien erfolgreicher Realisierung, in: Zeitschrift für Arbeitswissenschaften, Nr. 4, 1998, S. 204-213.

Reichwald, R. / Möslein, K. / Sachenbacher, H. / Englberger, H. / Oldenburg, S. (1998b): Telekooperation. Verteilte Arbeits- und Organisationsformen, Berlin u.a. 1998.

Reichwald, R. / Sachenbacher, H. (1996a): Dienstleistungsstandort Deutschland: Märkte und Trends, in: Office Management, Nr. 5, 1996, S. 14-17.

Reichwald, R. / Sachenbacher, H. (1996b): Durchlaufzeiten, in: Kern, W. / Schröder, H.-H. / Weber, J. (Hrsg.): Handwörterbuch der Produktion, 2. Aufl., Stuttgart 1996, Sp. 362-374.

Reichwald, R. / Sachenbacher, H. (1997): Organisation in Verwaltung, Büro und Öffentlichem Dienst, in: Luczak, H. / Volpert, W. (Hrsg.): Handbuch Arbeitswissenschaft, Stuttgart 1997, S. 754-758.

Reichwald, R. / Sachenbacher, H. (1999): Telekooperation erfordert Telemanagement, in: Office Management, Nr. 6, 1999, S. 10-12.

Reiß, M. (1996): Grenzen der grenzenlosen Unternehmung. Perspektiven der Implementierung von Netzwerkorganisationen, in: Die Unternehmung Nr. 3, 1996, S. 195-206.

Reiß, M. / Grimmeisen, M. (1998): Komplexitätsmanagement im Dienste des Controlling: Optimierte Projektkostenstrukturen durch komplexitätsorientiertes Schnittstellenmanagement, in: Steinle, C. / Eggers, B. / Lawa, D. (Hrsg.): Zukunftsgerichtetes Controlling. Unterstützungs- und Steuerungssystem für das Management, 3. Aufl., Wiesbaden 1998, S. 41-61.

Reiß, M. / Höge, R. (1994): Schlankes Controlling in segmentierten Unternehmen, in: Betriebswirtschaftliche Forschung und Praxis, Nr. 3, 1994, S. 210-224.

Rheingold, H.R. (1991): Virtual Reality, New York 1991.

Rice, R.E. (1992): Task Analysability, Use of New Media, and Effectiveness: A Multi-site Exploration of Media Richness, in: Organization Science, Vol. 3, 1992, S. 475-500.

Rice, R.E. / Steinfield, C.W. (1994): Experiences with New Forms of Organizational Communication via Electronic Mail and Voice Messaging, in: Andriessen, J.H. / Roe, R.A. (Hrsg.): Telematics and Work, Hove (UK) / Hillsdale (NJ) 1994, S. 109-137.

Richter, J. / Meshulam, I. (1993): Telework at Home: The Home and the Organization Perspective, in: Human Systems Management, Nr. 3, 1993, S. 193-203.

Riebel, P. (1972): Einzelkosten- und Deckungsbeitragsrechnung. Grundfragen einer merkt- und entscheidungsorientierten Unternehmensrechnung, Opladen 1972.

Ripperger, T. (1997): Ökonomik des Vertrauens. Analyse eines Organisationsprinzips, Dissertation Ludwig-Maximilians-Universität München, 1997.

Rockart, J.F. (1979): Chief executives define their own data needs, in: Harvard Business Review, Nr. 2, 1979, S. 81-93.

Rockart, J.F. (1998): Towards Survivability of Communication-Intensive New Organization Forms, in: Journal of Management Studies, Nr. 4, 1998, S. 417-420.

Roethlisberger, F.J. / Dickson, W.J. (1939): Management and the Worker, Cambridge (MA) 1939.

Rogers, E. (1995): Diffusion of Innovations, 4. Aufl., New York 1995.

Rognes, J. / Rogberg, M. / Forslund, K. / Virtanen, M.T. (1996): Paradoxes and some unexpected consequences in telecommuting, in: Proceedings of the Telecommuting '96 Conference, Jacksonville, Florida, 25.-26. April 1996, URL: http://www.cba.uga.edu/management/TC96/proceedings.html (Stand 16.08.1999).

Rosenstiel, L. von (1987): Führung bei Leistungszurückhaltung, in: Kieser, A. / Reber, G. / Wunderer, R. (Hrsg.): Handwörterbuch der Führung, Stuttgart 1987, Sp. 1319-1329.

Rosenstiel, L. von (1992): Grundlagen der Organisationspsychologie, 3. Aufl., Stuttgart 1992.

Rosenstiel, L. von / Djarrahzadeh, M. / Einsiedler, H.E. / Streich, R.K. (Hrsg., 1993): Wertewandel als Herausforderung für die Unternehmenspolitik in den 90er Jahren, 2. Aufl., Stuttgart 1993.

Rößl, D. (1996): Selbstverpflichtung als alternative Koordinationsform von komplexen Austauschbeziehungen, in: Zeitschrift für betriebswirtschaftliche Forschung, Nr. 4, 1996, S. 311-334.

Rotter, N.G. (1996): Performance Appraisal and Telecommuting: Insights From An Information Processing Approach, in: Proceedings of the Telecommuting '96 Conference, Jacksonville, Florida, 25.-26. April 1996, URL http://www.cba.uga.edu/management/TC96/proceedings.html (Stand 16.08.1999).

Rühli, E. (1973): Unternehmensführung und Unternehmenspolitik, Bd. 1, Bern / Stuttgart 1973.

Sanchez, R. / Mahoney, J.T. (1996): Modularity, Flexibility, and Knowledge Management in Product and Organization Design, in: Strategic Management Journal, Winter Special Issue, 1996, S. 63-76.

Sandner, K. (1988): Strukturen der Führung von Mitarbeitern. Steuerung und Kontrolle beruflicher Arbeit, in: Hofmann, M. / Rosenstiel, L. von (Hrsg.): Funktionale Managementlehre, Berlin u.a. 1988, S. 38-58.

Schäffer, U. (1996a): Controlling angesichts zunehmender Selbstabstimmung im Unternehmen?, in: krp – Kostenrechnungspraxis, Nr. 6, 1996, S. 341-346.

Schäffer, U. (1996b): Controlling für selbstabstimmende Gruppen?, Wiesbaden 1996.

Schäffer, U. (1996c): Kontrolle von Teams bei hohen Wissensbeschränkungen der Instanzen, in: Zeitschrift für Planung, Nr. 3, 1996, S. 271-286.

Schanz, G. (1991): Motivationale Grundlagen der Gestaltung von Anreizsystemen, in: Schanz, G. (Hrsg.): Handbuch Anreizsysteme in Wirtschaft und Verwaltung, Stuttgart 1991, S. 3-30.

Schanz, G. (1993a): Personalwirtschaftslehre, 2. Aufl., München 1993.

Schanz, G. (1993b): Verhaltenswissenschaftliche Ansätze, in: Chmielewicz, K. / Schweitzer, M. (Hrsg.): Handwörterbuch des Rechnungswesens, 3. Aufl., 1993, Sp. 2005-2012.

Schanz, G. (1994): Organisationsgestaltung. Management von Arbeitsteilung und Koordination, München 1994.

Scheer, A.-W. (1990): CIM: der computergestützte Industriebetrieb, 4. Aufl., Berlin u.a. 1990.

Schein, E.H. (1995): Unternehmenskultur. Ein Handbuch für Führungskräfte, Frankfurt am Main / New York 1995.

Schneider, D. (1991): Versagen des Controlling durch eine überholte Kostenrechnung, in: Der Betrieb, Nr. 15, 1991, S. 765-772.

Schneider, D. (1992a): Controlling im Zwiespalt zwischen Koordination und interner Mißerfolgs-Verschleierung, in: Horváth, P. (Hrsg.): Effektives und schlankes Controlling, Stuttgart 1992, S. 11-35.

Schneider, D. (1992b): Theorien zur Entwicklung des Rechnungswesens, in: Zeitschrift für betriebswirtschaftliche Forschung, Nr. 1, 1992, S. 3-31.

Schreyögg, G. (1991): Der Managementprozeß – neu gesehen, in: Staehle, W.H. / Sydow, J. (Hrsg.): Managementforschung 1, Berlin / New York 1991, S. 255-289.

Schreyögg, G. (1992): Organisationskultur, in: Frese, E. (Hrsg.): Handwörterbuch der Organisation, 3. Aufl., Stuttgart 1992, Sp. 1525-1537.

Schreyögg, G. (1998): Organisation. Grundlagen moderner Organisationsgestaltung, 2. Aufl., Wiesbaden 1998.

Schulz von Thun, F. (1993): Miteinander Reden, Teil 1, Störungen und Klärungen, Hamburg 1993.

Schumpeter, J.A. (1926): Theorie der wirtschaftlichen Entwicklung, 2. Aufl., München 1926.

Serfling, K. (1992): Controlling, 2. Aufl., Stuttgart / Berlin / Köln 1992.

Shannon, C.E. (1949): The Mathematical Theory of Communication, in: Shannon, C.E. / Weaver, W. (Hrsg.): The Mathematical Theory of Communication, Urbana 1949, S. 2-93.

Sharp B.J. (1988): Telecommuter Personality Characteristics. A Comparison of Workers in the Home and Office, Los Angeles (CA) 1988.

Siegel, G. / Ramanauskas-Marconi, H. (1989): Behavioral Accounting, Cincinnati u.a 1989.

Siegwart, H. (1986): Controlling-Konzepte und Controller-Funktionen in der Schweiz, in: Mayer, E. / Landsberg, G. von / Thiede, W. (Hrsg.): Controlling-Konzepte im internationalen Vergleich, Freiburg 1986, S. 105-131.

Sjurts, I. (1995): Kontrolle, Controlling und Unternehmensführung. Theoretische Grundlagen und Problemlösungen für das operative und strategische Management, Wiesbaden 1995.

Sjurts, I. (1998): Kontrolle ist gut, ist Vertrauen besser? Ökonomische Analyse zur Selbstorganisation als Leitidee neuer Organisationskonzepte, in: Die Betriebswirtschaft, Nr. 3, 1998, S. 283-298.

Smith, A. (1776): An Inquiry into the Nature and Causes of the Wealth of Nations, London 1776.

Staehle, W.H. (1991): Redundanz, Slack und lose Kopplung in Organisationen: Eine Verschwendung der Ressourcen?, in: Staehle, W.H. / Sydow, J. (Hrsg.): Managementforschung 1, Berlin / New York 1991, S. 313-345.

Staehle, W.H. (1994): Management. Eine verhaltenswissenschaftliche Perspektive, 7. Aufl., München 1994.

Stedry, A.C. (1960): Budget Control and Cost Behavior, Englewood Cliffs (NJ) 1960.

Steinmann, H. / Schreyögg, G. (1997): Management. Grundlagen der Unternehmensführung. Konzepte – Funktionen – Fallstudien, 4. Aufl., Wiesbaden 1997.

Steuer, J. (1995): Defining Virtual Reality: Dimensions Determining Telepresence, in: Biocca, F. / Levy, M.R. (Hrsg.): Communication in the Age of Virtual Reality, Hillsdale (NJ) / Hove (UK) 1995, S. 33-56.

Stoffel, K. (1995): Controllership im internationalen Vergleich, Wiesbaden 1995.

Stogdill, R.M. / Coons, A.E. (Hrsg., 1957): Leader Behavior: Its Description and Measurement, Columbus 1957.

Sullivan, J. (1983): A Critique of Theory Z, in: Academy of Management Review, Nr.1, 1983, S. 132-141.

Sullivan, S. (1997): Frequently Asked Questions When Investigating Telecommuting as a Work Option, URL: http://www.telecommute.org/faq.html (Stand 10.12.1997).

Swoboda, P. (1965): Die simultane Planung von Rationalisierungs- und Erweiterungsinvestitionen und von Produktionsprogrammen, in: Zeitschrift für Betriebswirtschaft, Nr. 3, 1965, S. 148-163.

Sydow, J. (1995): Netzwerkbildung und Kooptation als Führungsaufgabe, in: Kieser, A. / Reber, G. / Wunderer, R. (Hrsg.): Handwörterbuch der Führung, 2. Aufl., Stuttgart 1995, Sp. 1622-1635.

Taylor, F.W. (1913): Die Grundsätze wissenschaftlicher Betriebsführung, München 1913.

Thieme, H.-R. (1982): Verhaltensbeeinflussung durch Kontrolle. Wirkung von Kontrollmaßnahmen und Folgerungen für die Kontrollpraxis, Berlin 1982.

Töpfer, A. (1976): Planungs- und Kontrollsysteme industrieller Unternehmungen, Berlin 1976.

Tosi, H.L. / Katz, J.P. / Gomez-Mejia, L.R. (1997): Disaggregating the Agency Contract: The Effects of Monitoring, Incentive Alignment, and Term in Office on Agent Decision Making, in: Academy of Management Journal, Nr. 3, 1997, S. 584-602.

Trevino, L.K. / Daft, R.L. / Lengel, R.H. / (1990): Understanding Managers' Media Choices: A Symbolic Interactionist Perspective, in: Fulk, J. / Steinfield C.W. (Hrsg.): Organizations and Communication Technology, Newbury Park (CA) 1987, S. 71-94.

Turney, P.B. / Anderson, B. (1989): Accounting for Continuous Improvement, in: Sloan Management Review, Nr. 2, 1989, S. 37-47.

Ulich, E. (1994): Arbeitspsychologie, 3. Aufl., Zürich / Stuttgart 1994.

Ulrich, P. / Fluri, E. (1995): Management. Eine konzentrierte Einführung, 7. Aufl., Bern / Stuttgart / Wien 1995.

Vahs, D. (1990): Controlling-Konzeptionen in deutschen Industrieunternehmungen: eine betriebswirtschaftlich-historische Untersuchung, Frankfurt am Main u.a. 1990.

Warnecke, H.-J. (1992): Die fraktale Fabrik: Revolution der Unternehmenskultur, Berlin u.a. 1992.

Warren, J.M. / Shelton, J.P. (1971): A Simultaneous Equation Approach to Financial Planning, in: The Journal of Finance, Nr. 26, 1971, S. 1123-1142.

Watzlawick, P. / Beavin, J.H. / Jackson, D.D. (1990): Menschliche Kommunikation: Formen, Störungen, Paradoxien, 8. Aufl., Bern 1990.

Weaver, W. (1949): Recent Contributions to the Mathematical Theory of Communication, in: Shannon, C.E. / Weaver, W. (Hrsg.): The Mathematical Theory of Communication, Urbana 1949, S. 93-117.

Weber, J. (1994): Kostenrechnung zwischen Verhaltens- und Entscheidungsorientierung, in: krp – Kostenrechnungspraxis, Nr. 4, 1994, S. 99-104.

Weber, J. (1995): Einführung in das Controlling, 6. Aufl., Stuttgart 1995.

Weber, J. / Kosmider, A. (1991): Controlling-Entwicklung in der Bundesrepublik Deutschland im Spiegel von Stellenanzeigen, in: Zeitschrift für Betriebswirtschaft – Ergänzungsheft Nr. 3, 1991, S. 17-35.

Weber, M. (1921): Wirtschaft und Gesellschaft. Grundriß der verstehenden Soziologie, Köln 1921.

Weichselbaumer, J. (1998): Kosten der Arbeitsteilung. Ökonomisch-theoretische Fundierung organisatorischen Wandels, Wiesbaden 1998.

Wenger, E. / Terberger, E. (1988): Die Beziehung zwischen Agent und Prinzipal als Baustein einer ökonomischen Theorie der Organisation, in: Wirtschaftswissenschaftliches Studium, Nr. 10, 1988, S. 506-514.

Wheeler, M. / Zackin, D. (1994): Work-Family Roundtable: Telecommuting, The Conference Board, Vol. 4, Nr. 1, Spring 1994.

Wheelwright, S.C. / Clark, K.B. (1992): Revolutionizing Product Development – Quantum Leaps in Speed, Efficiency, and Quality, New York 1992.

Wielpütz, A.U. (1996): Verhaltensorientiertes Controlling, Lohmar / Köln 1996.

Wild, J. (1982): Grundlagen der Unternehmunsplanung, 4. Aufl., Opladen 1982.

Wildemann, H. (1995): Produktionscontrolling. Systemorientiertes Controlling schlanker Produktionsstrukturen, 2. Aufl., München 1995.

Wildemann, H. (1997): Koordination von Unternehmensnetzwerken, in: Zeitschrift für Betriebswirtschaft, Nr. 4, 1997, S. 417-438.

Wildemann, H. (1998): Die modulare Fabrik: Kundennahe Produktion durch Fertigungsseg-mentierung, 5. Aufl., München 1998.

Wildemann, H. (1999): Produktklinik. Wertgestaltung von Produkten und Prozessen. Metho-den und Fallbeispiele, München 1999.

Williamson, O.E. (1981): The Economics of Organization: The Transaction Cost Approach, in: American Journal of Sociology, Vol. 87, S. 548-577.

Witt, F.-J. (1989): Gegenseitige Einschätzung von Managern und Controllern, in: krp – Kostenrechnungspraxis, Nr. 3, 1989, S. 127-130.

Witte, E. (1968): Phasen-Theorem und Organisation komplexer Entscheidungsverläufe, in: Zeitschrift für betriebswirtschaftliche Forschung, 1968, S. 625-647.

Wittgenstein, L. (1960): Philosophische Untersuchungen, in: Wittgenstein, L.: Schriften, Frankfurt am Main 1960, S. 279-544.

Womack, J.P. / Jones, D.T. / Roos, D. (1990): The Machine that Changed the World, New York u.a. 1990.

Wunderer, R. (1993): Führung und Zusammenarbeit. Beiträge zu einer Führungslehre, Stutt-gart 1993.

Wunderer, R. / Grunwald, W. (1980): Führungslehre, 2 Bände, Berlin / New York 1980.

Zäpfel, G. (1989): Strategisches Produktions-Management, Berlin / New York 1989.

Zenger, T.R. / Hesterly, W.S. (1997): The Dissaggregation of Corporations: Selective Inter-vention, High-Powered Incentives, and Molecular Units, in: Organization Science, Nr. 3, 1997, S. 209-222.

Zuboff, S. (1982): New Words on Computer Mediated Work, in: Harvard Business Review, September-October 142-152.

Stichwortverzeichnis